GABRIEL SALAZAR
JULIO PINTO

Historia Contemporánea de Chile

LOM
EDICIONES

LOM PALABRA DE LA LENGUA YAMANA QUE SIGNIFICA SOL

SERIE HISTORIA
Primera edición, abril de 1999
Decimoquinta reimpresión, 2014

Diseño de portada: A & S aguilera

R.P.I. Nº 108 337
I.S.B.N: 978-956-282-173-5 (Vol.I)
978-956-282-172-8 (Obra Completa)

Diseño, Composición y Diagramación:
LOM Ediciones. Concha y Toro 23, Santiago
Fono: (56-2) 688 52 73 Fax: (56-2) 696 63 88
web: www.lom.cl
e-mail: lom@lom.cl

Impreso en los talleres de LOM
Miguel de Atero 2888, Quinta Normal
Fonos: 716 9684 - 716 9695 / Fax: 716 8304
Impreso en Santiago de Chile.

Gabriel Salazar
Arturo Mancilla
Carlos Durán

Volumen I

Estado, legitimidad, ciudadanía

SERIE HISTORIA

Introducción general

Esta no es una obra diseñada para 'contar' la historia de Chile. Ni está pensada sólo para describir 'los hechos' más notables de nuestro pasado. No intenta tampoco ser un texto en que algunos que 'saben' asumen la pretensión de transmitir verdades objetivas a los que no saben o saben poco. Ni nos hemos propuesto escribir una historia general, que incluya 'todo' acerca de los procesos que han determinado y determinan lo que hemos llegado a ser como sociedad. Menos aún es nuestro objetivo resaltar una vez más las 'hazañas' de los héroes, las grandes 'obras' de los presidentes y los 'triunfos' que han situado al país -real o imaginariamente- en el primer lugar entre sus 'pares'. No pretendemos, en suma, ni ser meros narradores, ni portadores de verdades definitivas, ni chovinistas.

Los procesos históricos -pensamos- son, en sí mismos, demasiado complejos como para exponerlos en imágenes definitivas (están constituidos por diversos planos de realidad, ritmos cruzados de tiempo, relaciones cambiantes y formas impuras de racionalidad). Y sobre ellos hay demasiadas perspectivas posibles desde donde mirarlos e interpretarlos (cada nuevo día se descubre un nuevo aspecto) como para reducirlos a hechos cristalinos, juicios categóricos o panegíricos auto-complacientes. Y son, sin embargo, demasiado importantes para la memoria, proyección y *vida* de cada uno de nosotros como para permitir que, de un modo u otro, se petrifiquen como verdades sagradas; sojuzgándonos, anulando nuestra propia capacidad cognitiva y nuestra voluntad social de recordar, reflexionar, criticar y decidir.

Entendemos que la ciencia -en este caso la Historia-, si ha sido y es, no puede seguir siendo una forma de poder. Una cúpula o una autoridad que monopoliza la producción y sentido de 'la verdad'. Porque la producción de conocimiento no es un proceso privado, sino público; no un trabajo abstracto, sino concreto, y no un hermético privilegio profesional, sino una experiencia social e histórica abierta, permanente, en la que todos -de diverso modo pero en comunicación- participamos o debemos participar. Los cientistas sociales, por ello, no deberían diferenciar entre iniciados y profanos, ni asumir que su tarea es producir y ofrecer verdades definitivas, terminadas, que a la masa de 'lectores' sólo compete aceptar, memorizar y aplicar. Las verdades, en tanto sociales -según muestra la propia historia-, no se clausuran. Están siempre en trámite de remodelación. Abiertas, admitiendo a más y más sujetos al inacabable trabajo colectivo de producirlas y reproducirlas, en la huella del también inacabable movimiento de la vida. Las verdades sociales reconfiguran su perfil con cada paso de cada generación, porque éstas necesitan reformularlas desde sus propias preguntas, perspectivas e intereses.

De todos los saberes transmitidos por la sociedad, el saber histórico es el que más necesita ser remodelado, por la urgencia que cada generación tiene de construir el presente desde el pasado, y de *producir* su propia realidad social y cultural (su época) a partir del mundo que recibe como legado. Superando, de paso, los problemas vitales con que ese legado carga a la nueva generación.

Si se considera lo anterior, la historia de Chile no sólo puede escribirse como una larga serie de hechos y sucesos que se pueden contar objetivamente, sino también como un abigarrado conjunto de *problemas* que pueden ser pensados y reflexionados colectivamente. Sucesivamente. Una y otra vez, en cada época, por cada generación de chilenos.

Es por eso que esta Historia Contemporánea de Chile quiere ser una recepción de, y una primera reflexión sobre los problemas históricos que nuestra sociedad *no* nos ha entregado resueltos, y que, por ello, permanecen en torno nuestro no sólo como legados del pasado, sino, sobre todo, como retos, desafíos y tareas para las nuevas generaciones. Como material básico para la historia que, responsablemente, debemos construir. Problemas que persisten a través de muchos hechos y situaciones. Problemas de arrastre que ni la dirigencia representativa ni la ciudadanía soberana han podido (o no hemos podido) resolver. Problemas que, a la larga, terminan siendo una carga histórica creciente que rodea, aplasta y frustra la vida, sobre todo, del ciudadano corriente. Porque -¿alguien piensa lo contrario?- la carga histórica más pesada del país la sostiene y absorbe la 'mayoría inferior' de la sociedad civil. La que, por ello, está permanentemente forzada a repasar y repensar la historia, bajo todo su espesor objetivo y sobre toda su profundidad subjetiva, para *seguir* produciendo no sólo su vida y su futuro, sino también el futuro de la sociedad. Los héroes son estrellas fugaces que brillan más o brillan menos, la efigie de los estadistas puede recortar apenas el plano de una plaza, o todo el horizonte del pasado, pero es el ciudadano corriente el que, en la alta densidad de su anonimato, 'vive' y 'conoce' la historia según todas las urgencias de la humanidad.

Esta Historia quiere asumir los problemas históricos de Chile desde la urgencia reflexiva del ciudadano corriente. Es éste -por ello- el sujeto, actor, y destinatario principal de este estudio. Los problemas se han querido percibir y reconstruir desde su perspectiva. En cierto modo, es una historia mirada 'desde abajo'; pero no desde la 'marginalidad', porque el ciudadano, en una sociedad, no es ni puede ser periférico a nada que ocurra en ella. Pues tiene el máximo derecho: la *soberanía*; que es el máximo 'derecho humano'. La máxima legitimidad que puede hallarse en la historia. Ante ella, todo se inclina: los héroes, los políticos, el Estado, el Mercado, los mitos. La mirada del ciudadano constituye el único estrado desde donde los hechos y procesos históricos no sólo se pueden 'investigar' en su condición de verdad (tarea de los historiadores), sino también, legítimamente, 'juzgar' y 'utilizar'. No juzgar para condenar y/o glorificar, ni utilizar para ignorar su objetividad, sino para algo más trascendente e histórico: para producir y reproducir la vida social en un nivel *superior*. Que es -o debería ser- la responsabilidad histórica permanente de todo ciudadano formado con conciencia republicana. Esta Historia está escrita por historiadores, pero intenta, por lo dicho, situarse en la perspectiva reflexiva y 'procesal' de los ciudadanos chilenos.

Bien sabemos desde 1973 -o de antes- que la ciudadanía chilena ha estado y está viviendo décadas de incertidumbre y perplejidad. Que -como concluye el Informe del Programa de Naciones Unidas (PNUD) sobre Seguridad Humana, de 1998:- "Chile presenta más seguridad objetiva que subjetiva". Que, pese a los parámetros que muestran seguridad macro-económica, la gente se siente insegura respecto a su salud, su previsión, su empleo y su educación; o sea, sobre su futuro. Que, cada vez más, teme a 'los otros'. Es decir: que ha llegado a un punto límite en que se teme a sí misma. Hay desconfianza. La ciudadanía no se siente interpretada ni protegida por quienes, formalmente, la han estado dirigiendo desde hace algunas décadas. Necesita, por tanto, reflexionar. Evaluar críticamente los legados históricos y proyectar su propia seguridad de futuro. Necesita crecer como sujeto social y como actor histórico, que es lo mismo que crecer como ciudadano. Lo dijo un poblador de la Comuna de San Joaquín: "Ahora tenemos que pensarlo todo de nuevo".

Este trabajo quiere, por lo dicho, ser una ayuda para pensarnos históricamente. Para pensarnos como problema, no para repasar nuestras glorias ni para inventariar detalles meticulosos de cada suceso digno de memoria. Quiere, en suma, pensar nuestra historia como historicidad viva, abierta, latente; no como un pasado que, por la razón que sea, no debemos olvidar. Pues hoy necesitamos, con urgencia creciente, asumir la historia como sujetos de ella. Pero no como ciudadano-masa, ni fatigado ciudadano-elector, sino como ciudadanos protagónicos, integrales, de máxima dignidad y creciente poder, impulsados por la responsabilidad de resolver 'soberanamente' los problemas de su propia historia.

***

De acuerdo a lo anterior, esta *Historia* está organizada en torno a los problemas fundamentales (de los siglos XIX y XX) que han atravesado el tiempo hasta anudarse en el presente. Cada uno de sus cuatro volúmenes ha sido diseñado para exponer y examinar, en sus diversos aspectos, uno de esos problemas fundamentales. En ellos se ha tratado de mantener siempre, dentro de lo posible, la perspectiva desde el ciudadano corriente. Y a menudo, desde los más modestos.

El primer volumen se titula *Estado, legitimidad, ciudadanía*. Está focalizado, centralmente, sobre el problema de cómo se construye y se ha construido el Estado en Chile. Si en este proceso ha participado o no, soberanamente, la sociedad civil. Si lo que se ha construido ha tenido o no, por ello, legitimidad. Si la dirigencia representativa ha actuado como mandante o bien se ha autonomizado, transformándose en una "clase política". Si el desempeño del Estado así construido ha sido eficiente o no; si ha logrado mantener la gobernabilidad, o no. Si, por último, la sociedad civil ha permanecido pasiva, o ha reaccionado como un frente opositor, contribuyendo a la desestabilización de las construcciones estatales. Forzando el cambio.

El segundo volumen se titula *Actores, identidades y movimientos*. Este volumen examina la gestación, desarrollo y problemas de los principales actores sociales, con especial énfasis en el tipo de participación que han tenido en el desarrollo histórico del país. Se ha procurado examinar, por tanto, los problemas de liderazgo enfrentados por las "élites dirigentes", los de intervención por parte de los grupos medios, y los de participación o marginalidad de los sectores populares y étnicos. Cómo, entre todos ellos, se ha distribuido -bien o mal- la soberanía y la riqueza. O cómo se han concertado para compartir un tipo de institucionalidad, o relacionado entre sí de manera conflictiva. Se asume que es en la condición social y relación recíproca de estos actores donde se ha fraguado el sentido y el poder reales de la ciudadanía.

El tercer volumen se titula *Mercados, empresarios y trabajadores*. Aquí se estudia el carácter, rol y transformación de los diferentes mercados con que Chile se ha relacionado. En qué medida estos mercados han determinado el desarrollo nacional y la conducta de sus clases sociales. Cómo han influido en la constitución y conducta del empresariado y condicionado la organización productiva de los espacios económicos regionales. Pero también se estudia, en ese contexto, el desempeño de los principales agentes económicos: la empresa, los trabajadores y el Estado, así como sus relaciones recíprocas. Y cómo se ha resuelto el problema (estratégico) de suministrar tecnología al sistema económico conjunto.

El cuarto volumen: *Construcción cultural y actores emergentes*, se refiere a cómo los diversos actores sociales han actuado como productores, transmisores o importadores de cultura. Cómo los cambios experimentados por esos actores han generado y generan modificaciones culturales de todo tipo. En este sentido, se concede especial importancia a los actores populares y a las cambiantes relaciones entre géneros (con especial énfasis en el rol de la mujer popular). Se examina el rol histórico de la masculinidad. Y se dedica una sección especial a las redes y movimientos de la juventud (especialmente marginal) a lo largo de la historia.

Para realizar esta obra se constituyó un equipo formado por los dos autores que suscriben, y un grupo de ocho historiadores jóvenes (con estudios de post-grado) provenientes de diferentes universidades chilenas. Se discutió en conjunto el diseño general del estudio y de cada volumen y capítulo propuesto por los autores, y se ajustaron las ideas principales. La tarea de los historiadores jóvenes consistió en producir la obra gruesa (según el diseño general), asumiendo los autores la tarea de formular (en términos de contenido y estilo) la versión definitiva. De más está decir que el trabajo de los historiadores jóvenes quedó a veces más y otras veces menos reflejado en el texto final; a veces en términos de co-autoría, y otras, de colaboración. En todo caso, sus nombres están incorporados como co-autores de volumen, según corresponda. El trabajo en equipo tuvo por fin global, sobre todo, constituir un espacio *colectivo y diverso* para plantear y discutir los problemas matrices que se exponen en este trabajo.

No se intentó ni se buscó alcanzar una coherencia unilineal a lo largo de la obra. Como se señalaba anteriormente, en cada volumen quedó estampado el sello de cada grupo de trabajo. Una cierta diversidad de análisis, de enfoque e incluso de estilo se hallará presente, pues, a lo largo de sus páginas. A veces predominará el análisis interpretativo y el despliegue de tesis; otras, la más tersa exposición del 'estado del arte'. Pero es diversidad dentro de la unidad. Las ideas matrices -que se han resumido más arriba- han sido, siempre, las mismas.

Los autores
Santiago, agosto de 1998

CAPÍTULO I
Construcción de Estado en Chile

a) Las coordenadas estratégicas: estabilidad, legitimidad, gobernabilidad y gobernanza

"Nadie puede ser llamado feliz sin participar en los asuntos públicos; nadie puede ser llamado libre sin experiencia de las libertades públicas, y nadie puede ser llamado libre o feliz sin participar en el poder público" (Hannah Arendt).

La 'hazaña' principal registrada en la historia política de Chile sería -según varios politólogos extranjeros, políticos criollos, y no pocos historiadores y cientistas sociales- que su sistema estatal ha sido el más *estable* de América Latina y el que ha logrado superar sus crisis con las soluciones más racionales y de mayor *consenso*. Y que, por ello, tal hazaña es un legítimo motivo de orgullo nacional (sobre todo, para sus políticos).

¿Cómo se explica eso?

Algunos analistas han dicho que esa "espiral virtuosa" se debe a la "idionsicrasia cultural", al carácter cívico de sus élites, ya detectable del tiempo de la Conquista [1]. Si fuera así ¿fue esta misma idiosincrasia la que el tri-ministro Diego Portales -que la 'institucionalizó'- llamó "el peso de la noche"? ¿O el "peso de la noche" es la estela de esa

---

1 Entre los politólogos extranjeros que han enfatizado la estabilidad del proceso político chileno, ver: J. J. Johnson: *Political Change in Latin America* (Stanford, Cal., 1958), capítulo 5; F. J. Moreno: *Legitimacy and Stability in Latin America* (N. York, 1969), y A. Touraine: *Actores sociales y sistemas políticos en América Latina* (Santiago, 1987). Para F. J. Moreno, la "estabilidad y legitimidad" proviene de la Conquista, y tiene que ver con la cultura idiosincrásica hispana que adhería a las concepciones "monistas y caudillistas" del poder (p. 173).

espiral; es decir: la tendencia de la masa ciudadana a imitar y seguir inercialmente por siglos a su clase dirigente? [2].

Para otros, la hazaña no sería producto del 'carácter' de las élites, sino de la 'calidad' de las Constituciones, Instituciones y Leyes que el país -o su clase dirigente- supo darse como forma eficiente de auto-determinación. La estabilidad, por tanto, sería efecto del buen Derecho. De esa perfección sistémica capaz de 'objetivar' el poder y ganar ese trofeo de modernidad que Alberto Edwards llamó "el Estado en forma". O sea: un paquete de normas suficientemente virtuosas como para que la masa ciudadana encaminara el "peso de su noche", ya no tras líderes ejemplares, sino tras un sistema institucional virtuoso en sí mismo. O para que los historiadores -y los sociólogos tras ellos- redujeran lo histórico a lo institucional, lo político a lo legal (y a lo ilegal), y dividieran la acción histórica de los chilenos en 'respetuosa de la ley' versus 'subversora de la ley'. Como para que la fase fundacional del sistema se convierta en "edad de oro" y todo lo que venga después, en "decadencia" (o sea: cuando el tráfico histórico de la sociedad civil empañe, con su opacidad humana, el fulgor original de las leyes) [3].

¿Puede considerarse la 'estabilidad' como un valor en sí mismo? ¿Es 'hazaña' en toda circunstancia? ¿Debe ser objeto de culto histórico? ¿Buscarla por sí misma?

Los más importantes cientistas políticos contemporáneos tienden a ver la estabilidad con sospecha. Y dan sus razones. Por ejemplo, Giovanni Sartori da ésta:

> *"A pesar de toda la palabrería ligera... la estabilidad gubernamental indica mera duración; los gobiernos pueden tener larga vida y a la vez ser impotentes: su duración no constituye de manera alguna un indicador de eficiencia o eficacia"* [4].

El sistema político chileno ha sido, en general, duradero y estable. Conforme. Ha sido, cuando menos, "eficiente" en asegurar su propia durabilidad. Conforme. Pero ¿ha logrado, por ejemplo, mantener el desarrollo productivo e industrial por ciclos largos, como para producir un auténtico despegue? ¿Ha logrado integrar a 'todos' los chilenos a un mismo nivel de vida moderna? ¿*Siente* la ciudadanía que la acción histórica del Estado ha sido también duradera en términos de 'eficiencia'?

El sentir de la ciudadanía respecto a la eficiencia del Estado ("en forma", o no) determina el grado de *credibilidad* que ella tiene en el sistema y su adhesión o no adhesión subjetiva al orden legal vigente. Otro cientista contemporáneo afirmó:

---

[2] La referencia se encuentra en una carta del 16 de julio de 1832. Un agudo comentario de la misma en A. Jocelyn-Holt: *El peso de la noche. Nuestra frágil fortaleza histórica* (Santiago, 1997), pp. 145 et seq.

[3] La periodificación apogeo-decadencia basada en la idea de "orden" se halla en Alberto Edwards (*La fronda aristocrática*, Santiago, 1927), Mario Góngora (*Ensayo histórico sobre la noción de Estado en Chile en los siglos XIX y XX*, Santiago, 1981) y en Gonzalo Vial (*Historia de Chile*, Santiago, desde 1979).

[4] G. Sartori: "Ni presidencialismo ni parlamentarismo", en O. Godoy (Ed.): *Cambio de régimen político* (Santiago, 1992), p. 46.

"La eficacia significa ... el grado en que el sistema satisface las funciones básicas de gobierno tales como las considera la mayoría de la población... La legitimidad (en cambio) implica la capacidad del sistema para engendrar y mantener la creencia de que las instituciones políticas existentes son las más apropiadas para la sociedad. Hasta qué punto los sistemas democráticos son legítimos depende... de las formas en que se resolvieron los acontecimientos claves que dividieron históricamente a la sociedad" [5].

De acuerdo a esto, si un sistema -por más que permanezca- no es eficiente, produce una pérdida 'cívica' de satisfacción y credibilidad que, en primera instancia, afecta a las políticas vigentes y la dirigencia de turno. Y en segunda -o sea, si la ineficiencia permanece- afecta al sistema mismo, en cuyo caso la crisis de eficacia se transforma en crisis de "legitimidad". La 'estabilidad' de un sistema puede esconder no sólo ineficiencia, sino también ilegitimidad.

Puede darse, pues, una situación de paz sistémica flotando sobre un polvorín ciudadano. Estabilidad superficial con inestabilidad profunda. O bien: estabilidad formal por arriba e ilegitimidad real, por abajo. "Seguridad objetiva" paradójicamente opuesta a "inseguridad subjetiva" (PNUD).

¿Cuál es el plano verdaderamente histórico? ¿El de las "espirales virtuosas" o el de los 'epicentros viciosos'? ¿Cuál estrato de realidad es el campo de trabajo del historiador? ¿Desde dónde la ciudadanía puede (o debe) decidir su futuro: desde las virtudes sistémicas o desde su incredulidad cotidiana?

Si se siguen, *a la vez*, el sendero alto de la estabilidad y el sendero bajo de la legitimidad, se puede llegar a sorprendentes paradojas históricas. Como por ejemplo, que la historia de Chile ha sido una sucesión de "episodios de estabilidad equilibrándose sobre una tensa inestabilidad fundamental de largo plazo". O bien: que "el desorden es la otra cara, cara oculta, del orden en forma que supuestamente ha prevalecido. Ambos forman parte... del mismo argumento, de una misma trama" [6].

La 'estabilidad', pues, es una cualidad de pertenencia sistémica, y la 'legitimidad' (que no es una mera cualidad subjetiva, sino el derecho y el poder de la *soberanía*) una decisión ciudadana. Pero, históricamente, la 'estabilidad' ha sofocado y enterrado a la 'legitimidad'. Tanto, que la historia de aquélla es pública, oficial y visible, y la de ésta oscura y soterrada, que sólo se hace visible cuando 'revienta' sobre la superficie de aquélla. Por lo mismo, cuando el historiador se sitúa para trabajar a ras de ciudadano, lo hace como un arqueólogo: desenterrando sujetos y hechos ocultos, devaluados u olvidados. Casi subversivamente. Ya que, tras un siglo y medio o dos de estabilidad dominante, la

5 Seymour Martin Lipset: *El hombre político. Las bases sociales de la política* (Madrid, 1987. Tecnos) p. 67.

6 La primera afirmación se encuentra en G. Salazar: *Violencia popular en las 'grandes alamedas'. Santiago de Chile, 1947-1987* (Santiago, 1990), p. 73; la segunda en A. Jocelyn-Holt, op. cit. (1997), p. 193.

legitimidad ya no aparece como derecho y poder natural de la ciudadanía, sino como instrumento escamoteado para la 'Razón de Estado'. Como herramienta en la mano de la Ley y el Sistema. Como discurso 'legitimador', para paliar crisis de legitimidad. Para hacer durar, en suma, la durabilidad.

Por eso, hoy, no importa "cómo se resolvieron los acontecimientos claves que dividieron históricamente la sociedad" (S. M. Lipset), si la legitimidad 'aparece' en la Ley dictada para zanjar esa división. Pues ya no rige para esa legitimidad el *a priori* ciudadano sino el *a posteriori* de los hechos consumados. Se puede, por ejemplo, construir un sistema político violando derechos humanos y dejando desafecta e incrédula a la mayoría de la población, pero si los constructores de ese sistema se dan prisa en dictar una Ley que formalice su 'obra', la legitimidad queda asegurada. Y los desafectos y disconformes quedarán, *ipso facto*, en el borde o fuera de esa Ley; pues los políticos, los jueces y la policía, en esa coyuntura, automáticamente, siguen a la Ley, y no a los ciudadanos.

Por eso, hoy, para escribir historia cívica, no sólo se debe desenterrar sujetos, hechos y procesos, sino también abolir, de los muros del sistema, el espurio rol instrumental de la legitimidad, y *recuperar* su triple rango de principio, derecho y poder. O sea: su esencia ciudadana. No es, qué duda cabe, una tarea menor. Tanto, que en torno a ella se ha encendido un debate político estratégico, en el que, cuando menos, se perfilan dos bandos antagónicos. Uno es el que centraliza el problema en el concepto de "legitimación", que Berger y Luckman caracterizaron del modo que sigue:

> "La legitimación no es indispensable en la primera fase de la institucionalización, cuando la institución es un *hecho* que no requiere apoyo, ni intersubjetiva ni biográficamente... La legitimación 'explica' el orden institucional... La legitimación justifica el orden institucional adjudicando dignidad normativa a sus imperativos prácticos... La legitimación no sólo indica al individuo por qué *debe* realizar una acción y no otra; también le indica por qué las cosas *son* lo que son..." [7].

La 'construcción del Estado' ha sido, más a menudo que no, un proceso en que los "poderes fácticos" han avasallado a la ciudadanía. Lo que implica avasallar la legitimidad -en tanto valor incorporado al sistema por la acción constructiva de la sociedad civil- e imponer, *a posteriori*, tras los obra gruesa consumada, un 'sustituto'. Un discurso justificatorio. O una arenga aclaratoria. Una 'historia oficial'. Algo, en suma, que deje la idea que, "en el principio, *era* el orden institucional" (Berger & Luckman). Idea que deberá ser 'refrescada', o bien por intelectuales de enfoque ahistórico y estructural, o bien por una justicia mecánicamente aplicada, o una política auto-referida. En todo caso, por 'ingenieros de la política', encargados de mantener la *gobernabilidad* a contrapelo de la

---

[7] P. Berger & T. Luckmann: *La construcción social de la realidad* (Buenos Aires, 1993. Amorrortu), pp. 121-122. Cursiva en el original.

ilegitimidad y la ineficacia. Cuando esos ingenieros decidan que, por razones de Estado, es necesario recordar ciertos recuerdos y enterrar muchos olvidos.

El segundo bando del debate se centra en *cómo* se construye social y cívicamente el Estado. Es decir: en si la ciudadanía *participa* protagónica y soberanamente en ese proceso, o no. Desde el principio. Fase a fase. A todo nivel. La legitimidad, desde esta perspectiva, es un valor social que emana de la sociedad y se agrega e incorpora a los constructos sistémicos como el único valor legítimo de éstos. Como sostiene Jürgen Habermas:

> *"el hecho de que un proceso se ajuste a la formalidad jurídica garantiza únicamente que las instancias del sistema político responden al derecho vigente. Pero esas instancias son parte de un sistema de poder que tiene que estar legitimado en total si es que la legalidad ha de aplicarse como signo de legitimidad. En un régimen fascista... la formalidad jurídica puede cumplir una función de cobertura ideológica... La legalidad pura no puede asegurar el acatamiento ciudadano en el largo plazo, si el sistema de poder no puede legitimarse con independencia de su ejercicio ajustado a las formas correctas".*

Si el "derecho vigente" encubre la construcción abusiva del sistema político, la ciudadanía tenderá, más tarde o temprano, a desacatar la legalidad y a reimponer su fuente propia de legitimidad. "La legitimidad surge del diálogo ciudadano". De un libre, racional e informado consenso ("obtenido con argumentos"); único modo de evitar que "las normas se deriven de órdenes" y que, por "la positividad del derecho, pueda obtenerse validación jurídica para un contenido arbitrario" [8].

El debate sobre la 'legitimidad' no ha surgido del simple juego académico, sino de la irrupción histórica, durante la década de los '80, de los sistemas neoliberales. De la forma en que fueron construidos los Estados que hoy se regulan por la lógica del Mercado. Como se sabe, esos Estados no se construyeron ("mediante argumentos") en base al libre consenso y razonada acción de las masas ciudadanas respectivas, ni por las invisibles manos del Mercado, sino por una *intervención fáctica* (autoritaria) del Estado, o de grupos militares. Intervención que tenía por fin -según se ha dicho- desmantelar el hipertrófico Estado Social Benefactor. Intervención y autoritarismo que muchos analistas han llamado "hipocresía de los ajustes estructurales" [9].

Ello porque, al actuar sin el consentimiento informado de la masa ciudadana, esos Estados se han visto obligados, de un lado, a levantar discursos tardíos de legitimación, y

---

8 J. Habermas: *Problemas de legitimación en el capitalismo tardío* (Buenos Aires, 1991), pp. 120-128.

9 Ver David Evans: "Visible and Invisible Hands in Trade Policy Reform", en C. Colclough & J. Manor (Eds.): *States or Markets? Neo-liberalism and the Development Policy Debate* (Oxford, 1995), pp. 54 et seq. Una visión similar en Jeffrey Frieden: *Debt, Development and Democracy. Modern Political Economy in Latin America, 1965-1985* (Princeton, N. J., 1991).

de otro, a afinar mecanismos diversos de gobernabilidad. Situación que los ha urgido a producir y difundir, precariamente, el 'sentido' de su propia existencia. Según Habermas, los Estados neoliberales adolecen de "escasez sistémica del recurso 'sentido'...". Razón por la que deben desarrollar 'cosmetologías' del sin sentido. Pues el poder de origen fáctico se mantiene con dificultad a sí mismo. Depende, para subsistir, de un cierto trasvestismo. Como dijo Niklas Luhman:

> *"el poder no es un complejo autosuficiente, sino que depende de otros factores, tanto para las condiciones que lo hacen posible, como para su nivel de demanda y necesidad"* [10].

La 'gobernabilidad', en ese contexto, abunda. De momento, sobra. Tiende a devaluarse. Es una tarea estatal, que se define como la necesidad sistémica de mantener la sociedad civil disciplinada y sujeta bajo un 'estado de derecho'. Y es, sobre todo, tarea para el Gobierno de turno. O para la coalición con mayoría electoral relativa. Es un concepto político, no social, ni ciudadano. Por esto, el arte político de construir 'gobernabilidad' es hermano del arte ingenieril de proyectar 'legitimación'. Y nieto del arte factual (o marcial) de construir Estado con *prescindencia* de la participación civil.

Si la gobernabilidad y la legitimación -irritadas por la escasez de 'sentido'- son la preocupación central del Estado neoliberal, la preocupación del ciudadano sensitivo es recuperar el sentido de su soberanía. La asociación argumentante con otros ciudadanos. La acción colectiva, legitimadora -su derecho humano fundamental- que da o quita valor y sentido a cuanto sistema surja ante él. La unidad lateral que le permita asumirse como fuerza social de expresión abierta y pública (no sólo como fuerza soterrada de irrupción subversiva), para controlar y fiscalizar a los elencos respresentativos que administren el sistema vigente. La principal preocupación de la masa ciudadana no es, pues, la gobernabilidad, sino, exactamente, su inversa: la *gobernanza*; o sea: el poder (y derecho) de mantener a políticos, tecnócratas y militares sujetos al control cívico y a la razón histórica de la ciudadanía. Poco a poco, subrepticiamente, los movimientos de la sociedad civil tienden a exigir, proponer o construir un sistema político donde la 'gobernanza' y no la mera gobernabilidad sea el componente legal de la política cotidiana [11].

En las páginas que siguen, los problemas de la historia política chilena serán

---

10 Niklas Luhmann: *Poder* (Barcelona, 1995), p. 85. Sobre la necesidad de centrar el problema político chileno sobre la cuestión de la "gobernabilidad", Edgardo Boeninger: *Democracia en Chile. Lecciones para la gobernabilidad* (Santiago, 1997).

11 Sobre el emergente concepto de "gobernanza", ver J. Fox: "Local Governance and Citizen Participation: Social Capital Formation and Enabling Policy Environments", en R. Wilson & R. Cramer (Eds.): *International Workshop on Local Governance* (Austin, 1996), Vol. II. También P. McCarney et. al.: "Towards Understanding of Governance: The Emergence of an Idea and Its Implications for Urban Research", en *Urban Research in the Developing World*, 4 (1995). Y G. Salazar: "De la participación ciudadana: capital social constante y capital social variable", *Proposiciones* 28 (1998), passim.

examinados según las coordenadas estratégicas de 'construcción estatal' que se han revisado en la Introducción de este capítulo.

b) Coyunturas constituyentes del Estado en Chile (1810-1989)

La construcción de Estado como fragilidad histórica

> *"Ningún Estado puede durar mucho tiempo si se aleja por completo de la sociedad civil. No puede sobrevivir a su propia maquinaria coercitiva; está literalmente perdido... La producción de lealtad, espíritu cívico, competencia política y confianza en la autoridad nunca ha sido obra sólo del Estado y el esfuerzo de abordarla en solitario está condenado al fracaso" (Michel Walzer).*

Para muchos, el Estado no es una 'construcción histórica' o un artefacto producido por la sociedad, sino, más bien, una entidad cuasi metafísica y supra-social que, como un Demiurgo, *fabrica* la sociedad, reduce la ciudadanía a un permiso jurídico y monopoliza el protagonismo histórico. En Chile, ésta ha sido una concepción frecuente en ciertos historiadores [12].

Es cierto que, en el corto plazo, de modo aplastante, el Estado aparece dominando y modelando la Sociedad Civil. Pero en el largo plazo la imagen que surge es otra: crisis cíclicas, entrada y salida de bloques parlamentarios, aparición recurrente de generales y coroneles, 'transiciones' de medio camino, y, sobre todo, masas ciudadanas en actitudes de tibia conformidad, o de vigilia, o protesta, reforma, crítica o transgresión. Como si, para ellas, las "leyes fundamentales de la nación" fueran sólo 'umbrales transparentes', permeables a su empuje histórico [13]. En la larga duración, el Estado se ve frágil.

> *"El Estado es -escribió Philip Abrams- un objeto de tercer orden, un proyecto ideológico. Es antes que nada y sobre todo un ejercicio de legitimación, que intenta legitimar algo que podría ser ilegítimo, una dominación eventualmente no aceptable... El estudio del Estado puede empezar con la forma en que se está legitimando lo que es ilegíti-*

---

12 Ver M. Góngora: *Ensayo histórico...* op. cit., en especial la p. 5. Para él, la creciente intervención de la 'baja' sociedad civil en los asuntos públicos ha provocado la "crisis de la idea de Estado en Chile". Para una crítica de esta visión, G. Salazar: "Historiadores, Historia, Estado y Sociedad", en *Nueva Historia* 2:7 (1983).

13 En el largo plazo, el Estado está permanentemente acosado, evaluado y sitiado por los millones de ojos valorativos de la sociedad civil. Aquí, de hecho, el "ojo central del poder" (el del panoptismo carcelario de Michel Foucault) encuentra una contra-mirada circundante, omniabarcadora, mucho más penetrante y erosiva, que domina el largo plazo. Confrontar su *Vigilar y castigar, nacimiento de la prisión* (Madrid, 1995), pp. 199 et seq.

mo... No ver el Estado de este modo equivale a participar en la mistificación que es el punto vital en la construcción del Estado" [14].

La fragilidad histórica del Estado radica en que, a menudo -como dijo P. Abrams -, se funda en la mistificación. O porque se burló la ciudadanía en su origen, o porque su legitimación tardía tapó su ineficiencia, o porque, debiendo ser un poder de integración, nace de un poder fáctico unilateral. La sociedad civil de la cual proviene, o que -no proveniendo de ella- lo acosa, tampoco es homogénea, ni unívoco su proyecto civil. De modo que el Estado, históricamente, surge y 'dura' rodeado siempre de heterogeneidad. Algunos piensan que, por ello, la verdadera función histórica del Estado consiste en convertir lo diverso y plural en una identidad sistémica unitaria. Función perentoria que lo obliga a producir e instrumentalizar una 'idea abstracta' de unidad. Una ficción homogeneizadora que, por ser precisamente abstracta, necesita ser *impuesta* -y "no argumentada"- como único medio para lograr el consenso mínimo requerido [15].

La participación protagónica de la sociedad civil en la tarea de construir socialmente el Estado ha sido, como se dijo, periférica o nula. No hay duda que, en parte, eso se explica por su natural diversidad interior (razón por la que el diálogo y la búsqueda argumentada de consensos es para ella fundamental). Pero, en gran parte, eso se explica también por la premura con que determinados 'poderes fácticos' han impuesto unilateralmente (sin diálogo ni verdadero consenso) una 'idea abstracta' de dominación y unidad. Son estos dos tipos de avatares históricos los que han incidido en la constitución del Estado. Pretender lo contrario; es decir: que el Estado está por *encima* de esos avatares, que no consiste en ellos y que, por razones de gobernabilidad, el Estado debe ignorar, olvidar y sepultar las precariedades de su surgimiento, puede ser una buena arenga política, pero no un juicio histórico prudente.

La historia política de Chile perfila nítidamente un arquetipo de construcción estatal, a saber: la transformación de la diversidad civil en unidad política se ha logrado *sustituyendo* el diálogo ciudadano por un 'consenso operacional', que ha consistido en la imposición de una determinada forma estatal (unilateral) con ayuda de las Fuerzas Armadas. La 'ilegítima' tarea de alcanzar la homogeneización política de la sociedad a partir de un proyecto unilateral se ha resuelto con el uso de la *fuerza* [16].

---

14 Citado por Philip Corrigan & Derek Sayer, en *The Great Arch. English State Formation as Cultural Revolution* (Oxford-New York, 1985), p. 8.

15 Una de las principales ficciones homogeneizadoras es la idea de 'nación'. En un sentido histórico, esta idea es, como dice A. Jocelyn-Holt, "un instrumento básicamente político". Ver *El peso de la noche...*, op. cit., pp. 29. 39. Sobre el concepto de Estado como construcción histórica, ver además, de Barrington Moore: *Los orígenes sociales de la dictadura y la democracia* (Barcelona, 1976), passim.

16 Sobre la imposición de 'ideas abstractas' para construir Estado y/o mantener la gobernabilidad, G. Salazar: *Violencia política popular...*, op. cit. pp. 25-45.

Es un error de candidez histórica (o política) tanto asumir que el arquetipo chileno de construcción estatal es una fórmula exitosa porque ha asegurado 'durabilidad', como asumir que la sociedad civil, hechizada por el orgullo de esa durabilidad, ha tendido, tiende o tenderá a permanecer pasiva ("el peso de su noche"), derrotada para siempre por tal tipo de construcciones. Amnésica de los hechos que violentaron su soberanía y sofocaron su diálogo. Contrita por la represión política, judicial, militar y policíaca de sus 'agitaciones' subversivas. O aturdida por el peso ideológico de las 'ideas universales' de que se reviste en público el poder central. Es materia de un mismo error afirmar el triunfo tecnológico de la ilegitimidad y la derrota romántica de la legitimidad social. Pues, a la larga, "la historia la hacen los hombres" (Treitscke) y no los sistemas, y el más auténtico sentido humano puede hallarse en la historia del inconformismo político más que en la del conformismo mecánico. Que esto es así, lo prueba el hecho de que el mismo juicio histórico que cruzara el siglo XIX chileno, puede oírse a fines del XX: que el Estado no ha sido otra cosa en Chile que "el instrumento auxiliar de la oligarquía de turno" [17].

En las secciones que siguen, se examinarán las coyunturas históricas en las que el Estado chileno ha debido ser construido o re-construido, poniendo especial énfasis en la situación de legitimidad del proceso, luego en las crisis de gobernabilidad, y también en los esfuerzos de la sociedad civil para dialogar, levantar proyecto propio e imponer su soberanía.

Conforme a esto, se examinarán cuatro coyunturas: la crisis del Estado Imperial Español; la construcción e inestabilización del Estado oligárquico-liberal chileno (1810-1920); la construcción e inestabilización del Estado democrático-liberal (1920-1973) y, finalmente, la fase constructiva (dictatorial) del Estado neoliberal (1973-1989).

Crisis del Estado Imperial Español

El Estado Imperial Español se basó en la imposición de dos ideas abstractas de unificación: el 'origen divino' (católico) del poder centralista del monarca, y la 'unidad monopólica' del mercado intercontinental creado por mercaderes y conquistadores.

Ambas ideas fueron globalizadas con ayuda de arcabuces y cañones.

La primera idea está formulada en la Ley dictada en Barcelona, 1519, por "el emperador Carlos", y reiterada después por la reina doña Juana, por don Felipe II y don Carlos II:

"Por donación de la santa Sede apostólica y otros justos y legítimos títulos, somos señor de las Indias Occidentales, Islas y Tierra-firme del mar Océano, descubiertas y por

17 A. Jocelyn-Holt, *El peso de la noche...*, op. cit., p. 28.

descubrir, y están incorporadas en nuestra real corona de Castilla. Y porque es nuestra voluntad, y lo hemos prometido y jurado, que siempre permanezcan unidas para su mayor perpetuidad y firmeza, prohibimos la enajenación de ellas. Y mandamos que en ningún tiempo puedan ser separadas de nuestra real corona de Castilla, desunidas ni divididas en todo o en parte, ni sus ciudades, villas ni poblaciones, por ningún caso ni en favor de ninguna persona" [18].

El Estado Imperial era, pues, un estado "de señorío" donado por la Santa Sede, que se constituía en unidad a perpetuidad por la "voluntad" del soberano. Cualquier intento de división de esta unidad abstracta constituía así una acto subversivo contra la "donación" de origen divino y el mandato del "señor".

El 'bien común' -en ausencia de diálogo ciudadano- era, en este Estado, dependiente del "buen juicio" del mismo "señor", como si fuera un Gran Legislador y Supremo Juez facultado para definir el bien y el mal, y aplicar premios y castigos:

"La razón que nos movió a hacer leyes fue, porque por ellas la maldad de los hombres sea refrenada, y la vida de los buenos sea segura, y por miedo de la pena los malos se excusen de hacer mal. Y establecemos, que ninguno piense de mal hacer, porque diga que no sabe las leyes ni el Derecho; casi hiciere contra ley, que no se pueda excusar de culpa por no la saber" [19].

Señor de tal unidad y de tales poderes, el monarca español construyó la burocracia administrativa de su imperio como simple prolongación de su *voluntad soberana* (no fue, por tanto, signo de autonomización sistémica, como la burocracia moderna descrita por Max Weber). Es sabido que esta burocracia la encabezó el Consejo de Indias en España, y se desplegó sobre América como una red de virreinatos, gobernaciones, capitanías generales y otros cargos menores, supervisado todo por las Reales Audiencias, ojos locales del ojo polifémico del Rey [20].

Dominado por la mente política y cristiana de ese Rey, el Estado Imperial desplegó una notable 'política colonial' de tipo social que se caracterizó, en general, por la *protección* dispensada a los colonos mineros, estancieros y productores en general (eran los principales contribuyentes directos de la Real Hacienda); a la masa laboral indígena (eran "criaturas de Dios", vasallos del Rey y también contribuyentes), y a la masa de mendigos, viudas y desamparados (eran los bienaventurados de Cristo) [21]. El Estado voluntarista de los Reyes de España tendió, pues, a 'legitimarse' en los tres estratos más

---

18 Ley Primera, en *Recopilación de las Leyes de Indias*, Libro III, Título 1, p. 3. Edición de Ignacio Boix, Madrid, 1841.

19 *Novísima Recopilación de las Leyes de España*, Tomo II, Libro III, Ley II, basada en la Ley 5 del Fuero Juzgo y leyes 3 y 4 del Fuero Real (Madrid, 1805).

20 Mario Góngora: *El Estado en el Derecho Indiano. Epoca de fundación, 1492-1570* (Santiago, 1951)

21 Ver *Recopilación...*, op. cit., especialmente Libros IV, V y VI.

plebeyos de las colonias americanas. Bajo este peculiar proteccionismo, esos plebeyos resistieron la voracidad expoliadora de los grandes mercaderes (de definida vocación esclavizante) y de los viejos y nuevos "señores" (de muy débil lealtad política al absolutismo real por su notoria inclinación feudalizante) que medraron en América desde el principio. Para los colonos, el proteccionismo real significó, cuando menos, la perduración del fuero y la autonomía comunales (materializados en la prolongada legitimidad de sus Cabildos), y para los indígenas, el mantenimiento, con dificultad, de la ambigua pero también proteccionista institución laboral de la encomienda.

Del señorío de esa misma mente surgió también la forma jurídica de un 'modo político de producción', caso único en la historia del capitalismo mundial [22].

La segunda idea fundante del Estado Imperial consistía -como se dijo- en la unificación monopólica del mercado intercontinental construido por el esfuerzo combinado de los grandes mercaderes, los grandes navegantes y la masa de colonos españoles (pobres) que descubrieron y colonizaron América. A la inversa de la primera idea (que unificaba territorios), ésta se aplicó a un *proceso social* diverso, heterogéneo y multifacético. No es lo mismo aplicar voluntad soberana a una imagen cartográfica que a un 'mercado' ebullente de individuos y mercancías. Pero el Rey aplicó al mercado imperial el mismo diseño burocrático (lineal, centralista y homogeneizador) que al territorio imperial. Así, los escalones jerárquicos principales fueron la Real Hacienda, la Casa de Contratación de Sevilla y el Sistema Real de Aduanas [23].

Los hechos socio-económicos demostraron que la unidad perpetua proclamada por las 'ideas' fundantes del Estado Imperial era de difícil mantenimiento a nivel de las conductas sociales vinculadas a las 'relaciones de mercado'. Pues el monopolio comercial regulado por el Poder Central constituía una camisa de fuerza para los grandes mercaderes hispánicos, a quienes urgía competir sin trabas contra la agresividad 'liberal' de Inglaterra y Francia. La lucha de esos mercaderes por la abolición del monopolio y en pro de un libre comercio regulado atravesó casi todo el siglo XVIII, hasta lograr la aprobación de las célebres leyes liberales de 1778 (que permitieron quintuplicar el flujo comercial del Imperio). Y no fue menor la oposición de los grandes mercaderes de América al mismo monopolio (que reglamentaba incluso sus rutas y puertos exteriores), ni su demanda por leyes de liberalización.

De modo que las 'relaciones de mercado', al tensarse, hincharse y expandirse, debilitaron la 'credibilidad' en la idea monopólica de unidad, levantando sospechas, de paso, sobre la idea política de perpetuidad. Filtrándose por ese debilitamiento penetra-

---

22 Sobre este problema, G. Salazar: "Aspectos fundamentales del desarrollo del capitalismo en Chile" (Santiago, 1976 y 1987), passim; también *Labradores, peones y proletarios. Formación y crisis de la sociedad popular chilena del siglo XIX* (Santiago, 1985), pp. 22-26.

23 *Recopilación...*, op. cit., Libros VIII y IX.

ron, a raudales, la libre iniciativa individual (o de grandes "compañías privadas", como la de Caracas, de La Habana, de Honduras, etc.), el libre tráfico (incluido el contrabando) y la competitividad no estatalmente regulada. Así, durante el siglo XVIII, el Estado Imperial experimentó, en la misma *cima* de su aparente eficiencia económica, la corrosión de sus pilares ideológicos fundamentales. A la masa social que colonizaba los territorios del Imperio, más allá o acá de su soberanía, le bastó el poder de sus relaciones económicas horizontales para amenazar con 'desunir' lo que la voluntad del señor había mandado mantener, para siempre, unido.

A mayor abundamiento, la reducción de ingresos producida por la 'liberalización' aumentó el peso financiero de la burocracia real y obligó a incrementar autoritariamente la tributación fiscal, a mantener la *venta* (privatización) de cargos públicos, monopolios estatales (como el del tabaco), e incluso honores y títulos de "señorío". La mayor tributación recayó sobre, precisamente, los estratos que operaban como protegidos, aliados y escudos políticos del Rey, dañando de paso la cívica institución de los cabildos comunales donde aquéllos se congregaban. La crisis fiscal forzó a la Corona, incluso, a vender por parcelas y cuotas su derecho divino a la soberanía. Y por partes, también, su inicialmente intransferible "señorío". El Estado Imperial, así infectado, comenzó a desintegrarse entregando a sus más temidos enemigos (los grandes mercaderes con inclinación feudal), parte de su soberanía, perlas de su corona, y a sus antiguos aliados, la oportunidad de convertir sus enflaquecidos fueros comunales en ambiciosas soberanías nacionales [24].

De este modo, las 'manos invisibles del mercado' obligaron al Estado Imperial a expoliar a sus amigos (los estratos plebeyos y productores) y a fortalecer la libertad y poder de sus emergentes 'enemigos' (el patriciado mercantil español y americano). Por un lado y otro, fue constreñido a cavar su propia tumba. De esto no lo salvó la desesperada modernización que se auto-aplicó a fines del mismo siglo. Pues ¿qué puede la 'modernización' frente a los vaivenes de la 'legitimidad'?

La crisis proyectó su ola aún más abajo. Pues las mayores exacciones fiscales y la mayor competencia abierta obligaron a los grandes mercaderes hispánicos a incrementar la presión expoliadora sobre los comerciantes americanos, y a éstos a aumentar la suya sobre el empresariado productor y 'patronal' de las colonias (mineros, estancieros, plantadores, cosecheros, manufactureros, etc.). La onda expoliadora terminó, al fin, por anudarse al cuello comunitario y/o individual de los trabajadores coloniales, indígenas, mestizos o criollos. Bajando como alud, la crisis erosionó no sólo el sistema laboral indígena

---

[24] Un panorama de la estructura tributaria en Chile colonial puede observarse en Miguel Cruchaga: *Estudio sobre la organización económica y la hacienda pública de Chile* (Santiago, 1878), pp. 245 et seq. Acerca del comportamiento de los grandes mercaderes hacia el Fisco, G. Salazar: "Del corral de las fonderas al Palacio de Gobierno: el 'entierro' social del oro mercantil. Santiago de Chile, 1772-1837", *Revista de Historia*, 1:4 (1994).

(en tanto red legal sostenida por la mente política del Rey) sino también la soberanía de los cabildos, las tasas salariales protegidas amén de otras regalías protectoras. La erosión despejó el camino para la instalación y proliferación de relaciones productivas sin apoyo de crédito, formas laborales desalarizadas y diversas formas neo-esclavistas de producción. La crisis de legitimidad, surgida en las alturas del monopolio imperial, se expandió como reguero de pólvora por todos los ramales del mercado. Hasta la más remota tierra productiva donde moraban el indígena, el peón y los esclavos. Todos los súbditos del Rey comenzaron así, cada cual a su modo, a dividir lo que el señorío del Rey había unido.

La cascada de tensiones disociadoras fue diseminando bombas de tiempo, desde el más alto al más bajo nivel. En cadena, esas bombas fueron estallando hasta producir -desde 1808- la virtual desmembración del Estado Imperial Español. Y nada prevaleció en contra de eso: ni las ideas fundantes, ni el tecnocratismo, ni la expansión comercial, ni la represión militar. Pero las bombas de tiempo eran, al mismo tiempo, semillas de autonomía. En rigor: semillas de legitimidad ciudadana aflorando en el bosque quemado de la soberanía divina del Rey. Autonomía cívica a nivel regional o nacional, pero también a nivel local. Autonomía englobada por los límites del comercio, o arraigada en los valles productivos. Autonomía, por último, como soberanía de "pueblos", o, incluso, de 'individuos'. La legitimidad ciudadana, reventando por doquier nerviosamente, tejió una heterogénea y temblorosa cartografía de independencia. Y libertad.

En paralelo con la erosión de la monarquía en la propia España, el territorio del Imperio, desde 1808, se cubrió de escenarios históricos diversos y variados procesos locales de 'construcción estatal'.

Construcción e inestabilización del Estado Oligárquico Liberal (1810-1920)

> *"El poder surge entre los hombres cuando actúan juntos y desaparece en el momento en que se dispersan... Sólo donde los hombres viven tan unidos que las potencialidades de la acción están siempre presentes, el poder puede permanecer en ellos"*
> *(Hannah Arendt).*

Hombres y mujeres pueden reunirse bajo el imperio de una idea abstracta (por ejemplo, la propuesta "señorial" de unidad y perpetuidad) y desde allí desarrollar potencialidades de acción. O sea: 'poder'. O pueden juntarse en un determinado valle para vivir, producir y reproducir, en comunidad, las condiciones de su existencia (por ejemplo, los colonos en el valle de Santiago). El *poder* puede surgir, pues, o de una 'idea' universal que se impone como ley social, nacional o imperial; o de una 'comunidad' que se potencia reproduciendo su propia existencia y desarrollando, como cultura cívica, los logros de sus propios esfuerzos.

Los Estados, para constituirse y existir, pueden echar mano de una u otra (o de ambas) fuentes de poder. A nivel de los *hechos*, se recurre con más frecuencia a la primera. A nivel de *procesos*, en cambio, predomina, a la larga, la segunda. La historia del Imperio Hispanoamericano avanzó en el sentido que las comunidades fueron *localizando* el proceso económico (en torno a los centros productivos) y *fraccionando* (democratizando) el sistema político. Como si el 'poder', arrebatado a las comunidades pos-medievales por el Rey absolutista, retornara de nuevo, como hijo pródigo, al corrillo de "los hombres juntos". ¿Acaso las tradiciones cívicas que brotan de la convivencia humana son el eje de gravedad o la *conditio sine qua non* del poder? Tras una profunda investigación realizada en Italia, Robert Putnam concluyó:

> "Aunque estamos acostumbrados a pensar que el Estado y el Mercado son mecanismos alternativos para resolver los problemas sociales, esta investigación sugiere que ambos, estados y mercados, sólo operan eficientemente en *concordancia* con comunidades cívicas... El contexto social y la historia condicionan profundamente la efectividad de las instituciones..." [25].

La historia original de Chile, en tanto proceso que desembocó en la construcción del Estado nacional, puede leerse, pues, no sólo como la "cruzada" realizada por los colonos unidos bajo la Cruz y la Corona, sino también, y sobre todo, como la agrupación de múltiples comunidades locales que desarrollaron "potencialidades de acción" tanto como "tradiciones cívicas". En otras palabras, puede leerse no sólo en la clave del Estado Imperial, sino también en la clave de una emergente *sociedad civil* (o comunidad nacional) y una nueva fuente 'ciudadana' de legitimidad y poder.

La primera lectura, con diferentes énfasis y variantes, ha sido dominante en los historiadores 'clásicos' (Diego Barros Arana, Miguel Amunátegui, Alberto Edwards, Jaime Eyzaguirre, Mario Góngora) y en algunos neo-clásicos (Alfredo Jocelyn-Holt, Gonzalo Vial). La segunda lectura (centrada en las fuerzas productivas más que en la sociedad civil) ha predominado en los historiadores marxistas (Hernán Ramírez, Luis Vitale). Hay también quien mezcla ambos enfoques (Sergio Villalobos) [26].

¿Existieron, en Chile colonial, comunidades locales capaces de desarrollar "tradiciones cívicas" y sentido local de 'poder'?

Es un hecho que, a medidos del siglo XVIII, esas comunidades habían dado 'identidad económica' a varios segmentos del largo territorio del Reyno de Chile. Por ejemplo: el espacio agro-minero del Norte Chico, con ejes en La Serena, Coquimbo y Huasco. O bien el espacio agro-mercantil con centro en el triángulo formado por Santiago, Valparaíso

---

25 Robert D. Putnam: *Making Democracy Work. Civic Traditions in Modern Italy* (Princeton, N. J., 1993), pp. 182-185. La cursiva es nuestra.

26 Una visión sinóptica de estas distintas posiciones puede hallarse en Luis Moulian: *La Independencia de Chile, balance historiográfico* (Santiago, 1996).

y Los Andes. O su contraparte sureña, con eje en Concepción, Tomé y Talcahuano. No menos identidad tenía el complejo espacio económico cuyo polo era la ciudad-puerto de Valdivia. Todos ellos basaban su identidad en la actividad *productivo-exportadora*, la que se canalizó a través de un puerto de salida. Todos ellos, además, organizaron un sistema de trabajo y convivencia, que acumuló ritos, leyendas, logros y fracasos; es decir: una específica "tradición cívica". Todos ellos, por último, 'argumentaron' sus problemas en el marco de una institución cívica tradicional: el Cabildo local; lo que les permitió ser reconocidos -en los documentos oficiales de la Colonia y la temprana República- como "pueblos" (en el sentido 'comunal' del término) [27]. No cabe duda que esas comunidades constituyeron tejidos primarios de sociedad civil y gérmenes incipientes de poder local. Y que fue en esos "pueblos" donde se fraguó la legitimidad y la rebelión que consumara la crisis del Estado Imperial de derecho divino y señorial.

Es un hecho, en todo caso, que las comunidades coloniales chilenas no tuvieron la misma autonomía y sentido de igualdad que las famosas trece colonias norteamericanas. No duplicaron, pues, el modelo descrito por Alexis de Tocqueville [28]. Primero, por su estructuración verticalista (imposición de la etnia conquistadora sobre la conquistada y del estamento propietario sobre los no-propietarios, amén del rasgo paternalista o esclavista del régimen laboral). Segundo, porque la configuración imperial de los mercados privilegió la función mercantil exterior (comercio con España o Perú) en desmedro de las funciones económicas locales. De este modo, las "tradiciones cívicas" se dividieron en una cultura 'cosmopolita' (de los grandes mercaderes) y otra 'provinciana' (de las clases productoras), 'uniéndose' ambas en una tradición local de desigualdad y *conflictos* periódicos. El Cabildo, en consecuencia, tendió a representar sólo el estrato mercantil de la comunidad, no el conjunto de ella. El 'poder' no se desarrolló como una potencialidad unificada de acción hacia afuera, sino como un poder institucional gastado, principalmente, en mantener la desigualdad hacia adentro; a cuyo fin, a menudo, echó mano de la conveniente legislación imperial que castigaba draconianamente a vagos, ladrones y delincuentes [29]. La relación con el Estado Imperial se tornó, por esto, ambigua.

Obviamente, el poder vinculado a la *acumulación* de capital fue controlado, en esas comunidades, por la élite mercantil [30]. En cambio, el poder de los empresarios pro-

---

27 En este último aspecto, ver Julio Alemparte: *El Cabildo en Chile Colonial* (Santiago, 1966). La identificación económica de las comunidades locales se examinará en el volumen III.

28 Ver su célebre *Democracia en América* (México, 1957). En esta obra, Tocqueville echó las bases teóricas de lo que se ha llamado el Estado democrático verdaderamente 'republicano', que se opone al de tipo 'liberal'. Sobre este debate, J. Habermas: "Tres modelos de democracia. Sobre el concepto de una política deliberativa", en *Debates* 39 (1992).

29 *Novísima Recopilación...*, op. cit., Libro XII, Vol. IV

30 Ver M. Carmagnani: *El salariado minero en Chile colonial. Su desarrollo en una ciudad provincial: el Norte Chico, 1690-1800* (Santiago, 1962) y E. Cavieres: *La Serena en el siglo XVIII. Las dimensiones del poder local en una sociedad regional* (Valparaíso, 1993).

ductores (patrones y propietarios residentes en la faena) consistió, principalmente, en el necesario para disciplinar y *administrar* la (díscola) fuerza de trabajo [31]. En cuanto a la masa indígena y popular, cuando no estaba subordinada laboral y jurídicamente a un régimen vertical de producción, vivía en marginalidad y vagabundaje. Es decir: prefirió fugarse y auto-desterrarse de las comunidades locales, constituyendo, al margen de ellas, una larga y ancha franja de redes sociales móviles, donde fraguó códigos propios y tradiciones 'cívico-culturales' de tipo marginal. Así, la potencialidad de acción de esta masa, con excepción del ramal cautivo en el sistema laboral, se desplegó en contra o hacia afuera de las comunidades locales, *debilitándolas.*

El modo en que las comunidades coloniales asumieron la crisis del Estado Imperial no fue, por tanto, el de un conjunto federado de comunidades homogéneas que, unidas, frontal y republicanamente, impusieron sus potencialidades de acción. Al contrario: su modo consistió en oponer, al tensionado Estado Imperial, un igualmente tensionado poder local, preñado de desigualdades y conflictos. Por esto, el proceso civil de construcción de Estado en Chile no fue rápido, ni rectilíneo, ni unívoco, sino lento (tardó casi medio siglo), zigzagueante (fue tironeado por los estallidos laterales de su conflicto interno) y distorsionado (no triunfó la legitimidad cívica sino la 'idea' oligárquica).

Pese a sus dificultades, el proceso de autonomización conjunta de los "pueblos" chilenos fue efectivo e, incluso, radical. Cada foco de tensión generó un estallido de autonomía. Así, los mercaderes de Santiago, La Serena y Concepción lucharon por revertir la hegemonía de los de Lima. Los cosecheros y mineros locales intentaron sacudirse de las expoliaciones mercantiles que aguardaban en todos los frentes (bodegaje, crédito, maquilas, pago de impuestos, etc.), mientras la masa marginal y laboral halló en la crisis una buena oportunidad para cambiar el trabajo forzado por los más remunerativos saqueo y bandidaje. Cada sector de la comunidad buscó su independencia y se convirtió, cada cual a su manera, en ciudadano [32]. Algunos contra España. Otros contra Lima. Aquéllos contra Santiago o los mercaderes de los puertos. Y éstos contra todos. Al girar en círculo, el estallido cívico terminó por desplegar, desordenadamente, todo el poder acumulado en las comunidades locales. La legitimidad social remeció la tierra entera, enredada en las esquirlas de la unidad superestructural del Imperio.

¿Quiénes fueron -aparte del apesadumbrado Rey de España- las principales víctimas de ese estallido? ¿A quiénes benefició más?

La vorágine autonomista perjudicó más, sin duda, a los que tenían más que per-

---

[31] G. Salazar, *Labradores...*, op. cit, passim, y M. A. Illanes: *La dominación silenciosa. Productores y prestamistas en la minería de Atacama. Chile, 1830-1860* (Santiago, 1992).

[32] El análisis económico y social de estas tensiones internas se realizará en los volúmenes II y III de esta Historia.

der. Es decir: a los mercaderes más ricos (de Lima, de Santiago-Valparaíso y de Concepción). A los que estaban de un modo u otro coludidos con el 'orden imperial': eran los llamados "monopolistas" o "casas pudientes", que manejaban fortunas de $ 500.000 (oro) y más; que obtenían una ganancia de 35 a 75 por ciento por cada operación comercial o de préstamo (frente a "los predios rústicos, que quanto más rinden 6 por ciento al año", según el Real Consulado de Santiago) y que se resistieron a pagar impuestos o a conceder préstamos no sólo a la Corona, sino también al flamante Gobierno Patriota. Los monopolistas agostaban sin piedad la ganancia potencial de mineros, cosecheros y artesanos, aumentando la cesantía y el vagabundaje. Su abusiva hegemonía, creciente desde la liberalización del comercio imperial, se agudizó durante la fase de 'construcción estatal'. En abril de 1825, por ejemplo, la Comisión de Hacienda del Congreso Nacional informaba que:

> *"nuestros campos sólo ofrecen a la vista cúmulos de propiedades miserables que carecen de cuanto es necesario para su cultivo: en el centro de millares de éstas se observa tristemente uno u otro monopolista formando su fortuna de las necesidades y miserias públicas..."* [33].

El síndico Anselmo de la Cruz, a comienzos del siglo XIX, había informado: "nos sobran brazos ociosos; en todas partes nos vemos rodeados de mendigos, de holgazanes, de vagabundos, de ladrones, de facinerosos, i aun la jente honrada de juicio carece de caudal y se halla aislada sin encontrar ocupación útil para sus hijos" [34]. Lo que revela hasta qué punto los "pueblos" estaban juntos pero desunidos, y cómo los "monopolistas" representaban mal los intereses de la "jente honrada de juicio", de los dueños de "predios rústicos" y de la masa de desempleados y vagabundos.

El proceso de construcción de Estado se inició en Chile como un creciente diálogo ciudadano. Primero, dentro de cada Cabildo. Luego, en un Congreso Nacional constituido por una federación de Cabildos. Fue, al principio, una convención general de "pueblos".

Lógicamente, la mayoría de los cabildantes y convencionales eran "monopolistas". Lo eran los moderados lo mismo que los exaltados (Juan Martínez de Rozas, uno de los más exaltados, era yerno de Urrutia y Mendiburu, el más rico de los mercaderes de Concepción, y tal vez de Chile). La lógica monopolista era simple: había que someter a los mercaderes de Lima, controlar a los mercaderes franceses y anglosajones, y dominar el mercado del Pacífico; a cuyo fin no era necesario romper del todo con España: el Estado Imperial era útil como aliado contra Inglaterra, pero el Estado Nacional era mejor que el

---

33 Archivo de la Intendencia de Concepción, vol. 14 (1825), Informe de la Comisión de Hacienda, del 10 de abril.

34 Citado en G. Salazar: "Grandes coyunturas políticas en la historia de Chile: ganadores (previsibles) y perdedores (habituales)", en *Proposiciones* 16 (1988), p. 25

Imperial para mantener sometidos el estrato productor criollo y la masa laboral e indígena. Así, las comunidades locales permanecerían bajo control monopólico [35].

La lógica autonomista de la "jente honrada de juicio", dueña de predios rústicos o minas que rendían no más de "6 por ciento al año", era diferente. Su problema no era España, ni los mercaderes nórdicos, sino los monopolios americanos 'dueños' del mercado regional (de Lima, Potosí, Buenos Aires o Tucumán) y, sobre todo, del crédito para productores (sólo había para grandes comerciantes o grandes propietarios), que bloqueaban su crecimiento. Su oposición al Rey o a Inglaterra podía ser ideológica, pero no de *intereses*. La guerra -si había que darla- tenía sentido real si con ella se eliminaba el bloqueo de esos intereses. O si con ella se erigía un poder local al servicio de las actividades *productivas* de la localidad. Con todo, en tanto que 'propietarios', podían acceder al Cabildo local e incluso, al Congreso Nacional. Y, por tanto, sumarse a la construcción 'argumentada' del Estado, cabildeando con los propios monopolistas. En el Cabildo local, mercaderes y patrones eran cívicamente iguales: podían y debían dialogar. En la guerra, sin embargo, los 'patrones' aventajaban a los grupos mercantiles porque tenían mando (que podía ser comando) sobre extensas cuadrillas de trabajadores (convertibles en votantes adictos, en "montoneras", y ambos en un eventual "ejército patriota"). Poder que, incluso, podía atraer, según el caso, a los siempre 'atentos' vagabundos, bandidos, tribus indígenas, campesinos y mineros descontentos (o sea: la masa que prefería una buena "maloca" a un mal salario).

Los "pueblos" dialogaron cívicamente su proyecto de autonomía, pero ni el Rey ni sus virreyes, desde su fe unitaria, podían dialogar la desmembración subversiva de su Imperio. Contra la desmembración, sólo cabía la guerra 'real'. La resistencia de los "patriotas" (en realidad: de las comunidades federadas) fue culminada con los triunfos militares de Chacabuco y Maipú. En la práctica, la guerra culminó con la destrucción del 'virreinato' del Perú; o sea: con la corporeidad más próxima del Estado Imperial de derecho divino. Esto colmaba una de las expectativas regionales de los grandes mercaderes chilenos: el mercado del Pacífico quedaba ahora a su merced. Podían aumentar la potencia de sus monopolios. Pero la caída del virreinato y el aumento del monopolio mercantil no colmaba en absoluto las expectativas de los actores que luchaban por su autonomía *interna*. La expedición a Perú terminó de pulverizar la caparazón enferma del Imperio, pero no resolvía el conflicto de las "potencialidades de acción" de las (divididas) comunidades locales, de cuya resolución pendía la construcción ciudadana de una nueva caparazón estatal [36].

---

35 Stanley Edwards: "Chilean Economic Policy Goals: 1811-1829" (Ph.D. Dissertation, Tulane University, 1971); también Mary Felstiner: "The Larrain Family in the Independence of Chile. 1780-1830" (Ph.D. Dissertation, Stanford University, 1970). Debe ser recordado que los comerciantes anglosajones inundaron los puertos con mercancías diversas provocando atochamiento del mercado y baja de precios, con pérdida para los mercaderes criollos.

36 La postura de radical ruptura con España fue planteada y ejecutada, principalmente, por el grupo de criollos organizado en la Logia Lautarina, de notoria inspiración y protección inglesa. Cabe recordar que la desintegración del Mercado Imperial Español era un objetivo estratégico de los ingleses desde mediados del siglo XVIII.

Resuelto (aparentemente) el conflicto de la dependencia externa, quedó al desnudo el conflicto de las dependencias internas. La polarización 'abstracta' entre patriotas y realistas dejó paso a la polarización más concreta entre "pelucones" y "pipiolos", y entre "centralistas" y "federalistas". La autonomía comenzó a lucharse al interior de cada comunidad, como un conflicto cívico verdaderamente 'republicano'. El análisis abandonó sus vuelos grandilocuentes para centrarse en la pintura localista:

"El nombre de 'pipiolos' -escribió Benjamín Vicuña Mackenna- se atribuye a los concurrentes de segundo i tercer órden que asistian al café del español Barros, situado en la calle Ahumada. Acostumbraban jugar allí malilla los hombres de alguna consideración, i a los mirones o a los que pedían barato, les habían puesto por apodo el nombre de 'pipiolos', por relación al grito de 'pio-pio' con que los pollos parecen solicitar su grano" [37].

¿Qué querían los "pipiolos"? Eliminar los "mayorazgos" (ligazón indivisible del patrimonio, cuya compra era accesible sólo a los monopolistas); eliminar o fiscalizar los monopolios (como el del tabaco, controlado por Diego Portales); frenar la expansión de los extranjeros en el mercado interno; proteger y fomentar la producción agrícola y manufacturera; crear un Banco Estatal para productores; elegir por voto popular todos los cargos públicos (incluyendo el párroco y el jefe local de policía) y privilegiar el gobierno local sobre el gobierno central (de Santiago) [38]. ¿No era éste un programa cívico, típicamente republicano, que tendía a privilegiar la producción, la autonomía comunal y el control democrático del poder público? ¿No era un inconfundible proyecto comunal anti-monopolista y anti-centralista? Es bueno recordar algunos de sus líderes (aunque mejor sería recordar los "pueblos" respectivos): José Manuel Infante, Ramón Freire y Francisco Antonio Pinto, entre otros; o la formalización de su programa: la Constitución Política de 1826 (federal), y la de 1828 (llamada "liberal"). Y es también útil recordar que este movimiento social-republicano y productivista ha sido motejado sistemáticamente de "anarquista" por todos los que han suscrito el programa oligárquico-centralista impuesto a sangre y fuego por la élite mercantil de la 'comunidad' de Santiago.

¿Quiénes eran y por qué luchaban los "pelucones"? La corriente pelucona estaba formada -según Vicuña Mackenna-, sobre todo, por la poderosa "falanje de los mayorazgos", que, en su mayor parte, vivía en Santiago. Eran los mercaderes más ricos, que habían comprado los títulos y cargos (migajas de 'señorío') que la Corona había tenido a bien 'privatizar', razón por la que muchos, impresionados, los llaman "aristocracia". Pero eran comerciantes y dueños de bodegas, prestamistas y recaudadores de diezmos que, al comprar privatizaciones reales y sentirse por ello ennoblecidos, perpetraron lo que Fer-

---

37 Benjamín Vicuña: *Introducción a la historia de los diez años de la Administración Montt: Don Diego Portales* (Valparaíso, 1863), pp. 12-13, Nota 1.

38 Véase las *Sesiones de los Cuerpos Legislativos*, en especial los volúmenes 12, 13 y 14.

nando Braudel llamó "la traición de las burguesías mercantiles"; esto es: su abandono de la empresarialidad capitalista para vivir vida de "señorío". No debe sorprender, pues, que los pelucones vistieran "todavía en esa época el traje de la corte y usaban la peluca tradicional de la colonia y que por tanto profesaban un odio que podía llamarse de casta a los oscuros pipiolos". Y que en el célebre café de Barros ordenaran, con voz gruesa, "alguna cosa de sustancia como jamón, chocolate o coñac" [39].

Ha de recordarse que la "falanje de los mayorazgos" -a la que se sumaron además los adictos al obispo Rodríguez desterrado por los pipiolos, militares dictatorialistas e ideólogos monarquistas como Mariano Egaña- había sido severamente castigada por la guerra: se le amputaron los hábiles mercaderes españoles, tuvo que hacerse cargo de un verdadero aluvión de préstamos forzosos exigidos por patriotas y realistas, así como de las pérdidas comerciales que produjo la interrupción del comercio colonial y la irrupción masiva del contrabando anglosajón [40]. El castigo fue suficientemente grande como para producir un 'vacío de poder' a nivel de la clase con mayor desarrollo capitalista. O'Higgins llenó en parte ese vacío entronizando aún más a los mercaderes ingleses. Pero también lo llenaron los propios pipiolos.

A esa debilidad se sumó el hecho de que la falange pelucona no estaba en condiciones de producir un proyecto *cívico* de Estado. Era demasiado elitista para ello. Su sentido de 'comunidad' no era localista sino más bien 'cosmopolita' (propio de mercaderes de ultramar). Su capital había sido acumulado entre 1750 y 1812; o sea, bajo el dominio de un Estado 'de señorío'. No adquirió una verdadera cultura republicana. No podía ser demócrata. Habría preferido, para Chile, un Estado monárquico (ideal compartido por San Martín y la Logia Lautaro), pero la guerra contra el Virrey y la negativa inglesa para dar sus príncipes a monarquías nuevas tornaban irreal esa opción. Pudo, tal vez, presentar derechamente un proyecto aristocrático de Estado, pero su debilidad y escaso prestigio (fracasó en el monopolio nacional del tabaco y en la conquista comercial de la India) no lo permitían. Ningún proyecto estatal específicamente suyo podía alcanzar genuina *legitimidad* ciudadana. En esto la ventaja de los pipiolos era considerable. Esto explica la pasividad pelucona y el entusiasmo pipiolo del período 1817-1829.

La recuperación de la falange pelucona se produjo en relación a tres situaciones coyunturales: una, la consolidación en Chile de una poderosa 'falange' de comerciantes ingleses, franceses y norteamericanos; dos, el volcamiento del grupo monopolista de Diego Portales (llamado "los estanqueros") a la política pura y la construcción de Estado, y tres,

---

[39] Benjamín Vicuña, op. cit, pp. 11-12, y Nota 1 en p. 13.

[40] Sobre esto, G. Salazar: "Del corral de las fonderas...", loc. cit, secciones 5 y 6. También Armando de Ramón y J. M. Larraín: *Orígenes de la vida económica chilena* (Santiago, 1982), V Parte, y J. L. Rector: "Merchants, Trade and Commercial Policy in Chile, 1810-1840" (Ph.D. Dissertation, Indiana University, 1976), Chapter II.

la cesantía 'política' de los militares de alta graduación fogueados en las guerras contra el Virrey y luego contra los campesinos e indígenas del sur.

La construcción del Estado nacional, iniciada en 1810 pero ligada a la ruptura militar con el Imperio hasta 1825, no fue un conflicto *cívico* sino hasta que la falange pelucona entró a disputar a la masa pipiola el control político del proceso. Eso ocurrió después de fracasado el monopolio nacional del tabaco, intentado por la firma Portales, Cea & Ca. (1825). Es decir: se inició en el punto más bajo del poder empresarial de la falange pelucona y al inicio de la hegemonía empresarial de la falange mercantil extranjera que se había apoderado (con ayuda del General O'Higgins) del estratégico "entrepot" de Valparaíso. La inyección del empresariado extranjero resultó vital para la reactivación del capital comercial en su conjunto, lo que vino a servir de respaldo a la incursión 'constituyente' que emprendió la oligarquía mercantil de Santiago [41].

La asociación de los debilitados pelucones con el empresariado extranjero 'acampado' en Valparaíso era, pues, inevitable. A comienzos de siglo, los mercaderes del Tribunal del Consulado habían preferido la alianza con España, porque consideraban la alianza con Inglaterra como un suicidio. Pero lo que parecía suicidio en 1804 fue seguro de vida en 1830, entre otras buenas razones, porque los ingleses mantenían frente a Valparaíso un poderoso escuadrón de su temida *Royal Navy*. Y porque ¿qué sentido práctico tenía liberarse de España o Perú si no se alcanzaba el reconocimiento diplomático y mercantil de Inglaterra? Ningún mercader (pelucón) informado podía ignorar eso. Y ningún militar de alta graduación dejaría de entender que la alianza con los ingleses tenía un alto valor geopolítico. Ante eso, ¿qué valía la alianza 'cívica' de los oscuros pipiolos?

Para la lógica cosmopolita de los mercaderes, estaban listos todos los ingredientes claves. Sólo faltaba el *discurso de poder*, que uniera todo eso y lo proyectara como Estado.

¿Quién podía levantar ese discurso? Sin duda: algún comerciante pelucón quebrado o fracasado, que hubiera decidido cambiar su bloqueada contabilidad por la ley y la política. ¿Por qué? Porque el gran mercader siempre había exigido un *orden global*, tan ancho como el espacio circulacional de sus mercancías. Un orden central que fuera draconiano en erradicar el latrocinio, el piraterío, el contrabando, el incumplimiento de los contratos, etc. Un orden que, por encima de cabildeos y republicanismos, fuera un orden con respaldo militar, policíaco o, cuando menos, de milicia ciudadana de *seguridad* (de hecho, las "guardias cívicas" fueron introducidas y comandadas en Chile por mercaderes; Portales, que usó "tropas" para asegurar su monopolio, fundó y comandó una de ellas). Este discurso de poder, como se aprecia, era radicalmente diferente del discurso pipiolo [42].

---

41 Un mayor desarrollo de esto en G. Salazar: "Dialéctica de la modernización mercantil: intercambio desigual, coacción, claudicación (Chile como West Coast, 1817-1843)", *Cuadernos de Historia* 14 (1994).

42 Un análisis más extenso de estas concepciones de poder en G. Salazar: "Diferenciación y conflicto en la clase dominante chilena. Siglos XIX y XX" (Hull, U.K., 1979), Mimeo.

Como se sabe, fue un comerciante pelucón y fracasado el que articuló 'ese' discurso de poder: Diego Portales. Le ayudaron, en parte, Manuel Gandarillas, Manuel Rengifo, Mariano Egaña, Andrés Bello, etc., todos los cuales, desde 1828, se convirtieron en periodistas o "publicistas" abocados, a veces, a construir la teoría del 'orden global', otras, a ridiculizar y desprestigiar a las personas y carácter de los pipiolos. La historiografía y la política han atribuido a Portales el mérito de haber articulado e implementado, por *sí solo*, todo ese discurso, dando al ciclo de construcción pelucona del Estado el nombre mismo de Portales. Portalianizando el período. La época, incluso. Haciendo de esa personalización un concepto arquetípico, de culminación de la historia nacional. No es el interés de este trabajo ofrecer 'otra' versión sobre la personalidad y obra de Portales. Sólo decir que la producción *ideológica* de Portales no se expresó en grandes discursos públicos, ni en libros o folletos, ni en forma de encantamiento pedagógico sobre la juventud, sino en cartas y opiniones privadas y pullas de salón o de chingana. No se puede comparar, salvo en desventaja, esta producción con la que dejó J. M. Infante o J. J. de Mora (por los pipiolos), o Juan o Mariano Egaña o el propio Andrés Bello (entre los pelucones). En rigor, la teoría portaliana del Estado más parece el memorándum de un conspirador que la propuesta pública de un gran legislador o estadista. Y no podía ser de otro modo, siendo un hombre de elite mercantil y no de 'comunidad productiva'; comandante de milicias y no patrón de inquilinos; de Santiago y no de provincia [43].

Es preciso reconocer, también, el rol que la 'clase' pelucona jugó en ese proceso, con su cultura mercantil no republicana, con su ineludible opción por la política conspirativa y golpista. No fue la teoría portaliana del Estado sino el trabajo conspirativo el que -basado en esa 'clase'-, en definitiva, consumó la obra. O sea: la construcción del Estado Oligárquico-Liberal de 1830. El diálogo de los "pueblos", inaugurado cívicamente en 1808, fue clausurado a sangre y fuego en 1829 (Lircay) por la coalición pelucona descrita más arriba. No fueron los 'argumentos cívicos', sino la *violencia* lo que puso fin al período pipiolo (del mismo modo como la violencia dio fin al Estado Imperial en 1817). Cabe recordar lo escrito por Max Weber:

> *"Para la constitución de una comunidad política especial basta... un ámbito o dominio y la posesión del poder físico para afirmarlo, la presión destinada a amenazar y aniquilar la vida y libertad... Es la seriedad de la muerte la que aquí se introduce... Las luchas políticas comunes a la vida y la muerte forman comunidades basadas en el recuerdo"* [44].

La violencia fue, pues, la partera del Estado que surgió de la primera coyuntura constituyente. En la "seriedad de la muerte" que siguió a ese parto, el Congreso de 1832

---

43 La bibliografía sobre Portales es extensa. Cabe recomendar la más reciente: Sergio Villalobos: *Portales, una falsificación histórica* (Santiago, 1989), y A. Jocelyn-Holt, *El peso de la noche...*, op. cit., capítulos 3 y 4.

44 Ver su *Economía y Sociedad* (México, 1964), vol. II, p. 662 et seq.

(dominado por una mayoría de mercaderes) redactó y aprobó la Constitución que legalizó su "ámbito de dominio". Su texto fue promulgado en 1833.

¿Fue 'nacional' el Estado formalizado en 1833? ¿Se reunificaron en él las comunidades locales? Cabe recordar lo que dijo Julio Bañados en 1891: "la Constitución de 1833 es la resultante del triunfo de un estado social contra otro estado social". Se basó en la negación de la participación ciudadana. Institucionalizó la voluntad de una oligarquía casi en los mismos términos con que el Estado Imperial formalizó la voluntad del Rey. Pero no para unir, como ésta, sino para consolidar la división. Es sintomático que los cónsules de las grandes potencias mercantiles instaladas en Valparaíso hayan considerado el Estado surgido en 1830 como un gobierno "despótico y tiránico" [45].

Basado en la voluntad oligárquica más que en la legitimidad nacional, el Estado de 1833 se vio forzado a iniciar complejas maniobras retóricas de 'legitimación'. Tarea tardía, pero fundamental, en la que ya no participó Portales, pero sí sabios como Andrés Bello, anti-hispanistas pro-liberales como Lastarria y los que se congregaron en la llamada "generación del 42". Todos los cuales, en periódicos de Gobierno, salones universitarios o cenáculos privados, montaron un 'espacio público' de debate y legitimación, como remedo elitista de lo que debió ser el *espacio cívico* común y federado de todas las comunidades locales [46].

El Estado de 1833 fue, por esto, el Estado de los mercaderes: el poder central arrasó con los poderes locales para despejar su ya amplio "dominio" mercantil de circulación. Para legitimar esto, había que denostar el gobierno local:

> *"El gobierno interior de las provincias es monstruoso: asambleas con atribuciones equívocas... Intendentes en clase de ajentes de las asambleas, lo mismo que los gobernadores... un desencadenamiento que, estudiado, no podría hallarse mejor para establecer la anarquía... forman el cuadro más acabado del caos..."* [47].

Por tanto, en ese Estado, los Intendentes, los Gobernadores, los Subdelegados, Inspectores y Alcaldes dependieron exclusivamente del Presidente de la República. La cadena de mando, centrada en el Presidente, anuló toda soberanía comunal. Esto significaba subordinar las provincias a Santiago, los intereses productivos a los mercantil-financieros y los procesos electorales al Poder Ejecutivo con sede en La Moneda. Al poder ejecutivo el Presidente agregó el poder total de la administración interior, el poder electoral y, por ende, el legislativo. Un bloque de acero frenó la entrada de los grupos opositores al Estado, mientras el voto censitario negó la ciudadanía formal a la masa popular. Como si fuera poco, el Comandante en Jefe del Ejército Nacional ocupó simultáneamen-

---

45 Informe Consular, Foreign Office (U.K.), 16/12 B, del 18 de junio de 1830.

46 Carlos Ossandón: *El crepúsculo de los sabios y la irrupción de los publicistas* (Santiago, 1998. ARCIS-LOM).

47 Declaración de Agustín de Vial, F. A. Elizalde y M. J. Gandarillas, diputados de la Gran Convención Constituyente, del 8 de agosto de 1831.

te el cargo de Presidente de la República, o el brazo derecho del sillón presidencial. Todo por 30 años.

Es claro que la oligarquía mercantil criolla (de origen y mente colonial) pudo y supo construir un Estado atingente a su proyecto clásico (virreinal) de expansión. Eso no se puede negar. El problema era que ese proyecto enfrentaba en 1830 una coyuntura internacional distinta a la de 1804 (cuando los mercaderes del Consulado recomendaron diversificar la producción para resistir la 'invasión comercial' de los países nórdicos). En 1804 existía la 'posibilidad' de competir porque aquéllos merodeaban por fuera del Imperio Español, o dentro, pero ilegal y clandestinamente. En 1830, en cambio, la temida invasión *ya se había producido*, y los nórdicos estaban *dentro* de los principales puertos de Chile. Esto significaba que la oligarquía criolla, aunque dominaba el Estado, no dominaba el comercio exterior. Para implementar su proyecto de desarrollo no tenía más remedio que asociarse en condiciones de dependencia con quien, treinta años antes, había considerado su peor y más peligroso competidor. Que esto era así, lo probó la Convención Comercial que se firmó con Estados Unidos en 1832 (mientras el Congreso redactaba la Constitución), que reconoció a los comerciantes norteamericanos los mismos derechos y libertades que a sus pares chilenos o latinoamericanos; lo que implicaba concederles plena 'ciudadanía económica'. Igual garantía se concedió a los ingleses en 1854 [48]. Era evidente, pues, que hacia 1830 la oligarquía mercantil, aunque controlaba el poder político total, debió inclinarse ante el hecho de que el estratégico *poder de modernización* no lo tenía ella, sino los extranjeros.

De este modo, el drástico autoritarismo interior fue puesto al servicio de un práctico libremercadismo exterior. Y si la tarea de legitimación exigía mantener las leyes proteccionistas (de inspiración colonial), los omnipotentes *decretos* del Ejecutivo, liberalmente, despejaban el camino para los extranjeros (y para su 'modernización') [49]. ¿Cuánta de la célebre 'eficiencia' del Estado "portaliano" se debió a la inyección modernizadora de los mercaderes extranjeros? Todo parece indicar que, mientras el Estado de 1830 aseguraba la gobernabilidad de la sociedad civil, los mercaderes extranjeros aseguraban la eficacia económica en el comercio exterior y rubros anexos. La oligarquía administró bien ambos rubros, pero ni el Estado ni los extranjeros fueron eficientes en resolver las necesidades extremas en que se halló la 'baja' sociedad civil. La legitimidad, allí abajo, se revolvió como en una tumba: era la "libertad (mayoritaria) del desorden", bajo la "libertad (minoritaria) del orden".

Como cabía esperar, entre 1830 y 1885, el modelo funcionó con éxito en lo referido

---

48 G. Salazar: "Entrepreneurs and Peons in the Transition to Industrial Capitalism. Chile, 1820-1878" (Ph.D. Dissertation, University of Hull, U.K., 1984), pp. 130 et seq.

49 Una visión diferente en S. Villalobos y R. Sagredo: *El proteccionismo económico en Chile. Siglo XIX* (Santiago, 1987).

al mercado internacional de Chile. Fue sobre estos parámetros que labró su fama. Pero en el plano de la baja sociedad civil, paralelamente, cosechó la crisis terminal de los empresarios campesinos, mineros y manufactureros [50]. Y desde 1873, el colapso del viejo sector minero centrado en Coquimbo y Copiapó. A lo que siguió el derrumbe, en 1878, del no menos viejo sistema monetario, la perla del mercader. Las bombas productivas, hundidas por la hegemonía mercantil, estallaron en cadena. La oligarquía criolla se desfondó, no así su contraparte extranjera. La sensación de 'ineficacia' se esparció entonces como tromba. La legitimidad ciudadana (sepultada en el "recuerdo de la muerte") despertó de su letargo y miles de afectados (trabajadores y productores, sobre todo) se buscaron, se juntaron, y asociaron privada y comunitariamente, desde 1845, o de antes. Surgieron diversas redes y organizaciones: unas para resistir (artesanos y trabajadores), otras para asistir caritativamente a los pobres (social-católicos); unas legales (las mutuales), otras ilegales (los bandidos). Densificada, la sociedad civil no pudo menos que sentir su propio calor y fuerza, y salió a la calle y desafió al Estado. Iniciando su desestabilización.

Fue así que, durante su máxima celebridad (1846 a 1885) el Estado de 1830 fue sacudido por alzamientos productivistas, asonadas comunales y encarnizamientos civiles (incluyendo el atentado contra Portales, ya en 1836). Y también por el revanchismo de sus competidores externos. Sólo la intervención (victoriosa) del mismo Ejército que le había dado el poder (en 1836, 1851 y 1859 contra la subversión interna, en 1837, 1865 y 1879 contra la externa) pudo mantener unida y gobernable la sociedad civil regida por ese Estado. No obstante, la disciplina del Ejército ¿bastaba para *continuar*? Se hizo evidente, desde 1860, que la gobernabilidad ya no podía mantenerse con legitimaciones tardías ni con lo que M. Foucault llamara la "política como continuación de la guerra por otros medios". Se tornó perentorio, pues, tomar en consideración la -hasta allí marginada- sociedad civil.

¿Puede entenderse ese momento -en que el Estado de 1830 abrió su portón a la sociedad civil- como el inicio de lo que Mario Góngora llamó la "decadencia del concepto de Estado" en Chile? O, al revés: ¿puede definirse ese momento como el punto en que la masa ciudadana reencontró el camino de su soberanía?

La apertura estatal de 1860 no se redujo a permitir que los hasta allí proscritos opositores entraran al Congreso, al Gabinete y a otros cargos administrativos. La apertura se extendió también al Gran Capital, dado que los flamantes códigos Civil y Comercial y la Ley de Bancos estimularon la formación de sociedades anónimas; lo que abrió las puertas a los grupos sociales emergentes. Al deterioro del autoritarismo, siguió el deterioro del monopolismo. Por ambas brechas penetró una turba de candidatos a asociarse

---

50 G. Salazar: "Empresariado popular e industrialización. La guerrilla de los mercaderes (Chile, 1830-1885)", en *Proposiciones* 20 (1991); también M. A. Illanes: *La dominación silenciosa...*, op. cit., passim.

con las firmas y compañías extranjeras (las únicas que permanecieron en pie de guerra expansiva). Bajo tal alero, el viejo conflicto interno entre productores y mercaderes tendió a morigerarse. O a disfrazarse. Y bajo tal alero se ensanchó -al incluir a grupos de laya advenediza- la vieja oligarquía colonial. Debilitándose su altivez señorial a medida que la fiebre de la Bolsa y de los extranjeros enfriaba el pasado bajo la antorcha del presente y el futuro. Surgió la fusión liberal-conservadora. La reconciliación por sobre el recuerdo de la muerte. Es que la modernidad nórdica, de haber sido una ola portuaria, mercantil y de salón, devino en un mar "desenfrenado" (Jocelyn-Holt), que cubrió toda la cúpula de la sociedad civil. Bajo su peso, muchos renegaron de su fe católica o de sus raíces hispanas. Así, hacia 1880, el conflicto político ya no surgía tanto de las relaciones de producción (como en 1840 ó 50), sino de enredos teológicos y parlamentarios [51].

La oligarquía perdió poder vertical -excepto el Ejército- pero ganó en consistencia horizontal. El vértigo de su ensanchamiento fagocitó incluso los partidos extremistas (el Liberal primero, el Radical después y, al fin, el Democrático). Después de todo, la eficiencia extranjera, los tributos del salitre y la increíble docilidad del Estado financiaban eso y mucho más. Al menos, por un tiempo (¿1885-1908 tal vez?). Porque la eficiencia extranjera incluía una expansión hacia adentro que fue dejando pocas fuentes de acumulación disponibles. Porque el costo del 'ensanchamiento' resultó mayor que la suma de los ingresos recaudados por el salitre y los empréstitos externos. El Estado, claro, era dócil y flexible, pero a la larga, frágil. Y la sociedad civil estaba demasiado alerta como para ignorarla. Fue inevitable que, para mantener las apariencias en alto costo, se asumieran negocios espurios, de tercera o cuarta clase (tráfico de alcohol, sexo, conventillos, especulación con tierras fiscales, etc.). Hacia 1900, las élites "portalianas" -lo mismo que los reyes Borbones a fines del siglo XVIII- sobrevivían su dominación comprando y vendiendo soberanía y baratijas, a izquierda y a derecha, sobre cubierta y bajo cubierta. No era, sin duda, la "crisis moral de la República", como demagógicamente la definió Enrique Mac Iver en 1901, sino el testimonio de la ilegitimidad e ineficacia del modelo oligárquico-liberal impuesto en 1830 [52].

La crisis política de 1891 (es exagerado llamarla "revolución" o "contra-revolución") no fue, sin embargo, un estallido 'vertical' entre ese Estado y su ilegitimidad social, sino uno 'horizontal' entre fracciones oligárquicas que luchaban por *homogeneizar* el control del Estado. Pues, para ellas, el Estado era su último 'mercado'. Se trataba de perfeccionar su 'distribución', y para ello había que eliminar el poder autocrático enquistado en "los hombres del Presidente" (¡dominaban el Poder Electoral!) [53]. Había que ajus-

---

51 Ricardo Donoso: *Las ideas políticas en Chile* (Buenos Aires, 1975), especialmente capítulos VII y X.

52 Distintas opiniones sobre esta decadencia pueden verse en C. Gazmuri: *Testimonios de una crisis. Chile: 1900-1925* (Santiago, 1979).

53 La preocupación política real en 1891 era cómo llevar a cabo la necesaria descentralización del Estado, pues en ella estaba en juego el poder electoral. Ver M. A. Illanes, "El proyecto comunal", *Historia* 27 (1993), y G. Salazar: "Historia de la democracia municipal en Chile" (Informe Proyecto CONICYT 1930008, 1995), pp. 42-50.

tar el Estado al perfil de la decadencia elitaria. (¿No eran las elites las que provocaban la "crisis del concepto de Estado"?). El ajuste creó el parlamentarismo. Que no fue, por esto, un auténtico régimen parlamentario, sino una 'legalizada' agonía para un régimen autoritario. Donde la falsa legitimidad sólo sirvió para postergar, por 30 años, su muerte 'oficial'. Lo que prueba la longevidad ilegítima del orden sobre la longevidad (legítima) del ¿desorden?

La 'baja' sociedad civil, vigilante de todo eso, permaneció junta en sus redes y organizaciones. Aprendiendo, de sí misma, civismo y participación. Argumentando proyectos y alternativas. Autónoma. Acumulando legitimidad, opinión, auténtica "moral republicana".

Su agitación pública y su política callejera fueron rápida y sangrientamente 'pacificadas' por el Ejército. No se le dio el trato político del diálogo y la argumentación. No se asumió el lenguaje que ella misma usaba. Una y otra vez, sobre ella (en 1890, en 1903, en 1905, en 1906 y en 1907) se extendió la ya conocida "seriedad de la muerte".

Construcción e inestabilización del Estado Liberal Democrático (1920-1973)

Para algunos autores, el parlamentarismo culminó el "sentimiento legitimista de continuidad en el orden legal que desde 1833 constituía el fundamento de nuestra estructura política". Esto mismo explicaría "la tranquilidad social que observamos en esta etapa de la vida histórica chilena". La vertiginosa rotación de ministros no habría sido más que la "válvula de escape para las tensiones políticas", moderando el interjuego entre Gobierno y Oposición [54]. Para otros, el parlamentarismo culminaba la crisis ética que asolaba el país [55]. Recientemente, un cónclave de expertos acordó que en Chile no hubo real parlamentarismo porque el Ejecutivo no dispuso de la atribución necesaria para *disolver* el Congreso. Sería un caso espurio [56].

Más allá de las virtudes o vicios de ese régimen, o de sus semejanzas o discordancias con modelos clásicos, cabe formular la siguiente pregunta: ¿por qué las elites chilenas, formadas en una seca tradición autoritaria, terminaron repartiéndose el Estado de un modo que a la mayoría ciudadana le pareció inmoral? Lo que ocurrió -de atenerse a los historiadores de la época- es que la "inferioridad económica" (F. A. Encina) de esas elites, ante la eficiente "invasión de Chile por los extranjeros" (T. Pinochet), las indujo a no pagar impuestos (A. Edwards), hasta provocar la total bancarrota del Fisco (V. Celis). Lo que, en conjunto, era la lógica interna del parlamentarismo. O sea: consumada la crisis de empresarialidad, sólo cabía *politización*.

---

[54] Julio Heise: *150 años de evolución institucional* (Santiago, 1979, 5ta. Ed.), pp. 92-93 y 106-107.

[55] P. Reinsch: "Parliamentary Government in Chile", en *The American Political Science Review*, 3 (1909).

[56] O. Godoy (Ed.): *Cambio de régimen...*, op. cit., ver especialmente artículos de F. Cumplido y H. Larraín.

Alguna información empírica parece conveniente: hacia 1800, según datos de Miguel Cruchaga, el monto del capital fiscal (Estado) era mayor que los montos del comercio exterior (mercaderes). En correspondencia con esto, los mercaderes demostraron alto interés en subastar monopolios estatales.

Hacia 1850, según datos de la *Estadística Comercial* y el *Resumen de la Hacienda Pública*, los valores del comercio exterior triplicaban y aun cuadruplicaban los recursos del Fisco. En directa correspondencia con esto, los mercaderes extranjeros y criollos se engolfaron en negocios privados de alta rentabilidad y el Estado gozó de frecuentes superávits presupuestarios.

Hacia 1905, según las mismas fuentes, el Estado recaudaba más de $ 300 millones anuales (pesos de 17 peniques), mientras el giro del comercio exterior, $ 500 millones (de los cuales sólo $ 130 millones eran embolsados por la elite capitalista nacional). En correspondencia con esto, la 'politizada' oligarquía chilena optó por realizar una operación asociativa con las compañías foráneas *a través* de una homogeneizada 'ocupación económica' del Estado. La Hacienda Pública, pues, entró a jugar roles claves en la esfera de la 'acumulación privada'. Lo que, por cierto, perjudicó su rol en el plano de la 'administración pública'. Aun sin manejar las cifras, la opinión ciudadana (estudiantil) era lapidaria:

> *"A la vista de la total bancarrota del parlamentarismo; cuando todos los partidos están en descomposición y el arte de gobernar ha puesto de relieve la farándula de la legislación y la burla de la ley, se necesita estar ciego y ser sordo para persistir tercamente en la pretendida virtud de los medios políticos..."* [57].

Los defensores del parlamentarismo respondían con ironía:

> *"Chile ya no es el mismo: los hombres son inmorales; las mujeres, livianas; los jóvenes, viciosos; la raza, anémica; los partidos, en falencia; el cambio, muy bajo; los precios de las elecciones parlamentarias, muy altos; Ministros de Estado: los hermanos menores; Diplomáticos en Europa: todo lo contrario..."* [58].

Bajo la línea de fuego de tales invectivas, diversos grupos de ciudadanos se movieron para 'regenerar' la política desde la propia base civil. Eso fue lo que se propuso la Liga de Acción Cívica, desde 1912, exaltada por Roberto Huneeus. En esa misma dirección se movía la Federación Obrera encabezada por Luis E. Recabarren, llamando a una Asamblea Constituyente para refundar el Estado al margen de los políticos. Al margen de los políticos se movía también la sección chilena de la IWW. Las Ligas de Arrendatarios (conventilleros) y las primeras asociaciones de profesores descartaban "la pretendida virtud de los medios políticos", imponiendo a cambio "la acción directa", la autonomía de los movimientos so-

---

57 A. R.: "El descrédito de la política", en *Claridad* 124, mayo de 1924.

58 Galvarino Gallardo: *Liga de la Acción Cívica y Partidos Políticos* (Santiago, 1912), p. 21. Sin ironizar, Vicente Huidobro escribía un texto similar en *Acción* 4 (1925).

ciales y soluciones "sociocráticas" a los problemas del país. Ingenieros del Departamento de Obras Públicas del Estado, industriales y agricultores de la Sociedad de Fomento Fabril y diversos profesionales de clase media demandaban lo que un periodista de *El Mercurio* llamó el "nacionalismo industrial", por el que también se jugaba la oficialidad joven del Ejército. La movilización ciudadana, aunque centrada en la 'propuesta', emergió como una 'protesta' masiva, entre 1918 y 1919, en las multi-gremiales "marchas del hambre", que se extendieron por todo el país. La declaración de la *Asamblea Obrera de Alimentación Nacional*, que coordinó esas marchas, resumió así la situación:

> *"La indolencia con que los poderes públicos han recibido hasta hace poco nuestras peticiones se debe a que los asientos en el Congreso se compran, salvo una que otra excepción, i a que los 'representantes del pueblo' no representan sino su propio dinero e interés"* [59].

Las protestas nacionales (las "marchas del hambre") desnudaron la "crisis de representación" de la clase política, y la "crisis de legitimidad" del Estado. De hecho, esas marchas inauguraron una nueva coyuntura constituyente. Una nueva fase de 'construcción estatal'. Aunque para la baja sociedad civil, esa coyuntura se había iniciado mucho antes, puesto que la demanda por una nueva Constitución ya se había planteado a mediados del siglo anterior. La "Constituyente" formaba parte del ideario tradicional de la oposición. Tanto, que el propio Recabarren había redactado dos proyectos de Constitución Política, en 1909 y en 1921, de gran similitud con los proyectos 'pipiolos' del siglo anterior [60].

La 'alta' sociedad civil nunca fue 'tocada' seriamente por la Encíclica *Rerum Novarum*, de 1891. Si los partidos incluyeron en sus programas algún párrafo sobre la "cuestión social", ninguno relacionó eso con la soberanía ciudadana. Es que ninguno entendía que la sociedad civil pudiera hacer política por sí misma (eso era anarquismo), ni que la Federación Obrera osara convocar a una asamblea constituyente (era subversión socialista). La pobreza -pensaban- era resultado de la "crisis moral", y ésta, de la irresponsabilidad de "las masas". Diversos historiadores, aparte de Mario Góngora, han compartido, en cierto modo, esta visión:

---

59 Respecto a los movimientos que se citan, ver: R. Huneeus: *Sursum Corda* (Santiago, 1912, Folleto); P. de Shazo: *Urban Workers and Labor Unions in Chile* (Urbana, Ill., 1982); J. Roddick: "The Radical Teachers. The Ideology and Political Behaviour of a Salaried Middle Class Sector in Chile: 1920-1935" (Ph.D. Dissertation, University of Glasgow, 1978), y *El Mercurio* del 10/04/ y 12/07 de 1915, y 2/12/1919. Ya en enero de 1898, tras una concentración de "20.000 almas", los obreros solicitaron al Presidente -entre otros petitorios- que "exigiera a los legisladores que abandonen la política por una vez y se preocupen del bien general del pueblo". Citado por A. Iglesias: *Alessandri, una etapa de la democracia en América* (Santiago, 1960), p. 227.

60 Ver G. Salazar: "Luis Emilio Recabarren y el municipio popular en Chile", *Revista de Sociología* 9 (1994) (U. de Chile).

"Los movimientos asociativos de los obreros... contribuyeron al rompimiento de los vínculos espirituales con la clase dirigente. La prensa obrera... también desempeñó un papel importante en el quiebre de la identidad con los grupos rectores de la sociedad... La cada vez menor identidad de ciertos grupos con la clase dirigente afectaron el buen funcionamiento del sistema de gobierno y contribuyeron a su crisis" [61].

La ruptura de "los vínculos espirituales" (verticales) puede también corresponder a lo que Norberto Bobbio llamó la "revancha de los intereses" y la "persistencia de las oligarquías", que minan la representación estrictamente política [62]. Con todo, el problema 'histórico' consistía en *quién* podía convocar, coordinar y consumar el debate constituyente. ¿Debían ser las ligas cívicas o los movimientos sociales? ¿O los propios políticos o la "clase dirigente"? ¿Había que, primero, derribar o congelar el gobierno oligárquico? La crisis combinada de representatividad y de legitimidad, unida a la demanda por 'la Constituyente', indican que la coyuntura tenía, hacia 1920, un inconfundible carácter cívico *pre-revolucionario*. Lo que era, por cierto, mucho más que una agitada "campaña presidencial".

¿Qué pesó en el curso real de los acontecimientos? ¿Acaso fue, de nuevo, el "recuerdo de la violencia y la seriedad de la muerte" (Max Weber) por los que tanto trabajó el Estado de 1833? ¿O es que -lo que es casi igual- "el peso de la noche" (D. Portales) seguía gravitando? ¿O fue la enorme debilidad política de la sección más avanzada de la burguesía chilena: los "fundidores metal-mecánicos", que estaban acorralados en la SOFOFA al no contar con el apoyo del resto de los empresarios? ¿O pesó el enclaustramiento de los ingenieros de Obras Públicas? ¿O la vergüenza cívica de los profesionales de la abortada Federación de Clases Medias? ¿O la ingenuidad de los profesores, o la notoria incapacidad de L. E. Recabarren para liderar al *conjunto* de los movimientos sociales y para persuadir, después de 1922, a su propio Partido? ¿O es que, irónicamente, gravitaba por sobre todo el hecho de que los que manejaban el poder de modernización (las compañías extranjeras) *no debían* gobernar?

El hecho histórico es que, desde el punto de vista del movimiento ciudadano, se dio, durante la coyuntura, un *vacío de conducción*. Sin discurso de poder, sin una concertación social políticamente orientada, la poderosa expresión legitimante de la ciudadanía podía ser (y fue) tierra fértil (fronteriza), abierta para el arado oportunista. Para la arenga demagógica. Para la conspiración neo-parlamentaria. O neo-autoritaria. Para la emergencia de algún "caudillo" (que no podía ser popular, por la misma razón que Recabarren terminó no siéndolo) fraguado en el vértigo revuelto de la tradición *parlamentarista*. Y tuvo que ser, claro, Arturo Alessandri Palma.

---

61 René Millar: "El parlamentarismo en Chile y su crisis. 1891. 1924", en O. Godoy (Ed.), *Cambio de régimen...*, op. cit., pp. 288-289.

62 Ver su "Las promesas incumplidas de la democracia", en *Debates* 12 (1985), pp. 32-33.

Es sintomático que, así como Portales fagocitó en su nombre todo el proceso de construcción estatal del período 1828-1850, así, Alessandri Palma fagocitó en el suyo el del período 1912-1938. Para ambos, tal 'personalización' culminó con su heroificación como "estadistas" y sendas estatuas al norte y al sur del Palacio de Gobierno. Y lo mismo que Portales, Alessandri dejó tras sí el reguero de un debate histórico, con acérrimos admiradores (Inés Echeverría o Augusto Iglesias), venenosos detractores (Ricardo Donoso), cronistas testimoniales (el propio Alessandri o Arturo Olavarría) o historiadores que, al escribir bajo dictadura, lo vieron como un conveniente demócrata (Sol Serrano, Nicolás Cruz, Sofía Correa) [63].

Es evidente que el rol histórico de Alessandri no es el mismo si se le sitúa en el contexto de las crisis de representatividad y legitimidad, que si se le perfila sobre la lucha electoral contra Barros Borgoño en la campaña presidencial de 1920. Son dos planos distintos, y no por atender a uno (por ejemplo, al último) debe desatenderse el primero. La dialéctica parlamentaria no es igual ni cristalinamente transparente a la dialéctica ciudadana, y la lucha entre la Alianza Liberal y la Coalición Conservadora de ninguna manera debe identificarse con la lucha civil contra la capa oligárquica. El análisis historiográfico y político se ha concentrado excesivamente en la campaña presidencial de 1920 y en la oratoria electoral ("para masas") de Alessandri [64]. Lo que se ha concluido de este análisis es que el Alessandri de 1920 habría sido un líder (orador) de masas, un hábil caudillo demócrata y anti-oligárquico (pese a que la abstención ciudadana en 1920, según calcularon P. de Shazo y P. Drake, fue superior al 50 por ciento, mayor que en todas las elecciones anteriores). Sin embargo, si el análisis se extiende a todo lo largo del *proceso* de construcción estatal (1900-1938, más o menos), se obtienen conclusiones algo diferentes:

1) Alessandri *no* lideró ni implementó el proyecto constitucional levantado por los movimientos sociales y la oficialidad joven del Ejército, sino el propuesto por la propia clase política parlamentaria y la alta oficialidad del Ejército, que era radicalmente opuesto al primero.
2) Su acción constituyente consistió en *reformar* la Constitución de 1833 (no propuso otra de base cívica diferente), defender la legitimidad que emanaba de la ley escrita y la autoridad constituida (no la emanada de la voluntad ciudadana), e imponer la armonización de los conflictos por el arbitraje del Estado (sin privilegiar el peso de las mayorías).
3) 'Rescató' el sistema político evitando la ruptura revolucionaria a que lo arrastraba su crisis, rescatando con ello la oligarquía política que lo controlaba y los par-

63 Cabe recomendar la lectura de A. Olavarría: *Chile entre dos Alessandri* (Santiago, 1962), 2 vols, y de C. Orrego et al.: *Siete ensayos sobre Arturo Alessandri Palma* (Santiago, 1979).

64 Entre otros, R. Millar: *La elección presidencial de 1920. Tendencias y prácticas en el Chile parlamentario* (Santiago, 1982).

tidos que se disputaban el poder electoral, a la vez que neutralizó y despotenció, uno a uno, *todos* los movimientos sociales.

No fue, pues, un revolucionario. Ni fue -pudiendo- un líder popular. Fue, en rigor, un líder *parlamentario*, una suerte de Moisés de la clase política (la sacó de Egipto en 1925 y del Mar Rojo en 1932). Que algunos segmentos de la ciudadanía hayan creído en su 'palabra' de 1920 (después de todo, era el 'logos' para masas entrando por primera vez en la escena pública), o que el propio Alessandri intuyera (genialmente, qué duda cabe) que era ya tiempo de 'dialogar' en vivo con la sociedad civil, no significa otra cosa sino que los tiempos del autoritarismo y del oligarquismo habían pasado. No que Alessandri 'interpretara' a la chusma general. Por esto, si Alessandri, después de 1922 (año de la bancarrota fiscal, culminación del parlamentarismo) o, sobre todo, después de 1932 (República Socialista) retornó al estilo político 'oligárquico' que lo vio nacer, no significa tampoco que Alessandri haya "traicionado" a las masas, pues nunca abandonó su lógica parlamentarista. No cabe extrañarse, pues, que en el largo plazo, el "amor de la chusma" más semeje un episódico error de la misma chusma que testimonio del carisma cívico del líder.

En 1923, los estudiantes tenían ya claro el perfil histórico de semejante líder:

> *"La última elección presidencial pudo ser el arranque de una total renovación de nuestros maleados hábitos administrativos y políticos. Todos lo creyeron así... A pesar de todo, nada se hizo cuando estaban preparados la fuerza y el espíritu ciudadanos. El Presidente no se atrevió. ¿Por qué? El Presidente siguió con la política de componendas e inmoralidades... Y de vez en cuando, como una débil disculpa decía, desde los balcones de La Moneda: '¡el Senado no me deja gobernar!'..."* [65].

Es lapidario el hecho de que la *misma* crisis que estuvo a punto de derribar el gobierno de Sanfuentes en 1919 (superada entonces por la Ley Marcial, el proceso a los dirigentes "subversivos" y por la misma ruidosa campaña electoral de 1920), terminara por derribar el gobierno de Alessandri. Como si hubiera sido sólo un gobierno más, o la última oportunidad del parlamentarismo. Y si eso es lapidario, es más que sintomático que el gobierno militar que derribó a Alessandri en 1924 asumiera, como programa, gran parte del proyecto constituyente de los movimientos sociales.

La oficialidad joven del Ejército recanalizó el proceso político dentro de la línea -cívica- de la Asamblea Constituyente. Pero ¿podían esos oficiales convocar -al menos, lo intentaron- y encabezar una Asamblea Constituyente de ciudadanos? Era una propuesta inédita: hasta allí, el Ejército había "pacificado" la sociedad civil, pero no la había 'liderado'. L. E. Recabarren dudó: "el momento presente es el más culminante de nuestra historia... (pero) no es culpa nuestra dudar de las buenas intenciones de los hombres:

---

65 "El desquiciamiento del régimen" (Editorial), *Claridad*, 22/12/1923, p. 3.

fuimos eternamente engañados". La duda tenía fundamento: fueron de nuevo engañados. Pero no por la baja sino por la alta oficialidad militar, que asestó un golpe al golpe y canceló el llamado a la Constituyente. Vino un tercer golpe y se llamó a Alessandri para que organizara, de una vez, 'la' Asamblea Constituyente Nacional. Pero Alessandri, más devoto de la clase política que de la masa ciudadana o de la oficialidad joven, no convocó la Constituyente, sino que *designó* un Comité formado mayoritariamente por políticos y no por representantes directos de la ciudadanía. Y ese *Comité* redactó la Constitución de 1925. Recabarren tenía razón: todo era dudoso.

En ese Comité se levantaron voces críticas contra Alessandri y el exceso de políticos. Por ejemplo, de Fernando García Oldini:

> *"El Partido Radical no es la opinión pública, tampoco lo es el Partido Conservador. Al margen de ellos, sin ninguna vinculación con ellos, está todo ese mar de seres que palpitan, quieren, aman y sufren. Están los gremios, las instituciones ideológicas, los militares, los que piensan, los que estudian. Todas esas gentes son las que constituyen el país".*

Carlos Vicuña Fuentes resumió la lógica oligárquica: "me parece más práctico y eficaz concebir con la cabeza las instituciones de la República... y no con las vísceras... Es necesario que alguien en Roma piense y actúe por la enorme muchedumbre que no piensa ni actúa" [66]. Exactamente lo mismo pensó Alessandri, que, en esto, no confió en las "cabezas" de su propia chusma.

La Constitución Política evacuada por ese Comité fue la antípoda de la evacuada por la Asamblea Constituyente de Trabajadores e Intelectuales que se reunió espontáneamente en marzo de 1925 (poco después que Alessandri volvió de su exilio). Esa Asamblea -usualmente ignorada por políticos e historiadores- sistematizó el proyecto de Estado de los movimientos sociales, recogiendo demandas que se arrastraban desde el siglo anterior [67]. Allí, de acuerdo a lo publicado en el diario *Justicia* (11/03/1925) y en otros, se acordó que el deber del Estado era "coordinar y fomentar la producción económica", mientras el Poder Legislativo debía componerse de "representantes elegidos por los gremios organizados del país". Para facilitar esto, el Estado debía ser federal y, a todo nivel, colegiado. La tierra y los instrumentos de producción debía tratárseles, ante todo, con criterios de "socialización", puesto que el desarrollo social de todos era un derecho. Se acordó que el Tribunal Supremo de Justicia debía ser temporal y elegido por los gremios. Que el Estado debía asegurar la capacitación económica y cultural de todos los chilenos, estableciendo la enseñanza pública gratuita, pero sin intervenir en "la libertad de cáte-

---

66 G. Salazar: "Luis Emilio Recabarren y el municipio...", loc. cit., p. 78, y "Grandes coyunturas políticas...", loc. cit., pp. 30-31.

67 G. Salazar: "Movimiento social y construcción de Estado: la Asamblea Constituyente Popular de 1925", *Documento de Trabajo SUR Profesionales*, 133 (1992); también en *Página Abierta* 50 y 51 (1991).

dra y el espíritu del magisterio". Que se estableciera la igualdad civil y política de ambos sexos. Que se suprimiera el Ejército permanente, y que los funcionarios tuvieran "responsabilidad efectiva y no nominal".

La Constitución de los políticos fue, punto por punto, la inversa de la anterior: el objetivo del Estado no era la producción sino la representación política a través de partidos y no de gremios. Ni era establecer autoridades colegiadas sino un régimen presidencial, de manera que todas las autoridades provinciales dependieran del Ejecutivo. El Estado no se organizaba sobre bases federales, regionales y comunales, sino unitaria y centralmente. El Congreso no debía ser funcional o gremial sino político, con un Senado con capacidad obstruccionista (sesgo oligárquico) y una Cámara de Diputados con poder fiscalizador sobre el Ejecutivo (sesgo parlamentarista). La educación quedaba sujeta al principio del Estado Docente, pero sin aceptar la libertad de cátedra ni la hegemonía del magisterio. Además, la ciudadanía no se definía por participación directa en instancias colegiadas y comunales, sino por participación indirecta (electoral), que permitía a la clase política civil situarse en posición de comando y apadrinamiento de los movimientos sociales. No se suprimió el Ejército. A esto debe agregarse que la reorganización económica del país fue encomendada por Alessandri a la Misión Kemmerer -un grupo de economistas liberales de la Universidad de Princeton, USA-, la que reinstaló el patrón oro (una antigua demanda mercantil), creó el Banco Central (institución liberal, que reemplazó al Banco del Estado exigido por los empresarios productores) y reorientó la economía hacia el comercio exterior y los ajustes monetarios [68].

En verdad, la Comisión Constituyente alessandrista produjo una versión 'corregida' del Estado de 1833 (se eliminaron sus *excesos* autoritarios y parlamentaristas, pero se conservó el liberalismo pre-parlamentario de las reformas de 1874 y el respaldo militar de siempre al *texto* de la Ley). Tal versión no podía entusiasmar a la ciudadanía: hubo 55,1 por ciento de abstención en el plebiscito correspondiente. El propio Carlos Vicuña Fuentes (que no aceptó que Chile pensara con sus "vísceras") comentó:

> *"el resultado del dichoso plebiscito fue un misterio. Los que hicieron el escrutinio no ofrecían garantía alguna. Por eso, fuera de los diplomáticos, los militares y los funcionarios, nadie acompañó a Alessandri el 18 de septiembre en la ceremonia de promulgación y jura de la nueva Constitución. Era un triunfo deleznable. Toda esa construcción política institucional, edificada en tanta maña y porfía, estaba carcomida"* [69].

Lo que se logró al final fue la *gobernabilidad* de la sociedad civil en los términos tradicionalmente requeridos por la clase política civil. A primera vista, el déficit de legitimidad de la Constitución de 1925 era menor que la de 1833, pero, en el fondo, no era así,

---

68 G. Salazar: "Grandes coyunturas...", loc. cit., pp. 30-33.

69 C. Vicuña: *La tiranía en Chile* (Santiago, 1928), vol. II, p. 65.

porque la sociedad civil y los movimientos sociales eran, después de 1908, muchísimo *más fuertes* que a comienzos de la República. La estabilidad del 'nuevo' sistema instalado en 1925 debía, por tanto, ser menor que el de 1833, y su "desorden interno" (Jocelyn-Holt), mayor. La inestabilización debía ser más corta, y los procesos disruptivos, más transgresores.

Es conveniente, en virtud de esto, hacer un inventario de los procesos disruptivos que, emergiendo de, o a propósito de, la derrotada sociedad civil, amenazaron y atacaron la "carcomida construcción política e institucional" aprobada en 1925:

1) La dictadura del coronel Carlos Ibáñez (1927-1931), que pretendió tomar las banderas social-productivistas del golpe militar de 1924, tanto en el plano económico como gremial, en competencia frontal con el alessandrismo;
2) El 'estatismo productivista' semi-constitucional inaugurado por Ibáñez, aumentado en 1932 por la República Socialista, no desmantelado por el segundo gobierno (liberal) de Alessandri, y magnificado, cual más cual menos, por todos los gobiernos del período 1938-1973;
3) La ofensiva corporativa de los empresarios productores, tendiente a instalar nichos de poder económico en el Estado Liberal de 1925, derrotada entre 1934 y 1938 por Alessandri; reanudada luego por caminos informales después de 1946;
4) Los movimientos militares de tipo corporativo y neo-ibañista, que continuaron provocando escaramuzas después de 1931;
5) Los masivos movimientos de obreros, estudiantes, pobladores, empleados y campesinos que, *in crescendo*, levantaron reivindicaciones económicas y sociales, perpetraron diversos tipos de acciones directas y construyeron formas territoriales de poder popular, desde 1932 en adelante.

La presión repetida y encadenada de esos procesos forzó a las viejas y nuevas oligarquías políticas a expandir y a la vez *centralizar* cada vez más el Estado, hasta transformarlo, hacia 1968 o 1970, en lo que no se quiso que fuera ni en 1851, ni en 1891, ni en 1925, a saber: una enorme "máquina" no sólo de tipo productivista sino además "populista". Así, de haber sido fundado por Alessandri como un Estado político-liberal, oligárquico y presidencialista, se transformó después en un Estado Empresario, Desarrollista y Social-Benefactor. Para lo cual no fue necesario (como no lo había sido en el siglo XIX) reformar la Constitución de 1925. Bastó para ello apostar, no a la legitimidad ciudadana, sino a *la sola legitimidad de la ley*. El resultado llegó a ser, hacia 1970, un Estado de cáscara (legal) político-liberal, pero de contenido (factual) social-productivista; es decir: un *híbrido* en que se estorbaban lo uno con lo otro, sin resolver ninguno. Si el de 1833 murió de enanismo parlamentarista, el Estado de 1925 agonizó de gigantismo burocratista.

Se examinarán a continuación *algunos* de los procesos disruptivos anotados más arriba, a efecto de analizar esa sorprendente (pero dialéctica) metamorfosis estatal.

1

Carlos Ibáñez del Campo perteneció al movimiento de oficiales jóvenes que se propuso "moralizar el ambiente nacional, apurar el ritmo de la evolución social y a la vez obtener para la profesión militar un mínimo de consideraciones". Según Ibáñez, eso nació

> *"de la desconfianza por la actuación de los políticos. Era un sentimiento unánime... La desconfianza se debía a que durante muchos años los políticos habían jugado con la credulidad nacional... esa apreciación general no desprestigiaba sólo a los miembros de la Alianza Liberal... sino también a los partidos pertenecientes a la Unión Nacional".*

Y siguió Ibáñez: la alta oficialidad (encabezada por el General Altamirano), había sido "afectada por la propaganda de los sectores de derecha". No así los jóvenes, que "rechazábamos la posibilidad de que el Movimiento Militar sirviera de escudo a los intereses de la clase alta" [70].

Esta posición acercó el movimiento de la oficialidad joven a los movimientos sociales de base. Pero no significó, necesariamente, su acercamiento a los emergentes partidos de Izquierda. Estos, sobre todo después de 1933, se incorporaron al Estado (liberal) construido por Alessandri y otros parlamentaristas en 1925, pero la mayoría de los oficiales jóvenes (salvo, quizá, Marmaduke Grove y algún otro), así como la mayoría de los que fueron líderes sociales en los años 20, *no* reconocieron ese Estado ni querían operar dentro de él. En rigor, ellos apostaban más bien a un régimen de *corporatismo social*, que era distinto al sistema liberal de Estado o al emergente izquierdismo parlamentario, y que era la línea definida en la Asamblea Popular de 1925 [71].

Imbuido de ese corporatismo, Ibáñez se alejó de los otros altos oficiales. Sin embargo, pese a eso, nunca abandonó su rol de *jefe* militar. Defendió siempre la disciplina y verticalidad del mando. Esto lo distanció de otros oficiales más deliberantes (Grove, por ejemplo) y del auténtico liderazgo social de los movimientos civiles. El verticalismo militar discordaba con la horizontalidad civil. Tal vez eso lo indujo, después de 1927, a 'invocar' los "principios de la revolución del 4 de septiembre" (que estaban empapados de horizontalismo civil), pero *bajo* las normas de la Constitución liberal de 1925. No modificó la Constitución contra la cual se había rebelado. Así, contradictoriamente, aplicó los "principios" del corporatismo social por medio de Decretos-Leyes, es decir: dictatorial pero semi-legalmente.

Con todo, si se sigue la línea política trazada por los decretos dictatoriales, surge

---

[70] Testimonios hechos a Luis Correa Prieto, en: *El Presidente Ibáñez. La política y los políticos* (Santiago, 1962), pp. 91-92. Ver también Juan Bennet: *La revolución del 5 de septiembre de 1924* (Santiago, 1927).

[71] Paul Drake: "Corporatism and Functionalism in Modern Chilean Politics", *Journal of Latin American Studies* 10:1 (1978).

nítido el dibujo de los "principios": se pasaron 'leyes' tributarias, laborales, educacionales, de crédito para productores, de nacionalización del comercio exterior, etc. Es decir: todo lo que no pudo, no quiso o no le interesó hacer al gobierno liberal de Alessandri. Se respondía así a buena parte de las demandas históricas de los movimientos sociales. Sólo que *sin* negociar horizontalmente con los beneficiados [72].

En suma: Ibáñez fue un dictador, y como tal, fue derribado. La ciudadanía había aprendido a participar y quería participar, y no aceptó, a esa altura de su desarrollo, ser excluida. Sin embargo, lo históricamente relevante fue el hecho de que Ibáñez, al no reformar la Constitución y al dejarla vigente, y al comandar la política social-corporatista (sin participación social), lo que hizo fue orientar el Estado liberal de 1925 en una dirección *centralista*, pese a que el texto constitucional y los propios "principios" recomendaban con urgencia la descentralización. Pues lo que hizo fue añadir a ese Estado poderes de *intervención* en la economía (en el crédito, comercio exterior, mercado de capitales, contrato de nuevas tecnologías, etc.), en la administración interior (sometió los municipios al Ministerio del Interior) y en la organización social (Código del Trabajo). Con ello no sólo erosionó la obra liberal-parlamentaria de su archi-enemigo (Alessandri), sino el proyecto mismo del social-corporatismo, al reemplazarlo, de hecho, por un *corporatismo de Estado.*

La 'obra' de Alessandri no fue pues desarticulada por su archi-enemigo (Ibáñez), pero le imprimió una línea de desarrollo tal que, a mediano plazo, conducía al mismo resultado.

2

Después de la crisis de 1908, los empresarios industriales se hallaron sin posibilidades reales de expansión. Los gobiernos liberales privilegiaron sistemáticamente las casas importadoras extranjeras. El conflicto entre esas casas y las fundiciones y fábricas nacionales se tornó crítico. Los industriales lucharon por décadas por la aprobación de leyes de aduana protectoras y por un nuevo sistema de crédito, sin éxito. En 1917 decían:

> *"Nuestro comercio internacional está actualmente en manos de capitalistas extranjeros, cuyas utilidades salen anualmente del país, provocando una considerable sangría en nuestra economía nacional"* [73].

La paralización de importaciones que provocó la Primera Guerra Mundial generó una coyuntura excepcionalmente favorable para promover una legislación productivista.

---

72 Sobre la relación de Ibáñez con los gremios organizados, ver Jorge Rojas Flores: *La dictadura de Ibáñez y los sindicatos (1927-1931)* (Santiago, 1993),

73 *Boletín de la Sociedad de Fomento Fabril* 34:8 (1917), p. 473. Para una visión más general, Tancredo Pinochet Le Brun: *La conquista de Chile en el siglo XX* (Santiago, 1909), especialmente capítulo II.

En sus convenciones, los industriales acordaron impulsar el "nacionalismo industrial", cuya primera exigencia era la *nacionalización* del comercio exterior. La clase política no se dio por aludida. En verdad, el gremio industrial carecía de suficiente fuerza social y *lobbying* político. Su demanda (era una proto-burguesía 'demandante') tenía menos peso entonces que la demanda social o anti-oligárquica. Pero al duplicarse, entre 1915 y 1925, el número de quiebras anuales, la presión de todos los gremios productores -incluso de la Cámara de Comercio de Valparaíso- aumentó. Se hizo diversa y casi frenética. Y la centenaria rivalidad entre productores y mercaderes (provenía del siglo XVIII) se tornó aguda en 1924, confundiendo aún más a la clase política.

De acuerdo al *Boletín* de la SOFOFA de septiembre de 1924, la Junta de Gobierno presidida por el General Altamirano (que había derribado a la Junta 'Joven') no dejó dudas sobre su posición: "en una comisión de funcionarios de Aduana tiene que predominar preferentemente el interés del comercio importador sobre el interés fiscal y sobre el de las industrias nacionales". Pero se despacharon reformas tributarias de sentido inverso, que no fueron abolidas. Los comerciantes de Valparaíso, perjudicados, reaccionaron solicitando a los industriales, en abril de 1925, solidaridad y alianza. La SOFOFA se negó a darlas, aduciendo que "los intereses del comercio importador son contrarios a los de la industria nacional". Peor aún: nuevos decretos-leyes instalaron un sistema de crédito exclusivo para productores. Los mercaderes de Valparaíso, de nuevo, buscaron salida en la fusión de todos los gremios empresariales, Pero de nuevo, en 1928, la Cámara Industrial, se negó a ello. En ese contexto estalló la crisis mundial de 1930, que no sólo borró la ventaja relativa alcanzada por los industriales y desarticuló el conglomerado mercantil de Valparaíso, sino que derribó de paso al dictador productivista.

Después de 1932, cuando ya no regía el dictador 'productivista' sino el sistema 'liberal' instalado por Alessandri, se hizo evidente para todos que la única salida lógica a la crisis consistía en promover 'estatalmente' el desarrollo industrial. Es decir: que había que continuar la obra del dictador, pero sin el dictador. Sin el dictador, pero con la clase política. Opción que la dictaba no sólo el sentido común, sino también los hechos, porque, después que Ibáñez nacionalizara el comercio exterior y el mercado de capitales, y que la crisis colapsara el edificio comercial y financiero de los extranjeros, *sólo el Estado* podía manejar los capitales y obtener, en el exterior, el crédito y la tecnología necesarias para fomentar, nacionalmente, la industria y la producción general. Tal situación (y convicción) conducía a incrementar el rol *demandante* y reivindicativo de la burguesía chilena frente al Estado. O frente a los políticos. De modo que era preciso potenciar el 'poder' de esa demanda. Así, en 1934, todos los empresarios, olvidando rivalidades centenarias, se unieron bajo la *Confederación de la Producción y el Comercio*, para negociar con el re-agrandado poder político. O si se quiere, con el ya hipertrófico Estado liberal-alessandrista.

Desde ese momento, el Estado ya no tuvo que optar entre dos tipos de empresariado.

Más bien, tuvo que optar entre *él* mismo y 'ese' empresariado unificado. Pero la unificación de éste -un hecho de relieve histórico- despertó el sentido político del gremio, que hasta allí parecía adormecido. Y así, diez años después que la Asamblea Popular de 1925, el empresariado se atrevió a proponer un proyecto de *Estado Productivo*. Fue demasiado tarde: Alessandri había cerrado la 'transición constituyente' al inicio de su segundo gobierno (1932), había declarado su irrestricta lealtad a la Constitución 'política' (no productiva) de 1925, y advertido a todos los movimientos sociales que su posición frente al Estado no era de soberanía, sino de ciudadanos a quienes sólo competía hacer uso del constitucional "*derecho de petición*".

La burguesía capitalista chilena tuvo, pues, frente al líder de la derecha política, que asumir la actitud del ciudadano raso: pasar sus proyectos constitucionales como "petición". Y su primera petición fue que se crease un *Consejo Económico y Social* de rango ministerial, compuesto por 19 representantes de la industria, la banca, los trabajadores y los profesionales, *sin* representación de los partidos políticos ni del Gobierno. La función del Consejo sería diseñar, técnica y autónomamente, la política económica del país, a cuyo efecto debía contar con *iniciativa legisladora* (podía presentar al Congreso proyectos de ley). La propuesta fue entregada el 26 de julio de 1934. Es obvio que esta propuesta tenía un carácter social-corporativo. La Convención de Productores y Comerciantes, y su dirigente máximo, Jaime Larraín, la resumieron así:

> *"No queremos destruir la autoridad del Estado... La representación directa de las fuerzas económicas en el Estado no daña al Poder Político. Lo que realmente es grave, inconveniente e inaceptable es la transformación del Poder Político en una fuerza económica subrepticia e incontrolable... Preconizamos un Estado en que se encuentren representadas todas las actividades nacionales y en el que cada función material o espiritual tenga su órgano y exprese sus aspiraciones"* [74].

El 25 de octubre del mismo año, Alessandri decretó la creación del Consejo Económico y Social. Lo definió como "de coordinación de las iniciativas y procedimientos del Ejecutivo en todo cuanto se relacione con las actividades económicas y financieras". Estaba formado por cinco Ministros de Estado y "asesorado" por nueve altos funcionarios de la Administración Pública y diez delegados de la Confederación de la Producción y el Comercio. No incluía ningún representante de los trabajadores. Previamente, el 14 de agosto, el Presidente había prevenido a los empresarios:

> *"he desistido, por ahora, de crear un organismo que no consulta la Constitución Política del Estado... los intereses generales de la República sólo incumben al Gobierno y a los organismos creados por la Constitución. No obstante, como esos intereses son respe-*

[74] *Memoria de la Sociedad Nacional de Agricultura*, año 1935, Anexos, pp. 122-131.

tables, tendrán siempre ellos el medio de hacerse oír... acogiéndose al derecho de petición que nuestra Carta Fundamental otorga a todos los ciudadanos del País".

La Confederación respondió que la "petición" estaba condicionada por muchas circunstancias accidentales "que le restan la eficacia que tiene una colaboración continua". Insistió en que el Consejo debía estar organizado sobre bases gremiales. Atentos, varios parlamentarios, entre 1936 y 1937, intentaron legislar sobre la materia, sin éxito. El Decreto de 1934 fue derogado en 1938 por el propio Alessandri. Más tarde, la creación de la CORFO (también dependiente del Poder Ejecutivo) relegó el proyecto empresarial al olvido. Los Consejos establecidos después de 1946 tuvieron un carácter meramente consultivo y, siempre, político [75].

La pugna por la creación y carácter del Consejo Económico y Social fue el último episodio de la coyuntura constituyente de 1925. Esa pugna dejó en evidencia cuán largo y difícil fue el proceso de unificación de los gremios patronales, y cuánto tardó en convertirse en un actor capaz de participar en los procesos de construcción de Estado. Los mercaderes criollos habían logrado establecer, a su imagen y semejanza, el Estado de 1833, pero el empresariado productor -dominado por aquél- no pudo, un siglo después, establecer el suyo. Entre ambos, los hacendados habían alcanzado alta representación parlamentaria y ministerial, pero su acción política no fue, para el capitalismo, de vanguardia, sino de retaguardia (era el más decadente de los gremios productivos) [76]. El sector empresarial que, desde 1860, había demostrado estar en la vanguardia capitalista (el industrial), no pudo ni supo sacarse de encima la oligarquía mercantil, ni la hegemonía extranjera, ni el predominio parlamentarista de los hacendados. No supo ni pudo hacer una revolución industrial ni una revolución democrático-burguesa [77].

Para la descoordinada clase capitalista chilena, el Estado no fue sólo un instrumento de dominación (Lenin), sino también una herramienta tosca, indócil y permeable al manejo lateral (por la 'clase política') y, a veces, por abajo (por los movimientos sociales). La hazaña de Alessandri e Ibáñez -pese a su guerrilla superficial- fue trabajar en postas, dividiéndose el trabajo de rescatar (¿para quién?), casi intacta, la carcasa *política* de un Estado carente de proyecto histórico. Salvaron, pues, de nuevo, la *gobernabilidad* de la sociedad civil [78].

---

75 Para mayores detalles: Mario Sepúlveda: "El Consejo Nacional de Economía" (Memoria Licenciatura Ciencias Económicas, Universidad de Chile, 1950).

76 Thomas Wright: "The Sociedad Nacional de Agricultura in Chilean Politics. 1869-1938" (Ph.D. Dissertation, University of California, 1971); también su "Agriculture and Protectionism in Chile, 1880-1930", *Journal of Latin American Studies*, 7:1 (1975).

77 G. Salazar: "El empresariado industrial en Chile: conducta histórica y liderazgo nacional (1878-1938)" (Informe Proyecto CONICYT No. 997, 1988) 2 vols.

78 Es de interés, sobre este punto, revisar el libro de Tilman Evers: *El Estado en la periferia capitalista* (México, 1989), sobre todo el capítulo 4.

Si la crisis económica de fines del siglo XIX había forzado a los empresarios chilenos a la 'politización' (echando las bases de la clase política), la de 1930 permitió a los políticos convertirse (Alessandri e Ibáñez mediante) en *empresarios de Estado* (enviando el empresariado al bajo fondo de la cívica 'petición').

La Confederación, desde el principio, se opuso a esa conversión, pero la clase política de Centro, Derecha e Izquierda no hizo nada, nunca, por detenerla. ¿Por qué, si todos los políticos, de un modo u otro, eran defensores de la Constitución 'liberal' de 1925?

La única hipótesis plausible es que la *ocupación privada* del Estado portaliano, llevada a cabo desde 1895 hasta 1925 por los "gestores administrativos" de la decadente oligarquía mercantil criolla, echó raíces y formó cultura: hábitos, inextricables "redes de compadrazgo", carrera política, compromisos de ida y vuelta, prestigios, estirpes parlamentarias, apertura al capital extranjero, etc. Tanto así que transformó las redes verticales de representación política en redes horizontales de interés privado. La clase política se unificó más y mejor que la empresarial, y su práctica liberal resultó distinta a la empresarial. Lo que explica la guerrilla entre Alessandri y la Confederación de 1934.

Y que el Estado liberal de 1925 fuera transformado en su opuesto por los mismos políticos liberales que lo fundaron y defendieron. Tal como los fundadores del Estado de 1833 habían acribillado a su propia criatura a fines del siglo XIX.

3

Durante un siglo (1830-1930) el liderazgo económico de la nación fue ejercido, con eficiencia, por las casas comerciales y bancos extranjeros, principalmente europeos[79]. De modo que las crisis sucesivas que golpearon a la oligarquía mercantil criolla (en 1860, 1873, 1878, 1885, 1898, 1908, etc.) y las arrastraron a su decadencia, convirtieron esas compañías en la "viga maestra" del dinámico desarrollo material alcanzado por Chile entre 1870 y 1929 (superior al logrado entre 1930-1973 bajo el liderazgo del Estado Empresario) [80]. Por este camino llegaron a controlar en 1910 más de 60 por ciento del capital en todos los rubros relevantes. Pese a esto, 'este' capital extranjero no despertó xenofobia, ni dio vida política a la idea de "imperialismo". Más bien al contrario: inspiró sentimientos de "inferioridad" (F. A. Encina), "debilidad" (T. Pinochet) y "decadencia de la raza" (N. Palacios).

---

79 Ver Eduardo Cavieres: *Comercio chileno y comerciantes ingleses, 1820-1880* (Valparaíso, 1988). También G. Salazar: "Entrepreneurs and Peons in the Transition to Industrial Capitalism. Chile, 1820-1878" (Ph.D. Dissertation, University of Hull, U.K., 1984), y el "Empresariado industrial...", loc. cit., Capítulo II.

80 Es muy revelador el estudio de Tom Davis, de la Universidad de Chicago, sobre este punto: "The Growth of Output and Employement in Basic Sectors of the Chilean Economy, 1908-1957", en *Economic Development and Cultural Change*, 11:2 (1963), pp. 152-176.

Todo y todos se fueron *adaptando* a ese liderazgo. La adaptación partió con la apertura de O'Higgins a los comerciantes ingleses, siguió con la auto-violación de las leyes aduaneras durante los años 20, los ventajosos tratados comerciales concedidos a Estados Unidos e Inglaterra, la monopólica Ley de Patentes de 1838 (que privilegió a los extranjeros), los decretos que obviando leyes concedieron a aquéllos exenciones de impuestos y excepciones arancelarias, la venta de certificados salitreros ganados en la guerra, la activa gestión de intereses extranjeros por políticos criollos, la preferencia dada en las licitaciones estatales a los importadores por sobre las propuestas de los industriales, la estructuración de los ingresos del Estado sobre los impuestos a la exportación, el bloqueo de la producción chilena de bienes de capital para privilegiar su importación, etc.

La enumeración ofrecida no tiene por fin demostrar presiones 'imperialistas', sino cómo un liderazgo económico fuerte y eficiente, ejercido por 100 años, fue modelando en los chilenos un hábito informal (no jurídico) de hacer contratos, un modo privado de hacer política y un modo político de hacer negocios, una forma comercial de entender el desarrollo y, en definitiva, un estilo relajado de administrar. Todo esto fue, en más o en menos, internalizado por empresarios, políticos y funcionarios de Estado. En una palabra: de modo directo o indirecto, el liderazgo extranjero subprodujo una cierta '*cultura estatal*' y una cierta '*cultura de mercado*' que, juntas, compusieron una específica estrategia 'liberal' de desarrollo y un modo 'mercantil' de ser burguesía, que fue la matriz cultural en la que se formaron y actuaron los políticos del largo ciclo parlamentarista chileno.

La Primera Guerra Mundial, la crisis internacional de 1930 y luego la Segunda Guerra Mundial, sin embargo, erosionaron ese liderazgo empresarial, empujándolo, desde 1930, a un eclipse casi total. Para decirlo de otro modo: desde 1930, Chile *perdió al líder de su economía*. Su motor secular de desarrollo [81]. Y en la cúpula donde, por 100 años, ese liderazgo había regido la modernización del país, apareció una enorme acefalía, un *vacío estratégico de conducción*.

Eso definió dos graves problemas: ¿quién reemplazaría al agónico conglomerado europeo? ¿Y con cuál estrategia de desarrollo?

Respecto a lo primero, hacia 1932 existían sólo dos candidatos aptos: el empresariado industrial (débilmente dirigido en lo económico por la SOFOFA y en lo político por la SNA) y la clase política civil (hábilmente conducida hasta allí por Arturo Alessandri). El movimiento militar (el "peligro negro", según Alessandri) había perdido legitimidad social y política después de la caída de Ibáñez; y el movimiento popular ("el peligro rojo"), luego de ser fuertemente reprimido, estaba siendo discipli-

[81] Sobre la crisis de este conglomerado comercial: Wilfred Maude (Comp.): *Anthony Gibbs & Sons Ltd., Merchants and Bankers, 1808-1958* (London, 1958), pp. 42 et seq. También G. Salazar: "El empresariado industrial...", loc. cit., vol. I, pp. 91-102.

nado bajo la Constitución de 1925 y el Código Laboral de 1931, con pérdida severa de su autonomía. El empresariado, por su parte -como se vio- estaba en vías no de asumir un rol lideral sino uno peticionista. De acuerdo al panorama global, el único candidato apto era la clase política civil, apertrechada como estaba con sus trofeos virtuales: el Parlamento (liberal) de Alessandri, y el Ejecutivo (centralista) de Ibáñez. A sólo diez años de su peligro de muerte, la clase política se halló ante la posibilidad de ser más omnipotente que nunca (después de 1930, las compañías extranjeras andaban por ahí, humildes).

El problema de qué estrategia de desarrollo seguir se resolvió no en base a reformas drásticas, sino echando mano de la cultura adquirida. Es decir: se aplicó la *misma* estrategia 'mercantil' heredada del conglomerado saliente, sólo que adaptada a la naturaleza pública de los 'empresarios' reemplazantes. Así que lo que antes fue un competitivo oligopolio privado, devino ahora en un *monopolio público* (el Estado no podía competir consigo mismo). El viejo libremercadismo de los extranjeros se convirtió, en manos de sus herederos, en *nacionalismo*. Con lo que éste, de ser un mero chovinismo patriotero (como antes), ganó en consistencia, pues se nutrió ahora de un sustancioso proyecto macroempresarial. O sea: al pasar la misma estrategia desde las compañías foráneas al Estado Nacional, nada estratégico cambió, como no fuera el *discurso* público de la misma. Y si esa estrategia antes no tuvo discurso (los extranjeros eran reservados), ahora sí tuvo. Y muy estridente: fue el "desarrollismo".

El proceso de industrialización, que los europeos, en privado, habían acelerado en Chile desde 1912 al entrar en competencia entre ellos mismos (cuando Alemania y Estados Unidos pugnaron por entrar en el mercado local) se transformó en un proyecto político y público desde la crisis de 1930. Las compañías extranjeras, al ser desplazadas del salitre, del comercio exterior y del mercado de capitales, se concentraron aún más en el área industrial, donde tenían sobre el Estado una ventaja de medio siglo y más. De modo que la emergente política industrial no hizo más que favorecer esa conversión. No es extraño, pues, que, entre 1930 y 1957, fueran la ex-compañías mercantiles las que fundaron el mayor número de fábricas, superando a los empresarios nacionales y aun a la propia CORFO. La eficiencia industrializante de estas firmas no fue, sin embargo, reconocida, pues quedaron aplastadas por el alud político-discursivo que acompañó (y magnificó) la célebre "política sustitutiva de importaciones" [82].

Es necesario terminar con un mito: la industria *no* fue 'creada' en Chile por el Estado, sino, primero, desde 1840, por artesanos criollos y extranjeros, y luego, por las compañías comerciales de Inglaterra, Alemania, etc. Lo que ocurrió desde 1930 no fue la

---

[82] G. Salazar: "El empresariado industrial...", loc. cit., pp. 98-102.

creación de la industria, sino la adopción de -por parte del Estado y por *primera vez* en su historia- una política nacional de industrialización [83].

Se comprende que el estreno del industrialismo otorgó a la clase política una responsabilidad y contenido que nunca tuvo antes. El oficio ganó en dignidad e importancia. A la vez, el ostensible sello 'empresarial' de la nueva política tornó más interesante y atractiva la carrera *profesional* de la política. Sobre todo para los que no eran empresarios en sentido estricto. Esto -sin duda- ayuda a explicar un hecho típico de ese período: el masivo e infeccioso acatamiento, desde 1932, no sólo de la Constitución de 1925 (marco legal del emergente industrialismo) sino de la nueva política. Muchos activistas que habían profesado los principios 'social-corporativos' en la década de 1920, se convirtieron al 'corporatismo de Estado' desde la década de 1930 (caso de varios dirigentes de la primera Federación de Estudiantes y de ciertos núcleos marxistas) [84]. El paso de un tipo de corporatismo a otro no sólo implicaba pasar de lo sociocrático a lo parlamentario, sino también, en tanto se acataba la Constitución, de lo social-participativo a lo liberal-representativo. ¿Cuánto socialismo o republicanismo auténtico se perdió con esa conversión?

Es de interés registrar la 'conversión' de Pedro Aguirre Cerda, quien, en 1929, escribía en términos social-corporativos:

> "El problema no es sólo *representar* intereses... sino llevar la *competencia* a los organismos representativos. Que lleguen a las cámaras especialidades competentes ... para sacar el máximo provecho de una acción concertada de todas las fuerzas nacionales; consejos de economía nacional en que estén representados los diversos intereses colectivos... entidades científicas encargadas de ilustrar a particulares y asociaciones en sus actividades... Un impulso colectivo, organizado con todas las fuerzas particulares y del Estado, en cooperación, dirigido a la óptima producción interna" [85].

Estas ideas calzaban con las expuestas por la Asamblea Popular de 1925, que había planteado crear un Congreso de base gremial y no de base política.

En 1933, sin embargo, Aguirre escribía lo que sigue:

---

83 La historiografía reciente ha desmoronado ese mito. Ver Henry Kirsch: *Industrial Development in a Traditional Society: the Conflict of Entrepreneurship and Modernization in Chile* (Gainsville, Fla., 1977); L. Ortega: "Acerca de los orígenes de la industrialización chilena", en *Nueva Historia* 1:2 (1981); G. Salazar: "Algunos aspectos fundamentales del desarrollo del capitalismo en Chile. 1541-1930" (Santiago, 1976 y 1987), también "Entrepreneurs and peons...", loc. cit., Cap. IV, y "Empresariado popular...", loc. cit. También J. Pinto & L. Ortega: *Expansión minera y desarrollo industrial. Un caso de crecimiento asociado.* (Chile 1850-1914) (Santiago, 1991).

84 G. Salazar: "De jaulas y domadores, o el problema histórico de la Izquierda en Chile", en *Kritica* 26 (Segunda Epoca, 1987).

85 P. Aguirre: *El problema agrario* (París, 1929), pp. 12-17. Las cursivas son del propio Aguirre.

"La eficiencia nace de factores múltiples, de responsabilidad gubernamental unos, de deberes populares otros... Estamos en un círculo vicioso: dentro del espíritu democrático moderno y de la cooperación que se requiere, los problemas son nacionales, pero el concurso social es deficiente".

Se comprende que, siendo "deficiente el concurso social", la responsabilidad por la eficiencia ya no podía obtenerse de la concertación social o gremial, sino de la acción estatal. Y ésta, de las "ciencias económicas". Citando a Lucien Romier, Aguirre agregó: "la alta política (la política como ciencia) escapará siempre a la competencia de las masas". El desarrollo nacional exigía, por un lado, un Estado Científico, y por otro, una masa ciudadana dispuesta a *aprender* y a dejarse conducir durante su aprendizaje. El Estado debía ser un educador de las masas, a las que debía, además, organizar. El Estado debía ser el forjador del "nacionalismo", no sólo por razones de "alta política", sino por la feroz competencia internacional de la época, donde las grandes potencias ("tentáculos de pulpo absorbente") pretendían imponer un agresivo libre-mercadismo. Sin estatismo no podía, pues, haber nacionalismo. Y sin éste, desarrollo:

"La guerra se ha transformado. Las plazas fuertes son las materias primas, que debemos a toda costa evitar que caigan en poder del enemigo; los generales son los capitanes de industria extranjeros...; las tropas de ocupación, los capitales, que dan al país prestamista un triple y variado beneficio...".

La guerra económica exigía cohesión interna, y ésta "es obra que corresponde a los poderes públicos". De modo que "los gobernantes no son hoy, como antaño, espectadores de la lucha industrial o comercial, sino administradores o gerentes de una gran empresa, con actividades complementarias, todas ellas dirigidas al bien común del accionista principal: la masa que forma la colectividad nacional, solidaria en todos sus intereses". Terminó diciendo:

"El mundo económico marcha en el sentido de que cada país sea una gran empresa científico-industrial encargada del bienestar económico, sin perjuicio de la libertad espiritual de los ciudadanos" [86].

El discurso industrial venía grávido de nacionalismo, y ambos daban un evidente sobrepeso político (por la adición de múltiples "actividades complementarias") al Estado, descargando de poderes a "la masa que forma la colectividad nacional". Más aún: al entenderse la nación como "una sola gran empresa" y al Estado como un solo 'gran empresario', la sociedad civil no tenía más camino que ser un solo 'gran ciudadano' (uniformemente educado y cohesionado). Lo que exigía imponer, como principio supremo, la "*armonía social*" (que Aguirre compartió con Ibáñez y Alessandri). La 'armonía social',

[86] Pedro Aguirre: *El problema industrial* (Santiago, 1933), pp. 7-9, 92-95 y 173.

pues, se situó por encima de los principios alternos de 'competencia de mercado' y 'lucha de clases'. Sobre liberales puros y marxistas de todo tipo. El corporatismo de Estado, en la versión de Aguirre, constituyó el programa central de los principales 'partidos de Centro' de entonces [87].

Mirado en perspectiva histórica, la performance *empresarial* del poderoso Estado 'nacional-desarrollista' (en el que vino a parar el Estado liberal-alessandrista) resultó menos eficiente que 'el gran empresario' a quien reemplazó: el 'conglomerado' oligopólico de compañías extranjeras. Centrado por confesión pública en lo económico-industrial, fue, por tanto, evaluado por sus resultados en lo económico-industrial. Y éstos fueron, a toda luz, magros. ¿Por qué? ¿Por qué el estatismo mercantil fue menos eficiente en liderazgo económico que el occiso oligopolio mercantil?

Uno de los factores determinantes de ese desempeño deficiente fue la situación en que quedaron, después de 1932, entre otros, el movimiento empresarial y el movimiento popular; es decir: los actores fundamentales de los que dependía la "armonía nacional" requerida por el corporatismo de Estado. La eficiencia global quedó sujeta a que esos movimientos asumieran disciplinadamente su rol de aprendices y peticionarios frente al Estado. Dependía así de frágiles variables socio-políticas. La historia del tramo 1934-1973 enseña que ni uno ni otro fueron 'disciplinados'.

Algunos autores han dicho que el Estado Desarrollista benefició al empresariado al punto de crear una emergente "burguesía industrial". Sin duda, en esta tesis hay algo de prolongación de esa otra según la cual el Estado 'creó' la industria. Pero los hechos muestran que el *movimiento* confederado de los empresarios, después de 1934, no adhirió al corporatismo de Estado ni dio señales de estar beneficiado por él [88]. ¿Por qué? Según un documento firmado en 1946 por el Presidente de la Confederación de la Producción y el Comercio (ingeniero Jorge Alessandri) y por los presidentes respectivos de la SNA, de la SOFOFA, de la Cámara Central de Comercio y la Sociedad Nacional de Minería:

> *"el mejoramiento efectivo que han alcanzado las remuneraciones de empleados y obreros, así como el abultamiento de los gastos públicos, se ha logrado principalmente mediante una franca reducción de la participación del capital productor en los resultados de las actividades económicas del país".*

La declaración de los empresarios no hizo ninguna mención a la estrategia industrializadora de los gobiernos radicales, ni al rol desarrollista de la CORFO ni al con-

---

[87] Sobre este punto, Florencio Durán: *El Partido Radical* (Santiago, 1958). Para una versión del 'mito popular' sobre Pedro Aguirre, Alberto Cabero: *Recuerdos de don Pedro Aguirre Cerda* (Santiago, 1948). Una perspectiva global en Peter Drake: *Socialismo y populismo en Chile, 1936-1973* (Santiago, 1992) y en Verónica Valdivia: *El nacionalismo chileno en la época del Frente Popular (1938-1952)* (Santiago, 1995. U. Blas Cañas).

[88] La primera tesis ha sido desarrollada por Marcelo Cavarozzi, sobre todo en "El orden oligárquico en Chile, 1880-1940", *Desarrollo Económico* 18:70 (1978), pp. 231-264

cepto de Estado Fabril. Su preocupación giró en torno a que "la formación de capitales es la base fundamental del progreso", y en este sentido, la política 'económica' del Estado producía "un alza de tal magnitud en los costos de producción que hay una amenaza de paralización a corto plazo para muchas de nuestras empresas industriales...". Si tal parálisis no se había producido era por la guerra "que mantiene temporalmente alejada la competencia extranjera". La inflación resultante sólo podía conducir al descalabro. La cuestión central del problema económico chileno no era, pues "una cuestión de derechas o izquierdas, de liberalismo o socialismo" sino de buen sentido, en cuanto a entender la importancia estratégica de la "formación de capitales", garantía de toda inversión [89].

En la Convención de Industriales de 1944, Jorge Alessandri había aceptado la "intervención del Estado" en el proceso económico en términos de "corregir" los excesos de la iniciativa privada, pero no para imponer una política social "a voluntad de los poderes públicos o del grupo particular interesado", sin mirar a la real "capacidad económica" del país. Eso generaba no sólo inflación, sino que podía "eliminar la libertad política" [90].

La crítica apuntó también al aspecto propiamente 'empresarial' de la estrategia: al manejo del comercio exterior, a los contactos internacionales, a la administración del mercado nacional de divisas y a la adecuada internación de maquinarias, tecnologías y otros bienes de capital. Todo se traducía en un notable aumento del gasto público sin impacto real en el desarrollo productivo. En 1955, Jorge Alessandri, como presidente de la Confederación, fue de nuevo categórico:

> *"... se han disminuido las posibilidades de capitalizar adecuadamente y de obtener divisas en cantidad suficiente para adquirir bienes de producción que son los dos elementos fundamentales para alcanzar aquellos objetivos".*

El interés bancario era altísimo (cuatro veces mayor que en Estados Unidos). La importación de bienes suntuarios era mayor que la de capital. La capitalización descendía cada vez más, al revés de la inflación, etc. Era necesario, pues, "sin tardanza, definir la órbita y las relaciones entre la acción económica del Estado y la de la empresa privada" [91].

El estudio de esas relaciones revela que, entre 1932 y 1973, la Confederación permaneció *distante* del Estado Empresarial, en una posición que le permitió disparar no sólo contra el Estado, sino también contra la clase política y los grupos financieros, ya que éstos, amparados por aquélla, realizaban maniobras especulativas. Encuestas realizadas en la década de 1960 revelan que el 90 por ciento de los empresarios opinaba que el grupo con más poder en la sociedad chilena era el de "los políticos", seguido por "los banqueros y financistas", mientras se daba un cuarto lugar a los obreros, detrás de los

---

89 "La producción y el comercio ante el momento político", en *Economía y Finanzas*, 10:118 (1946), pp. 11—19.

90 Gisela Silva (Rec.): *Jorge Alessandri: su pensamiento político* (Santiago, 1985), pp. 110-111.

91 J. Alessandri: *La verdadera situación económica y social de Chile en la actualidad* (Santiago, 1955), pp. 8 et seq.

propios empresarios. Opinaban que los empresarios se hallaban en una situación de "dependencia" frente a los dos primeros grupos; que, por tanto, eran "aliados no deseados, pero de los cuales no se puede prescindir" [92].

Así posicionado como 'ciudadano peticionista', el empresariado industrial, durante el período 1932-1973, tuvo que "presionar desde fuera del sistema político, o por los intersticios" (Aníbal Pinto). La presión configuró tres actitudes convergentes: una, tendiente a mantener y aun fortalecer el corporatismo *gremial* concertado en 1934 (lo que lo convirtió en un efectivo "grupo de presión"); otra, tendiente a refinar la presión *informal* sobre el aparataje estatal (tejió una "red de interacción" invisible para influir en las políticas de Estado) y, por último, otra tendiente a buscar conexiones propias, directas, con el único gran capital extranjero disponible: el norteamericano. Todas esas actitudes estaban diseñadas para actuar, no a través del espacio público, sino en los resquicios del sistema político. Con autonomía de ida y vuelta -según comprobó Constantine Menges- respecto a los partidos políticos [93]. En su cara pública, este movimiento expresaba apoliticismo y mero gremialismo. En su cara interna, 'intervenía' el intervencionismo. Ninguna de sus caras coincidía, por cierto, con el "desarrollismo". Su marginalidad peticionista no fue, pues, óbice para que el gremio patronal no sólo sobreviviera (con saldos a favor) a las agitadas espirales inflacionarias de la época y a los cambios en el color discursivo del desarrollismo (fue politicista, apolítico, tecnocrático, populista, etc.) sino que construyera, paso a paso, 'apoyos' (en Estados Unidos, en capas medias, en federaciones obreras, etc.) que *nunca* tuvo antes.

En verdad, el Estado Nacional-Desarrollista, al imponer a todos la vasállica condición 'peticionista', no pudo ser un patriótico promotor de "armonías", sino un ocupadísimo *árbitro* distribuidor de prebendas. Cada sector social se agremió para presionar y desarrollar, a su modo, redes informales de influencia (si en el parlamentarismo fueron los grupos oligárquicos y siúticos los que mordisquearon el Estado, durante el desarrollismo no fueron grupos sino sectores sociales completos los que se dispusieron a devorar el cuerpo hipertrófico del Estado). Algunos (¿acaso por mera ingenuidad?) lo hicieron a la luz del día, atravesando el cenit de los partidos y el sistema político (fue el caso, sobre todo, del movimiento obrero). Exactamente, como se exigía. Los empresarios, fieles -quizá- a la tradición oligárquica de actuar en los intersticios de la legalidad, *obviaron* el sistema institucional, sin ocuparse ni de acatarlo ni de violarlo. Ni de disciplinarse en armonía ni de violentarse en rebeldía. Sólo cuando el entusiasmo por la acción directa

---

92 María Grossi: "Burguesía industrial e ideología del desarrollo en Chile", *Revista Mexicana de Sociología* 33:4 (1971), pp. 754-755 y 761.

93 Un detallado estudio sobre la red informal de influencia de los empresarios en C. Menges: "Public Policy and Organized Business in Chile: a Preliminary Analysis", en *Journal of International Affairs* 20:2 (1966), pp. 343-365. Ver también artículos citados de M. Grossi y M. Cavarozzi.

contagió al movimiento popular (sobre todo, desde 1968), el empresariado sintió que el cuadrillado legal del Estado y el laberinto intersticial de la política ya no eran buenas madrigueras para las redes invisibles de su presión. Y optó, también, por salir a la calle.

La probada mayor eficacia de las redes 'invisibles' de presión (devenidas ya en hábito y cultura) puede ayudar a explicar la casi nula cooperación patronal al gobierno empresarial de Jorge Alessandri. Pues los empresarios sabían que las redes 'visibles' estaban atadas orgánicamente al Estado Desarrollista, el cual -según estudios realizados por economistas provenientes de Chicago a fines de los años 50- no tenía *ninguna posibilidad* de remover las trabas de fondo que impedían una real acumulación de capital en Chile [94].

Esas trabas consistían (tras el eclipse del liderazgo europeo) en cómo obtener divisas para financiar la importación de maquinaria y otros bienes de capital, a quién comprar esos bienes, qué tipo de cambio podría facilitar eso y cómo, por último, debía ser ajustado el crédito interno para fomentar la producción. Las compañías europeas habían importado máquinas sin parar, porque eso estaba en su lógica 'mercantil'; habían gastado en ello sus propias 'divisas', que luego recuperaban en su control sobre las exportaciones. Su lógica mercantil las llevó, pues, a difundir la mecanización, el industrialismo y a prestar o arrendar sus ingenieros para el montaje de nuevas industrias. En suma: la industrialización había surgido en Chile por la acción de 70 u 80 grandes casas comerciales y bancos extranjeros. El dilema de 1930 consistió en si esa misma estrategia 'mercantil' de desarrollo industrial, basada en la 'importación' y no en la 'producción' de bienes de capital, era igualmente *posible*, ya no sobre la base de compañías extranjeras, sino en base al Estado 'nacional'.

Ya a mediados de la década de 1940 varios economistas se habían percatado de eso y aconsejaban pasar, respecto a los bienes de capital, de una estrategia 'mercantil' a una 'productiva':

> *"... es cierto que prevaliéndose de los créditos otorgados por el Export-Import Bank, la CORFO ha podido compensar esta penuria de importaciones con una política en cierto modo preferencial hacia las importaciones de capital, especialmente en maquinarias. Si se relaciona (esto) con las perspectivas pobres que ofrece para la pos-guerra nuestro aprovisionamiento en divisas de importación, resalta aún más la importancia y urgencia de orientar... nuestra política económica interna y externa hacia la producción de bienes de capital"* [95].

---

[94] Ver de Enrique Sierra: *Tres ensayos de estabilización en Chile* (Santiago, 1969) y de R. Ffrench-Davis: *Políticas económicas en Chile, 1952-1970* (Santiago, 1973).

[95] Ricardo Cox: "Producción de bienes de consumo y bienes de capital", en *Economía y Finanzas* 10:115 (1946), p. 7. Una visión global de este problema en G. Salazar: "Algunos aspectos fundamentales del desarrollo...", loc. cit.

Después de 1938, el Estado sólo pudo importar maquinaria desde Estados Unidos. Para financiar eso, tenía que aumentar el precio y/o el tonelaje de sus exportaciones de cobre. Pero la economía de guerra y de pos-guerra bloqueó esa importación y el precio del cobre, por presión de EEUU, se rebajó. Entre 1938 y 1952; es decir, durante el apogeo de la política industrialista, el sector externo chileno se halló sometido a presiones monopólicas (EEUU fue su único socio) y a presiones políticas (fue constreñido a apoyar al capitalismo liberal y no al nacionalista). El mercado internacional, por eso, actuó para Chile de modo inverso al competitivo y caballeresco mercado 'victoriano'. Fue, sin duda, un mercado menos 'eficiente'. Pues hubo una drástica disminución en la importación de bienes de capital, una creciente escasez de divisas para importar y, por cierto, un decrecimiento progresivo de la inversión, la productividad y la ganancia. La organización mundial de la economía realizada en Bretton Woods en 1944, no alivió la crítica situación chilena; al revés: la complicó con una serie de "dictaduras financieras" [96].

El mercado externo (monopólico y politizado), la estrategia industrial promovida por la CORFO (que *no* fomentó la producción de maquinaria y tecnología, sino la de bienes de consumo y de insumos básicos para la industria: acero, petróleo, electricidad, etc.), y el tipo de industria montada por las compañías europeas replegadas en el mercado interno, convergieron, de una parte, en condicionar fuertemente el desarrollo industrial y, de otra, en mantener su dependencia del aprovisionamiento *mercantil* de bienes de capital. Todo ello condujo a la crisis inflacionaria de 1955.

La crisis de 1953-55 dejó al Estado de 1925 ante un nuevo dilema grave: ¿debía convertirse en un Estado categórica y agresivamente 'productivista', o debía seguir siendo 'mercantil', pero ya no al servicio del nacionalismo, sino del sistema liberal comandado por el Fondo Monetario Internacional?

Carlos Ibáñez no quiso dar un golpe de Estado productivista. Los políticos, inquietos, como a un escapulario, juraron lealtad a la Constitución (liberal) de 1925, mientras seguían practicando, sin desmayo, el ya consolidado corporatismo liberal de Estado. Nadie quiso aventurarse en una nueva coyuntura constituyente. Tanto Carlos Ibáñez como Jorge Alessandri recomendaron a su 'sucesor' que realizara la "necesaria" reforma del Estado. Pero nadie hizo nada. En la duda, se optó por la 'cultura adquirida'. Como antes. Es decir: por aumentar la 'perfectibilidad' del mismo modelo nacional-desarrollista. Y se dijo: 'ya no se puede seguir así, arbitrando entre intereses dispares: es preciso aplicar una refinada *planificación* del desarrollo nacional, a todo nivel y en todo lugar'. En la práctica, la planificación consistió en la incorporación de la política social al mismo nivel y rango que había tenido, hasta allí, la política económica. Por ello, la solución encontra-

---

96 Sobre el impacto de Bretton Woods en Chile, D. Armanet y R. Cox: "Perspectivas de la economía nacional", *Economía y Finanzas* 9:110 (1945), pp. 1-18, y A. Pinto: "¿Quiénes dictan la política económica de Chile?", en *Panorama Económico* 200 (1959), pp. 89-91.

da consistió en pasar del nacional-desarrollismo a su primogénito histórico: el nacional-populismo [97].

El primogénito no sanó tampoco la enfermedad crónica que aquejaba al capitalismo nacional: la imposibilidad de incrementar la acumulación y/o la real formación de capital. El economista de la Universidad de Chicago, Tom Davis, demostró esa 'imposibilidad' a través de diversas investigaciones publicadas entre 1959 y 1969, y difundidas entre sus alumnos del Instituto de Economía de la Universidad Católica. Davis probó que durante el período 1908-1927 (es decir: durante la hegemonía de las compañías europeas) el crecimiento nacional fue de 1. 45 por ciento promedio anual, mientras que durante el período 1934-1957 (o sea: durante el Estado Empresario y la hegemonía de Estados Unidos), el crecimiento fue sólo de 1. 20 por ciento promedio anual. Probó, además, que el período 'yanqui' no sólo fue más inflacionario que el europeo, sino que en él, la inflación "se institucionalizó". Al fin, Davis se preguntó: ¿podrán los gobiernos democráticos en Chile resolver todo eso junto? ¿Es que el problema, por su carácter circular, no era *democráticamente* soluble?

Tom Davis prestó especial atención a las condiciones *internas* de la acumulación del capital: la situación de los salarios reales, las tasas tributarias y de interés, y sobre todo, el impacto de las leyes de previsión social ("pension legislation") en la formación de capital. Sus conclusiones fueron: la seguridad social, en Chile, era un factor determinante en la deficiente acumulación del capital y en la generación de empleos. Sin embargo, la arraigada cultura 'peticionista' de todos los sectores sociales y la dependencia de los políticos de esa misma cultura tornaban inviable que "los beneficios excesivos de la seguridad social, los islotes de altos salarios y el dualismo (del Estado) puedan desaparecer *pacíficamente* del escenario de América Latina".

En suma: la única posibilidad de desarrollo capitalista en Chile pasaba, en consecuencia, por una revolución *no-pacífica* [98].

Como se dijo: la crisis de 1953-55, pese al grave dilema que la cruzó, no desembocó en una 'coyuntura constituyente'. El debate interno se concentró en aspectos colaterales: la inflación (entre ortodoxos y heterodoxos) y en el sello político de las peticiones de 'clase' (socialistas versus imperialistas), pero no sobre la estructura histórica del Estado. La Constitución no era estorbo para nadie (¡era la democracia!). El problema no era de

---

97 Ver G. Salazar: "El movimiento teórico sobre desarrollo y dependencia en Chile. 1950 1975", en *Nueva Historia* 1:4 (1982).

98 El texto clave de Tom Davis es: "Dualism, Stagnation and Inequality: The Impact of Pension Legislation in the Chilean Labor Market", en *Industrial and Labor Relations Review* 17:3 (1964), pp. 380-398. Otros textos importantes en este sentido, del mismo autor: "Eight Decades of Inflation in Chile: 1879-1959. A Political Interpretation", en *The Journal of Political Economy* 71 (1963), pp. 389-397, y "The Growth of Output...", loc. cit.

fondo, sino de estilo; no de Estado, sino de Gobierno. Y en el 'mercado' del peticionismo se combatían los desvaríos del adversario. Por tanto, lo que correspondía era doblegar electoralmente a esos adversarios para imponer, desde el solio presidencial, el estilo (programa) propio. Porque el texto constitucional permitía operar *cualquier* programa, menos aquel que borrara el texto (pacto).

La crisis de fondo no involucraba, pues, a la sociedad civil, sino, principalmente, a los partidos. La energía social, frenada por la imposibilidad del desarrollo, exacerbó hasta el paroxismo la energía *cotidiana* de la política. Todo, o casi todo, comenzó a 'militar' políticamente. Y todo, o casi todo, golpeó o se filtró en las mil cabezas y mil pies del mutante e hipertrófico Estado Liberal, Empresarial, Docente, Desarrollista y Populista nacido en 1925 [99].

La línea de evolución estatal iniciada por Ibáñez se desplegó sin piedad hasta convertir el Estado alessandrista en un monstruo que creó y devoró, una a una, todas sus criaturas 'peticionistas'. Es que el ciudadano, cuando es desnaturalizado, no actúa cívicamente como 'comunidad', sino como plaga. Y como tal 'desintegra' a los causantes de su desnaturalización.

El movimiento popular (su examen específico se hará en otro volumen), no presentó después de 1932 *ningún* proyecto alternativo de construcción estatal. Más bien, por presión o sin ella, se disciplinó bajo el imperio de la Constitución y el Código del Trabajo. Incluso colaboró, de modo clientelístico, hasta 1946. Después, sin embargo, entró activamente en el mercado competitivo de las "peticiones" (allí combatían demandas justas con las no tanto). Por industrialismo y populismo, la nueva clase política hegemónica lo ahijó como movimiento predilecto. Como base para 'educar' (Aguirre), 'desarrollar' (Frei) 'liberar' (Allende) y mantener como fuerza electoral y de lucha contra todo tipo de adversarios, externos e internos. Pero el estancamiento y la inflación rompieron el hechizo clientelista. El movimiento obrero transformó el peticionismo en una fuerza autónoma que rebasó la 'conveniencia' de sus patronos políticos. Otros movimientos populares hicieron lo mismo. Los partidos de gobierno vieron que su *rating* electoral bajaba y fluctuaba abruptamente, fuera de todo control, disciplina y 'gobernabilidad'. Con cada barquinazo de autonomía el discurso político se teñía con más populismo. La planificación social, iniciada tecnocráticamente en la academia, terminó ajustándose en plena calle. Sobre semejante proceso, el discurso ideológico del 'socialismo' fue adquiriendo credibilidad y legitimidad.

---

[99] Sobre la ramificación burocrática del Estado Empresario y Social-Benefactor, Ministerio de Hacienda: *Organización del Estado en Chile. Legislación, funciones y organización de las instituciones fiscales, semifiscales y autónomas del Estado* (Santiago, 1955), 2 vols.; también Escuela de Derecho, Universidad de Chile: *Nuestra organización económica institucional* (Santiago, 1953), 2 vols., y Editores: "El Estado desarrollista y la empresa privada", *Panorama Económico* 244 (1969).

El llamado Estado Empresarial, por tanto, nunca fue transformado ni homogeneizado en un verdadero "Estado Fabril", como muchos esperaban a mediados de 1940 [100]. Históricamente, sólo fue un continuador -y un mal continuador- de la estrategia 'mercantil' de las compañías europeas. No logró convertir las enormes 'masas marginales' chilenas en proletariado industrial, ni sacar a éste de su condición 'peticionista'. No atacó la pobreza a través de una vigorosa política industrial, sino por medio de un populismo asistencial. Quiso erradicar la dependencia económica no a través de la autonomía productiva, sino mediante una política (de base ideológica) anti-imperialista (cuando el capital extranjero no controlaba más del 17 por ciento del sector industrial, frente al 60 por ciento existente a comienzos de siglo), la que resultó, al final, un *boomerang* [101].

Debe recordarse que el Estado de 1925 no fue un instrumento de dominación ni del empresariado ni del proletariado ni de las clases medias sino, en rigor, de la *clase política civil*. Tal como lo construyeron Alessandri y sus colegas (con la ayuda dialéctica de Ibáñez) era un Estado que excluyó y subordinó *todos* los movimientos sociales (incluyendo el de los militares). Es decir: todas los brazos de la sociedad civil. El trueque de la 'participación' por la 'petición' se practicó hasta el final.

No es extraño que todos los movimientos sociales, al ver que sus peticiones se tramitaban o frustraban, pasaran de la petición a la acción directa. A la "toma", la huelga ilegal o al desacato. Repítase: todos (obreros, pobladores, empresarios, grupos medios, campesinos, estudiantes y... militares). ¿Podía ser de otro modo? ¿En qué puede devenir el peticionismo legal sino en otro ilegal?

Así, el conflicto salió del Congreso y estalló en la calle. Al final, en 1972, el proceso culminaba con sucesivas batallas de masas "por el control de la Alameda" [102]. Desde 1918, las masas ciudadanas se movilizaron unidas contra la oligarquía, en camino a consumar una operación 'constituyente'. Desde 1964, en cambio, las masas civiles lucharon entre sí como un reflejo exacerbado de la lucha parlamentaria, *sin* proyectos claros de reconstrucción estatal ni propuestas de debate constituyente. Eso podía ser 'lucha de clases'. O guerra de peticionistas. O contagio febril transmitido por la espiral precios-salarios. O guerrilla entre militantes. O todo eso junto. Siglos de pobreza y explotación se revolcaban junto a siglos de ineficiencia o inepcia política. Límpidas legitimidades se enredaban con espurias legitimaciones. La sociedad civil luchando contra sí misma por la hipertrofia del Estado.

A eso contribuyó el hecho de que ninguno de los actores sociales involucrados

---

100 Aurelio Montenegro: *Estudio general de la industria fabril en Chile* (Santiago, 1947), p. 193 et seq.

101 Hay numerosos estudios al respecto. Entre otros: Sergio Bitar: "La inversión privada extranjera en la industria chilena", *Panorama Económico* 257 (1970), pp. 14-21.

102 G. Salazar: *Violencia política popular...*, op. cit., pp. 331-351. También H. Frühling: *El Estado contra el terrorismo* (Santiago, 1995).

contó con una *proyección teórica* capaz de regir su conducta política e histórica. La presión contra el Estado era un ejercicio que se aprendía en la práctica y no de la teoría. Tanto que podía asumirse como 'lucha', o como 'fiesta', o juego. Ni la petición ni la protesta necesitaban propuesta o proyecto, sino "plataformas", respaldos gremiales. Si en algún sector circulaba teoría, ésta no era producto de investigaciones o elaboraciones locales sino -lo mismo que los bienes de capital- de la 'importación'. La pobreza teórica resultó especialmente notoria en el caso del empresariado. Confundido en su incómodo rol peticionista, no desarrolló el hábito de elaborar e imponer un proyecto nacional de desarrollo. Ni asumió el rol y el status propios de una clase-líder. Tendió, más bien, a presionar, a tomar distancia, a operar en *ghettos*, a conspirar. Y sobre todo, azuzando a otros (por ejemplo, a los militares) para que hicieran algo. Su producción teórica no permitía más que eso. Se reducía a la editorial del Boletín Mensual de la Asociación respectiva. Tanto, que la premonitoria producción académica de Tom Davis no tuvo traducción gremial ni política: quedó como apunte académico o currículo para postular, más tarde, a las becas de Chicago. Su literatura de batalla la escribían otros, para magnificar errores gubernamentales y descalificar -tal como hizo Portales con los pipiolos en 1829- a sus adversarios. Un caso paradigmático es el de James Whelan [103]. Su literatura académica (la del historiador Gonzalo Vial o del Instituto Libertad y Desarrollo), o se inserta en la tradición historiográfica conservadora (¡oh, Portales!), en el caso de Vial; o se mueve en análisis coyunturales de corto plazo, en tren de denuncia y no de reproyección histórica, en el caso del mencionado Instituto. La invocación a Portales permite aquí mostrar una cierta 'tradición cívica'. Pero no suficiente para hacer olvidar que el empresariado chileno, más a menudo que no, señala con el dedo a Portales mientras se protege tras la espada de un militar. Testimoniando su pobreza histórica.

La Izquierda realizó un esfuerzo teórico mayor para orientar el movimiento 'político' en una perspectiva histórica de mediano y largo plazo. Su propuesta se centró en "la transición chilena al socialismo"; o sea: en el paso de un modo de producción a otro. El capitalismo, al desarrollarse, engendraba por sí mismo su propio sepulturero: el socialismo. Pero este parricidio no era posible perpetrarlo sino hasta que el proletariado alcanzara la madurez de su vida histórica. Los intelectuales de izquierda diagnosticaron que el capitalismo, al ser "dependiente", había tenido un parto prematuro y que el movimiento obrero tenía la precocidad necesaria para perpetrar con éxito "la transición". Pero, para consumarla, se requería apoderarse del instrumento clave: el poder político (el Estado de 1925). Sería, pues, un parricidio con arreglo a la ley. Esta opción se fundaba en una evaluación histórica: el Estado Chileno tenía solidez democrática y contenido populista; es decir: gobernabilidad a toda prueba y legitimidad anti-imperialista, anti-feudal y anti-

[103] Ver su *Desde las cenizas. Vida, muerte y transfiguración de la democracia en Chile, 1833-1988* (Santiago, 1993).

capitalista. Conquistado el gobierno (en 1970), cabía deshacerse del modo de producción que había hecho de crisálida. Así, la teoría avaló lo que se llamó "transición chilena al socialismo" [104].

Se puede observar que, más que el proletariado, fue la clase política de Izquierda (operadora del 'instrumento' clave) la que dirigió esa transición y llevó el *corporatismo de Estado* a sus límites extremos. Con lo que hinchó todas las variables negativas del desarrollo que Davis consideraba 'imposible': escasez de divisas, bloqueo del crédito externo, caída de la importación de bienes de capital, expansión de la demanda, incremento de las emisiones inorgánicas, inflación descontrolada. Acostumbrados a ello, todos los peticionistas adversarios presionaron en cadena, o de consuno. Lo propio hizo Estados Unidos. La crisis de 1955 reapareció en 1972, magnificada. Los teóricos de la Izquierda no previeron que, con ello, el gobierno 'popular' quedaba metido en una trampa: debía administrar por sí mismo *la crisis terminal del Estado de 1925*, prevista ya por Davis desde fines de los 50. Debía hacerse cargo de medio siglo de historia estatal. Recibir todas las presiones y pagar todos los costos acumulados. Por ello, responsabilizar a la Unidad Popular de haber desquiciado, por sí sola, la democracia liberal en Chile, es grotesco. Es un mero sarcasmo político. O el juego de mirar la viga en el ojo ajeno. La Unidad Popular ganó la disputa electoral de 1970, pero pudo ganarla Jorge Alessandri. U otro. Y la crisis terminal igual se habría producido, sólo que, tal vez, de otro modo. Con otros chivos expiatorios. Pues la historia del Estado de 1925 no comenzó con el triunfo de Allende, sino mucho *antes*. Antes, incluso, de 1925.

Las evaluaciones teóricas posteriores a 1973 han insistido en que la crisis de la 'democracia' tuvo que ver, fundamentalmente, con el "campo de fuerzas" formado por el "sistema de partidos". Que la polarización izquierda-derecha (no se habló más de "lucha de clases", como si el conflicto hubiera sido exclusivo *de* la clase política) se evitó mientras hubo partidos de centro capaces de levantar coaliciones abiertas a lado y lado. Que el Partido Radical, en su tiempo, actuó con flexibilidad, mientras que el Demócrata Cristiano, en el suyo, no; rompiendo la pendulación que mantenía el equilibrio. El 'juego' democrático. Este análisis, influido por Giovanni Sartori y otros autores, con variantes, es la tesis central de Arturo Valenzuela, Timothy Scully, Manuel A. Garretón y Tomás Moulian, entre otros [105]. Es evidente que aquí lo social está supeditado a 'lo político', lo democrático a 'lo parlamentario', y los movimientos sociales a 'lo estatal'. Como si el proletariado, los pobladores, los estudiantes y la sociedad civil en general, hubieran sido (¿lo fueron?) sólo comparsa.

---

104 Un texto clave es el de R. Pizarro & M. A. Garretón (Eds.): *Transición al socialismo y experiencia chilena* (Santiago, 1972). También el de Sergio Ramos: *Chile ¿una economía de transición?* (Santiago, 1972), y de M. A. Garretón: *El proceso político chileno* (Santiago, 1983).

105 A. Valenzuela: *El quiebre de la democracia en Chile* (Santiago, 1991); T. Scully: *Los partidos de centro y la evolución política chilena* (Santiago, 1992); T. Moulian: *La forja de ilusiones: el sistema de partidos, 1932-1973* (Santiago, 1993), y M. A. Garretón: *El proceso político...*, op. cit.

El colapso de la Unidad Popular (o del Estado de 1925) ocurrió en *paralelo* con la crisis (en Europa y otras partes) de la socialdemocracia y el llamado "Estado de Bienestar". Y casi en paralelo con la crisis de los estructuralismos socialistas y capitalistas (incluyendo el de Bretton Woods de 1944), que, desde 1982, dejó triunfantes a las economías de mercado. Es de interés resumir el análisis efectuado para esta crisis global. Se ha sostenido que el rol histórico de los Estados de Bienestar fue "limitar y mitigar el conflicto de clases y equilibrar la asimétrica relación de poder entre trabajo y capital", rasgos que fueron típicos del capitalismo liberal anterior a 1930. Pero fue inevitable que el Estado de Bienestar adquiriera un "carácter multifuncional y capacidad para servir simultáneamente muchos fines y estrategias conflictivas", y que, por ello, devino en una "pesada carga fiscal y normativa sobre el capital, que equivalió a un desincentivo para la inversión". Por otro lado, garantizó "pretensiones, títulos y posiciones de poder colectivo a trabajadores y sindicatos que equivalían a un desincentivo para el trabajo". Por último, fue un Estado útil para "estabilizar" el capitalismo y no para transformarlo. De modo que, a la larga, resultó un deficiente ejecutor de proyectos de cambio y un eficiente represor para los que quisieran imponer esos proyectos. Así, criticado y atacado por todos los que, supuestamente, se beneficiaban de él, y acosado por una crisis de inversión y productividad, el Estado de Bienestar terminó por colapsar [106].

Un comentario final para el colapso del Estado Populista chileno: la imposibilidad de la acumulación capitalista no puede ser atribuida *sólo* al peso fiscal que el gasto social descargó sobre los empresarios (tesis de Tom Davis), sino también al carácter monopólico y político del mercado exterior que le correspondió en suerte histórica, y a la debilidad capitalista del empresariado nacional, que *no* persuadió a la clase política de que la producción nacional de bienes de capital tornaba más posible la acumulación que su mera importación. El astuto Tom Davis no incluyó estas variables en su premonitorio diagnóstico [107].

---

106 Claus Offe: *Contradicciones en el Estado de Bienestar* (Madrid, 1990), pp. 135 et seq.; también W. Merkel (Ed.): *Entre la modernidad y el postmaterialismo. La socialdemocracia europea a finales del siglo* XX (Madrid, 1994).

107 Para una perspectiva que intenta incluir la dimensión social en el problema del Estado, ver J. Petras: *Política y fuerzas sociales en el desarrollo chileno* (Buenos Aires, 1969), y R. Atria / M. Tagle (Eds.): *Estado y política en Chile. Ensayos sobre las bases sociales del desarrollo político chileno* (Santiago, 1991).

c) Clases políticas, burocracia, ciudadanía

"Los que nos gobiernan, nacidos por lo común en la opulencia, educados léjos del pueblo... han ascendido a tal altura, que tienden la mirada a las clases inferiores i, no viendo más que los rasgos jenerales... se creen en el mejor de los mundos... Pero nosotros, los que vivimos entre los de abajo, vemos todas las miserias, todas las angustias de este pueblo... Como ellos no nos ven a los de abajo, creen que a su vez no son vistos por nosotros; pero el pueblo ve con admirable nitidez la codicia, las ambiciones bastardas i todos los delitos i vicios de los de arriba... así como hoi es su cómplice, puede mañana ser su juez i el ejecutor de su sentencia" (Dr. J. Valdés Cange: Sinceridad. Chile íntimo en 1910. Santiago, 1910, pp. 2-3).

Los ojos del poder

Para Michel Foucault, el poder es un ojo central circulante, que vigila, sigue y persigue a los hombres por doquier. Desde afuera y desde adentro de ellos mismos. A partir de esta célebre definición "panóptica", el filósofo francés anunció, sin más, la muerte del hombre como sujeto histórico. Para J. Habermas, esa definición 'ciega' el despliegue de las "energías utópicas" del hombre, al encadenarlas al "eterno retorno del poder"[108].

La ciudadanía también tiene ojos. Y no uno, sino millones. Y no centrales, sino circundantes. Facetados, extensos, como llanura. Tantos, que están en todas partes. Vigilando, desde todas las perspectivas, las cimas del poder. Y si hoy miran pasivamente, mañana bien pueden mirarlas como "juez". Ya que pueden sitiarlas y levantar oleajes "ejecutores de sentencia". Y pueden construir elásticas redes y tejidos de contra-poder. E incluso producir el retorno cíclico de su propio poder.

En la historia, el poder va y viene, atrapado en ciclos de doble retorno: entre 'formalizaciones' y 'fuentes' del poder. Entre Estado y Sociedad Civil. Entre estructuras y sujetos sociales.

Desde la cima del poder central se vigilan "rasgos jenerales". Y "no se ven" los pliegues minúsculos donde hormiguean los hombres y la miseria. Tiene visión macroscópica, oxígeno de altura y ceguera microscópica. Pero en los hechos concretos, en el tráfico cotidiano, el ojo ciudadano tiene ventaja. Es cierto que no tiene oxígeno de altura. Pero, a cambio, detenta la energía anacróbica de los virus, el linfa subcutáneo de la oralidad, la ebullición epidémica de la legitimidad. El poder central supervisa y sigue; el poder ciudadano invade y explota [109].

---

108 J. Habermas: "La crisis del Estado de Bienestar y el agotamiento de las energías utópicas", en Ensayos Políticos Madrid, 1994, p. 117.

109 Un mayor desarrollo de esto se hará en G. Salazar: "El viejo topo de la historia. Para una teoría de los movimientos sociales", de próxima publicación.

El interjuego de las clases políticas

El concepto de 'clase política' no pertenece a la teoría del poder formal. El ojo central es irreflexivo: no se mira a sí mismo. Gaetano Mosca, que introdujo el concepto, era conservador y elitista, pero su tesis sobre la clase política fue un hallazgo derivado de sus investigaciones históricas. El hallazgo resultó crítico, casi revolucionario, y nunca encajó ni con el resto de sus ideas ni con su vida política. Aun así, basado en él, lanzó fuertes diatribas contra Mussolini. Norberto Bobbio, al respecto, dijo: "la teoría de la clase política no es en sí misma una teoría conservadora: que las minorías guían y las mayorías son guiadas, maniobradas, manipuladas... es un hecho; y los hechos no son ni conservadores ni progresistas". Y agregó:

> *"la teoría de la clase política no es por sí misma una ideología, por el hecho de que parece concordar con una ideología democrática tanto como con una revolucionaria, y acaso con ésta en medida mayor"* [110].

La 'clase política' es una imagen que se obtiene mirando desde abajo, no desde arriba. Es una idea o concepto que pertenece al ojo-horizonte del ciudadano. Al circundante ojo social, que mira desde todas partes a la altura central. Ojo que no la ve como una fuerza jurídica abstracta, sino como un conjunto de personas que revisten representación, riqueza, o poder.

Hacia 1850, el Estado regido por el grupo montt-varista era dolorosamente visible, en todo Chile, para mineros, agricultores y artesanos, que se sintieron discriminados por los privilegios concedidos a los mercaderes extranjeros. Y en sus periódicos y panfletos denunciaron: "semejantes protectores ¡oh, pueblo de mi patria! son mentidos... cuando hayan concluido las votaciones, ya no os conocen... no es por ellos o por tal o cual persona que vamos a trabajar... sino por los principios, para mejorar un día la condición social" [111]. Hacia 1910, cuando regían las camarillas parlamentarias, el Dr. J. Valdés Cange (seudónimo del profesor Alejandro Venegas) denunciaba:

> *"después de la guerra del Pacífico... nuestras clases gobernantes olvidaron los intereses nacionales para mirar sólo los propios, se produjo un desquiciamiento jeneral de los partidos... las primeras manifestaciones... fueron las insubordinaciones contra sus jefes, contra el Presidente de la República... los partidos políticos no presentan hoi mas diferencia entre sí que el nombre. Las ideas, los programas, han pasado a desempeñar el papel de esos trabucos i arcabuces que suelen verse en las panoplias; mui grandes, formidables, pero inofensivos; no dan fuego..."* [112].

110 N. Bobbio: "Introducción" a G. Mosca: La clase política (México, 1984), pp. 32-33.

111 En La Libertad 1:1 (1851), p. 2.

112 Dr. J. Valdés: Sinceridad..., op. cit., pp-44 y 51.

Quince años después los estudiantes universitarios, en su diario Claridad, decían: "todos los partidos están en descomposición y el arte de gobernar ha puesto de relieve la farándula de la legislación y la burla de la ley". Términos similares usaron los obreros en el Despertar de los Trabajadores. Treinta años después crecía de nuevo el escepticismo ciudadano, y los políticos vieron que la "escoba" -prometida por el General Ibáñez para barrer la politiquería- obtenía una mayoría electoral abrumadora. Y en 1997, en plena expansión económica, la mitad de la ciudadanía dejó de inscribirse en los registros electorales, anuló su voto o votó en blanco, mientras las encuestas de opinión pública ubicaban a "los políticos" en el rango de menos prestigio de la sociedad. Un senador de la República dijo: es una "decisión ciudadana de rechazar el sistema, de protestar contra el Gobierno ... contra los políticos en general, sin excepción... como un voto de castigo" [113].

Durante casi dos siglos de historia, la percepción ciudadana parece la misma: los políticos "mienten", "buscan su propia conveniencia" y hacen de la ley una "farándula o una burla". Como sospecha el Dr. Cange, las crisis nacionales bien pueden resultar de la 'traición' al interés público al primar los intereses privados o de partido. Pero también puede ser resultado de lo que señala N. Bobbio: "la tendencia de todas las clases políticas a hacerse hereditarias de hecho, cuando no de derecho". O sea: a producir y reproducir por sí mismas las condiciones de su existencia y su hegemonía, erosionando los mecanismos de representación, obliterando la soberanía popular y estableciendo una frontera objetiva entre Estado y Sociedad Civil. Lo que no implica necesariamente corrupción, pero sí -lo que es peor- deformación del proceso político. Todo lo cual lesiona no sólo las relaciones entre Estado y Sociedad Civil, sino también entre Estado y Mercado.

La clase política puede, eventualmente, formarse en torno a los núcleos de interés privado (Cange), o por la auto-reproducción del poder político (Bobbio), pero también por la tendencia inercial de la máquina estatal a 'autonomizarse' y objetivarse, divorciándose de la masa ciudadana. En todos los casos el final es el mismo: la formación de una "minoría organizada" que se instala en el poder y se lo transmite a sí misma. Como si fuera hereditario. Los ojos ciudadanos, entonces, ven que el Estado se transfigura, de poder delegado en poder objetivado. De mandante en mandatario, de proyección ciudadana en "invasor del mundo de la vida". Es lo que resume Theda Skocpol:

> *"Los estados, concebidos como organizaciones que reivindican el control de territorios y personas, pueden formular y perseguir objetivos que no sean un simple reflejo de las demandas o los intereses de grupos o clases sociales de la sociedad. Esto es lo que se entiende normalmente por 'autonomía del Estado'..."*[114].

---

113 Ver Adolfo Zaldívar Larraín: "Retazos de diciembre: los votos nulos son de castigo", en El Mercurio 1/03/1998, D37.

114 T. Skocpol: "El Estado regresa al primer plano", en E. Torres (Comp.): Política. Teoría y métodos (San José, 1990), p. 120.

Puede, incluso, ser cierto lo inverso: que la tendencia de la clase política a la autonomización empuje el Estado a su 'objetivación', como hizo la oligarquía de 1900 con el Estado Parlamentario. La autonomización combinada puede, a su vez, convertirse en una cabalgata desbocada que arrastre caballo y jinete a un callejón sin salida, como ocurrió con la clase política 'alessandrista' y la máquina estatal-desarrollista, después de 1932. Cualquiera sea la fuerza propulsora de la crisis y la autonomización de la política, los ojos ciudadanos perciben todo eso como una sola y misma enajenación. ¿Para qué distinguir especificidades? Si el resultado es, siempre, más o menos el mismo: una crisis de eficiencia y gobernabilidad que arrastra desde espirales históricas sin control (como la inflación estructural del período 1943-73) hasta latigazos de terrorismo estatal (como ocurrió después de 1829, 1891 o después de 1973), que revientan en miseria, explotación, represión, sangre, tortura, pérdida de nacionalidad, etc. No en el seno de la clase política, sino, preferentemente, en la 'baja' sociedad civil.

La autonomización del poder público puede generar, pues, un monstruo en grado menor: la 'clase política', y otro en grado mayor: el 'terrorismo de Estado'. Tal vez el monstruo menor no engendre el mayor, pero el 'extrañamiento' de ambos respecto a la ciudadanía es el mismo. Para ésta, hay allí un mismo peligro. Una misma forma de alienación. El concepto de clase política es la imagen genérica de ese peligro. Por ello, es un concepto cívico, no partícula discursiva del poder central. Su importancia es, pues, trascendental. "La ciencia política contemporánea comenzó con la teoría de la clase política" (N. Bobbio); pues está en la línea de la liberación democrática de la sociedad.

¿Cuáles son los factores históricos específicos que contribuyen a la autonomización de los poderes públicos?

Uno es el modo social e histórico de elaboración, promulgación o cambio de la Constitución Política del Estado. En Chile -como se vio en la Sección anterior-, la Constitución no ha sido nunca producto de una deliberación ciudadana, sino, siempre, imposición de una "minoría organizada". Bajo el imperio -explícito o tácito- de una "ley marcial", de un "estado de sitio". En una situación de poder estatal próxima al "terrorismo de Estado". Así ocurrió en 1829, 1891, 1925 y 1980.

Y eso no es todo: el poder de la minoría organizada no sólo se ha manifestado al momento de imponer 'su' proyecto constitucional, sino también después; durante todo el período de vigencia de su criatura (pues, aunque siendo minoría, se convierte en mayoría por el peso estructural de esa criatura). Tal como la clique de Arturo Alessandri 'dominó', indirectamente, incluso muerta, hasta la crisis del Estado constituido por ella. El acatamiento del Poder Judicial (y policial) de esa 'criatura' (transmutada en Derecho) es el rito clave de la perpetuación. El juramento que inicia el "eterno retorno del poder". La trascendencia que hace 'olvidar' la minoría. Y transmitir, como en herencia, el poder público. Cuando eso ocurre, el 'ojo de Polifemo' se enceguece y sólo se mira a sí mismo. Es cuando, fracción a fracción, la Sociedad Civil va quedando separada del Estado: primero los derrotados en la coyuntura constituyente; luego los marginados por la ineficiencia gubernamental; enseguida los críticos que denuncian la "traición" de los políticos y, finalmente, la propia "minoría organizada" que, 30 ó 40 años después de su obra, ve con sorpresa que su criatura, objetivada e inmanejable, no sólo le impide corregir lo que no hizo bien, sino que se vuelve contra ella. Tal le ocurrió a la minoría mercantil, triunfadora en 1830 y atada de manos en 1910; a los demócratas liberales vencedores en 1925 y 1932, pero impotentes desde 1938 y barridos en 1973. La autonomización del Estado es un proceso largo y confuso, que concluye a menudo cuando la criatura, morbosamente, agrede a su creador. Con las manos, casi siempre, de la sociedad civil.

Los 'golpes de Estado' que en Chile se han dado para 'producir' la Ley no han sido considerados ilegítimos, sino, al revés, como gestas heroicas que consumaron la hazaña de la "estabilidad". Los golpes que ha intentado la ciudadanía contra eso, sin embargo, no se han considerado "gesta nacional", sino "atentados" contra la Ley. Como si la autonomización hiciera primar, ontológicamente, lo objetivo sobre lo subjetivo. Como si la definición de Foucault (que el poder 'mata' al sujeto) fuera un principio de 'buen' gobierno y de 'lesa' ciudadanía. ¿No hay morbosidad en todo eso?

Como dijo Gramsci:

> *"La crisis consiste precisamente en el hecho de que lo viejo está muriendo y lo nuevo no puede nacer; en este interregno aparece una gran variedad de síntomas morbosos"* [115].

La Constitución y la Ley pueden cristalizar en un *rigor mortis* que, al final, prevalece contra todo actor. Contra vencedores o contra vencidos [116]. En esa situación, el Estado de Derecho puede ser más útil para problemas puntuales y clientelas grupales que para los grandes problemas de la nación. Porque no mata lo viejo e impide que crezca lo nuevo. Es esto lo que han confirmado los estudios más sistemáticos del Estado chileno [117].

Un segundo factor histórico de autonomización ha sido el que M. Weber llamó "monopolio de la violencia legítima". Es decir: la ventaja 'política' comparativa de los que monopolizan las armas. En Chile, aunque el Estado se define por su naturaleza civil, en los hechos -en particular, en aquellos que construyen Estado- las Fuerzas Armadas de la Nación han jugado un rol preponderante. Como si su tarea primordial -no habiendo guerra externa- fuera constituir y desconstituir aparatos de Estado. Como si fueran una 'clase política' adicional a la clase política civil. Como si, con ésta, se dividieran el trabajo

---

115 Citado por C. Offe en: "Ingobernabilidad. Sobre el renacimiento de las teorías conservadoras de la crisis", en E. Torres-Rivas (Comp.): Política..., op. cit., p. 36.

116 Un mayor desarrollo de esto en G. Salazar: "Construcción de Estado en Chile: la historia reversa de la legitimidad", Proposiciones 24 (1993) y en Violencia política popular..., op. cit., pp. 71-90.

117 Ver, sobre todo, James Petras: Política y fuerzas sociales ..., op. cit, sobre todo capítulo 8, y Arturo Valenzuela: Political Brokers in Chile: Local Government in a Centralized Polity (Durham, N. C., 1977), passim.

de la gran política: los militares abocados a poner los fundamentos básicos y las formas arquitectónicas del Estado (apadrinando la 'Ley'), y los políticos civiles abocados a legitimar, tornar eficiente y dar estabilidad al Estado 'recibido' (tomando la responsabilidad histórica del uso de esa 'Ley'). La protagónica presencia de la clase política militar (CPM, en adelante) en las coyunturas constituyentes contrasta con la notoria ausencia de la ciudadanía (nunca ha habido en Chile una Asamblea Nacional Constituyente, sino, sólo, obsecuentes Comités de Notables, elegidos a dedo por la "minoría organizada" civil o militar). Concluida la coyuntura, la CPM cuida que jueces y policías juren lealtad a su criatura, y luego la 'confía' a la clase política civil (CPC, en adelante), sin pasar por la deliberación ciudadana (salvo por algún rápido plebiscito). Las 'transiciones' de los gobiernos de facto CPM a los gobiernos constitucionales CPC han sido siempre, por ello, testimonios factuales del 'contrato histórico' que existe entre ambas clases políticas, por más que la CPC exacerbe la producción oportuna de discursos varios de 'legitimación'.

Que las Fuerzas Armadas han sido, en Chile, la clase política fundamental, ha sido reconocido por numerosos autores. Entre otros, por el historiador Gonzalo Vial. Según él, en la historia de Chile, los militares han "actuado en política exitosamente", interviniendo cada vez que los civiles se han enredado en "conflictos graves, polarizados, que paralizaban al país y no encontraban ninguna otra solución pacífica". Tal intervención "empezaba insinuándose (1920, 1938) y luego, si la sola insinuación no desactivaba el conflicto, venía la toma militar del poder político (1924, 1925, 1973)". Tal intervención, aunque política, no respondería a intereses políticos 'militares', y aunque audaz, no respondería a sus "deseos". Los induciría un exclusivo interés "profesional": defender "la integridad física del país y la inviolabilidad de sus fronteras", que se tornan vulnerables cuando se deteriora el orden interno de la nación. La preservación de la paz externa les exigiría preservar la paz interna. Si eso implica asumir el rol (adicional) de guardianes tutelares del orden interno, depende -según Vial- de si eso queda "reglamentado" por la ley, o no. Si queda reglamentado, los militares podrían devenir en "oligarquía con un poder político absoluto", quedando expuestos al destino de toda oligarquía: la corrupción. De modo que es preferible -y siempre se ha optado por esto- no reglamentar ese tutelaje. O sea: por dejarlo tácito, implícito, o latente [118]. Para el historiador Góngora, el rol de los militares ha sido aún más significativo: en el siglo XIX le dieron a Chile su identidad guerrera, constituyeron el esqueleto central del Estado e hicieron posible que éste, por sí solo, fuera el constructor de la Nación [119].

---

118 G. Vial: "Más sobre políticos, militares y civiles", en Mundo Diners (noviembre, 1988), p. 7, y "¿Por qué intervienen las fuerzas armadas?", en ibídem (diciembre, 1988), p. 6. Una visión similar del problema en Frederick Nunn: Chilean Politics 1920-1932. The Honorable Mission of the Armed Forces (Albuquerque, N. M., 1970).

119 M. Góngora: Ensayo..., op. cit., passim. La afirmación de Góngora de que Chile fue un "país guerrero" es criticada por el historiador S. Villalobos, quien afirma que las guerras fueron, en el fondo, planificadas por civiles. Ver su "El papel histórico del Estado", en Hoy (12-18, 19-25 de mayo, y 26 de mayo al 1o. de junio de 1982).

La incidencia de la CPM en la 'autonomización' de los poderes públicos es triple: 1) porque la CPM ha construido o reconstruido el Estado actuando por sí y ante sí (inducida por su "motivación profesional"), al margen de los controles civiles; 2) porque sus intervenciones han impuesto y reimpuesto un modelo 'mercantil' de Estado (abierto al mercado externo y al capital extranjero, en desmedro de los intereses social-productivistas internos), y no un verdadero proyecto 'nacional' de desarrollo (se eximen de esto los militares jóvenes de 1924), y 3) porque la CPM -como se ha insinuado- es el poder persuasivo que induce al Poder Judicial y Policial a acatar la nueva Ley y el nuevo Orden, perpetuando la criatura. Asegurando el *rigor mortis* de la institucionalidad [120].

Las intervenciones militares, tanto en períodos de construcción estatal como en períodos 'constitucionales', no han tenido un carácter nacionalista, sino faccionalista. Actuaron contra los pipiolos en 1829 (que constituían una fuerte mayoría electoral); contra las masas liberales en 1851 y 1859 (formadas por una mayoría de mineros, artesanos, indígenas, y agricultores); contra los pueblos indígenas y los campesinos "ocupantes" durante la llamada "pacificación de la Araucanía"; contra el proletariado minero, industrial, portuario y poblador en el período de las masacres: 1891-1907, etc. Ha sido un faccionalismo de doble carácter: actúa beneficiando a 'un' grupo determinado (las élites mercantil-financieras), y consolidando a 'dos' clases políticas, siempre por medio de "pacificar" las manifestaciones autónomas de la sociedad civil. Y aunque ese faccionalismo, en lo estructural, tiene sentido 'político', en lo coyuntural no es político, sino 'militar'. Pues los triunfos 'políticos' de la CPM se obtienen izando pendones de guerra. Más que ideas, distribuyen balas. Los derrotados no se convencen: sangran. Los adversarios no hacen oposición: son aprisionados, torturados, relegados, mueren. Para G. Vial, las intervenciones políticas de la CPM han sido siempre "exitosas". Lo cual es cierto, de atenerse a su lado profesional: la guerra. Pero no lo es tanto, de atenerse al lado político de la ciudadanía. Pues, si hubieran sido política o históricamente eficientes, ¿por qué han debido intervenir de nuevo -no una vez sino periódicamente- para salvar su propia obra y reconstruirla sobre idénticos intereses faccionales? ¿Por qué, durante largos períodos -salvo, quizás, el que se extendió entre la Guerra del Pacífico y el Golpe de 1973-, las mayorías ciudadanas no han sentido las Fuerzas Armadas como algo suyo? ¿Por qué hoy no se pasean con orgullo por las calles? [121].

Un tercer factor histórico de autonomización del poder público ha sido -como se ha dicho- la propia clase política civil, o CPC. En perspectiva, su rol ha sido administrar el

---

120 En el caso del régimen militar establecido por el General Pinochet, Tomás Moulian denomina el producto de la acción militar como "la jaula de hierro". Ver su Chile actual. Anatomía de un mito (Santiago, 1997). Ver también de G. Salazar: "De jaulas y domadores...", loc. cit.

121 G. Salazar: "De la justicia estatal al Tribunal de la Historia. (Dictadura en Chile, 1973-1990)", en Encuentro XXI 2:6 (1996), pp. 140-149.

fundo de un patrón ausentista (la CPM). Rol que tiene ventajas y desventajas, beneficios y costos que se procesan, ganan o pierden y, en todo caso, que se evalúan históricamente. Entre las 'ventajas' está el hecho de que la CPC, como entra en escena al fin de la transición (para hacerse cargo de la criatura), puede hacerlo como la porta-estandarte del desfile civil y democrático. Como el suspiro de alivio que sigue a la retirada de los poderes fácticos o los gobiernos autoritarios. Así entraron al escenario público los liberales en 1861 y 1891, los liberales en 1932, los radicales en 1938, y la "concertación de partidos" en 1989. En calidad de porta-estandarte, la CPC puede incrementar su legitimidad civil intentando 'reformas' puntuales y de acomodo. Es lo que hicieron los liberales en el siglo pasado, cuando liberalizaron la ley electoral y aprobaron las célebres "leyes laicas"; y los frente-populistas en este siglo, cuando instalaron las no menos célebres prótesis desarrollistas y populistas al Estado liberal de 1925. Con todo eso -entrada en escena y actuación reformista-, la CPC crea la ilusión histórica de que es ella, realmente, la fuente única de las legitimidades y las legitimaciones, y la real conductora estratégica de la Nación. Son sus ventajas.

Entre las desventajas está el hecho de que la CPC se hace cargo de la diversidad interna de la nación. Y de un modo distinto a la CPM: no por las armas, sino por la palabra. Con un agravante: la CPC no es un cuerpo jerárquico con unidad de mando, sino un cuerpo pluralmente extendido, que reproduce, bien o mal pero políticamente, la diversidad, las divisiones y los conflictos de la nación. Puede gobernar y legislar, pero debe hacerlo de modo dialéctico; esto es: tratando la diversidad como unidad, y la unidad como diversidad. No 'corta' los conflictos como la espada al "nudo gordiano" (modelo CPM), sino como la razón dialéctica al acero represor (modelo civil). Por ello, es responsable, a la vez, de la totalidad de los chilenos, y de cada grupo y de cada uno. E incluso es responsable, durante la vida histórica del Estado, de lo hecho, en su fase de construcción, por la CPM. Ya que las masas civiles, si bien se mueven por sus recuerdos, se orientan por sus miradas, y lo que ven ante ellas es la CPC; la que, por identidad, debería acoger civilmente -no militarmente- sus reclamos y protestas. La 'responsabilidad histórica' de la CPC es, pues, actual, desnuda, impúdica, abierta. La de la CPM, en cambio, es inactual, encubierta, solapada. Lo que no equivale a responsabilidad sino a irresponsabilidad. Casi una cobardía. La desventaja de la CPC, en este caso, es que carga con el mayor peso de la deslegitimación cívica de los sistemas. Con las mayores culpas. Desculpabilizando, de hecho, a la CPM; la que, sintiendo su conciencia 'descargada', no sentirá escrúpulos para 'hacerlo' de nuevo. ¿Qué militar, en 1973, resintió el odio cívico que rodeó a Ibáñez en 1931? ¿Y qué grado de culpabilidad llevó a Balmaceda o Allende al suicidio?

Es beneficioso para la CPC, sin embargo, que la criatura que toma a cargo trae ya, en sí misma, una dosis alta de autonomía. Si la 'transición' le permite a la CPC echar raíces en la legitimidad ciudadana, la 'autonomía' le permite moverse con independencia de esas raíces, y 'volar' tanto como para creerse fuera del tutelaje "no-reglamentario" (G. Vial) de la CPM. Las cadenas de la Ley -según se ha mostrado- pueden ser, para la CPC, elásticas. Esa elasticidad aumenta la autonomía de vuelo exclusivamente para la CPC, y se agrega a la que ya trae la criatura. Fue 'elasticidad' lo que usó Arturo Alessandri para escapar del tutelaje militar, descalificar a Ibáñez y someter el "peligro negro" (el movimiento militar). Pero fue la autonomía de la criatura lo que empleó Gabriel González para promulgar la Ley de Defensa Permanente de la Democracia y desembarazarse del 'tutelaje' de las masas populares. Lo que prueba que las autonomías de la CPC y de la CPM, cruzadas, son útiles en todo momento y circunstancia. Para ellas mismas.

La transfiguración de la autonomía estatal, consumada por el paso de su lógica CPM a su lógica CPC, permite a ésta lo que no le permite a aquélla: su profesionalización como 'clase política'. La profesionalización de los políticos ha sido, en Chile, un fenómeno propio de los períodos que intermedian entre las gestas de la CPM. Pero la durabilidad de los sistemas ha dado tiempo suficiente para que 'lo político' se identifique con lo que hace la CPC cotidianamente. O sea: profesionalmente. Y para que los partidos políticos se asuman como los depositarios *per se* de la opinión pública y la voluntad ciudadanas. La profesionalización de los políticos y la institucionalización de los partidos son, sin duda, formas menores de autonomización estatal. Lo que no tendría ninguna importancia, si esas formas surgieran en Estados civilmente construidos, y que, por añadidura, fueran eficientes. Pero son formas aberrantes en el contexto de un Estado que, en su origen, excluyó la participación ciudadana, y en su vigencia, favorece más la integración de las élites al mercado externo que la de todos los chilenos al mercado interno, y no es eficiente, por eso mismo, en producir desarrollo "con equidad". Pues, en estos casos, ocurre lo que históricamente el chileno común ha entendido como la "traición de los políticos": el uso del capital fiscal para acumulación privada; el reparto de cargos públicos entre correligionarios y amigos (lo que en 1915 se llamaba "empleomanía"); el aumento de cargos de designación por sobre los de elección (posible con el presidencialismo); la inclusión de grupos empresariales en comités ministeriales, burocráticos o parlamentarios; el uso de esos contactos para pasar de la política al mundo empresarial; la formación de redes cruzadas entre políticos y grupos empresariales privilegiados (como, según Peter Cleaves, ha sido el caso de la Cámara Chilena de la Construcción); la sustitución del foro público por espacios íntimos y confidenciales para fraguar decisiones, etc. [122].

En Chile, la profesionalización de la política no fue necesaria hasta, aproximadamente, el fracaso de la conversión monetaria (1898); o sea: cuando el capital fiscal llegó a

---

122 La literatura sobre este punto es frondosa, aunque no sistemática. Cabe citar, entre otros, los trabajos de Tancredo Pinochet Le-Brun: *Un año empleado público en Chile* (Santiago, 1915); J. Petras: *Negociadores políticos en Chile: los empresarios, la clase media, la burocracia* (Santiago, 1970), y sobre todo, de Peter Cleaves: *Bureaucratic Politics and Administration in Chile* (Berkeley, Cal., 1974).

ser el último recurso para las élites criollas desplazadas por el capital extranjero. Durante el siglo XIX, la mayor parte de los políticos se reclutó en los elencos descendentes de la oligarquía empresarial (Portales, que pertenecía a ella, se hizo 'político' cuando fracasó en los negocios) o en elencos ascendentes -vía Universidad o procuradurías de parentesco - de los grupos medios. Los grandes mercaderes sólo por excepción tomaron por sí mismos las riendas del Estado. Pues el Capital se debe, primero, al Mercado, y sólo cuando éste anda mal se concentra en el Estado. Por ello, fue siempre la sección empresarialmente más débil de la oligarquía (los terratenientes) la que merodeó más cerca del poder político [123]. Tanto, como para cambiar la voz patronal, de mando sobre el peonaje, por la voz política, de manejo electoral sobre el ciudadano. Y el látigo y el cepo, por la urna y el cohecho. Cambio interesante, sin duda, pues abrió una puerta para que el reclutamiento de políticos se extendiera a niveles aún más bajos. Arriesgándolo todo.

La información existente revela que fueron los mismos políticos que iniciaron el proceso de profesionalización (los que se formaron y actuaron en el período 1895-1938) los que incubaron y adoptaron la criatura de 1925 y los que, finalmente, iniciaron su autonomización desarrollista después de 1932. Prototipo de esta generación fue Arturo Alessandri Palma, pues no pertenecía a los linajes oligárquicos, prosperó como "gestor administrativo" y se consolidó como líder parlamentario. Se heroificó en la "campaña electoral" de 1920. Se transformó en dictador civil en 1925 por la acción de la baja oficialidad del Ejército, para actuar luego en coincidencia con el ideario de la alta oficialidad. Consolidó su obra su peor enemigo (Ibáñez) al mantener su Constitución y desprestigiar, con su caída, el militarismo. Se autonomizó de la chusma en 1922, en 1925 y en 1934, y de los militares en 1924, en 1927 y en 1932. Nunca abandonó a su propia criatura, que, a la larga, resultó más estable y duradera que él. Finalmente, dejó la ilusión histórica de haber sido, junto a Portales, el único estadista que construyó un Estado "en forma".

Sólo en 1938 la primera generación de políticos profesionales cedió el bastón a una generación nueva, donde abundaron los miembros de clase media (en su mayoría descendientes de familias empresariales que optaron por una profesión liberal) y algunos de clase popular. La nueva generación se caracterizó por la defensa irrestricta de la Constitución, por centralizar la actividad en el Congreso más que en el Gobierno y por preocuparse más de los problemas agrarios y regionales que de los industriales o sociales. Pero la 'carrera política' se consolidó y tornó masiva. Tanto, que durante el período 1932-1973, los llamados "caudillos" (Ibáñez, Grove, Alessandri, Aguirre o Allende) fueron

---

123 Ver J. Carrière: "Conflict and Cooperation among Chilean Sectoral Elites", en Boletín de Estudios Latinoamericanos y del Caribe 12 (1975); T. C. Wright: "Agriculture and Protectionism in Chile, 1880-1930", en Journal of Latin American Studies 7:1 (1975); M. Zeitlin et al.: "Class Segments: Agrarian Property and Political Leadership in the Capitalist Class of Chile", en American Sociological Review 41 (December, 1976), y Ch. Pregger: "Economic Interest Groups within the Chilean Government, 1851 to 1891", Science & Society 42 (Summer, 1979).

opacados y limitados, en los hechos, por el peso mayor de los partidos, y por el creciente peso, en éstos, de las masas electorales [124].

Las crisis de eficiencia (sobre todo la de 1955) obligó a la CPC a impulsar menos la autonomía del Estado y a fortalecer más sus vínculos con la sociedad civil. O sea: a desprenderse de cuotas de autonomía. Los partidos procuraron convertirse en partidos de masa, o 'de clase'. Como si la sociedad civil, al fin, lograra ungirles en su frente el sello de su soberanía. Y entre la 'ciencia' de gobernar y el 'calor' de la compañía civil, la CPC optó por lo último. ¿Aceptó dejarse acunar por las masas, abandonando la máquina de la criatura? ¿Aceptó dejarse guiar por "los caprichos de las masas" (M. Góngora)? ¿Deteriorando en Chile la "idea de Estado"? Como quiera que eso haya sido, cuando la CPC se tornó 'populista' no sólo no dejó de autonomizar el Estado (de hecho, aumentó su hipertrofia), sino que desencadenó la intrusión fáctica, autónoma, de la CPM. Como si la renuncia a unas pocas cuotas de autonomía (con cargo a la 'idea' de Estado) no fueran sino un pretexto para multiplicarla (con cargo al Estado real).

Zarandeada entre la CPM y la sociedad civil, la CPC ha firmado consigo misma, como unidad táctica ante cualquier diversidad explosiva, un tácito pacto gremial, cuyo fin es asegurarle un mínimo de autonomía propia. Un margen de maniobrabilidad. ¿Sobre qué texto sagrado podría jurarse ese pacto fraternal? Sobre el único común a todos: la Constitución Política vigente. Dentro de ella hay, para la CPC, seguridad. Margen para sus combates y escaramuzas parlamentarias. Por tanto, es preciso defender la 'integridad' de las Escrituras, a cualquier precio. Y aceptará cambiar este o aquel ítem, pero no tocar "su espíritu". Todo ataque a ese espíritu será rechazado, venga de la CPM, o venga de la sociedad civil; con razones de fondo, valederas, o sin ellas. La Ley es sagrada; la Ley es la identidad, la legitimidad, todo. Por ello, defendiendo la constitucionalidad -como Prat a su bandera- la CPC se ha hundido en callejones sin salida, y ha caído paralizada con su mismo rigor mortis. Pues, si no hace eso y da lugar a cualquiera Asamblea Constituyente, o a cualquiera coyuntura de construcción estatal, queda, irremediablemente, en cesantía histórica. Pues el actor protagónico de aquélla es la masa ciudadana, y de la segunda, la CPM.

Dentro del 'pacto', la CPC aumentó su índice de profesionalismo. Entre 1930 y 1973, por ejemplo, los políticos 'profesionales' aumentaron de 51,9 a 80 por ciento. Por tanto, la composición social de la CPC se concentró en los grupos altos y medio-altos (sobre todo profesionales libres), mientras las grandes mayorías asalariadas (empleados a sueldo y obreros) se estacionaban en 6 por ciento para todo el período indicado.

124 Estas conclusiones y otras que se exponen más adelante están basadas en G. Salazar: "Clase política en Chile: conducta histórica y transición a la democracia" (Informe Proyecto de Investigación Fundación Ford & SUR Profesionales, 1989-1990), y "Clase política y movimientos sociales en Chile. Relaciones de cooperación y conflicto. 1914-1973" (Informe Proyecto FONDECYT 037, 1991-1992).

Consiguientemente, el grupo empresarial (sobre todo el industrial) fue perdiendo de modo constante su peso específico en la CPC: de 48 por ciento en la década de 1920, a 18 por ciento en la de 1940, y a 0,0 por ciento en 1971. La CPC se fue atando, pues, a los grupos medios, y desatándose de las clases sociales extremas y de sus movimientos sociales respectivos. Semejante tendencia colisionó, desde la crisis de 1955, con la tendencia opuesta a asumir la representación de las clases extremas. De hecho, entre 1938 y 1955, la CPC (según demostró Aníbal Pinto S. C.) benefició más a los empleados que a los obreros, y a ambos más que a los campesinos, pobladores y empresarios. Durante la fase populista, el control del proceso estuvo siempre sujeto, en la CPC, a esa misma composición mesocrática.

En suma, los procesos de autonomización llevaron a la CPC, en el período 1914-1973, a: 1) una posición fluctuante entre el nacionalismo económico y el librecambismo sin restricciones; y entre la lealtad a la letra de la Constitución y la lealtad a las fuentes de la legitimidad (la sociedad civil); 2) una búsqueda permanente, en momentos críticos, de consensos pluripartidarios que bloquearon las salidas profundas de la crisis, so pretexto de defender la civilidad (frente al militarismo), o la legalidad (frente a la subversión social), o la Nación (frente a la presión de grupos o clases); 3) una tendencia a privilegiar, en esos consensos, el centro del sistema de partidos y no sus extremos (que constituyen el acceso normal a la política de las clases sociales trenzadas en el conflicto de fondo); es decir: se privilegia el polo desde donde se defienden mejor los intereses profesionales de la CPC, y 4) un tanteo exploratorio de rutas no-parlamentarias situadas al borde de la Ley, a objeto de resolver algún impasse parlamentario (v. gr.: sugerencias a la CPM para que 'participe' bajo el imperio de la Ley, agitación callejera para dar resonancia civil a los trámites de Estado, maniobras semi-ficticias para llevar al opositor fuera de la ley, etc.), a cuyo fin se invita a 'participar' a aquellos que, habitualmente, están fuera de los circuitos profesionales de la política.

Aunque no es, exactamente, un factor histórico de autonomización, es testimonio del mismo fenómeno lo que Valdés Cange caracterizó como "insubordinación de los magnates de los partidos contra su jefe, el Presidente de la República". Es una situación que, dentro de los parámetros de autonomía, da cuenta de una tensión vertical en la CPC. Para ésta, la Presidencia representa, sin duda, la culminación de su carrera profesional. En su imaginario gremial, es la quintaesencia del 'poder'. Diríase, por tanto, que la autonomización del Estado culmina, en su cúpula, con la autonomización del propio Presidente. Pues, en la perspectiva de la carrera política, ¿puede haber poder sobre la cabeza máxima del poder? Sin embargo, los hechos indican que la situación, allí, es más compleja, y que eso puede no darse así. Y se dan, de hecho, varias situaciones. Una de ellas es la que surge en un sistema político centralizado (presidencialista). En este caso, el Presidente nombra y encabeza una "camarilla" de individuos que no está obligado a reclutar entre los políticos del 'gremio' (Wright Mills los llamó "intrusos políticos"), la que puede operar con autonomía respecto de la CPC y desarrollar un poder decisional considerable.

> *"En la complicada organización del gobierno moderno, la necesidad de un 'círculo interno' de consejeros personales del ejecutivo es cada vez más grande, en especial si éste quiere ser innovador... Estos lugartenientes personales del poder son, antes que nada, agentes leales del hombre a cuyo círculo interior pertenecen. Pueden ser políticos profesionales o funcionarios civiles profesionales, pero en general no han sido ninguna de las dos cosas"* [125].

Los intrusos políticos (u 'hombres del Presidente') autonomizan la Presidencia de la propia autonomía de los políticos, lo que puede conducir a lo que E. P. Thompson llamó "the Secret State". El Presidente puede, desde esa posición, enrolar hombres que lo conectan con diversas esferas sociales y otras élites de poder (especialmente con el big business y las redes de información confidencial), mientras lo aíslan de la presión oportunista de los partidos. En el caso de los presidentes Prieto, Bulnes y Montt, del siglo pasado, el "círculo interno" estuvo constituido por personajes vinculados al gran capital mercantil-financiero, tanto nacional como foráneo; tal fue el rol, primero del "grupo estanquero", y después de la clique "montt-varista". Esos círculos podían designar al Presidente sucesor dentro de sí mismos; potestad que abortó cuando la designación de Antonio Varas desencadenó la insurrección civil de 1859. José Manuel Balmaceda fue, tal vez, el último Presidente que contó con una camarilla de "advenedizos" (administraban sus costosas obras públicas) e intentó apadrinar para futuro presidente a un miembro de la misma, provocando la respuesta masiva de la CPC, que estaba ya en campaña para 'compartir' todo el Estado. Después de él, los presidentes no se rodearon de círculos internos propios sino de círculos 'externos' impuestos por el Congreso. Arturo Alessandri se quejó constantemente de que los partidos no lo dejaban gobernar, mientras sus (pocos) lugartenientes lo abandonaban por su "mal carácter". Después de 1940, sobre todo en los dos últimos años de cada sexenio, los presidentes quedaron solos, sin círculos internos de nota y sin apoyo de sus propios partidos, sobre todo porque los políticos se sentían compelidos a 'bajar' para revigorizar sus raíces en la base electoral, dejando tras sí (en el gabinete presidencial) el desprestigio acumulado por la ineficiencia de todos [126].

Los Presidentes de la República, por tanto, no han epitomizado siempre la gloria o las posibilidades del poder puro. Es cierto que culminan la carrera y pueden -o no- rodearse de un potente círculo interno, pero no han medrado en su propio provecho. Han "traicionado" a algún aliado político, o a su base electoral, pero no se han "corrompido". La mayoría de los presidentes de Chile han vivido modestamente tras su paso por La Moneda, aunque

125 C. Wrigth Mills: La élite del poder (México, 1963), p. 221.

126 P. Cleaves, Bureaucratic Politics..., op. cit., pp. 21-35.

algunos de sus hijos han devenido prósperos empresarios [127]. En parte, esas 'limitaciones' han surgido porque la misma clase política ha mantenido fija su mirada en el tope de su carrera, creando con ello una permanente fiscalización de cada paso político del Presidente y de cada uno de 'sus' hombres. Todos necesitan que el Presidente se prestigie porque de eso depende en gran medida el prestigio de todos; la 'escala' de la carrera. El distintivo del profesionalismo. El carisma del Presidente, al que se le exige veneración y respeto, ¿ha sido el carisma de la legitimidad ciudadana, o el que necesita la clase política para mantener su profesionalidad? Como quiera que sea, ese carisma le acompaña a todas partes, induciéndolo a él mismo a 'dedicar' sus acciones a objetivos superiores, nacionales, por encima (al menos, en apariencia) de las escaramuzas inter-partidarias. Esa misma 'dedicación' lo aísla (o autonomiza), lo va dejando en una posición política de 'soledad', y es cuando, a veces, se siente impulsado a buscar de nuevo (como al principio), la amistad del "pueblo". Y manda retirar leyes o decretos impopulares (como Carlos Ibáñez con la Ley Maldita), o le pide a su sucesor que reforme las prácticas políticas (como Jorge Alessandri a Frei). Conducta 'carismática' que, sin embargo, no sólo ayuda a fijar su memoria pública, sino también -eventualmente- a prepararle el camino a su reelección.

La autonomización relativa del Presidente no sólo ha dejado 'suelto' (¿e impoluto?) el tope de la carrera profesional de la política, sino que, por ello mismo, ha permitido a los carismas presidenciales seguir, en el tiempo, eslabonamientos propios. Como carismas "rutinizados" (M. Weber) que, dentro de la CPC, han formado dinastías o tribus de políticos profesionales (los errázuriz, los montt, los alessandri, los frei, etc.). La rutinización eslabonada de los carismas presidenciales es, sin duda, un capital autónomo. Una cuenta corriente sobre la cual los partidos pueden sobregirar cuando escasea el crédito ciudadano.

La burocracia estatal: ¿dependencia o autonomía?

De acuerdo a la tradición teórica que parte con Max Weber, la burocracia pública es un indicador de 'modernidad', pues encarna y garantiza racionalidad, legalidad, impersonalidad y eficiencia en el ejercicio de los poderes públicos. Si el Estado es un "Estado en forma", lo es no sólo por la vigencia de la legalidad que lo constituye, sino también por la eficiencia burocrática con que 'administra'. Sin embargo, de acuerdo a la tradición teórica que inició Gaetano Mosca, la burocracia es o puede ser también un instrumento o un segmento de la CPC. No 'expresión' del poder público, sino 'forma de manejo' de ese poder. Si el desarrollo del Estado es de tipo 'weberiano', los funcionarios públicos deberían tener una carrera técnico-profesional, supra-partidaria, donde la 'ejecución eficien-

[127] H. Millas: "Hogar, dulce hogar: historia de las casas presidenciales", en La Epoca 1/03/1998, Temas, pp. 10-11. "El caso del general Augusto Pinochet -dice Millas- es atípico".

te' de las políticas prime sobre su 'disciplina partidaria'. Pero si el desarrollo es 'moscaiano', lo más probable es que no existan carreras funcionarias sino racimos de prebendas presidenciales -o partidarias- sujetas a 'reparto' periódico de ritmo electoral; que operan como tropa partidaria o clientelas de apoyo para la carrera y las funciones políticas. Que el desarrollo estatal sea weberiano o moscaiano depende de una serie de variables -si la Constitución es un producto civil o uno combinado de la CPM y la CPC, si el empresariado nacional se dedica exclusivamente al Mercado y no al Estado, etc.-, pero que la burocracia se corrompa o no, depende, casi exclusivamente, de que el desarrollo estatal sea weberiano. La precariedad de los empleos facilita el tráfico de influencias, las redes opacas a la visión ciudadana, y la complicidad funcionaria en el uso privado del capital estatal. La corrupción, según indica la observación histórica, es siempre una relación triangular, entre alguien que 'seduce', un funcionario (precario) que 'ayuda', y un político que 'encubre' (para beneficio de los tres) [128].

En Chile, la burocracia pública se constituyó en el legado de la burocracia imperial establecida por España. Esa burocracia, extensión al principio del "círculo interno" del Rey (caso, por ejemplo, de los "oidores" de la Audiencia), se abrió, en el siglo XVII, por razones económicas, a los "intrusos". La venta de cargos 'imperiales' permitió la burocratización parcial de los grandes mercaderes criollos y la mercantilización consiguiente de las funciones locales del Estado [129]. El contrabando inglés y francés agregó a eso la desvirtuación de las tareas funcionarias, al ritualizar lo que estaba prohibido: la acción mercantil de los extranjeros en un pie de igualdad con los chilenos (el desvío de los minerales de oro y plata, que debían remitirse a la Casa de Moneda de Santiago pero que terminaron en los barcos ingleses surtos en la bahía de Coquimbo, fue el caso más notable de esa desvirtuación). En ese contexto, la legalidad proteccionista, defendida débilmente por los militares (ni O'Higgins, ni San Martín, ni Freire atacaron con fuerza el contrabando extranjero, a excepción de Lord Cochrane, quien fue, por ello, relevado del cargo), no disminuyó sino que aumentó la desmoralización de los funcionarios de aduana, de los mercaderes chilenos y extranjeros y de los propios jefes de estado, que no tomaron cartas en el asunto. La desmoralización permitió el enlace doloso de las transacciones de mercado y las acciones político-funcionarias [130].

Después de 1829, los gobiernos 'portalianos' montaron un elenco burocrático más 'moderno' que, en general, respetó e intentó que se respetara la ley. Sin embargo, debido al autoritarismo que imperaba, el peso de los decretos firmados por el círculo presiden-

---

128 Una descripción de este tipo de relación puede hallarse en Un Chileno: Cómo se vende el suelo de Chile (Punta Arenas, 1918. Folleto). Se atribuye a José Toribio Medina.

129 J. Barbier: "Imperial Reform and Colonial Politics: a Secret History of Late Bourbon Chile. 1755-1796" (Ph.D. Dissertation, U. of Connecticut, 1973).

130 Ver G. Salazar: "Dialéctica de la dominación mercantil...", loc. cit., passim.

cial (omnipotente entre 1830 y 1891) doblegaron a menudo la vocación legalista de esos elencos. Debe recordarse que, antes de 1926, no existía una Contraloría General de la República, lo que potenció esos decretos y debilitó esa vocación. Más aún: el hecho de que todos los administradores centrales (ministros, intendentes, gobernadores, subdelegados, inspectores y aun los alcaldes) fueran, hasta 1891, designados por el Presidente, no hizo más que ensanchar el perímetro del "círculo interior" hasta abarcar toda la población funcionaria. Todos quedaron sujetos al principio de la obediencia debida. Hacia 1890 -época de Balmaceda-, el fuerte incremento salitrero del capital fiscal y las grandes obras públicas ensancharon aún más ese círculo. La camarilla del Presidente amenazó con convertirse en una enorme máquina no sólo política sino también de 'prebendas de inversión' que suscitó las sospechas y, tal vez, la codicia del 'resto' de la CPC, dado que esa expansión se realizó incorporando "intrusos" ("rotos acaballerados y caballeros arrotados") y no miembros del mismo gremio.

La violenta ruptura del "círculo interior" de Balmaceda trajo consigo la invasión de la burocracia, proceso que tomó el nombre de "empleomanía". Cada político pudo entonces -según cuenta Tancredo Pinochet Le Brun-, con la sola presentación de su tarjeta de recomendación, conseguir cargos públicos para miembros de su propio "círculo interior". Cada político, como aureola de poder, llevó su círculo en torno suyo. La empleomanía tensionó la crecientemente deficitaria Hacienda Pública (se habían suprimido los impuestos directos). De este modo, la proliferación de los 'séquitos políticos' se realizó en un contexto de empobrecimiento salarial. Valdés Cange cuenta que los empleados públicos de Balmaceda fueron objeto de "la ojeriza de los adversarios del Gobierno", y que los políticos de la época parlamentarista, pese a que 'nombraban' funcionarios, no se cuidaron de su desarrollo profesional, ni de su situación económica. Para los regidores y empleados municipales la situación fue aún peor. Ocurrió así lo inevitable: aparecieron por doquier las operaciones triangulares de la corrupción. Los "recomendados" comenzaron, por ello, a ser "mirados con no disimulado desprecio". Dijo Valdés Cange:

> *"Con estos espedientes se ha convertido nuestro presupuesto, en lo tocante a sueldos, en un verdadero caos: unos pocos, los que han tenido influjos, i por lo mismo los más ineptos, gozan de crecidas remuneraciones, al paso que la inmensa mayoría vive en una estrechez insoportable que los obliga a desatender sus obligaciones... cuando no mancharse las manos con prevaricaciones u otros abusos condenables"* [131].

La caotización de la burocracia estatal incrementó la ineficacia del Estado y la ilegitimación de la oligarquía política. Más aún: "insubordinándose con su jefe, el Presidente de la República", la clase media burocrática adoptó una militancia anti-oligárquica e incluso anti-liberal al punto de que, entre 1910 y 1925, se sumó en la calle a las

131 Dr. J. Valdés Cange, Sinceridad..., op. cit., p. 57 et seq.

movilizaciones de trabajadores y estudiantes. Al autonomizarse, ésta no se aisló de la masa popular: se sumó a ella. Como volviendo la espalda a sus patronos y activando una inédita autonomización hacia abajo. Transformándose en 'otro' movimiento social. Fue, tal vez, el hundimiento de este pesado bloque estatal lo que inspiró, en Alessandri, la idea de que había llegado el momento de bajar hasta la ciudadanía, para bañarse y rejuvenecer en su inagotable fuente de legitimidad [132].

Superada la crisis presupuestaria pero no la crisis comercial de 1930, la CPC volvió a incrementar la burocracia, pero ya no en términos de estampida clientelística personal, sino como creación y diferenciación de 'servicios' estatales. Ramificó, más bien, el propio tronco estatal. Así, cada Ministerio se elongó añadiendo Subsecretarías, Superintendencias, Direcciones Generales, Direcciones (simples), Consejos, Comités y Juntas de diverso tipo y naturaleza. Esas ramas florecían a su vez en "establecimientos públicos", instituciones semifiscales y otras de "administración autónoma", sociedades y empresas mixtas, amén de "servicios de utilidad pública" y departamentos de municipios. Colgados a diferentes alturas, se agruparon funcionarios de diverso tipo y rango: elites administrativas, profesionales y técnicos, semi-profesionales, oficinistas generales, ayudantes técnicos y personal de servicio, etc. El árbol completo convirtió al Estado, hacia 1970, en el más grande empleador de Chile (aparte de ser el más grande inversionista), de modo que desde 1946 más del 50 por ciento del Presupuesto Nacional se gastó en sueldos y salarios, sobre todo para el personal de los ministerios de Defensa Nacional, Educación y Hacienda [133].

El gigantismo e hibridismo llegó a ser tal que, según demostró Peter Cleaves, dejó de ser un instrumento dúctil no sólo para el Presidente, sino también para el bloque político gobernante. Los programas de gobierno -populistas e innovadores- encontraron habitualmente la resistencia, la torpeza o la inercia de parte de elencos burocráticos que, o habían sido nombrados por gobiernos anteriores (por lo común de orientación programática distinta después de 1952), o estaban "apernados" por las leyes laborales o protegidos por el gremio respectivo. Según Cleaves, los nuevos gobiernos necesitaron -entre 1938 y 1973- dos años y medio para 'acomodar' el instrumento burocrático. Tiempo demasiado largo para la paciencia ciudadana, cuyo 'tiempo de gracia' no pasaba de un año y medio. Y lo mismo para la oposición política, que desde el Congreso no daba más de un semestre o dos a la 'marcha blanca' del nuevo gobierno. En verdad, la burocracia estatal del período 1938-1973 no se autonomizó sólo por oposición a la CPC, como su predecesora, sino, además, por su propio sobrepeso.

Ese sobrepeso obligó a la CPC a acomodarse: los presidentes se rodearon enton-

132 Ver R. Millar: La elección presidencial..., op. cit., pp. 148-151, y S. Serrano: "Arturo Alessandri y la campaña electoral de 1920", en C. Orrego et al.: Siete ensayos..., op. cit., pp. 107-118.

133 Francisco A. Pinto: La estructura de nuestra economía (Santiago, 1947), p. 153 et seq. Ver también L. Escobar: Aspectos de nuestra organización financiera..., op. cit., passim.

ces de ingenieros, economistas, politólogos y técnicos para gobernar, lo que fue nítido desde Pedro Aguirre hasta, cuando menos, Eduardo Frei Montalva. Por la misma razón, buscaron y se apoyaron en asesorías académicas de diverso tipo (Aguirre Cerda promovió las facultades de economía e ingeniería; Ibáñez solicitó ayuda técnica al Fondo Monetario Internacional; Frei apadrinó los primeros centros privados de investigación, y Allende se nutrió del Centro de Estudios Económicos y Sociales de la Universidad de Chile, etc.), obviando las asesorías internas, de administración. Los partidos se nutrieron de sus propios centros pensantes (fundando la ingeniería política), etc. Todo lo cual convirtió a economistas e ingenieros en los artífices y reales 'funcionarios' del Estado Nacional-Desarrollista, cuando menos hasta 1952 [134]. La misma situación indujo a gobernantes y partidos a 'implementar' sus programas, no atravesando la densa burocracia "fiscal", sino a través de las ágiles elongaciones semi-fiscales o semi-autónomas, como la CORFO, la Corporación de la Vivienda, el Banco del Estado, Instituto Nacional de Comercio, Instituto Nacional de Desarrollo Agropecuario, Corporación de la Reforma Agraria, etc. Todas ellas dotadas de una "administración autónoma", con alta dependencia política del Poder Ejecutivo y baja fiscalización de la Contraloría General [135].

Sintomáticamente, fueron esas prótesis (autónomas respecto de la burocracia central pero dependientes del Ejecutivo) las que concentraron la acción política innovadora después de 1938, y la "revolucionaria" después de 1964. La CPC tuvo, pues, que sortear y obviar no sólo el centralismo liberal del Estado de 1925 (el Senado, por ejemplo) sino también el gigante burocrático que ella misma, después de 1930, había expandido.

Para los funcionarios de planta, sin embargo, no había duda: para ellos, en el Estado, el 'patrón' eran los partidos políticos, que tenían mayor mando que los empresarios y miembros de la clase alta. Estando todos ellos sobre el Gobierno. Consideraban que el estrato más favorecido era el de los empresarios e industriales, y el menos, la clase media y la obrera [136]. La alta influencia de los empresarios, en la perspectiva de los funcionarios, se debía a que las "élites administrativas" de las agencias semi-autónomas del Estado 'podían' tomar contacto directo con el big business. Vía que los propios empresarios -como se dijo- usaban de vuelta para presionar de modo 'informal' sobre el Gobierno. La gran política trabajó a través de esos canales. La pequeña política (o sea: la referida a problemas puntuales, demandas sectoriales o locales de la extensa clientela capitalina y provincial de la CPC) tomó el rumbo del sistema político central. Jorge Tapia demostró que, entre 1938 y 1958, 55. 2 por ciento de las leyes

---

134 Fueron particularmente influyentes los ingenieros fundadores de la CORFO: R. Waccholtz, G. del Pedregal, R. Simon, L. Adduard y otros. Ver A. Ibáñez: "Los ingenieros, el Estado y la política", en Historia 18 (1983). También: Arturo Maschke: Cuatro Presidentes de la República desde el Banco Central de Chile, 1940-1960 (Santiago, 1990).

135 P. Cleaves: Bureaucratic Politics..., op. cit., pp. 10-12.

136 J. Petras: Política y fuerzas sociales..., op. cit., p. 284. Sus encuestas muestran también una mayoría de mujeres en ciertos estratos intermedios.

promulgadas resolvieron "asuntos de gracia", pensiones y beneficios de retiro; mientras que entre 1965 y 1969, de 871 leyes tramitadas, 383 concernían a asuntos privados [137].

La frondosidad estatal cobijó no sólo élites administrativas sino también gremios completos. Que, en su mayoría, vivieron un dilema esquizoide: por un lado, eran de identidad 'estatista', no sólo por su función, sino también porque estimaban que sólo el Estado podía realizar los cambios necesitados por los sectores modestos (obreros, campesinos, pobladores, y ellos mismos). Sin embargo, simultáneamente, salían a la calle, en huelga no sólo contra el Estado (su patrón) sino contra sus partidos (sus conductores). En parte, eso se debía al impacto inflacionario sobre sus sueldos; pero, en parte, era su reclamo por la lentitud con que se realizaban los "cambios" de la agenda política. Hay registro de que las huelgas y movimientos de masa más combativos y perfectos en términos de AGP (agitación y propaganda) fueron los de los funcionarios públicos (profesores, empleados de la salud, de correos y telégrafos) y municipales [138]. Así, los mismos elencos burocráticos que luchaban contra el Estado para mejorar su propia condición, eran también los que apoyaron el 'corporatismo de Estado' como vía chilena de liberación popular.

Las tecnologías del poder (esencia del rol funcional de las burocracias) suelen, pues, complicarse. No sólo con la autonomía del Estado y de las clases políticas, sino también con el hecho de que los funcionarios públicos no sólo tienen identidad estatal o partidaria, sino también aquella que no puede subordinarse a nada: la identidad ciudadana [139].

La sociedad civil: ¿soberanía o marginalidad?

Samuel Huntington llamó "sociedad pretoriana" a la caracterizada por una periódica "intervención de los militares en política", en "ausencia de instituciones políticas efectivas". Huntington no utilizó el concepto de clase política, pero sí la idea de que las sociedades pretorianas carecen de dos dimensiones importantes: comunidades cívicas, e instituciones políticas que deriven de esas comunidades. La participación de la ciudadanía es, en este sentido, de importancia estratégica:

> *"La estabilidad de un sistema político cívico varía en proporción directa con la participación; la estabilidad de una sociedad pretoriana varía en proporción inversa al alcance de esa participación. Su durabilidad declina a medida que crece esta última".*

El pretorianismo es compatible con sociedades oligárquicas, mesocráticas y aun de masas, pero es incompatible con un sistema democrático con alta participación ciudadana.

---

137 Citado en Arturo Valenzuela: Political Brokers in Chile..., op. cit., p. 138.

138 G. Salazar, Violencia política popular..., op. cit., pp. 288-310.

139 Son de interés también sobre este tema los trabajos de O. Muñoz & A. M. Arriagada: "Orígenes políticos y económicos del Estado Empresarial en Chile", Estudios Cieplan 16 (1977) y de A. Pinto S. C.: "Estado y Gran Empresa: de la precrisis hasta el gobierno de Jorge Alessandri", en ibídem 16 (1985).

"En una oligarquía pretoriana la política es una lucha entre camarillas personales y de familia; en la sociedad pretoriana radical, la lucha entre grupos institucionales y de ocupaciones complementa a la que se entabla entre camarillas; en el pretorianismo de masas las clases y los movimientos sociales dominan la escena... Las oligarquías pretorianas pueden durar siglos; los sistemas de clase media, décadas; los de masas, por lo general unos pocos años" [140].

¿Ha sido la sociedad chilena una "sociedad pretoriana"? En cierto modo, sí, dado que la intervención de los militares (CPM) ha sido periódica y que una fuerza social específica se ha convertido en su contraparte civil: la CPC. Entre ambas se han repartido el trabajo de dominación política. Con todo, el punto relevante no es decidir si la sociedad chilena, históricamente, debe ser llamada pretoriana o no; o si Huntington, en este punto, tiene razón; sino más bien destacar el hecho de que, bajo los relevos periódicos entre la CPM y la CPC, no se han desarrollado en Chile ni comunidades cívicas ni "instituciones políticas efectivas". Es decir: que a la sociedad civil -o a la gran masa ciudadana, si se prefiere- se le ha impedido, o no ha podido ella misma, madurar como 'comunidad política'. La "participación" de los ciudadanos, no sólo en las coyunturas constituyentes -como se vio- sino en el proceso político regular, ha sido débil, limitada, o inexistente; razón por la cual el pretorianismo en todas sus variedades ("oligárquico, radical y de masas") semeja un rasgo reiterativo desde 1830 hasta el día de hoy. Y el mismo ha sido determinante en que los ciudadanos electores hayan aprendido de la historia a sacar o esperar, como outputs del Estado, sus propias satisfacciones, y no a producir inputs que modelen el Estado según una cultura participativa, en la que "los electores se comprometan en la articulación de las demandas tanto como en la formación de las decisiones" [141].

La hegemonía combinada de la CPM y la CPC (sumada al sobrepeso del aparato burocrático) ha reducido la participación política consciente, informada y responsable de la ciudadanía a un mínimo casi intrascendente. A la inversa, ha aumentado el hundimiento de los chilenos en su vida privada, familiar y local a niveles tales que la indiferencia o la incultura políticas han primado al punto de multiplicar los fenómenos de marginalidad (evasión, localismo, sectarismo) o irresponsabilidad (conductas de masa). Fenómenos que se han agudizado por la permanencia de los bolsones de pobreza y exclusión social. La integración de la comunidad nacional ha sido, en estas circunstancias, precaria, pese a la profusa difusión de ideas de unidad, símbolos identificatorios y discursos de corte patriótico o nacionalista [142].

---

140 S. Huntington: El orden político en las sociedades en cambio (Buenos Aires, 1970), pp. 177-180).

141 N. Bobbio: "Las promesas incumplidas...", loc. cit., pp. 35-36.

142 El problema de la no-integración nacional puede verse en A. Mattelart y M. A. Garretón: Integración nacional y marginalidad (Santiago, 1965), y el accionar de los grupos nacionalistas en Verónica Valdivia: "El nacionalismo chileno en los años del Frente Popular. 1938-1952", en Serie de Investigaciones 3 (1995, U. Blas Cañas) y "Camino al golpe: el nacionalismo chileno a la caza de las Fuerzas Armadas", en Ibídem 11 (1996).

Ciertamente, esa conclusión no concuerda con el estereotipo según el cual la sociedad chilena ha sido y es una sociedad politizada. Es efectivo que las campañas electorales (presidenciales, sobre todo) han producido una fuerte 'agitación política' desde 1920, y que las masas se desplegaron por las calles haciendo gala de 'furor político', sobre todo entre 1946 y 1973. Sin embargo, los fenómenos de politización masiva surgen, regularmente, como casos de 'fiebre coyuntural', y asociados a formas más bien espurias de participación (seguidismo, farándulas y murgas callejeras, etc.). La 'politización masiva' (que incluye el clientelismo militante que sustenta a los partidos) es la antítesis de la politicidad propia de una comunidad republicana. Es política de comparsa, no política responsable. Fuegos de artificio que pueden derivar en 'acciones directas' carentes de mediaciones auto-reflexivas. Los coloridos rasgos de la politización masiva han podido ser -y probablemente serán- un buen biombo para ocultar la ausencia de participación ciudadana, pero no han sido ni serán una buena "escuela del ciudadano" (A. de Tocqueville). Corresponden, más bien, a los casos que Huntington llamó pretorianismo radical y de masas.

En realidad, la 'politización' es la hinchazón compensatoria de la degradación histórica del ciudadano y del desgarramiento crónico de las comunidades cívicas. O la conducta política enrarecida que surge tras el escamoteo del 'espacio público de ciudadanos' por parte de las mellizas CPM & CPC, que lo integran al espacio de su 'círculo interior'.

La degradación histórica del ciudadano y las comunidades cívicas se inició con su exclusión de los procesos constructores de Estado, y continuó con la definición individualista de los derechos políticos (obviando la tradición según la cual la soberanía es comunal y no individual). El Derecho ha recogido aquella exclusión y esta individuación. Y el resultado ha sido que gran parte de los chilenos, legalmente, se ha hallado en una de estas dos situaciones: o han sido explícitamente excluidos de la ciudadanía formal, o han sido incluidos, pero sin derecho a participar, ni individual ni colectivamente, en las decisiones públicas. De modo que sólo -y siempre- han hallado abierta la rendija que lleva a la politización de 'masa'.

Entre 1833 y 1914, por preceptos constitucionales y legales, más del 90 por ciento de los chilenos mayores de 21 años quedaron excluidos de la "ciudadanía activa" (derecho a sufragio). La Constitución de 1833, en sus Artículos 8, 10 y 11 excluyó a: las mujeres; los chilenos que no tenían propiedad inmueble, ni capital invertido, ni un ingreso equivalente o superior a $ 200 anuales (o sea: cuatro veces el ingreso medio de un peón corriente); y a los sirvientes domésticos. La Ley Electoral de ese mismo año agregó a los miembros del clero regular; a los soldados, cabos y sargentos del Ejército Permanente, y a "los jornaleros y peones-gañanes".

Dentro de los que calificaron como ciudadanos activos, la fuerza electoral mayor fue la de los "agricultores" (que, a medida que las leyes electorales se acomodaban a sus intereses, aumentaron de 24 por ciento en 1861 a 51 por ciento del universo sufragante en 1884), los que cuadruplicaron con el tiempo la fuerza electoral conjunta del 'capital' (o sea, de mercaderes, mineros e industriales). La segunda fuerza electoral, sin embargo, tuvo un carácter díscolo, ya que correspondió a "los artesanos". Estos, por tratarse de un empresariado industrial criollo y popular, constituyeron la fuerza política más sustantiva del proyecto social-productivista del siglo XIX. En efecto, su peso específico en la ciudadanía electora aumentó de 17,6 a 19,4 por ciento entre 1861 y 1872 (período de fuerte expansión industrial), pero disminuyó después, debido a la guerrilla discriminadora de la que fueron objeto, y a la crisis económica de 1873-78 [143]. Las otras fuerzas electorales fueron menores y no experimentaron un aumento significativo: caso de los comerciantes (9 por ciento), empleados públicos (8 por ciento) y rentistas urbanos (6 por ciento) [144].

Es evidente que, en el siglo XIX, las élites económicas (los grandes merchant-bankers y sus dependencias mineras y hacendales) constituyeron minorías demasiado exiguas como para ser al mismo tiempo grandes fuerzas electorales. Su poder político no podía sustentarse, por tanto, en ningún mecanismo de representación cuantitativa y electoral; de modo que su único camino era la pretorianización u oligarquización del Estado. Igual dificultad encontró el sector más dinámico y moderno del capitalismo chileno: el empresariado industrial, pero con una dificultad grave: carecía de poderes pretorianos propios. Al amparo de las crisis comerciales y financieras, por tanto, era inevitable que la sección oligárquica más retrasada pero más numerosa y con mayor poder electoral (los terratenientes) tomara el control 'representativo' del Estado, a nombre, curiosamente, de las 'libertades públicas' y contra el pretorianismo de los magnates (considerar los discursos del líder conservador M. J. Irarrázaval). Los magnates necesitaron ser pretorianos y los agricultores 'electoralistas'. La suma de eso daba un Estado oligárquico en desacuerdo consigo mismo.

El caso del empresariado popular (artesanos) es de interés. Primero, porque representaba, como se dijo, casi 1/5 del electorado. Segundo, porque estaba mayoritariamente organizado en logias, cofradías o sociedades mutuales. Tercero, porque sus intereses productivistas lo transformaban en el enemigo natural de los comerciantes extranjeros y del librecambismo. Y cuarto, porque constituía el grueso de las llamadas "guardias cívicas". Estas guardias habían sido fundadas y comandadas por los grandes mercaderes como una iniciativa 'cívica' destinada a frenar la delincuencia y los latrocinios que drenaban a sus tiendas y bodegas. Las guardias tenían organización paramilitar y recibían entrenamiento los fines de semana. Los mercaderes que comandaban los batallones "cívicos" quisieron utilizarlos como una fuerza electoral propia (como hacían los hacendados con sus inquilinos), a cuyo efecto, por voz militar, se apoderaron de las papeletas que calificaban a los artesanos como sufragantes. La táctica sólo dio resultados parciales. En realidad, los

---

143 G. Salazar: "Empresariado popular...", loc. cit., pp. 219 et seq.

144 Ver Germán Urzúa: Historia política de Chile y su evolución electoral (Santiago, 1992), pp. 181-182.

artesanos constituían un gremio proto-empresarial organizado, opositor, alfabeto y, por añadidura, con entrenamiento militar. Abusarlos -quitándole la ciudadanía con voces de mando, so pretexto de su flojera o su borrachera- era una provocación que indujo a los afectados a entrar en una 'fiebre de politización'. Y de hecho, entre 1830 y 1880, realizaron una activa política callejera de oposición al gobierno 'mercantil' de las élites estanqueras y monttvaristas, con lo cual no sólo refundaron el espacio público de ciudadanos sino que contribuyeron a ilegitimar y desestabilizar el famoso Estado de 1833 [145].

El resto -es decir, el 90 por ciento de los chilenos- quedó excluido de la ciudadanía activa. Y si los artesanos, que la poseían, fueron obligados por el librecambismo y los comandantes de milicias a reaccionar con violencia callejera -por fuera del sistema político-, en igual disposición se hallaron los peones-gañanes, los cocineros, cocheros, sirvientes domésticos, soldados, suboficiales, religiosos, etc., y todas las mujeres. Para todos ellos no existía el espacio público sino, sólo, el espacio privado. Ni había para ellos - en sentido representativo- Estado ni discurso identificatorio de Nación sino, en concreto, sólo, el valle, los cerros, la mina, la chacra, el suburbio, el conventillo, el rancherío o a los "derroteros" de la rueda de la fortuna (en el caso de los pobres); o bien el dormitorio, la cocina, la iglesia o la casa solariega (en el caso de las mujeres "de familia"). Para todos ellos la política y el Estado eran poderes ajenos invadiendo o tiranizando el mundo de sus vidas. Para los peones, podía significar apresamiento por vagabundaje y trabajo forzado en obras públicas. O ser cogido en una "leva" y arrastrado al ejército y las guerras por la fuerza. O quedar atrapado por deudas en una faena minera, con el salario convertido en cepo esclavizante. O para la mujer, ser cogida por "amancebamiento" y enviada como sirviente "a mérito", de por vida y con hijos confiscados, a una "casa de honor". O, si era de clase superior, ser "recluida" en un convento, para librar a la familia del estigma de su adulterio, etc. La política, para este 90 por ciento, era algo ajeno y violento; más aún: un poder blandido por 'algunos' hombres violentos. La gran masa ciudadana, durante el siglo XIX, percibió la política como un ejercicio de violencia masculina elitaria y hereditaria. Como una alianza de jueces, militares, religiosos y mercaderes, unidos por la cruz, el dinero y la ley, pero, sobre todo, por la espada.

El espacio privado (la casa, el valle, etc.), sin embargo, no fue una celda de hierro enemigo, sino un cuarto de adobe amigo, que permitió convertir la 'exclusión' en una forma de 'liberación'. O sea: un espacio 'público' a escala doméstica, abierto a todos los vientos del horizonte. Sujeto a la voluntad de supervivencia. Allí, los peones se buscaron unos a otros. Y donde pudieron domesticar un espacio propio, 'de ellos' (los cerros, las huellas de las tropillas, los "olios y anjelitos", etc.) desarrollaron redes móviles, micro-

145 G. Salazar: "Empresariado popular...", loc. cit., sección VI. Ver también L. Vitale: Las guerras civiles de 1851 y 1859 en Chile (Concepción, 1971) y R. Iturriaga: La Comuna y el sitio de La Serena en 1851 (Santiago, 1973). Una visión global en S. Grez: De la regeneración del pueblo a la huelga general (Santiago, 1997. DIBAM), passim.

asociaciones que, poco a poco, cubrieron con telarañas el territorio nacional y otras tierras allende sus fronteras. Y por ellas se deslizaron las "gavillas", los "vandalajes", las "colleras", los "cuatreros", las "montoneras", etc.; todos con su código propio, su microliderazgo interno, su autonomía "sin Dios ni Ley", su densidad 'participativa'. Redes y grupos llenos de gravitación privada, interna, que magnetizaron 'culturalmente' a miles de campesinos, indígenas, artesanos y mujeres cómplices que dieron hospitalidad a todo eso. Los ranchos de las mujeres: sus fondas, chinganas y pulperías -epicentros de esa 'ciudadanía' marginal- se fueron convirtiendo en verdaderas escuelas de civismo popular. En centrifugadoras de identidad auto-construida. En modeladoras de clase social. Hasta producir, por abajo, un mundo lleno de vida y color que hizo palidecer el demacrado mundo imitativo de la oligarquía mercantil [146].

Los artesanos, allí, también se buscaron unos a otros. Y formaron cofradías, sociedades mutuales y, al final, partidos políticos. Los escribientes, copistas y letrados de todo tipo, sofocados por el pretorianismo, crearon sus propias redes comunicacionales, fundando periódicos y revistas, bombardeando a todos con folletos y panfletos, hasta tejer su propia maraña comunicacional, un nuevo 'espacio público' de ideas y de opinión [147]. A este nuevo espacio civil, las mujeres "de familia", muy pronto, aportaron su propia rebeldía. Así, bajo el hierro masculino del acerado Estado de 1833, la sociedad civil, privadamente, se llenó de alvéolos de libertad y soberanía.

La exclusión política del 90 por ciento de los chilenos desembocó en la asociatividad privada. A todo nivel, de toda forma, dentro o al margen de la ley. Al punto que, hacia 1890, las élites dirigentes percibieron que, a sus pies, ese 90 por ciento se agitaba inquieto, como un gigante en despertar. La 'privacidad' desenfundaba su propia historia, y la insinuaba sobre la mesa. Era el 'convidado de piedra': la sociedad civil. Y ya no fue posible ignorarla. Ni seguir jugando al pretorianismo oligárquico. El Presidente Balmaceda, atento, intuyó que había llegado el momento supremo en que había que "descentralizar" el Estado. Así lo propuso en 1890:

> *"Los hombres i las instituciones tienen su época. El estado social, político i económico de la República ha cambiado profundamente desde 1833. Hoi necesitamos otras condiciones de vida pública, pues las leyes de otra edad se vuelven ineficaces i caducas. Pues bien, una Constitución como la del 33, representativa de tal estado social, es incompatible con las tendencias, modo de ser i anhelos del pueblo que hoi busca nuevos horizontes de vida. Hai contradicción entre las tendencias que dominaron en 1833 i las que hoi dominan en Chile. La sociedad i el pueblo de Chile están mucho más adelantados que la Carta Fundamental que los gobierna... la reforma constitucional obedece a una necesidad social"* [148].

---

146 G. Salazar: "The History of Popular Culture in Chile: Different Paths", en K. Amman & C. Parker (Eds.): Popular Culture in Chile. Resistance and Survival (Boulder, Col., 1991).

147 C. Ossandón: El crepúsculo de los 'sabios'..., op. cit., passim.

148 J. M. Balmaceda: Discurso de Apertura del Congreso Nacional de 1890 (Santiago, 1890), pp. 11-14. La cursiva está en el original.

La maduración de la sociedad civil no puede considerarse una 'criatura' del demiurgo estatal establecido en 1833. No puede aplicarse aquí la tesis de Góngora de que el Estado es la matriz de la sociedad civil. Si ésta se desarrolló 'en relación' con aquél, no fue por fusión sino por diferenciación. No como relación virtuosa, sino como oposición viciosa. Es por ello que su expansión no fue pública sino subcutánea, y no política sino histórica. Pues se levantó no para acatarlo sino para juzgarlo.

En la teoría política actual, sugestivamente, la sociedad civil se define así: "se entiende por sociedad civil la esfera de relaciones entre individuos, entre grupos y entre clases sociales que se desarrollan fuera de las relaciones de poder que caracterizan a las instituciones estatales" [149]. Para Hegel, por el contrario, era una forma primaria del propio Estado, cuya forma superior era la automanifestación del espíritu nacional. Para Marx, en el mundo capitalista, la sociedad civil era una construcción en donde 'lo social' había sido pulverizado en 'lo individuado', porque eso convenía al Mercado y al Estado Liberal; razón por la que se requería una reconstrucción revolucionaria del ser social. Para los iusnaturalistas, la sociedad civil, como contraparte de la sociedad natural (salvaje), era sinónimo de "sociedad política" y por tanto, sinónimo también de "Estado".

Como quiera que se ofrezca el escaparate de las definiciones, los hechos indican que, en Chile, en el siglo XIX, el grueso de las relaciones "entre individuos, entre grupos y entre clases" se dio al margen de las regulaciones estatales, en frecuente resistencia a lo político, y nutriendo diversas formas de poder local, social y cultural. Configurando, en autogestión, procesos pre-estatales, sub-estatales, anti-estatales, e incluso pos-estatales. Redes más anchas que lo institucional y longevas que lo estructural. Movimientos de arranque social y cultural pero de creciente impacto político e ideológico. Con capacidad para construir Estado desde cimientos y estratos históricos más profundos. Más enraizados en la naturaleza social del hombre. Tanto así, que no son pocos los que han pensado que se puede 'concebir' (aunque no necesariamente 'implementar') una sociedad sin Estado, donde se produzca la "reabsorción de la sociedad política en la sociedad civil" [150].

Si la sociedad civil puede no manejar por sí el poder político, sí puede desarrollar un poder de acción histórica autónomo. Pues la razón subjetiva o intersubjetiva es irreductible, y la acción histórica fluctúa entre la acción normada y la acción libremente decidida. La sociedad civil tiene una libertad histórica que el Estado no tiene. Y esto, en las clases políticas, produce temor. Pues, así como la autonomización del Estado desencadena en los sujetos el irreprimible miedo al "terrorismo de Estado"; así la porfiada resilencia y autonomía de la sociedad civil desencadena en las clases políticas otro miedo irreprimible:

---

149 N. Bobbio: "Sociedad Civil", en N. Bobbio et al.: Diccionario de Política (México, 1991. 6a. Ed.), vol. II, p. 1523.

150 N. Bobbio: "La sociedad civil", en E. Torres Rivas (Comp.): Política..., op. cit., pp-180-81. Ver también M. Bookchin et al.: La sociedad contra la política (Montevideo, 1993).

el miedo a la autonomía histórica de la sociedad; porque ésta tiene el poder para decidir sobre su legitimidad, su durabilidad y, al final, sobre la subversión y la revolución.

La sociedad civil, con todo, no es sólo una corriente sanguínea de relaciones privadas que crece por hinchazón y actúa por compresión esclerótica. No actúa sólo haciendo pesar su propia densidad (como "la noche" de Portales). O su propia consistencia. No tiene la misma sustancia homogénea y abstracta que el Estado. Es cierto: actúa por hinchazón (como la percibió el Presidente Balmaceda), pero también como la cabeza de Medusa: a través de múltiples ojos y variadas cabezas, cada una provista de lógica y de razones. No avanza de frente y en línea recta, como el ojo polifémico del poder: avanza en rodeos, de lado, envolviendo. Su arma no es la homogeneidad, sino la diversidad. Desorienta, confunde, despista. Sus tropeles avanzan por todos los senderos de la historia, como un disperso ejército de movimientos sociales y grupos corporativos, que de paso se aglutinan y dan vida, uno a uno, a los partidos políticos. En ella, los sujetos aprenden a ser actores antes que 'masa militante', y a hacer historia antes de que les "lean sus derechos".

El desarrollo polifacético de la sociedad civil del siglo XIX se corporizó en miles de organizaciones y redes. En las sociedades mutuales de obreros y mujeres trabajadoras, en la proliferación de organizaciones de caridad, en los clubes sociales y políticos, en sociedades literarias, en gremios patronales, etc. y en la formación de partidos políticos de base 'societal': el Radical y el Democrático. Las Mancomunales de Luis Emilio Recabarren -concebidas como poder sociocrático- epitomizaron ese desarrollo. De allí subió una marejada de movimientos sociales: unos de tipo proletario, otros de mujeres, de arrendatarios, de clases medias, de ingenieros, profesionales, militares e industriales. En la atmósfera así creada brotaron, casi por generación espontánea, ideas corporativistas, socialistas y comunistas, que no debieran atribuirse de modo exclusivo -como se ha hecho- a los supuestos "agitadores profesionales" venidos del exterior, sino, más bien, a la floración ideológica brotada de tal proliferación societal.

¿Cómo, sobre tal marejada societal, lograron equilibrase, nadar y apoyar pie en tierra firme las clases políticas oligárquicas? ¿Cómo superaron la esclerosis de esa presión?

Echando mano de la ingeniería de gobernabilidad: universalizando el derecho a voto individual (hasta incluir a todos los chilenos mayores de 18 años), pero anulando toda participación ciudadana, individual o colectiva, en la toma de decisiones públicas. La "comunidad cívica" fue pulverizada por la individuación electoral y la reducción del ciudadano a la doble condición pasiva de peticionario y beneficiario de políticas públicas. El avance sociocrático de los movimientos sociales fue desviado de su dirección original (ejercicios históricos de soberanía) y encajonado en rejillas de gobernabilidad (ejercicio de derechos individuales a sufragio, y colectivos de petición). El empuje revolucionario que los movimientos traían hacia 1918, al entrar en las esclusas sistémicas apresuradamente repuestas por la CPC y la CPM, fue transformándose. De modo que, al salir por el otro extremo, en 1933, el empuje ya no era el propio de un "movimiento social" con libre sociedad civil de respaldo, sino un "movimiento de masas" con un sistema representativo-liberal como rejilla de contención.

Desde 1914 -cuando se eliminó el voto censitario- se amplió el derecho a voto, en un proceso de más de medio siglo que sólo se completó durante la Unidad Popular. La discriminación cívica contra los "sirvientes domésticos" siguió, sin embargo, hasta 1925, y contra las mujeres, hasta 1949. La cultura ciudadana es de aprendizaje lento, incluso la del derecho a voto. Como dijo R. Putnam:

> *"En lo que se refiere a la construcción institucional (y no sólo a la redacción de constituciones) el tiempo se mide en décadas... Y la historia se mueve aún más lentamente cuando se construyen normas de reciprocidad y redes de compromisos cívicos... Dos décadas es tiempo suficiente para detectar el impacto de las reformas institucionales en la conducta política de la gente, pero no para detectar sus efectos en los patrones más profundos de la estructura social y cultural"* [151].

¿Se convirtieron "los sirvientes domésticos" en ciudadanos plenos desde que, en 1925, se les "otorgó" el derecho a voto? ¿Se podría decir que las mujeres alcanzaron su madurez ciudadana en 1949? ¿Se actúa con plenitud ciudadana cuando se vota individualmente sin cultura real de 'participación' política? Debe recordarse que el 90 por ciento de los chilenos adultos carecieron, durante un siglo, de 'derechos electorales'. Que, por tanto, permanecieron al margen no sólo de los derechos, sino -lo que es más importante- de las prácticas y procesos políticos. Lo menos que se puede decir es que la concesión del voto fue la instalación de un derecho y una práctica 'nominales'; es decir: sin tradición cívica por detrás y sin desarrollo participativo por delante. Un mecanismo de participación política marginal e infinitesimal, yuxtapuesto a una tradición participativa privada, social y cotidiana. Una molécula de soberanía abierta, frágil, volátil, necesitada de orientación y conducción. Que hizo necesario instalar, por todas partes, agencias patrocinadoras de sufragio. Mecanismos de coacción, ángeles políticos de la guarda. Algunas fueron: la Iglesia Católica, cuyo trabajo asistencial databa del período colonial y su acción civil desde la encíclica Rerum Novarum; el Ejército, cuya acción educadora sobre los rotos se legitimó después de la Guerra del Pacífico y se tornó implacable con las masacres del ciclo 1890-1907; la Escuela, que a las disciplinas moralizantes del siglo XIX añadió, con la inspiración de Darío Salas y el poder del Estado Docente, las disciplinas de la Ley, la Constitución y el seguimiento a la clase política; los caciques electorales, dispuestos a pagar dinero y empanadas para obtener el voto de los más pobres y hambrientos; los Partidos Políticos que, mientras más se ampliaba el sufragio, más necesitaban

---

151 R. Putnam: Making Democracy Work. Civic Traditions in Modern Italy (Princeton, N. J., 1993), pp. 184-185.

planificar (ideológicamente o por otros medios) la conquista, compra o seducción de los votos ciudadanos, etc.

Tras suprimirse en 1914 el sufragio censitario, se desencadenó la guerra de las agencias. Al caos del mercado externo e interno se agregó el del mercado electoral. El cohecho, como lo reconoció todo el mundo, perduró hasta 1950, y el caciquismo político local -como lo probó Arturo Valenzuela- hasta muy avanzada la década de 1960. La conversión de los proyectos histórico-sociales en programas y propaganda de partido, y todo eso en ideologismo, perduró hasta después de 1973. La cultura cívica construida por la sociedad civil entre 1860 y 1920 fue pulverizada por la guerrilla intestina del 'sufragio universal' y barrida por el frenético afán desplegado por todas las agencias, que activaron el desarrollo, no de la cultura cívica, sino de la politización de la 'masa'.

Se dio entonces un fenómeno que Gramsci habría llamado "morboso": el divorcio de la identidad social -en un mismo sujeto- de su identidad política. La escisión entre lo social y lo político al interior de una misma conciencia subjetiva. La oposición entre gobernabilidad y legitimidad como forma ambigua de existencia. La división esquizoide, destructiva, del sujeto histórico. Y así -en las mujeres, por ejemplo- la cultura religiosa determinó sus opciones electorales. Y en muchos sirvientes, el paternalismo de los buenos patrones eclipsó la identidad de sus propias miserias. Y entre los más ricos, la lógica de sus pertenencias opacó la lógica de la nación. Mientras en muchos militantes, el árbol de sus banderas les impidió atender al bosque. En casi todos, a fin de cuentas, el sobrepeso de su particularidad privada, la soledad de su individuación, el apetito de su interés, cegó sus sentidos para 'lo público'. Y lo público quedó a merced de los que se habían profesionalizado en él.

Fue inevitable: el voto ciudadano se volvió errático. Mutante. Casi impredecible. Y pese a los odios que suscitaron, Arturo Alessandri y Carlos Ibáñez fueron reelectos, para no cambiar nada. Y más de algún partido, como Lázaro, resurgió de sus cenizas. Y entre 1952 y 1973, todas las fuerzas políticas tuvieron su oportunidad, por encima de todos sus antagonismos ideológicos. ¿Quién seguía a quién y quién lideraba a quién? La incertidumbre comenzó a crecer. Tanto, que la seducción tuvo que ser sustituida, con urgencia, por la sociología electoral y la ingeniería política. Por sofisticadas encuestas preelectorales y astutos maquilladores de imagen pública. Se licenció al plantel de 'caciques' cohechadores de votos. La "telepolítica" -como la llamó Giovanni Sartori- eliminó incluso el incómodo cara a cara de la demagogia de masas; porque ahora la ciudadanía podía ser seducida como masa, pero individuo a individuo, y a distancia. Como títeres de modernidad plena. Con mayor confort para todos.

> *"Pulverizados -escribió Serge Moscovici en 19810-, los individuos son abandonados a su soledad, enfrentados a la jungla de las ciudades, en el desierto de las fábricas, en la atmósfera gris de las oficinas. Estos átomos diversos, estos granos de multitud se reúnen en mezclas inestables y violentas. Forman una especie de gas que tiende a*

explotar en el vacío de la sociedad... En este caso, todos los aparatos de propaganda, el desfile de los líderes por las pantallas de televisión, los sondeos de opinión, aparecen como lo que son: elementos de una estrategia de masa, basada en la irracionalidad de la masa. Se está dispuesto a tratar a las masas como si estuvieran desprovistas de razón, pero no hay que confesarlo, y se dice todo lo contrario" [152].

La 'masa' es un conjunto de ciudadanos a los que se les extirpó su 'cerebro cívico'. Androides sobre los cuales -teóricamente- se puede construir cualquiera política virtual. Cualquier tipo de pretorianismo. Sobre la movilización de masas durante la Unidad Popular escribió el sociólogo Eduardo Valenzuela:

> *"El aumento de la participación política se dio bajo el formato clásico de la relación líder-masas y se expresó en las gigantescas manifestaciones callejeras que hicieron célebre la experiencia chilena... la movilización adquiere un carácter de comunión festiva... La suspensión del trabajo y el desorden son los ingredientes clásicos de la fiesta, así como tampoco la fiesta auténtica está privada de exceso y desorden... Sin embargo, no es la lucha por el poder ni la búsqueda de una transformación histórica de las relaciones de dominación... La fiesta está despojada de historicidad: en ella no aparece ni la exigencia de acumulación, ni la voluntad de poder"* [153].

La descerebración de los ciudadanos, sin embargo, puede ser más aparente que real. Bajo la realidad virtual automatizada, late siempre el fuego de la vida. Y de las murgas "enfiestadas" puede surgir, por sorpresa, voluntad de poder. Un reguero matutino de fresca historicidad. Y tal fue lo que politólogos extranjeros llamaron "izquierdización del electorado" (desde 1955), y lo que muchos chilenos detectaron por sí mismos desde entonces: la creciente autonomización 'histórica' de varios ramales del movimiento popular [154]. Autonomización que, desde 1967, afloró en el espacio público bajo el nombre de "poder popular" [155]. Del mismo tenor han sido las "sorpresivas" jornadas de protesta popular que, con un alto costo en vidas, se desplegaron contra la dictadura militar entre 1983 y 1987, y el imparable deslizamiento de la masa ciudadana hacia la apatía electoral y el "voto de castigo", desde 1993.

La libertad histórica de la sociedad civil crece subterráneamente y aflora, por sorpresa, a los pies del Estado. Realiza -como dijo Karl Marx- el trabajo ciego, lento y efectivo del "topo".

---

152 S. Moscovici: La era de las multitudes. Un tratado histórico de psicología de las masas (México, 1993), pp. 37 y 95.

153 E. Valenzuela: "La experiencia nacional popular", Proposiciones 20 (1991), pp. 28-29.

154 Ver J. Prothro & P. Chaparro: "Public Opinion and the Movement of the Chilean Government to the Left", en *Journal of Politics* 36:1 (1974), pp. 2-43.

155 Ver G. Salazar: Violencia política popular..., op. cit., passim, y Hugo Cancino: Chile: la problemática del poder popular (Aarhus, Den., 1988). El tema será desarrollado en el volumen III de esta Historia.

Explora no sólo las madrigueras institucionales de la superficie, sino también los "caminos extra-parlamentarios de la historia chilena" (H. Bicheno). Caminos difíciles de controlar por el Estado, pues, como afirmara H. Meadwell, la solidaridad lateral, que es la molécula constitutiva de la sociedad civil, "no es un recurso que se pueda administrar como el poder o el dinero". Y porque el trabajo de los topos, precisamente por su aparente ceguera, opera en la práctica con la imperturbable tozudez de un "never-ending project" (C. Bryant). Sobre todo, porque las democracias 'reales' pueden ser "decididamente inciviles", y porque "el liberalismo no es nunca la misma cosa que la sociedad civil" [156].

Es cierto que, como dice N. Luhman, "el desarrollo social no produce automáticamente el poder en la forma en que lo necesita". Los topos horadan y horadan bajo tierra, pero no construyen nada sobre ella. ¿Es que el poder que necesitan opera de rebote? ¿Induciendo a que otros le den la 'forma' necesaria? De todos modos, 'sopesan' lo que hay arriba de ellos. Saben de su peso real. Evalúan. Critican. Y de ser necesario, derriban. Sus ojos ven de otro modo: miran gravitación. Calculan cuánto pesa cada cosa en la legitimidad. Así, sopesadamente, dijo Rafael Maluenda en 1921:

> *"Los constituyentes de 1921 no se contemplan: se examinan. Y tal como millones de infusorios de una gota de agua caben en la reducida lámina de un microscopio, el parlamentarismo de toda esta época de decadencia política encuentra sobrado espacio en las reducidas páginas de un libro de 'siluetas' ... (de) arribistas que buscan en el oropel de la figuración política lustre para su nombre, que nunca abrillantaron el estudio y el talento; derrotados del trabajo, que han descubierto el valor económico que un vicioso sistema parlamentario les franquea... caben en el marco de una 'silueta', holgadamente, sobradamente"* [157].

---

156 H. Bicheno: "Anti-Parliamentary Themes in Chilean History. 1920-1970", en *Government & Opposition 7:3* (1972). Las demás referencias fueron tomadas de John Hall (Ed.): Civil Society. Theory, History, Comparison (Cambridge, U.K., 1995).

157 Prólogo al libro de Alejandro Walker: Los parlamentarios de hoy y de mañana (Santiago, 1921), pp. VI y VII. Algunos breves estudios sobre la clase política chilena, G. Campero: "Los actores sociales y la clase política", *Documento de Trabajo ILET* (Santiago, 1988?); A. Riquelme: "La clase política chilena en la literatura historiográfica y politológica", *Documento de Trabajo ILET* (Santiago, 1988), e Ignacio Walker: "Perfil de la élite política chilena", *Notas Técnicas CIEPLAN 117* (1988).

d) El Estado Neoliberal (1973-1998): construcción marcial y ¿estabilidad civil?

"... que se dijera que estaba en peligro la civilización occidental y cristiana y que las fuerzas del bien luchaban heroicamente para salvarla, no constituye necesariamente una exageración, sino que un punto de vista. Y hay puntos de vista que tienen mayor poder de fuego que otros" (Rodrigo Baño, 1992).

La dictadura militar: ¿revolución capitalista?

En perspectiva histórica, la instalación del Estado neo-liberal ha sido, en Chile, la coyuntura constituyente de mayor duración (17 años según plazo oficial; 25 y sigue, según plazo histórico), la que ha tenido el gobierno militar no-electo más longevo (tres veces más que la dictadura del General O'Higgins) y la que ha sido -junto con la de 1830- la más faccionalista, al registrar dos récords: en la violación de los derechos humanos de los perdedores, y en la imposición de un consenso unilateral sobre un disenso cívico global. En comparación, la coyuntura del período 1920-1932, de la que surgió la democracia nacional-desarrollista (llamada también, sin mucha precisión, "estado de compromiso") fue de escala y tono menor. Casi un juego de niños.

Se puede decir, pues, que la instalación del modelo neoliberal en Chile se perpetró a través de una convulsión histórica de nivel superlativo, sólo comparable con la que instaló, entre 1810 y 1830, el primer Estado nacional. Algunos entusiastas han dicho que el año 1973 es un nuevo 1810. Lo cual es cierto, al menos en cuanto a la magnitud de la convulsión histórica provocada. Y quizás es por esta misma imagen macro-convulsiva que se ha acuñado otro conveniente apelativo: se trataría, también, de una "revolución". Una suerte de "segunda independencia", con entrada libre al "primer mundo", y a esa cima suprema que es el verdadero "desarrollo capitalista". Un salto memorable que dejó atrás, por fin, el subdesarrollo, la dependencia, el ideologismo y, sobre todo, el desorden provocado por el comunismo. Un tiempo-eje que divide la historia en 'antes de' y 'después de'. Un tiempo, un quiebre, y un héroe: Pinochet.

Es notable que analistas de escuelas diversas coincidan en llamar 'revolución' a la convulsión que instaló el Estado Neoliberal. Joaquín Lavín, aludiendo exclusivamente a los cambios ocurridos en la estructura y cultura 'económicas' desde 1973 (agrega allí avances iniciados antes de esa fecha), habla de una "revolución silenciosa". Eugenio Tironi, encargado de escribir la antítesis del libro de Lavín, inventarió los problemas que atestaban el "lado oscuro" de esa modernización, pero reconociendo, al mismo tiempo, que ella configuraba, efectivamente, una 'revolución'. Javier Martínez y Alvaro Díaz, por su parte, criticaron en 1996 el concepto con que los analistas internacionales tipificaron la instalación del modelo neoliberal en el mundo (el de "ajuste estructural"), anunciando que lo que había ocurrido en Chile era una "auténtica revolución capitalista". No fue muy diferente lo que planteó el periodista norteamericano, James Whelan; para quien se trataba de

> *"la revolución más profunda de la historia del país y, muy probablemente, una de las más significativas en la historia del Hemisferio Occidental... que puso fin a medio siglo de marcha casi ininterrumpida hacia el socialismo e instaló en su lugar el sistema más decididamente libremercadista (capitalista) de todo el hemisferio, incluido Estados Unidos de 1988".*

En 1997, Tomás Moulian concluyó que era, también, una "revolución capitalista" vanguardizada por una "ménage a trois" (militares, intelectuales neoliberales y empresarios nacionales y trans-nacionales) [158]. Es significativo que tanto el libro de Moulian (crítico del modelo) como el de Lavín (panegirista) hayan sido best sellers, superando las diez ediciones en su primer año. La antítesis no amenguó el éxito (de librería).

Para todo historiador, los 'nombres' son menos relevantes que los 'procesos'. Los nombres suelen brotar de la coyuntura, tienen su calor, amén del tanteo y la ceguera de lo que Braudel llamó "humo histórico". De la perspectiva (más larga) de los procesos pueden brotar nombres (o conceptos) no coincidentes con los emanados de la coyuntura. Sorprende, por ello, que se llame "revolución" a la instalación del Estado Neoliberal (en la que la CPM fue un actor hegemónico) y no a la del Estado Nacional-Desarrollista (en la que la CPC fue un actor más relevante que la CPM), siendo que ambas 'instalaciones' produjeron cambios económicos, sociales, políticos y culturales de escala mayor. No se puede negar que los proyectos modernizadores personificados en Pedro Aguirre, Jorge Alessandri, Eduardo Frei y Salvador Allende tuvieron por referencia la situación anterior a 1930, un carácter histórico que unió la acción civil a la idea de reforma estructural (¿no se habló también, entonces, de segunda independencia, de revolución en libertad y de vía chilena al socialismo?). Si se respeta el afán 'revolucionario' del período 1938-1973 (el fracaso no anula el carácter del 'afán'), el Estado Neoliberal aparece, nítido, como contra-revolucionario. Si no se respeta, entonces no se hace, cuando menos, justicia histórica. Y no se hace mayor justicia cuando, revolviendo ambos períodos en uno, se llama al producto "la gran transformación", como hacen Martínez & Díaz.

En segundo lugar, históricamente, se tiende a reservar el término 'revolución' para los cambios estructurales promovidos por clases sociales, tanto si son económicos ("revolución comercial o industrial"), o políticos ("revolución democrático-burguesa o revolución proletaria o popular"). En este sentido, no hay duda que la "revolución de 1830", en Chile,

---

[158] J. Lavín: *Chile: revolución silenciosa* (Santiago, 1987); E. Tironi: *Los silencios de la revolución* (Santiago, 1988); J. Martínez & A. Díaz: Chile: *The Great Transformation* (Geneve, 1996); J. Whelan: *Desde las cenizas...*, op. cit., p. 928, y T. Moulian: *Chile actual...*, op. cit., pp. 18 et seq.

fue una acción política impulsada por el empresariado mercantil-financiero; es decir: por una 'clase' de la sociedad civil (con apoyo de la CPM), que erigió un héroe civil (Portales) y no uno militar. Tampoco hay duda sobre el proceso revolucionario del que surgió el Estado desarrollista y populista, en el que, desde 1920, las clases medias y populares jugaron un rol activo (afán capitalizado por la CPM y CPC, según se vio), y sobre cuya cresta se perfilaron varios héroes civiles (Recabarren, Alessandri, Aguirre, Allende etc.), mientras que el único jefe militar relevante: Ibáñez, se caudillizó como civil. En cambio ¿puede decirse sin más que la "revolución neoliberal" fue promovida y conducida por la clase capitalista chilena? ¿Fue una revolución industrial? ¿Fue una revolución democrático-burguesa?

Como se dijo, hacia 1973 -y desde 1930- la clase capitalista estaba reducida, como actor y clase 'dirigente', a una figuración puramente agitativa, sin más capacidad de conducción que los discursos reivindicativos de su cúpula corporativa, sin otro poder de movilización que la de gremios de bajo rango capitalista (transportistas y microbuseros) y la histeria callejera de grupos fascistoides y trabajadores despistados. No tenía, de hecho, ni poder de mercado, ni seducción estratégica, ni mayoría electoral. Hacia 1973, la clase que se hallaba en disposición revolucionaria no era el empresariado capitalista sino la clase trabajadora, en tanto desplegaba protesta y propuesta, poder de fusión y bastante -como diría Moulian- poder de "fisión". Aunque no suficiente -como diría Rodrigo Baño- "poder de fuego", como para imponer su voluntad revolucionaria. En rigor, la 'revolución' de 1973 no fue ni revolución industrial ni revolución burguesa ni revolución de tipo nacionalista, sino, menos que eso -y más burdamente-, sólo una 'contra-revolución militar' que, en el corto plazo, fue anti-proletaria, y en el mediano, pro-capitalismo internacional.

Se diría que, sin embargo, desde el punto de vista económico ha sido y es, inequívocamente, una "revolución capitalista", porque el principal beneficiado es el capital, y éste se ha potenciado sin parar desde 1983. Pero de nuevo, a una mirada histórica, es preciso matizar el término y aclararlo, porque, de una parte ¿es una revolución principalmente industrial, o una principalmente mercantil-financiera? De otra: ¿es una revolución capitalista principalmente nacional o, principalmente, de integración a la globalidad? Hasta ahora, todo indica que la revolución neoliberal ha sido más mercantil que productiva; o bien, que 'espera' llegar a la segunda privilegiando la primera. Hasta hoy -1998- la táctica de privilegiar el mercado exterior no ha producido ni una revolución industrial, ni lo que Rostov llamara un take-off, sino (otra) reactivación del sector primario-exportador (razón por la cual muchos prefieren hablar de capitalismo depredador o salvaje, que destruye y agota los recursos naturales) y una 'nueva' dominación de los holdings mercantil-financie-

---

159 Sobre la expansión exportadora: P. Meller & R. Sáez (Eds.): *Auge exportador chileno. Lecciones y desafíos futuros* (Santiago, 1995); R. Contreras: *Más allá del bosque: la explotación forestal en Chile* (Santiago, 1989). Ver también R. Aldunate: *El mundo en Chile: la inversión extranjera* (Santiago, 1990), y P. Rozas & G. Marín: 1988: *el mapa de la extrema riqueza, diez años después* (Santiago, 1989). También H. Fazio: *Mapa actual de la extrema riqueza en Chile* (Santiago, 1997. LOM).

ros, bajo control foráneo más que nacional [159]. Ha habido una integración 'fácil' a un mercado externo también fácil (no está hipermonopolizado como el que tuvo que enfrentar el Estado Desarrollista). Y una rebaja alegre de las tasas arancelarias (se anuncia una nivelación cercana al 8 por ciento, pese al creciente déficit de la balanza comercial provocada por la "crisis asiática", y al drástico descenso de las reservas).

Históricamente, la "revolución capitalista" iniciada en 1973 parece gemela de la que, en 1830, instaló el célebre "desarrollo hacia afuera". Que, como se sabe, fue impuesto autoritariamente, generó grandes fortunas especulativas, ningún revolucionario desarrollo industrial, desechó grandes masas marginales y colapsó 'comercialmente' (¿podía ser de otro modo?) en 1930. La presencia de este fylum permitiría hablar de restauración más bien que de 'revolución'. O de 'modernización' del mismo viejo y tradicional modelo mercantil de "desarrollo hacia afuera". ¿No tiene, acaso, la misma hipersensibilidad a las crisis mercantiles, como lo está demostrando hoy con el traspié de los tigres asiáticos? Pues ayer tanto como hoy, el capitalismo mercantil chileno carece de una hegemónica rama productora de "bienes de capital" o una función dinámica de "innovación tecnológica" [160]. Es decir: carece de vida propia. Sigue siendo un capitalismo frágil. De reflejos.

La 'fragilidad' de hoy no es, claro, igual a la de ayer. Pues la fragilidad puede ser la misma a distintos niveles de modernidad tecnológica. Y el nuevo nivel -basado en las redes inalámbricas de lo informático y lo comunicacional- seduce y encandila tanto como para dar 'sensaciones' de fortaleza. De nunca, nunca más fragilidad [161]. De estabilidad sobre cualquier arena.

Poder tecnocrático y ¿clases 'meccanos'?

Se ha afirmado también que la revolución de 1973 tuvo un carácter eminentemente 'técnico'. Una orientación puramente modernizadora, que la situó por encima de cualquier interés de clase y más allá de cualquier objetivo (obsoleto) de desarrollo industrial. Si la revolución portaliana de 1830 quiso crear un poder "impersonal", la de 1973 quiere establecer un poder futurista. Un ejercicio de modernidad pura (en pleno auge de la posmodernidad). Y ésa -según ha dicho Alain Touraine-, en tanto racionalidad pura, debe abolir toda la irracionalidad contenida en la memoria histórica de los pueblos (la misma memoria puede ser una irracionalidad). El dilema es simple: amnesia racional

---

160 Ver Julio Pinto: "Permanencia del modelo primario-exportador en Chile", *Proposiciones 24* (1994). También G. Salazar: "Los límites históricos de la modernidad neoliberal en Chile", *Cuadernos de Historia 12* (1992), y "Capacitación, competitividad e innovación tecnológica en Chile (1976-1997)", CEPAL LC/R 1749 (1997).

161 Ver Eugenio Tironi: *Autoritarismo, modernización, marginalidad. El caso de Chile, 1973-1989* (Santiago, 1990).

o caos irracional. Por ello la modernista revolución de 1973 sería un ejercicio radicalmente técnico y pragmático, que sacó a Chile del caos irracional, y de sus recuerdos. Por ello, algunos analistas (J. Whelan, J. Collins, A. Przeworski y otros) consideran que la 'revolución de 1973' dio a Chile una actitud modernizante más extrema que la del propio Estados Unidos. Donde la hegemonía extremista de 'lo técnico' se debería a que el poder de fuego ("profesional") de los militares, se asoció, por primera vez en la historia de Chile, al poder racional ("profesional") de las élites ganadoras del Premio Nobel (Milton Friedman más sus discípulos, los célebres Chicago Boys). La fusión de esos 'profesionalismos' produjo así una visión sin tropiezos sociales, un poder operativo deshumanizado, un proyecto histórico sin recuerdos. Un 'modelo', en definitiva, no empujado a tientas por alguna clase social, sino auto-propulsado, como un OVNI, con capacidad para armar y desarmar clases y sistemas de todo tipo. Un demiurgo sin valores, ni identidad. Un Logos capaz de 'pronunciar' sus criaturas. Capaz de construir, como juego de meccanos, un nuevo empresariado, una nueva burocracia, un nuevo proletariado, una nueva marginalidad, etc. Exorcizando el viejo miedo político a los 'fantasmas' de la sociedad. Porque, bajo el imperio de ese Demiurgo, las clases sociales son, solamente, mera realidad virtual. Juegos. o simulacros [162].

Las criaturas 'clasistas' fabricadas por la fusión de los poderes instrumentales ¿tienen consistencia propia, o son 'simulacros' también instrumentales? Si son criaturas de globalización, no podrían ser clases productoras de realidad sino, tan sólo, flujos de circulación y consumo. Concomitancias estériles del mercado. Polvo cósmico. Sin embargo, en tanto criaturas atadas a procesos históricos (a contrapelo de su adicción a la amnesia) tan viejos, prosaicos y carnales como el "desarrollo hacia afuera", o tan impúdicos como esa vieja "sumisión" a los decretos mercantiles de las grandes potencias, parecen ser, sólo, una versión robótica (desmemoriada e imprevisora) de las mismas viejas clases de antaño. Sólo que sin efigie ciudadana. Sin teoría orientadora. Completamente a merced de las crisis que les confabula su 'nueva' historia.

¿Qué ha logrado, en términos de clase social e historia, la tecnocrática revolución de 1973? ¿Podría decir Pinochet -como Atila- que, tras su paso, "ya no creció más el pasto que nutría el conflicto de clases"? ¿Que los nuevos 'meccanos' tienen la virtud de no rebelarse, ni conflictuarse, ni subvertir nada? ¿O es que el conflicto -en el polvo cósmico- es, simplemente, distinto? ¿Y que esa 'revolución' no hizo otra cosa que tornarlo más imprevisible, más viral, más subjetivamente convulsivo? ¿Y no menos 'viralmente' revolucionario?

Es cierto que la imposición irrestricta de la globalización y la "flexibilización" impositiva del mercado laboral, si no han abolido las clases, han pulverizado su identidad

---

162 Sobre el carácter manipulable de la estructura de clases chilena, J. Martínez & E. Tironi: *Las clases sociales en Chile. Cambio y estratificación, 1970-1980* (Santiago, 1985). Ver también J. J. Brunner: *Globalización cultural y posmodernidad* (Santiago, 1998. FCE).

colectiva. Como diría Marx: han debilitado seriamente la clase "para sí". Con lo cual los movimientos sociales, al tener como base una clase "en sí" de naturaleza aleatoria, serían inestables y efímeros. Sin embargo, según enseña la 'memoria', las clases que sólo son "en sí" y no tienen -o han perdido- su "para sí", no dejan de hacer historia. Y ¿qué es mejor para un régimen de dominación? ¿Una clase "para sí" moderna, que aprendió a, y quiere 'negociar' racionalmente sus demandas, o una clase sin "para sí" posmoderna que impone, sin negociar, su soberanía 'irracional'? [163].

Como es lógico, la interpretación tecnocrática del golpe militar de 1973 no incluye la representación de intereses de 'clase' en el funcionamiento del Estado. El Estado 'clasista', para ella, ha muerto. Lo mismo que el Estado de representación 'nacional'. El Estado Neoliberal, como lacayo de la globalización, es un Estado posnacional. Un otro producto instrumental. Una suerte de meccano con más interés político (para la CPC) que económico o cultural (empresarios e intelectuales son, ya, ciudadanos del mundo, no feligreses del viejo sentido parroquial de la Nación).

¿No tendrán los 'meccanos', como circuito histórico, un barril de pólvora?

La Constitución (mecánica) de 1980 versus la ciudadanía de carne y hueso

La Constitución de 1980, por lo dicho, debería entenderse como un dispositivo mecánico para formar y gobernar ciudadanos mecánicos.

De una parte, es un texto históricamente aséptico: no garantiza el desarrollo productivo (como exigían los movimientos sociales en 1920 o en 1940), ni el desarrollo humano (como exigen los de hoy). Está estructurado para asegurar el orden interior (o sea, la gobernabilidad de la sociedad) y la reproductibilidad formal del sistema institucional. Su funcionamiento, por tanto, es más administrativo (instrumental) que político, y más político que económico y social. Las viejas prótesis desarrollistas que se crearon en el período anterior (caso de CORFO, MIDEPLAN y otras), vegetan como cáscaras sin contenido, y deben morir por inanición. Se podrán crear decenas de evanescentes "comisiones de trabajo" y miles de efímeros contratos para "ejecución de políticas", pero nada de eso debe incubar, en la frágil cintura del Estado, rollos desarrollistas o populistas. Y la fragilidad está protegida por un 'candado'; un cerrojo de castidad liberal, que no sea posible abrir ni desde adentro (por desvaríos parlamentarios) ni desde afuera (por explosivos de civilidad). El Artículo 116 dice:

"El proyecto de reforma necesitará para ser aprobado en cada Cámara el voto conforme de las tres quintas partes de los diputados y senadores en ejercicio. Si la reforma

[163] El problema de las clases sociales será tratado en otro volumen de esta Historia.

recayere sobre los capítulos I, III, VII, X, XI o XIV (es decir, respecto a las Bases de la Institucionalidad, Derechos y Deberes Constitucionales, Tribunal Constitucional, Fuerzas Armadas, de Orden y Seguridad Pública, Consejo de Seguridad Nacional y Reforma de la Constitución), necesitará, en cada Cámara, la aprobación de las dos terceras partes de los diputados y senadores en ejercicio".

La reforma de la fragilidad 'instrumental' del Estado es, pues, matemáticamente improbable dentro del proceso político corriente (constitucional), dado que no es posible sobrepasar el tercio del Senado que se opondrá a la reforma de los capítulos anotados, por la presencia de senadores "designados y vitalicios" -comandan casi 1/5 de los votos -, y la votación histórica de la Derecha (cercano a 1/3). A mayor abundamiento, la Constitución concede a las Fuerzas Armadas, de modo explícito, el rol de "garantizar el orden institucional de la República" (Artículo 90), y a su Comandante en Jefe, la "inamovilidad" de su cargo por cuatro años, en desmedro de la voluntad política del Presidente de la República y de sus históricas jinetas de Generalísimo (Artículo 93). ¿Se ideó un Estado para un candado, o a la inversa? Como quiera que esto sea, la 'gran política' (la que 'reforma' el Estado y/o el Mercado) queda vedada por ello a la CPC, la que no debe entusiasmarse más allá de lo que implica la administración del Estado y de lo que es mantener el orden público en primera instancia. Reduciendo la CPC a la condición de clase funcionaria y policía de amortiguación, respectivamente. De este modo, por su origen y esencia instrumentales, el Estado de 1980 tiende, como tarea refleja, a instrumentalizar la clase política civil. Y a través de ésta, a los ciudadanos de carne y hueso.

Considerando que ése es, ya, un doble cerrojo, la adición de prótesis de extra-seguridad estatal, como los supremos Tribunal Constitucional y Consejo de Seguridad Nacional, revela, de parte de los constructores del Estado Neoliberal, un celo guardián casi morboso. Una sobrecarga policial similar -sólo de perfil- a la sobrecarga populista del hipertrófico Estado Desarrollista. Ese celo puede explicarse, no por la necesidad táctica de subordinar a los "señores políticos" (tarea fácil, dada la fe legalista de éstos), sino por la necesidad estratégica de instrumentalizar a la sociedad civil o, al menos, a la mayoría más díscola de ésta (tarea más complicada, por el afán de esa mayoría de presionar a los políticos para que 'descrean' de la ley). Aunque se diga lo contrario, los redactores de la Constitución de 1980 respetaron -para estos efectos- la memoria histórica, pues recordaron que la parte más díscola de la sociedad civil no tiene fe legalista ni es fácilmente instrumentalizable. Recordaron, de seguro, las infinitas "tomas" anteriores a 1973, 'adivinaron' las 22 jornadas de protesta del período 1983-1987, y las 3 ó 4 que ardieron de rescoldo la vez que Augusto Pinochet fue investido (conforme la ley decretada por él) como senador vitalicio, por mano de la crédula CPC.

La lógica de 'seguridad' -que traspasa la Constitución de punta a cabo- trabaja el problema de la 'mayoría díscola' mediante una operación reductiva simple: la reduce a su forma opositora más extrema y minoritaria: los grupos armados. Así, sus sensores de civilidad se apiñan en la boca de eventuales fusiles rebeldes. De memoria, dirige sus ráfagas sobre ellos, sin mucha consideración por la disidencia civil que trafique detrás de todo eso. Como si el temor constitucional, legal, militar o policial al terrorismo 'potencial' bastara para construir un Estado completo basado en una lógica de 'seguridad' que, a fin de cuentas, es una gran operación de pinzas para atenazar a toda la masa ciudadana. A terroristas y a no-terroristas. Los viejos recuerdos (temores) tensan por dentro, nerviosamente, al Estado que nació para matar los recuerdos. Los siete cerrojos constitucionales lo protegen de esa memoria. El viejo poder popular, las tomas, las luchas callejeras, el MIR, el Frente Manuel Rodríguez, Lautaro, Allende, Miguel Enríquez, etc. siguen vivos en el alma mecánica de la Constitución. Penando. Golpeando portones, vigas, cureñas y cuarteles. Como si el 'estado de sitio', desde la memoria, se hubiera descolgado para envolver al mismo poder constitucional.

¿Se pretende, con ello, atar de manos a la sociedad civil e impedir que ésta haga uso de su 'poder' (algo más que un volátil 'derecho') para hacer la historia que juzgue necesaria? ¿Será suficiente amarra que el Estado (o los 'poderes fácticos' que lo protegen) viole los derechos humanos de los reputados terroristas mientras se exime a sí mismo (violar los derechos humanos de los terroristas no es terrorismo) con excusas como: 'ley de auto-amnistía', 'obediencia debida', 'silencio profesional' o 'excesos de subordinados'? ¿Bastará que la Constitución constituya 'mejor derecho' para proteger la integridad del Estado que para proteger y desarrollar la integridad del ciudadano? [164].

Si las prótesis desarrollistas y populistas fueron útiles a la CPC del período 1932-1973 para promover el desarrollo y/o el socialismo traficando por los intersticios de la legalidad constitucional de 1925, las 'prótesis de seguridad' yuxtapuestas al Estado de 1980 permiten y permitirán a la CPM y sus aliados filtrarse por el enrejado democrático-liberal de la Constitución para -aprovechando la transversalidad del principio supremo de seguridad- actuar como 'policía histórica'. No sólo para mantener el 'estado de derecho', sino para bloquear cualquiera propensión civilista al cambio estructural. Ambos Estados (el de 1925 y el de 1980) han acoplado prótesis de acción estatal más autónoma y directa (cavando redes 'informales' de maniobra) que la permitida a su plexo representativo. El viejo, para producir desarrollo; el nuevo, para asegurar la seguridad. Los poderes fácticos son, por ello, semi-legales; el legislativo, frente a ellos, semi-impotente. ¿Y el de la sociedad civil?

La sociedad civil aparece, constitucionalmente, hegemonizada por la CPC en la zona de su 'representación política', y vigilada por agencias de seguridad (CPM) en la

---

164 Ver, especialmente, los Artículos 9, 16, 17, 19, 40, 41 y 61 de la Constitución Política de 1980.

zona de sus 'acciones directas' (terrorismo). Sus frentes históricos tradicionales (su vieja línea Maginot) han sido, pues, ocupados. Cabe, entonces, hacer esta pregunta: ¿quedó una zona sin control constitucional? La soberanía ciudadana ¿puede cavar y roturar, también, rutas y líneas intersticiales de tráfico histórico?

En su Artículo 1o., la Constitución señala que "el Estado reconoce y ampara a los grupos intermedios a través de los cuales se organiza y estructura la sociedad y les garantiza la adecuada autonomía para cumplir sus propios fines específicos". Es sabido que la sociedad civil es la fuente de la legitimidad y la base irrenunciable de la soberanía. La asociatividad natural es un derecho inherente a la soberanía y no un derecho 'permitido' o "conferido" por la Constitución. Sin embargo, la Constitución de 1980 reconoce "autonomía" a las asociaciones civiles que declaran "fines específicos" de tipo económico, cultural, religioso, etc., pero no político. La autonomía de la sociedad civil se acepta en todo lo que no es político. Se acepta la libre iniciativa frente al Mercado, pero no frente al Estado. Lo político es un campo minado y cercado, abierto sólo a los expertos y profesionales que saben desactivar bombas de inestabilidad, etc. El ciudadano raso, para su propia seguridad, deberá mantenerse fuera. No aventurarse donde sólo es un neófito. De modo que los movimientos civiles que surjan de 'lo social' y se proyecten en 'lo político' (lo que los cientistas sociales llaman empowerment) incurrirán en el pecado mecánico de la inconstitucionalidad. Dice el Artículo 7:

> *"ninguna persona o grupo de personas pueden atribuirse, ni aun a pretexto de circunstancias extraordinarias, otra autoridad o derechos que los que expresamente se les haya conferido en virtud de la Constitución o las leyes".*

Diversos incisos del Artículo 19 determinan que el ejercicio de la autonomía ciudadana en el plano político es inconstitucional; sería una asociación ilícita "contraria al orden público y a la seguridad del Estado". Por esto, a ningún movimiento social le está permitido sustituir el rol de los partidos políticos que organiza y reconoce la ley: "las asociaciones, movimientos, organizaciones o grupos de personas que persigan o realicen actividades propias de los partidos políticos... son ilícitos y serán sancionados". Con mayor razón si ese movimiento procura instalar un "sistema totalitario" (¿cuál es la definición precisa de este concepto?) o si hacen "uso de la violencia" contra el régimen constitucional. Quien incurra en ello será castigado con la pérdida del 'resto' de su ciudadanía. La acción política es permitida sólo al interior de los partidos, y la acción de éstos sólo dentro de las normas que fijan la Constitución y la Ley. En cuanto al "uso de la violencia" como método de acción política contra o en defensa del régimen constitucional, está permitido (implícitamente) sólo a las Fuerzas de Seguridad y de Orden. El derecho histórico a desplegar poderes de facto es violento y malo si lo detenta la sociedad civil, pero es pacífico y bueno si los desencadena, en condiciones de privilegio, la CPM. Así, lo que fue, por largo tiempo, sólo conducta histórica (fáctica) de los militares (G. Vial), en la Constitución de 1980 es, al bloquear la conducta fáctica de la sociedad civil, su privilegio implícito. Son las ventajas comparativas del "poder de fuego".

La politicidad de la masa ciudadana dispone, pues, de sólo dos (estrechos) canales constitucionales: el 'deber' de votar, y la 'posibilidad' de peticionar. El sufragio es (Artículo 15) "para los ciudadanos, obligatorio". Esto significa que los ciudadanos deben elegir (en las "votaciones populares") entre los candidatos que le presenten los partidos, o entre las alternativas que le presenten, en oposición, el Presidente o el Congreso (plebiscito) para aprobar alguna reforma constitucional. Si el voto es una obligación, la "petición a la autoridad" es un mero derecho 'a trámite', un ejercicio matinal que no ofrece más producto neto que el 'mantenimiento' de la necesidad. La compulsividad del voto le asegura al sistema estatal su reproducción 'democrática' y su legitimidad formal, como quiera que sea su legitimidad real. Tiene, pues, función real. Pero la función real de la petición opera más bien como factor disuasivo, que licúa las demandas ciudadanas apozándoles en el remolino de un reivindicacionismo circular sin salida política. El mismo factor licua la actitud 'participativa' de las organizaciones sociales, pues no tiene sentido para ellas asumir el dudoso honor de convertirse en asambleas o representaciones "consultivas" (Artículo 105). Que esta licuificación es mucha y la lástima por una sociedad civil así licuada es tanta, lo revela la propia Constitución, que se da el lujo de usar, con ella, tonos paternalistas de reprimenda:

> *"Artículo 23: Los grupos intermedios de la comunidad y sus dirigentes que hagan mal uso de la autonomía que la Constitución les reconoce, interviniendo indebidamente en actividades ajenas a sus fines específicos, serán sancionados en conformidad a la ley...".*

De la lectura histórica de la Constitución de 1980 se desprende que los "grupos intermedios" verdaderos no son las asociaciones autónomas de la ciudadanía, sino los partidos políticos civiles (CPC) que operan, hacia abajo, como diluyentes de la autonomía civil, y hacia arriba, como instrumental mecánico del sistema aherrojado por la CPM. La autonomía no está abajo (en lo civil) ni en el medio (en lo político), sino en lo sistémico. Pero sobre todo, en lo fáctico (CPM) [165].

La Constitución de 1980, al coartar la autonomía ciudadana en el plano de su acción política y en el de sus acciones directas, atenta contra el derecho inalienable del hombre a construir socialmente la realidad y a modelar colectivamente su futuro.

Pues, de hecho, se apropia de las herramientas históricamente forjadas por la sociedad para construir por sí misma la realidad y el futuro. Expropia y enajena lo que es un valor social, para transformarlo en un mecanismo devaluatorio de lo social [166].

Cabe entonces repetir la pregunta: ¿puede la sociedad civil, por sí misma, cavar rutas 'intersticiales'?

---

165 El análisis histórico del sistema de partidos se hará en el capítulo III.

166 G. Salazar: "De la justicia estatal al tribunal...", loc. cit., p. 143.

Modernizaciones y posmodernizaciones

De cualquier modo, el Estado de 1980 ha tenido exactamente el poder necesario para realizar y consolidar los ajustes sistémicos y las "modernizaciones" previstas, a fines de la década de 1950, por el economista Tom Davis, de la Universidad de Chicago. A saber: la remoción no-democrática de los obstáculos populistas que imposibilitaban en Chile la adecuada acumulación del capital; remoción que Tom Davis consideró -debe recordarse- imposible de efectuar en los términos de la democracia de entonces (implicaba suicidio político civil para quien la efectuara).

Desde luego, la obra gruesa de la 'modernización' fue la misma construcción del Estado Neoliberal, que eliminó un 'estorbo' e instaló un 'instrumento' para la acumulación del capital. Lo que debió ser obra gruesa, sin embargo, resultó obra afinada, ya que, después de 1990, la "modernización del Estado" no ha sido ni será otra cosa que potenciación de rodaje; o sea: maximización de la "eficacia operativa" del instrumento instalado (y triplemente asegurado). La que, en la práctica, no es modernización política, sino rendimiento de la "inversión social" [167]. Rendimiento que se mide en el sensitivo plano de la 'legitimación', y no en el más bien prescindible plano de 'lo social'.

Las modernizaciones específicas han consistido, en lo esencial, en privatizar las pulposas 'prótesis' del Estado Desarrollista. Es decir: han consistido en traspasar esas prótesis de una zona de acumulación 'negativa' (el Estado), a otra de acumulación 'positiva' (el Mercado). De la irresponsabilidad pública a la responsabilidad privada. Del bolsillo colectivo al individual. La estrategia modernizante no se propuso incrementar la acumulación capitalista activando en sus procesos productivos la "innovación tecnológica", sino decapitando el fondo fiscal y trasladando ese capital a la empresa privada. Ese trasvasije (en el que deben incluirse empresas estatales y servicios públicos de salud, educación y previsión, entre otros), revela que la modernización consistió en una redistribución de mecanismos acumulativos (no en la potenciación de mecanismos productivos) que no tiene parangón alguno en la historia de Chile. La torpe ocupación económica del Estado que perpetró la oligarquía civil de 1900 fue, sin duda, una diablura escolar si se la compara con la gigantesca operación privatizadora perpetrada por la CPM desde 1973, y continuada a regañadientes por la CPC desde 1990. Lo cual da, a la operación estatizadora consumada por la CPC durante el desarrollismo -por la cual cumple pena no prescrita- una aureola casi beatífica. Pues la audacia política del capital ha superado, sin duda, los mejores récords 'empresariales' de la CPC.

167 Ver E. Boeninger: "Reforma y modernización del Estado en América Latina", en ILPES (Ed.): *Reforma y modernización del Estado* (Santiago, 1995), pp. 180 et seq. *También su Democracia en Chile...* op. cit. y S. Cabrera & E. Lefranc (Ed.): *Modernización del Estado en Chile* (Santiago, 1993).

Como se sabe, entre 1975 y 1989, el gobierno militar privatizó 160 corporaciones, 16 bancos y más de 3.600 plantas mineras, agro-industriales y fundos. Catorce de esos bancos debieron ser rescatados por el Estado cuando, a fines de 1981, el especulativo endeudamiento exterior los llevó al borde de la quiebra, junto a otras 90 grandes firmas. La emergente 'nueva' clase capitalista reveló temprano que su expertise no era de autonomía productiva sino de dependencia especulativa, derivada acaso del hecho que la venta de empresas estatales se hizo castigando su precio real entre 27 y 69 por ciento, mientras que la sola venta de la CAP, Chilectra y Soquimich significó para el Estado una pérdida de US $ 1.400 millones [168]. La 'liquidación' de prótesis desarrollistas no sólo catapultó a nuevos grupos económicos (sin tradición previa) sino que atrajo de vuelta el capital extranjero -sobre todo, después de 1982-, tan masivamente, que quebró su propio récord, marcado a comienzos del siglo XX. J. Collins & J. Lear escribieron:

> *"A través del proceso de privatización, sin prensa libre, sin discusión política y con cambios frecuentes en los objetivos y los procedimientos gubernamentales, fue fácil para los que estaban informados maniobrar en su propio interés y en el de sus amigos y parientes... A través de la privatización, las compañías extranjeras se hicieron más poderosas en Chile de lo que nunca habían sido antes... Ha sido el mayor desfalco de fondos públicos de la historia de Chile, consumado sin consulta ciudadana y sin dar cuenta al Congreso de la República"* [169].

La privatización al detalle de lo que fue el Estado Empresarial no constituyó, sin embargo, el principal aporte 'técnico' del modelo neoliberal. Sólo creó grupos económicos adictos. De mayor originalidad fue, sin duda, haber privatizado y mercantilizado los servicios (salud, educación, previsión) de lo que fue el Estado Social-Benefactor, e incluso segmentos sustantivos de las políticas públicas del viejo Estado Liberal de 1925 (en especial las políticas de desarrollo local). El carácter 'técnico' de esta segunda oleada de mercantilizaciones consiste en que, sobre la base de tales servicios y políticas se crearon, no tanto nuevos grupos económicos, sino nuevos procesos acumulativos. Procesos de acumulación fácil (no productiva, por cierto), porque no expolian a trabajadores, sino a cotizantes (en salud y previsión), a padres y apoderados (educación), mientras se utiliza a los pobres como pretexto para vender políticas locales de superación de la pobreza, y a los contribuyentes como accionistas pasivos de tales negocios.

Las cotizaciones constituyen un fondo social solidario. Los impuestos, un fondo público. Ni aquél ni éste son, en sentido estricto, ni capital privado ni capital de empresa.

---

168 Gustavo Marín: "Privatizaciones en Chile: de la normalización del 'área rara' a la Ley del Estado Empresario", Documento de Trabajo PRIES 24 (1989), p. 19. Ver también Mario Marcel: "Privatización y finanzas públicas", Estudios CIEPLAN 26 (1989).

169 J. Collins & J. Lear: *Chile's Free-Market Miracle: A Second Look* (Monroe, Or., 1998), pp. 55-59. La traducción es nuestra.

Es obvio que, eventualmente, pueden invertirse en el mercado para multiplicar la base monetaria de sus beneficios. Sin embargo, en ningún caso la decisión de invertir puede transferirse a un grupo privado, ni menos por la fuerza de las armas. Pues, en un caso, se viola la propiedad privada y la soberanía societal, y en el otro, la propiedad pública y la soberanía ciudadana. Y en ambos, si esa violencia se perpetra, es simplemente un delito. Un robo a mano armada. Que es más grave aún si cotizantes y contribuyentes se ven constreñidos a aportar cada vez más (para que los empresarios incrementen su cuota de ganancia respectiva) para recibir cada vez menos beneficios de su propio dinero. Pues, al delito de robo se agrega la expoliación de plusvalía por vía mercantil (que es más fácil e indirecta que la obtenida por vía productiva).

La lógica de las modernizaciones introducidas por el Estado Neoliberal no tienen, pues, un carácter social ni civil, sino exclusivamente económico. Tienen por fin crear condiciones de excepción para la formación y acumulación de capital. En un grado que supera lo imaginado por los propios expertos de Chicago. Tom Davis había calculado -según se indicó- que esas cotizaciones y tributaciones deberían apartarse de los caminos naturales de la acumulación capitalista, pero no sugirió jamás que debían ser y convertirse en el motor estratégico de esa acumulación. Lo que revela que esta lógica modernizadora ('privatizadora' sería un término más apropiado), si es acumulativa, lo es en el sentido de lo que alguna vez se llamó "acumulación primitiva del capital" (no basada en la producción e intercambio libre de mercancías, sino en la expropiación o robo de los medios de producción).

Es ilustrativo recordar que, durante el período colonial, los encomenderos y estancieros acostumbraban echar mano de las "cajas de comunidades" (fondos acumulados colectivamente por los pueblos de indios) para proveerse de 'capital' a bajo o ningún costo. Lo mismo hicieron intendencias y municipios (y a través de ellos, los capitalistas locales) entre 1830 y 1850, cuando impusieron préstamos forzosos a los "fondos de comunidad" que los lancheros y jornaleros de los puertos colectaron cotizando de sus propias tarifas y salarios [170]. Lo realizado por el Estado Neoliberal (que echó mano de fondos colectivos para financiar a empresarios y capitalistas) no es ni original, ni diferente. Ni técnico, ni real modernización. Es, simplemente, un abuso de poder. Que, en este caso, sirvió para desfondar y 'dar vuelta de tortilla' lo que los gobiernos desarrollistas (y no sólo la Unidad Popular) durante décadas, acumularon en calidad de "área social".

Es también ilustrativo recordar que la acumulación capitalista del período liberal anterior (1870-1927) no metió manos en los enormes fondos sociales de la red nacional de sociedades mutuales que artesanos, trabajadores y empleados formaron por sí mismos y administraron por sí mismos. ¿Es que todo liberalismo pasado fue mejor? ¿Es que su avidez acumulativa tuvo, al menos, en cuanto respeto a los derechos ciudadanos, un límite ético?

---

170 G. Salazar: "Entrepreneurs and Peons...", loc. cit., cap. IV.

En 1974, el Estado contribuía con el 61 por ciento del gasto en salud pública; los cotizantes: 19 por ciento. En 1989, el Estado bajó su aporte a 17 por ciento, mientras los cotizantes subían al 81 por ciento. Los patrones, por su lado, reducían su aporte de 19 por ciento en 1974 a sólo 1,6 por ciento (por demás voluntario) en 1989 [171].

> *"Esta arrasante reducción de los roles del gobierno y de los empleadores en la salud pública constituye, para Chile, un récord mundial. Solamente Suiza, cuyo ingreso per cápita es muy alto, se acerca a ese récord, pues allí la contribución directa de los cotizantes alcanza a 71 por ciento. Si se excluyen Suiza y Chile, la contribución promedio de los cotizantes va, en la mayoría de los países, desde cero por ciento (Canadá y Dinamarca), a 46 por ciento (Austria)"* [172].

No es éste el lugar para examinar cómo operan en Chile, en términos de empresa capitalista, los llamados Institutos de Salud Previsional (ISAPRES), ni cómo se captan socialmente sus ingresos y cómo se distribuyen sus beneficios. Baste decir que los gastos de propaganda, honorarios de los captadores de clientes, confort de sus sedes, pago de intereses y dividendos o beneficios obligan a disminuir constantemente el servicio neto al cliente y a incrementar la 'tasa de expoliación' (rendimiento en salud de la cotización). El 'costo' de la acumulación capitalista en este tipo de empresa, en un ámbito de competencia abierta y con una población cotizante de lento o casi nulo crecimiento (por alza en el envejecimiento promedio y escasez de contratos laborales permanentes) es alto: fluctúa entre 1/6 y 1/4 del gasto total (el doble del promedio industrial). La dependencia de la subvención fiscal es, pues, si no alta, sensitiva. Con todo, si la tasa de expoliación se mantiene razonablemente alta, las ISAPRES pueden operar como un poder financiero con alta capacidad de inversión dentro y fuera del país y, por tanto, como un motor dinamizador del modelo económico. Mientras sea alta, los consorcios que las operan pueden fundar holdings y convertirse en grupos económicos "emergentes". Igual posibilidad se les presenta a las empresas denominadas Administradoras de Fondos de Pensiones (AFPs) y a los llamados "sostenedores" de establecimientos de educación primaria o secundaria que "colaboran" con el Estado a cambio de una "subvención" según número de alumnos [173].

Según Peter Drucker, el capitalismo surgido de la crisis de 1982 se basa cada vez más en "fondos de pensiones". Nunca antes -dice- "hubo reservas de dinero tan enormes como las que ahora controlan los fondos de pensiones". En Estados Unidos -agrega- a fines de 1992, "los inversores institucionales manejaban por lo menos un 50 por ciento

---

171 Mariano Requena: "Marco histórico del sistema de cuidado de la salud chileno" (Manuscrito), Tabla No. 4.

172 J. Collins & J. Lear: *Chile's Free Market*..., op. cit., p. 105.

173 Jaime Ruiz Tagle: «La seguridad social en Chile: realidad actual y propuestas alternativas» (Santiago, 1988), y A. Barrientos: "Pension Reform and Economic Development in Chile", en *Development Policy Review, 11* (1993).

del capital social de las grandes corporaciones; poseían también una proporción igual de la deuda fija en las empresas de tamaño medio... tanto de propiedad privada como pública. Además, los cien mayores fondos de pensiones controlaban un tercio de todos los activos de esos fondos". Y precisa su definición teórica:

> *"El capitalismo de los fondos de pensiones es asimismo capitalismo sin 'capital'. El dinero de los fondos de pensiones, y de sus hermanas gemelas, las mutualidades, no encaja en ninguna definición conocida del capital... En realidad, los fondos son salarios diferidos; se acumulan para proporcionar el equivalente a unos ingresos salariales a las personas cuando ya no trabajan"* [174].

Sin necesidad de demostrar en detalle el deficiente impacto de este 'capitalismo de servicio público' en la salud, previsión y educación de la masa ciudadana, baste con decir que otra de las modernizaciones estratégicas aplicadas por la CPM -la que se refiere a las relaciones laborales-, no ha operado ni opera como captador de clientes para esos "fondos", puesto que la nueva expoliación laboral impide que se incremente a tasas adecuadas el número de cotizantes. La necesidad acumulativa de 'minimizar' los costos laborales antagoniza con la necesidad también acumulativa de 'maximizar' el número de cotizantes. Así, un polo acumulativo acumula a costa del otro. El carácter primitivo (disperso), no-integrado (sin acumulación global) y usurero (no productivo) del modelo económico queda, con ello, a la vista. ¿Y de qué servirá, de mantenerse ese tipo de acumulación, que Chile detente un (otro) récord internacional en materia de bajos costos laborales? Pues, de acuerdo al propio Ministerio del Trabajo, mientras en Estados Unidos el costo laboral por producto es de 45 por ciento, en Corea del Sur de 28 por ciento, en Brasil de 24 por ciento y en Argentina y México de 20 por ciento, en Chile y Perú es sólo de 19 por ciento [175]. El ránking de competitividad-país señala, de acuerdo a El Mercurio de abril 13 de 1997, que el peor ubicado de los factores de competitividad chilenos es el relativo a "recursos humanos" (lugares 25, 28, 25, 23 y 34), muy por debajo de los factores "Gobierno" (lugares 5, 7, 6 y 5) y "gestión empresarial" (8, 11, 18, y 14).

La modernización de las relaciones laborales -denominada de "empleo flexible"- ha aumentado extraordinariamente el empleo precario (sin contrato o con contrato temporal, sin previsión, sin acceso a sindicalización y sin capacitación tecnológica superior) y los trabajadores independientes. Los trabajadores precarios, entre 1990 y 1994, crecieron en 13 por ciento, el doble del empleo total manufacturero [176]. La importación de tecnología, por su lado, no estimula en los empresarios la implementación de modelos

---

174 P. Drucker: *La sociedad poscapitalista* (Buenos Aires, 1993), pp. 67-70.

175 Malva Espinoza: "Tendencias sindicales: análisis de una década", *Cuadernos de Investigación 2* (1996), Ministerio del Trabajo, p. 12.

176 L. Geller et al: *Innovaciones, empleo, capacitación y remuneraciones en la manufactura chilena* (Ginebra, 1994. OIT), p. 19.

participativos o cooperativos en sus faenas (que, entre otras novedades, ofrece la "reingeniería de procesos"), lo que los insta, más bien, a continuar tratando a los trabajadores como meros productores de plusvalía [177].

Las modernizaciones que se han resumido son las "emblemáticas" del modelo neoliberal. Todas ellas fueron impuestas en paralelo con la Constitución de 1980. Por tanto, no fueron objeto de un trámite legislativo regular (la Junta de Gobierno militar tuvo el poder ejecutivo y legislativo a la vez), pero su eventual reforma sí quedó regulada por los cerrojos constitucionales de 1980. Para muchos, estas modernizaciones constituyen lo "distinto, único, fantástico" de la experiencia chilena [178]. En esta sección hemos tratado de discutir, civilmente, este aserto.

La triple transición histórica

La transición 'histórica' desde la dictadura neoliberal hacia la democracia neoliberal tiene, al menos, tres lógicas distintas: la de la CPM, la de la CPC, y la de la sociedad civil.

Para la CPM, la transición a la democracia se inició cuando y donde su 'poder de fuego' perdió efectividad política. Justo frente a los poderes civiles opositores que ese fuego fue, poco a poco, concitando y apiñando. Cuando el fuego militar debió dar paso a la lógica de mando militar; o sea: cuando fue necesario dejar de perseguir adversarios y defender la 'plaza' conquistada. Cuando, para legitimar la ilegitimidad de las armas, tuvo que recurrir a discursos 'civiles' de legitimación. Cuando las víctimas del fuego (los miles de asesinados, desaparecidos, torturados, encarcelados, exiliados y exonerados) juntaron sus fantasmas, dentro y fuera de Chile, potenciando una solidaridad sin fronteras. Levantando un poder ético, incorpóreo, flotante, inalcanzable para las balas y la tortura. Frente al cual, las victorias militares son meras "victorias a lo Pirro". Por ello, cuando ese poder aparece, los militares comprenden que hay que iniciar la retirada. Que nada pueden contra él. Que es preciso parlamentar. O sea: iniciar la 'política' de su repliegue.

¿Qué fue lo que, concretamente, desde 1979, indujo a la CPM a considerar, de modo creciente, su 'retirada'; es decir: su lógica de 'transición'?

Para Eugenio Tironi, la 'retirada' de Pinochet se inició tras consolidar su propio éxito: "su régimen tuvo éxito en fundar nuevos principios de integración en el plano económico, social, político, institucional y cultural, que hicieron desaparecer las condi-

---

177 M. Echeverría & G. Herrera: *Innovaciones tecnológicas en las empresas manufactureras chilenas. La visión sindical* (Ginebra, 1995. OIT).

178 "¿Somos distintos, somos únicos, somos fantásticos? Los récords que ostentamos los chilenos", en *Capital. Negocios y Mundo,* (Santiago, Marzo de 1998. Reportaje).

ciones sociales del autoritarismo" [179]. Esta afirmación implica llamar "éxito" al boom especulativo de los años 1979-80 e ignorar el significado de la crisis de 1982. Y desconsiderar, así mismo, la fuerza de la campaña internacional de solidaridad con los chilenos perseguidos, que se expresó a todo nivel: privado, diplomático, político, sindical y cultural, y dio lugar a incidentes bochornosos (Filipinas). También implica dejar de lado las jornadas de protesta que se iniciaron en 1983 y continuaron hasta 1987, pese al poder de fuego utilizado por la dictadura. Y no tomar en cuenta el significativo hecho que, si bien hacia 1970 había una organización política inclinada a la lucha armada (el MIR), entre 1983 y 1990 operaron tres (el MIR, el FPMR y el Lautaro) y con mayor capacidad operativa [180]. Más que el "éxito" (que sólo se percibió como tal después de 1989, cuando la CPC y los intelectuales liberales acataron el modelo Pinochet), lo que primó en la dicha 'retirada' fue la expansión inaguantable del fantasma incorpóreo de la ilegitimidad. Que, de seguir creciendo, habrían obligado a una retirada sin transición. Sin parlamento. Sin politización de derrota. Tal como cayó Ibáñez, en 1931: sin honores ni apelación.

No debe confundirse el éxito del modelo (como factor de retirada) con el éxito de la retirada misma. No cabe duda que el ejercicio político desplegado en esa retirada (transición) fue exitoso. Casi brillante. Su diseño (Plan Chacarillas), realizado en la cresta del desprestigio internacional, fue un acierto. En cuanto al éxito del 'modelo' en sí -las "modernizaciones"-, es preciso separar el mérito del modelo dictatorial mismo (redistribución de mecanismos de acumulación) del 'mérito' de haberse encontrado con un mercado internacional, después de 1982, excepcional: abierto, librecambista, expansivo, globalizado, dispuesto a invertir, con las instituciones surgidas en Bretton Woods debilitadas, etc. ¿Qué habría ocurrido si el mismo modelo se hubiera implementado en 1942, cuando el mercado internacional estaba cerrado y abierta sólo la estrecha y comprimida válvula norteamericana? Es preciso separar el éxito del modelo (que amerita un estudio sistemático y desapasionado), del éxito de la transición. ¿Qué indujo a la CPM a maniobrar brillantemente en su retirada? ¿Su sentido patriótico de 'dejar el poder' a quien correspondía: la civilidad, tal como O'Higgins en 1823? ¿La certeza de que la Constitución de 1980 era un texto democrático autovalente? ¿O la preocupación de que, si la transición a la civilidad no era brillante, el resultado sería un enorme juicio público por los excesos y crímenes cometidos? Una cosa es clara: manteniendo intacto su poder de fuego, la CPM disponía del tiempo necesario para parlamentar la mejor retirada para ella misma. Aunque eso tomase diez años. O más. Pues es la ventaja comparativa de quien detenta el monopolio de ese poder.

La maniobra giró en torno a un caballo de Troya: la Constitución de 1980. La CPM sabía que, si no la sociedad civil, la CPC era fácilmente seducible con un artefacto legal.

---

179 *El régimen autoritario. Para una sociología de Pinochet* (Santiago, 1998), p. 8

180 G. Salazar: *Violencia política popular...*, op. cit., pp. 131-135.

De modo que, desde 1980, la CPM puso ese artefacto en el escaparate público de su poder. Como a la venta. En disponibilidad. Regateable. Para la misma CPM era sólo uno más de sus uniformes de camuflaje. En este caso, para sus ejercicios políticos "de enlace" con la civilidad. Durante casi diez años, el artefacto permaneció allí, en pose de seductor. Como diciendo: '¿quién quiere administrarme? pase y converse, sin compromisos'. Administrarlo significaba por cierto legitimarlo. Darle el apellido 'civil' del interesado. La masa ciudadana no se demostró interesada. Pero la CPC, tras algunos años de titubeos ("¿existen verdaderos movimientos sociales en Chile, o no? No".), entró al escaparate, y regateó.

El artefacto constitucional no fue el único señuelo. También lo era -y lo fue- el haber dejado al interés civil el 'honor' de producir y difundir la 'teoría pública' de la transición. O sea: la fundamentación científica y/o ideológica de la 'adquisición administrativa' del Estado de 1980. Pues la CPM, teniendo en sus manos el monopolio del fuego, no necesitaba ningún sofisticado discurso teórico-social para fundamentar sus actos y decisiones, ya que le bastaba una que otra arenga y algunos improvisados "dichos" en ruedas de prensa. ¿Para qué más? ¿Para qué arriesgar una derrota tonta en un campo donde no tenía ningún monopolio ni ventaja comparativa? La CPC, en cambio -al igual que Sören Kierkegaard-, necesitaba dejar por escrito un largo y sesudo "diario de la seducción" para justificar lo que se sentía tentada a hacer. Así, desde 1985, la CPC movilizó todo su poder teórico para conceptualizar minuciosamente todos los "escenarios de transición a la democracia" [181]. Que, como demuestra la Historia, estaban reducidos a uno. Algo que todos sabían, desde su fase inicial, pre-teórica. De todos modos es paradójico que la 'teoría' de la transición haya sido producida, principalmente, por la vieja pero renovada izquierda socialista; en especial, por autores como el citado más arriba. Y es más que paradójico que se terminara, teóricamente, personalizando el proceso en la figura del General Pinochet, heroificándolo como antes se heroificó a Portales y Alessandri. Dice E. Tironi:

> *"El 11 de marzo de 1998, Augusto Pinochet habrá dejado la Comandancia en Jefe del Ejército... Inmediatamente, en su calidad de civil, habrá jurado en el Congreso Nacional como senador vitalicio, ejerciendo un derecho que le otorga (sic) la Constitución Política por su condición de ex Presidente de la República... el antiguo general, como siempre, habrá cumplido escrupulosamente con el itinerario que se había trazado, haciendo caso omiso a las presiones y los presagios. Pinochet sabe que las contingencias (sic) lo han transformado en un personaje central del Chile contemporáneo y no parece dispuesto a que esto pase desapercibido"* [182].

---

181 Los temas centrales de este debate pueden hallarse en la revista Proposiciones, especialmente en los números 14 (1987), 18 (1990) y 26 (1995).

182 *El régimen autoritario...*, op. cit., p. 7.

¿Cuál ha sido, en cambio, la lógica transicional de la CPC?

La clase política civil, los jueces y la policía son criaturas a la vez que funcionarios de la ley. Se les define según el texto de la ley, se les designa y evalúa en función de la ley. Dentro de ella, son actores históricos. Fuera de ella, pueden también serlo, pero ya no como CPC, o como jueces o policía, sino como meros ciudadanos. Si su historicidad civil es más fuerte que su identidad legal, obvian a hurtadillas la segunda, o la violan, a espaldas de la ciudadanía. A ratos, tienen con la ley una relación de amor y odio, de lealtad e infidelidad. Sin embargo, como quiera que sea, la ley los inviste de autoridad, y por tanto, de poder; y es el magnetismo de éste lo que hace de la CPC un núcleo magnético, auto-referido. De modo que, si se han formado dinastías de políticos profesionales, y si éstos, por acción de la CPM, han quedado en transitoria cesantía histórica, la aparición de un nuevo artefacto estatal produce en ellas un efecto magnético, pentecostal, que les devuelve la llama de su identidad suspendida. Como quiera que haya sido su origen, la ley, como varita mágica, tiene para la CPC la virtud de legitimar todo lo que toca. Todo lo que se hace a su nombre, incluso unir lo que los hechos separan. La ley no tiene memoria ni pasado, pues, como Dios, 'es' en el principio. Por eso, la CPC se deja 'tocar' por ella. Y la CPM se apresura a dictarla, cuando tiene que ocultar su retirada bajo su manto.

Hacia 1984, los linajes de la CPC chilena se hallaban emboscados, a su derecha, por la seducción legalista que sobre ellos ejercía la Constitución de 1980, y a su izquierda, por la compulsión historicista, ilegal, del movimiento popular. O se era autoridad en el marco de esa Constitución, o se era actor histórico a pecho descubierto, fuera de ese marco. Es evidente que la CPC, por identidad e historia, se sentía incómoda en la lucha ilegal y subconstitucional de la mayoría inferior de la sociedad civil. No sabía ni sabe hacer política -historia- a pecho descubierto. A campo raso. Se siente mejor en el estrado, en el hemiciclo, bajo techo, en el ruedo protegido de la ley. En suma: el movimiento popular no le ofrecía más que calle e incertidumbre ("luego: no existe"); en cambio, la CPM le ofrecía estrado, hemiciclo, tribuna y protección ("ergo, sum"). Su explicación fue simple:

> *"... el fin de la movilización social, marcada por el fracaso del intento populista de la 'Demanda de Chile' formulada por la Asamblea de la Civilidad, radicó definitivamente en los partidos la conducción de la oposición. Las organizaciones sociales reconocieron la primacía de lo político, pasando a apoyar la nueva estrategia político-electoral de naturaleza eminentemente conciliadora en el plano social. Excluido el Partido Comunista de la conducción sindical, los máximos dirigentes sindicales... abandonaron toda retórica confrontacional e hicieron suyo el llamado a la concertación social... El temor a la regresión o prolongación autoritaria pesó fuertemente en sus posturas"* [183].

---

183 E. Boeninger: *Democracia en Chile...*, op. cit., p. 370.

La CPC (¿por temor?) confió más en su expertise legal que en la expertise histórica de los movimientos civiles. La CPM ofrecía no actuar si, y sólo si, lo legal primaba sobre lo histórico, y lo político sobre lo social. Era un seguro por partida doble: empleo político para la CPC, impunidad para la CPM. Es cierto que la CPC -con la solidaridad comprensiva del movimiento civil- logró que Pinochet no encabezara el primer gobierno 'legal' de la Constitución, pero ¿era eso tan importante? ¿Era para la CPM una derrota significativa, si su artefacto seguía intacto? ¿Qué era más importante en 1989: Pinochet o la Constitución? La CPC le ganó la campaña presidencial a Pinochet, pero Pinochet ganó lejos la batalla constitucional. El triunfo de la CPC en el 'combate' de 1989 era, en el fondo, el triunfo de la CPM en la 'guerra' de 1973. Y la derrota histórica, por tanto, del movimiento popular. Así, por el lado de su 'triunfo', la CPC se encadenó al juego de legitimación iniciado por Pinochet; por el lado de la 'derrota' del bajo pueblo, se ató a una legitimidad ciudadana dubitativa, retraída y enfurruñada. Las mayorías electorales fueron, desde entonces, artefactos legales -el voto es compulsivo, y además distorsionante por ser binominal- y no legitimaciones cívicas. Sería iluso pretender lo contrario. Por ello, si bien la transición 'política' formal fue clausurada -según programa, en 1990-, la transición 'civil' siguió abierta.

Es sintomático que, tanto para la CPM como para la CPC -que comulgaron en la 'última cena' de una misma transición-, la transición histórica de la masa ciudadana ni existió, ni existe. Para la teoría (civil) de la transición política, esa transición, que E. Boeninger llamó "fase de movilización social" (como si hubiera sido una página de la agenda programática de la CPC), concluyó con el fracaso de la "populista" Asamblea de la Civilidad en el "año decisivo" de 1986, o con el frustrado atentado "terrorista" contra Pinochet el año 1987. Y ya era cosa del pasado (o materia de olvido) cuando el Presidente Aylwin, en octubre de 1991, decretó la clausura de la propia transición política. Como si no hubiera más historia que los plazos legales, ni más acción que los pactos internos de 'lo político'.

La transición histórica de la mayoría inferior de la sociedad civil ha sido, en Chile, larga, cambiante y prolongada. Pueden distinguirse cuatro fases significativas:

1) Las grandes movilizaciones de 'masas' del período 1938-1973 (bajo banderas partidarias y la voz caudillesca de sus líderes parlamentarios), que la CPM, militarmente, redujo a cenizas en la década del terror (1973-1982);
2) Las extensas protestas 'comunales' del período 1983-1987 que, basadas en la nucleación vecinal, enredamiento horizontal y rebelión transversal de miles de micro-organizaciones populares, se asociaron fácticamente con grupos paramilitares de acción anti-dictatorial, hasta su derrota política posterior a 1987, provocada por la 're-legalización' de la CPC;
3) La breve reactivación 'episódica' del movimiento de masas del período 1988-1990 (bajo banderas partidarias y voz lideral), que la CPC promovió para ganar el ple-

biscito de 1988 e instalar al Presidente Aylwin en 1990, y que ella misma clausuró cuando, por voz de ese Presidente, proclamó en 1991 su renuncia definitiva al viejo pecado del populismo, y

4) La subterránea 'mutación' de la civilidad tres veces derrotada (en 1973, 1987 y 1991) que, de una parte, evoluciona produciendo una lenta pero progresiva ilegitimización del modelo administrado desde 1990 por la CPC; mientras, de otra, lo hace produciendo una emergente marea de 'redes ciudadanas', autónomas, localistas y multifuncionales, con un movimiento global de efectos históricos trans-liberales. Esta mutación, hasta el momento, no ha sido ni reprimida ni anulada políticamente; por el contrario, tiende a confundir a los diseñadores de políticas públicas.

El hemisferio popular de la ciudadanía, en un cuarto de siglo, ha debido mudar cuatro veces su identidad histórica. Articulándose, a veces, como 'masa seguidora' en el centro físico del espacio político (la plaza Constitución, la Alameda). Otras veces, como 'grupo de acción directa' en el centro físico del espacio comunal (la calle, la población). O volviendo a ocupar, por un rato, los ejes de la ciudad, a fin de lubricar la adecuada 'circulación de las élites'. Para terminar, por último, ensayando 'redes' de consistencia tenue pero vinculación amplia, que le permitan catastrar y ensamblar toda la ancha variedad y transversalidad de la autonomía ciudadana. Cada mudanza ha significado, a veces, extravertirse, y otras, introvertirse. O bien escuchar las voces que bajan de lo alto, o bien oír las que susurran desde el lado, o bien dejar hablar lo que brota del fondo subjetivo. La masa ciudadana ha sido volcada y revolcada por la rotación continua de los puntos cardinales del poder. El torbellino giró y giró hasta borronear, de su mente, la legitimidad objetiva del 'poder'. La tradición carismática de las élites. E incluso la dependencia clientelista y peticionista de 'la masa'. Hasta dejar sólo su propio perfil 'vivo'. La confianza en sí mismo de cada uno. Así, la memoria pública, pulverizada en lo alto, bajó hasta posarse en él. En el ciudadano. Como si la soberanía volviera, mansamente, siempre, a su fuente de origen [184].

"No hay historia que resista el centrifugado de los hechos", ha escrito, contra la historia, Jean Baudrillard. Pudo haber dicho: en Chile, no hubo poder fáctico que, al centrifugar la soberanía, impidiera que ésta retornara a sus legítimos dueños. Ni que en éstos provocara una muda 'huelga de artefactos institucionales' ("huelga de acontecimientos", dice Baudrillard) como preludio de una nueva historia. De una misma, profunda, transición.

La transición 'por abajo' ha sido subterránea, privada y dolorosa, pero también inter-subjetivamente enriquecedora. Dolorosa, por la ruptura violenta de las identidades

[184] G. Salazar: "Construcción de Estado en Chile...", loc. cit., pp. 101-110. También "Tendencias transliberales del movimiento ciudadano en Chile (1973-1996). Apuntes para una teoría del cambio histórico", en M. Canto (Ed.): *Las organizaciones civiles en la transición* (México, 1998), p. 23.

colectivas que se tejieron entre 1938 y 1973. Privada, porque, tras esa ruptura, las nuevas identidades debieron tejerse en lo íntimo, en lo familiar y barrial [185]. Y enriquecedora, porque cada mazazo asestado a la civilidad (para profundizar la individuación y nivelar el piso del Mercado) ha aumentado la densidad de los sujetos y multiplicado sus redes laterales. La centrifugación de la institucionalidad aventó del espacio público a los sindicatos, núcleos de partido y 'organizaciones' nacionales de masas, pero no ha podido aventar las redes sociales y culturales de refugio. Pues en ellas la sociedad civil se reencuentra con su invencible resilencia [186].

De los intersticios trans-liberales

Evidentemente, los objetivos estratégicos de la transición 'por arriba' han consistido en imponer una máquina estatal que, si produce tensiones sobre la soberanía civil, genera condiciones óptimas para la expansión de una máquina acumulativa que, en cuestión de pocos años, eliminaría esas tensiones. Compresión para acumular, "chorreo" para descomprimir. De modo que, al final de esa transición bi-fásica, se produciría un aumento decisivo del conformismo mercantil y liberal. Con olvido completo de todos los pasados. De hecho, desde 1984, la acumulación capitalista ha discurrido sin tropiezos, deslizándose a altas tasas sobre una pista despejada de todo obstáculo populista. Hacia 1998 puede decirse, pues, que ambos objetivos estratégicos se han cumplido. Sin embargo, al término del ciclo de crecimiento más largo del siglo XX chileno, ni el "chorreo" descomprime, ni el "jaguar" produce conformismo, ni la resilencia ciudadana deja de avanzar por intersticios subterráneos.

El materialismo de las mercancías se despliega a placer en las 'pantallas' del espacio público, para orgullo de mercaderes y comunicadores. Y se anuncia que, en Chile, ya no se escenifican crisis estructurales sino, sólo, micro-conflictos individuales: la lucha de cada uno consigo mismo y la de cada uno contra todos para, estrujando la capacidad, ganar la inacabable batalla del mercado (E. Tironi). La paz neoliberal, sin fronteras, se extiende sobre el horizonte. Y el futuro.

Hay algo que no funciona bien, sin embargo. ¿Por qué la pobreza no desaparece y tampoco la apatía ciudadana? ¿Por qué se realizó una cumbre mundial para discutir la pobreza mundial? ¿Y otra para discutir el impacto mundial de la drogadicción, y otra para el deterioro mundial de la vida en grandes ciudades, y otra para la depredación

185 Ver P. Oxhorn: Organizing Civil Society. The Popular Sectors and the Struggle for Democracy in Chile (University Park, PA, 1995).

186 El concepto de "resilencia" se define como "capacidad para proteger la propia integridad bajo presión, y para construir un conductismo vital positivo pese a circunstancias difíciles". Ver M. A. Kotliarenco et al. (Eds.): *Resilencia. Construyendo en adversidad* (Santiago, 1996), p. 25.

mundial de los recursos naturales, y otra para el aumento mundial de la violencia urbana, y otra para discutir la esterilidad del "chorreo"? ¿Por qué? [187]. Las cumbres mundiales (la discusión de las lacras neoliberales se ha globalizado) han revelado dos hechos importantes: uno, el escaso éxito del modelo neoliberal en cuanto a eliminar sus propias lacras, y dos, el poder corrosivo de las rutas intersticiales de una sociedad civil acosada a la vez por el Estado y el Mercado. Preocupa el hecho de que existe desconocimiento de los caminos históricos que abren, por abajo, las implosiones mercantiles de individuación. Se sabe, desde los escritos de juventud de Karl Marx, que el capitalismo y los estados liberales incentivan la individuación del ser social; pero no se sabe de su impacto sociológico en el mediano o largo plazo. Lo que la experiencia chilena ha estado indicando es que la individuación, al contrario de lo que se cree, no aumenta la vulnerabilidad de los sujetos ante el Mercado y el Estado, sino al contrario. Sucede que la energía de la individuación no se gasta sólo en la competencia del mercado, puesto que una fracción considerable se emplea en tejer redes solidarias, laterales, y de profundidad. O sea: en resilencia. En autonomía. En resistencia. O en transgresión. Y esto no es vulnerabilidad, sino al revés. Es lo que insinuó a la Comisión Nacional para la Superación de la Pobreza la pobladora de Cerro Navia, Sara Vásquez:

> *"Yo nunca me he sentido vulnerable, a pesar de ser mujer, de ser pobre y de vivir en Cerro Navia; pero si ustedes me dicen que soy vulnerable, capaz que me la crea y termine sintiéndome vulnerable y como tal voy a ponerme a pedir cosas (cuando yo sólo estoy dispuesta a trabajar)"* [188].

El problema está en que la individuación no es un proceso vascular que, como un ascensor, baja y sube por la misma válvula vertical de las compresiones y descompresiones que lo afectan. Los sujetos son, siempre, seres sociales, y cualquier aumento de la compresión sobre ellos se expande, en primera instancia, hacia el lado, convivialmente. De este modo, a la experiencia (por lo común traumática) de la compresión vertical, sigue la experiencia creciente (dinámica y liberadora) de los contactos laterales. El aprendizaje es siempre doble, pero el segundo es auto-gestionado (creativo) y de magnetismo ético positivo, por lo que, en el mediano plazo, puede predominar sobre cualquier otro aprendizaje. En el campo de prisioneros de Villa Grimaldi, por ejemplo, la presión vertical se aplicó al máximo, para romper desde dentro del sujeto su red organizacional; pero fuera del perímetro de ese campo, y a pesar del 'quiebre' producido en la voluntad de los torturados, creció un movimiento solidario sin parangón en la historia de Chile, que, a la larga,

187 Ver "Declaración de Copenhague", en *Temas Sociales* 1:4 (1995), pp. 5 et seq. Es de importancia también J. Walton & D. Seddon: *Free Markets and Food Riots. The Politics of Global Adjustement* (Oxford, 1994).

188 Citado por Alberto Etchegaray, Presidente de la CNSP, en M. A. Kotliarenco et al. (Eds.), *Resilencia...*, op. cit., p. 16.

fue el factor más corrosivo de la aparentemente invencible CPM. La primacía histórica de la solidaridad y de los Derechos Humanos se estableció sobre el plano lateral de la asociatividad, a propósito del plano vertical de la tortura, la muerte, la exclusión y el empleo precario. El reverso de la individuación es, simplemente, soberanía.

El centro de gravedad de las redes sociales de refugio es su propia sinergia interna. Un centro magnético que no se define por sus 'fines' sino por sus 'cómos'. Los que pueden ser tanto o más 'plenos' que cualquier 'objetivo'. Es el tropiezo con esa sinergia lo que ha obligado a revisar y afinar, una y otra vez, las políticas "focalizadas" contra los bolsones 'residuales' de pobreza, y a decretar la reorganización o anulación del llamado 'ministerio de los pobres' (MIDEPLAN) [189]. Lo mismo que a fines del siglo XIX, la asociatividad ciudadana crece según su propia dinámica. Al margen de cualquier política o descentralización. Ante su expansión, sólo cabe darle participación. Es lo que pensó el Presidente Balmaceda en 1890 (como se verá). Y Recabarren, desde 1909. Y todos los movimientos sociales desde 1918. Y las Asambleas del Pueblo o Comandos Comunales desde 1972. Cien años después del (frustrado) intento balmacedista, el fantasma de la participación ronda el 'éxito' de las políticas neoliberales. Y, sobre todo, los municipios, que tienen que trabajar cara a cara con la sinergia comunal de los ciudadanos [190].

La densificación y autonomización 'plural' de la sociedad civil -producto impensado de la individuación- está generando en todo el mundo, desde fines de los 80, problemas de gobernabilidad y diversas contradicciones oblicuas, no-estructurales (algunos las llaman "neo-conservadoras"). ¿Como manejar esos problemas y esas contradicciones, si ambos son inéditos? Lo que se sabe es cómo dominar 'organizaciones' rebeldes, cohesionadas, jerarquizadas y estatutarias, pero no 'redes' difusas, diversas, que operan mejor en el campo 'viral' de los procesos culturales e intersubjetivos que en el escenario público donde chocan de frente compactos elencos políticos o militares. En la fase que Wallerstein llama "pos-liberal", junto a las demandas materiales, campean otras inmateriales, y donde hubo partidos contestatarios, se perfilan diversos movimientos emergentes de 'nueva' ciudadanía.

El Estado que comenzó a construirse militarmente en 1973 y a 'civilizarse' en 1990 ha sido capaz, pues, de desmontar las organizaciones políticas de masas y de inhibir en las élites toda tentación populista; lo que le permitió poner aparente fin a la densa y pesada 'historia estructural' de Chile. Con todo, según se deduce de todo lo anotado, es

---

189 G. Salazar: «Los pobres, los intelectuales y el poder» (Chile, 1989-1995) (Santiago, 1995), y "Descentralización y sinergia histórica local: fracasos y desafíos", en Departamento de Ciencias Históricas de la Universidad de Chile (Ed.): *Bases históricas del desarrollo regional de Chile* (Santiago, 1996).

190 Ver G. Salazar: "De la participación ciudadana: capital social constante y capital social variable", *Proposiciones 28* (1998), passim.

un Estado que está recién comenzando a experimentar la 'historia de procesos', cuya levedad viral e inasibilidad temporal exigen cambios de fondo en el manejo político de las contradicciones neo-conservadoras [191].

191 La literatura al respecto es creciente. Entre otros: I. Wallerstein: *Después del liberalismo* (México, 1996); C. Offe: *Partidos políticos y nuevos movimientos sociales* (Madrid, 1992); J. Habermas: "Ciudadanía e identidad nacional: consideraciones sobre el futuro europeo", en *Debates 39* (1992); W. Merkel (Ed.): *Entre la modernidad y el post-materialismo* (Madrid, 1994) y R. Miliband et al. (Eds.): *El neoconservadurismo en Gran Bretaña y Estados Unidos* (Valencia, 1992).

CAPÍTULO II
PROYECTOS, DISCURSOS Y ESTRATEGIAS DE DESARROLLO

a) Del "alma colectiva" a la "aldea global"

¿Cómo se plantea, define y conduce el desarrollo histórico de la sociedad? ¿Existe una 'idea de país' -propuesta por alguien o brotada del tiempo- que guíe, como mapa de identidad, la acción histórica de sus habitantes? ¿O es que -según Alberto Edwards- los pueblos tienen un alma que ilumina todos sus pasos con luz histórico-moral?:

> ("Los sucesos históricos tienen significado espiritual; se derivan, como sucede también con las más insignificantes acciones de los individuos, de algo inmaterial y pensante, de un alma que vive y se transforma... Sabemos que ésta, nuestra alma, es la continuación en el tiempo de la que ellos tuvieron, aunque ahora haya envejecido y se encuentre más gastada y desnuda de ideales") [1].

¿Y que, por ello, pueden haber "urdimbres de almas" (mezclas de espíritus, como entre españoles e indígenas) que den vida, por encima de "los accidentes geográficos", a nuevas y dinámicas "almas colectivas"? [2]. ¿O es que -como se ha dicho- los pueblos son conducidos, como rebaños, por sus 'grandes hombres', pues éstos, y sólo éstos, tienen el don de congeniar con, e interpretar la voluntad del "alma nacional", o del "genio de la raza"?

No todos los historiadores y no todos los chilenos concordarían, por cierto, en que hasta sus más "insignificantes acciones" derivan de un "alma" colectiva que, en todas las grandes crisis históricas, se comunica más y mejor con los grandes hombres que con ellos.

La tesis del "alma colectiva" constituyó, sin duda, una idea abstracta de unidad.

---

1 A. Edwards: *La fronda aristocrática* (Santiago, 1928), pp. 13-14.

2 J. Eyzaguirre: *Fisonomía histórica de Chile* (México, 1948), pp. 8-15.

Una definición básica (metafísica) de identidad nacional, que era política y oligárquicamente necesaria para la gobernabilidad de la nación. Y para 'derivar' de ella los planes y estrategias de dominación y desarrollo. Sin embargo, la diversidad, heterogeneidad y estratificación de la sociedad -que no eran una idea abstracta sino un hecho de realidad- pesaron más en los procesos históricos que la voluntad política derivada de esa tesis. Pues se ha hecho más historia en Chile por la fuerza de la diversidad frente a la fuerza de la 'unidad', que por el mero flujo espiritual de ésta. Sobre todo en el siglo XX. Pues, mientras más se ha potenciado, como principio político, la "armonía social" (comprimiendo la diversidad), más virulenta ha sido la explosión reactiva de las diferencias. Y han sido esas reacciones las que han hecho trizas la idealista teoría del "alma colectiva". Fue preciso buscar otra manera de definir y aplicar la 'unidad'.

Inevitablemente, debía ser una definición dialéctica. Es decir: que trabajara la unidad *en tanto* que diversidad. No como pura inmanencia espiritual, sino como historicidad social. No como voluntad determinista expresada aristocráticamente (entendiendo por aristocracia los sujetos de más elevada espiritualidad), sino como trabajo colectivo proyectado democráticamente. En suma: como un consenso ciudadano que *indujera* (o fabricara) la unidad. No la unidad dada, sino la unidad construida. La unidad como un plan. Es lo que detectó Mario Góngora:

> *"El desarrollo no se produciría aquí como en los países nórdicos, por el despliegue espontáneo de las fuerzas productivas, sino que tendría que ser un 'proceso inducido' por medios directos e indirectos que forzaran a racionalizar la producción, comercialización y consumo, venciendo todos los obstáculos que pusiera la mentalidad 'tradicional' de origen hispánico o indígena"* [3].

Pasar de la 'fase' del "alma colectiva" a la fase del 'alma inducida' era y es pasar de la unidad autocrática a la unidad democrática. Del liderazgo autoritario al 'trabajo' colectivo. Góngora señala que esa transición exigía "vencer la mentalidad tradicional". O sea: deshacerse del "alma colectiva" y de su oligarquismo conexo. Sin embargo, aunque Góngora aprueba la premisa (desechar la tesis predicha), no aprueba la conclusión a que conduce: la real democratización de la 'unidad'. Para ello falsea el razonamiento, e introduce un premisa segunda que, en rigor, es una variante de la tesis que rechaza: no se puede democratizar plenamente la unidad porque sería entregar la "idea de Estado" a los "caprichos de las masas". Se debe asumir la diversidad, pero no toda: las "masas" se excluyen. Son 'mala' diversidad y no pueden ni deben incorporarse a la unidad, pues su acción es puramente disociadora. ¿Qué partes de la diversidad son 'buena' diversidad? ¿Quiénes, dentro de ella, tienen capacidad 'unificadora'? Aun-

---

3 M. Góngora: *Ensayo histórico...*, op. cit., p. 126.

que no lo dice taxativamente, Góngora no duda: las Fuerzas Armadas. Serían éstas, mejor que ninguna otra, la diversidad que tendría más nítida la "idea de Estado" (o sea: de unidad nacional) [4].

Las tesis de Góngora no son sólo las de un historiador. Han sido y son, también, las de aquellos que han impedido, de un modo o de otro, que la sociedad chilena pase, fluida y limpiamente, de la larga etapa de la "unidad autocrática", a la siempre emergente fase de la 'unidad democrática'. Y de la planificación central, a la proyección del diálogo republicano.

A pesar de esas tesis, el proceso histórico, sobre todo desde el período crítico 1920-1932 -y dentro de una tendencia mundial en el mismo sentido- ha tendido a trabajar la unidad a partir de "procesos inductivos" fundados en algún tipo de "consenso". Asumiendo la unidad, de hecho, como una *tarea* o construcción histórica. Subentendiendo que la realidad es, ante todo, un producto social [5]. La progresiva consolidación de esta tendencia debilitó, consiguientemente, el rol de los 'grandes hombres'. Los 'caudillos' chilenos, después de 1938, se hallaron, por ello, enfrentados a un doble e inevitable modo de subordinar su genialidad: o bien a los 'consensos tecnocráticos' (modelos de integración y desarrollo diseñados por equipos de técnicos y planificadores), o bien a los 'consensos ciudadanos' (nacionales o sectoriales) que, como marea, presionaban desde abajo.

Como se vio, los elencos dirigentes optaron por el primer tipo de consenso, tratando de equilibrarlos -con movimientos de cintura política- sobre el segundo tipo.

Hacia 1940, sin embargo, tanto la CPC como la CPM carecían de preparación profesional suficiente para imponer eficientes 'consensos tecnocráticos' sobre los inquietos 'consensos democráticos'. Hasta entonces, el mejor "estadista" era aquél que sabía reunir voluntades políticas y formar camarillas de poder capaces de copar el Gobierno y neutralizar el Congreso. Carecía de formación para gobernar el país como un artefacto estructural o máquina que, a tal input, producía necesariamente tal output. Por ello, entre 1930 y 1964, la 'inducción técnica' de la unidad y el desarrollo dependió de la "magia" financiera de algunos ministros (caso de Gustavo Ross), de la amplitud de los estudios (Pedro Aguirre), de la familiarización con los planes expansivos de los países avanzados (Francia y Alemania, sobre todo), o de la *expertise* empresarial (Jorge Alessandri) y en todo caso, de su personal arrastre electoral. Sólo cuando los ingenieros entraron al Gobierno (CORFO), el tecnocratismo permeó algunos canales de las políticas de desarrollo y de la administración [6].

---

4 G. Salazar: "Historiadores, Historia...", loc. cit., pp. 193-201. También R. Cristi & C. Ruiz: *El pensamiento conservador en Chile* (Santiago, 1992).

5 Un desarrollo teórico mayor de esta opción en K. Kossik: *Dialéctica de lo concreto* (México, 1968). Ver también P. Berger & T. Luckmann, op. cit., y J. Searle, op. cit.

6 G. Salazar: "El movimiento teórico sobre desarrollo y dependencia en Chile. 1950-1975", en *Nueva Historia* 1:4 (1982).

La debilidad de los primeros consensos tecnocráticos -centrados desde 1939 en el proceso de industrialización- se reveló con las *crisis de estancamiento* que, desde 1946, activaron la agitación de los consensos ciudadanos. ¿Se pasó entonces a la fase en que éstos determinaran la política? No. Se echó mano -como Góngora- a otra premisa intermedia: a los viejos caudillos de los años 20. A Ibáñez y al "cachorro del León". Lo que fue como la última y postrera (amén de inútil) invocación a las encarnaciones del "alma nacional". Fracasaron. ¿Se pasó entonces, por fin, a la fase democrática de unificación? No. Desde 1964 se echó mano, por segunda vez -ahora en serio- a los consensos tecnocráticos. Y no sólo a los acordados por ingenieros locales (como en 1939), sino, sobre todo, a los generados internacionalmente. En verdad, tanto Gabriel González como Carlos Ibáñez se habían sentido obligados a aceptar la asesoría de misiones técnicas extranjeras. Y desde antes, las recetas financieras del Fondo Monetario, a regañadientes, fueron consideradas, y desde 1960, también, las de la Alianza para el Progreso. Al final, tras feroz debate con los seguidores del FMI, los modelos de desarrollo de la CEPAL terminaron por imponerse, en la segunda mitad de los años 60 [7]. La continua opción por los consensos tecnocráticos -que pasaron de la generación interna a la dependencia externa- no dio, como se sabe, resultado. El proyecto histórico nacional, canalizado a través de medios tecnocráticos para producir la unidad y el desarrollo de los chilenos, estaba, hacia 1970, fracasado. De hecho, había fracasado, ya, tres o cuatro veces. De manera que los 'consensos ciudadanos', ante eso, habían crecido, también, tres o cuatro veces. Por ello, hacia 1972, podría decirse que el proyecto histórico nacional se hallaba sumido en una crisis, no tanto, tal vez, de 'fines', sino de 'medios'.

¿Y se pasó entonces, por fin, del 'alma' tecnocrática al 'alma' democrática?

No. Se echó mano de nuevo a la premisa 'comodín' (que tanto podía ser caudillismo, tecnocratismo, como militarismo). Y de nuevo no se llegó a la conclusión 'democrática'. Era como si el Estado firmara 'contratos sociales' con cualquiera, menos con la sociedad civil. Con todos los intermediarios, menos con la ciudadanía. De este modo, las 'diversidades' que sólo debían asumirse como sectores parciales, representantes transitorios, funciones específicas y profesiones particulares (caso de los técnicos, políticos y militares), aparecieron monopolizando, en rotativa, los roles programáticos de la sociedad. Encarnando, en círculo vicioso, la premisa comodín [8].

El proyecto histórico de unificación inducida se entrampó en el desvío de un escamoteo. En el escollo de una intromisión. De modo que la 'estrategia' -método para desarrollar ese proyecto- se convirtió, en la *práctica*, en una planificación destinada a sostener

---

[7] Ver O. Sunkel & E. Boeninger: "Structural Changes, Development Strategies and the Planning Experience in Chile. 1938-1969", en M. Faber & D. Seers (Eds.): *The Crisis in Planning* (London, 1972).

[8] Alain Joxe: *Las fuerzas armadas en el sistema político chileno* (Santiago, 1970), pp. 117-118.

el escamoteo y mantener la intromisión. Dicho de otro modo: en una técnica de gobernabilidad política para ocultar un desfase de ilegitimidad histórica. Los 'intermediarios' debían ser tecnocráticos por arriba, y populistas por abajo. Por su intromisión, estaban obligados a ello. Su estrategia tenía, pues, doble 'discurso'. Ambos de legitimación, ninguno de unidad.

En ese contexto, el aporte *teórico* de los intelectuales criollos (no habiendo un proyecto histórico civil en juego, sino, tan sólo, uno tecnocrático-populista) se limitó a dejar constancia de los fracasos del... capitalismo. De la "dependencia estructural" de la economía. De la "frustración" del desarrollo hacia adentro. Del rol expoliador de los monopolios. ¡Y de lo necesario que era aumentar el estatismo y el populismo! [9].

El apotegma de Góngora (que la masa opera por caprichos, y los caprichos matan la idea de Estado) prevaleció y ha prevalecido como una secreta 'razón de Estado' que induce a luchar por la unidad y el desarrollo privilegiando a militares, a políticos o a tecnócratas. Discriminando al ciudadano-masa. A la luz de esto, cabe la pregunta: ¿es que las masas han estropeado la idea de Estado, o las diversidades particulares que han monopolizado la implementación del 'proyecto' han estropeado la soberanía de la sociedad civil?

¿Qué ocurrió en 1973?

Es un hecho que, después de esa fecha, ni se repuso la idea metafísica del "alma colectiva" (efigie aristocrática), ni la idea de inducir socialmente la unidad y el desarrollo (efigie democrática). Más bien, lo que se hizo fue *subsumir* el proyecto histórico nacional en el proyecto mundial de globalización. Lo que es una manera de diluirlo. Y de convertir la estrategia en un procedimiento de extraversión. O de des-identificación. O, mejor dicho: en la "astucia" de la Razón Universal, de G. F. Hegel. La política de la globalización es el tecnocratismo en su forma omnicomprensiva extrema, que fagocita y refunde todos los discursos: el de modernización, de descentralización, de mercado abierto, de gobernabilidad, de comunicación, de desarrollo local, de identidad cultural, etc. Tecnocratismo para el desarrollo del mundo y, de rebote, para los *individuos*. No para el colectivo social. No para el desarrollo 'nacional'. Pues tanto la política como la economía son, ahora, "pos-nacionales" [10].

¿Podemos hablar de un nuevo 'proyecto nacional'? ¿O sólo de una estrategia que no tiene proyecto? Es sintomático que, ahora, ni priman los consensos tecnocráticos 'nacionales', ni los consensos políticos 'civiles', sino las "evaluaciones" de agencias (como *Standard & Poor's*, por ejemplo) que no tienen identidad social, ni nacional, ni cultural, sino puramente mercantil. La 'consulta' a esas agencias tiende a reemplazar la consulta a

---

9 G. Salazar: "El movimiento teórico...", loc. cit., pp. 26-35.

10 X. Arrizabalo: *Milagro o quimera. La economía chilena durante la dictadura* (Madrid, 1995), pp. 272-275. También J. Habermas: *Identidades nacionales y postnacionales* (Madrid, 1989. Tecnos).

la ciudadanía, e incluso a los "hombres del Presidente". Y las consultorías rigen también el ámbito de las políticas sociales, donde el Banco Mundial es más atendido que los reclamos de los pobres [11].

Como puede apreciarse, ni en la era del "alma colectiva" (que sólo dialogaba con héroes), ni en la de los 'proyectos nacionales de desarrollo' (que sólo dialogaba con técnicos y políticos), ni en la de subsunción en la "aldea global" (que sólo dialoga con consultores externos), la experiencia histórica de la sociedad civil ha sido 'incorporada', ni las ciencias locales han sido encargadas de transformar esa experiencia en un 'banco de datos' de uso estratégico para la misma ciudadanía.

b) El proyecto nacional en el siglo XIX: integración hacia afuera, diferenciación hacia adentro, resistencia civil

El proyecto colonial de unificación

No hay duda que España esbozó, gruesa pero nítidamente, un proyecto histórico unitario para cada una de sus colonias. Junto al plan común de reproducir en América los componentes atávico-culturales del "alma española" (J. Eyzaguirre) y de expropiar imperialmente los excedentes económicos de todos, trazó un 'proyecto de colonia' correspondiente a los rasgos específicos de cada territorio: recursos económicos, grado de organización de la sociedad indígena, rutas comerciales, etc. Rasgos que en el caso de Chile incluyeron el reconocimiento del carácter guerrero e indómito del pueblo mapuche, la ausencia de grandes yacimientos argentíferos o plantaciones azucareras, la lejanía respecto a las mayores rutas comerciales, etc. En la legislación imperial sobre Chile es fácil detectar un 'perfil de país' diferenciado de las otras colonias (preocupó más el problema de la Guerra de Arauco y no la distribución de la riqueza minera o mercantil; más el Real Situado y menos el retiro de los excedentes económicos; más el control de los funcionarios y menos la fiscalización de los mercaderes, etc.) [12]. Sobre la base de este proyecto histórico colonial (arraigado en lo local pero coherente con lo imperial) Chile tuvo, entre 1650 y 1810, un desarrollo lento y poco visible, pero orgánico y coherente [13].

Con la Independencia, el proyecto colonial perdió no sólo su matriz política de unificación, sino también su 'puesto' en el cuadro de globalización mercantil. Hasta 1810,

---

[11] G. Salazar: "De la participación ciudadana...", loc. cit.

[12] Ver de A. Jara: *Guerre et société au Chili: essai de sociologie coloniale* (Paris, 1961).

[13] M. Carmagnani: *Les mécanismes de la vie économique dans une société coloniale: le Chili, 1680-1830* (Paris, 1973).

Chile fue regulado y unificado, como país, 'desde arriba' (a lo Góngora). Después de esa fecha, la ex-colonia debió hacerlo 'desde adentro'. Cuando el proyecto colonial colapsó ¿dejó un país integrado en todas sus partes? Todo indica que, para entonces, Chile estaba integrado, principalmente, por la lógica de las leyes hispanas, y no tanto por el consenso interno de sus identidades e intereses propios. Con el eclipse de la Corona y de gran parte de sus leyes, esos intereses e identidades se hallaron *desregulados* y compelidos a buscar, por la negociación o la confrontación, otra regulación.

La desregulación implicó que primaran, por doquier, las fuerzas y tendencias de la *diferenciación*. Es preciso recordar que parte del Derecho Colonial fue diseñado para evitar la esclavización y exterminio de las etnias, la pauperización erosiva de los grupos marginales, la autonomía feudalizante de las élites mercantiles, etc. O sea: fue un Derecho que intentó evitar la *diferenciación violenta* de la sociedad colonial [14]. La desregulación política que trajo consigo la Independencia dejó campo libre para que lo que ese Derecho quería atar, se desatara. Un ejemplo: "los maritateros" (masas de pobladores pobres que vivían de los relaves mineros), existieron en tanto protegidos por los edictos del Rey. Los que rigieron hasta 1810. Abolidos a instancias de los "trapicheros" (mineros), esas masas desaparecieron, extintas por su pauperización [15].

La diferenciación se convirtió en una guerra social de exterminio recíproco.

Del proyecto hegemónico: diferenciación social e integración mercantil

Lo que se liberó en 1810 fueron, principalmente, las presiones de diferenciación violenta, más que las presiones de unificación y desarrollo. La *resistencia* a la diferenciación -por parte de los grupos (más débiles) afectados- se sumó y confundió, así, con la *insistencia* en la unificación. Sin embargo, las presiones diferenciadoras permanecieron y prevalecieron en el tiempo, tanto como para que la resistencia a las mismas evolucionaran como 'alternativas' al proyecto histórico de unificación. Al proyecto país. En el contexto de esa lucha entrecruzada, el proyecto de 'unidad' se impuso, en 1830, por la fuerza y la violencia [16]. Sin embargo, la imposición violenta de ese proyecto no redujo la diferenciación (en cierto modo, no se proponía eso), sino que, al revés, la consolidó e *intensificó*. Lo que enardeció los proyectos de resistencia y alternatividad.

Por ello, al revés de lo que afirmó Mario Góngora, el Estado de 1830 no vino a construir la unidad nacional sino a *remachar* los mecanismos de diferenciación social,

---

14 Ver de A. Jara: "Lazos de dependencia personal y adscripción de los indios a la tierra en la América Española: el caso de Chile", en *Cahiers du monde hispanique et luso-brésilien (Caravelle)* 20 (1973).

15 Sobre la radicación y erradicación de los "maritateros", G. Salazar: *Labradores, peones y proletarios...*, op. cit., pp. 181-194.

16 Sobre este punto, ver capítulo anterior.

latentes pero regulados del período colonial. Es como si el primer Estado 'nacional' hubiese operado en sentido civil inverso al Estado Imperial. La violencia de 1830 consolidó 'un' Estado pero no unificó 'la' sociedad. Más aún: el proyecto estratégico de ese Estado no fue integrar la sociedad hacia adentro, sino recomponer la 'integración hacia afuera'. O sea: reconquistar para Chile un 'puesto' en el Mercado Global. Lograr el reconocimiento diplomático de las grandes potencias del Atlántico Norte. No perder el *feeling* (imperial) de la globalidad.

Durante un siglo (1830-1930), la integración social de la nación fue tratada como un problema de patio trasero. En rigor: no fue 'tratada'. Al revés: la política oficial apuntó a *ratificar* la diferenciación. De modo que no hubo política 'pública' de unidad e integración, sino, sólo, políticas 'privadas'. Que no eran tampoco de 'integración' sino, sólo, de 'filantropía'. O caridad. Y ése fue el rol benefactor de la Iglesia Católica, y de sus múltiples "hermandades de dolores", etc. La 'unión' del Estado y de la Iglesia garantizaba, de algún modo, la 'unificación' de los chilenos. Pero sólo como un paliativo, donde el nombre Cristo se usó para lo que debió usarse el nombre del César.

¿Por qué en el primer proyecto histórico nacional (triunfante en 1830) predominó la integración hacia afuera y no la integración hacia adentro?

Fundamentalmente, porque el bloque militarmente triunfante en 1830 impuso, como fórmula de unidad, el proyecto de desarrollo de los grandes *mercaderes*. Que no era el proyecto de los campesinos, mineros, artesanos, o de las comunidades locales, ni siquiera de las cliques militares (o'higginistas o freiristas), sino de esas élites que, en cada transacción comercial (triangular) con Cádiz, Buenos Aires, Tucumán o Lima, obtenían una ganancia diez veces mayor que la ganancia media anual de cualquier productor (incluso que los terratenientes netos, que no eran mercaderes) [17].

La unificación, en la lógica mercantil, no era social, sino de mercancías; no de comunidades, sino de mercados; no territorial sino ultramarina. No, en definitiva, de 'identidad' nacional, sino de 'circulación' de valores. La comunidad cosmopolita de todos los mercaderes del mundo era su única utopía unificadora. Es esta lógica aperturista la que permite entender el rango estratégico del Decreto de Libre Comercio de 1811 que, si bien prohibió a los comerciantes extranjeros vender su mercancías al detalle e intervenir en el cabotaje, privilegió a los artesanos y empresarios extranjeros al permitirles instalar fábricas, a las que se eximió de pagar aranceles e impuestos por un lapso de ocho años. Privilegios que no tenían los artesanos criollos. Hacia 1825, los extranjeros no sólo instalaban talleres con régimen de monopolio, sino que comerciaban al detalle en todas partes y practicaban el cabotaje y el contrabando. Un funcionario de la Comisión de Hacienda,

---

17 Ver C. Sempat Assadourian: "Chile y Tucumán en el siglo XVI: una correspondencia de mercaderes", *Historia* 9 (1970); A. de Ramón: "Mercaderes en Lima, Santiago y Buenos Aires" en su *Historia urbana, una metodología aplicada* (Buenos Aires, 1978).

ante eso, comentó: "los extranjeros han monopolizado nuestro comercio, aun al detalle, y han colonizado a nuestros hombres de negocios" [18].

Lo que en 1825 era violación de los extranjeros al Decreto de 1811, en 1832 fue cláusula de Tratado. Como se dijo antes, en 1832 se firmó una Convención de Comercio con Estados Unidos, que autorizó a los "ciudadanos" de ese país a comerciar en cualquier puerto o ciudad chilena "al por mayor y por menor", de modo que "ellos debían ser tratados en todos los casos como ciudadanos del país" [19]. Fueron los Artículos III y IV de esa Convención los que crearon las condiciones para anular las leyes aduaneras de carácter 'proteccionista' promulgadas en la década de 1830. Pero eso no era todo. El proceso de apertura al exterior culminó con el acuerdo comercial (*Order in Council*) firmado con Gran Bretaña en 1841, y luego con el Tratado de Comercio y Navegación firmado con ese país en 1854. En base a estos nuevos instrumentos, los barcos y mercaderes británicos debían ser tratados con arreglo al régimen de "nación más favorecida". Esto significaba que los ingleses debían tener todos los privilegios concedidos a los comerciantes hispanoamericanos y norteamericanos. Por el Tratado de 1854, los comerciantes ingleses pudieron tener, además, los "mismos privilegios y derechos" que los chilenos [20].

La generosidad de esta *recepción* a los poderosos mercaderes extranjeros sugiere que se trataba de una invitación unilateral para la 'asociación mercantil' más que una propuesta nacional de 'desarrollo'. Una expresión de hermandad ultramarina más que una manifestación de lealtad a las identidades territoriales. La lógica circulacionista del capital más que la lógica productiva.

Diferenciación, sí; orden interior, también

Como la integración mercantil hacia afuera descuidó e incentivó la diferenciación social hacia adentro, la armonía conquistable en lo exterior requería imponer, a la inquieta diferenciación, un adecuado "orden interior". Pero disciplinar la diferenciación sin usar la integración sólo era posible por el manejo sincopado de *discursos* retóricos de 'orden' con violencia real de *represión*. Y esta fue la función histórica del "grupo estanquero" de Portales.

El discurso del 'orden interno' -que dominó la política chilena desde 1830- fue un discurso típicamente mercantil: ignoró a las comunidades, desconsideró la diversidad social, descalificó las capacidades ciudadanas, excluyó el diálogo y el consenso, no valo-

18 G. Salazar: "Entrepreneurs and Peons...", loc. cit., pp. 117-129.

19 United States Senate: *Treaties, Conventions, International Acts, Protocols and Agreements between the United States of America and Other Powers. 1776-1909* (Washington, 1910), 2 vols., I, pp. 172. 173.

20 *Hertslet's Commercial Treaties* (London, 1870-1925), 30 vols., VI, pp. 209-210; también en *The Annual Register* (London, 1856), State Papers, pp. 328-334.

rizó, por tanto, la política, etc. Se movió en la abstracción filosófica del 'espacio', en el poder de los flujos contables, en la ética bilateral de los contratos. ¿Quién sino un mercader pudo escribir lo que sigue?:

> *"A mí las cosas políticas no me interesan... La Democracia, que tanto pregonan los ilusos, es un absurdo en países como los americanos, llenos de vicios y donde los ciudadanos carecen de virtud, como es necesario para establecer una verdadera República... La República es el sistema que hay que adoptar; ¿pero sabe cómo yo la entiendo para estos países? Un Gobierno fuerte, centralizador, cuyos hombres sean verdaderos modelos de virtud y patriotismo, y así enderezar a los ciudadanos por el camino del orden y de las virtudes. Cuando se hayan moralizado, venga el Gobierno completamente liberal..."* [21].

¿Cómo "enderezar a los ciudadanos por el camino del orden y de las virtudes"? Así: "lo que se puede asegurar con certidumbre es que el secreto de gobernar bien está sólo en saber distinguir al bueno del malo, para premiar al uno y dar garrote al otro" [22]. El orden mercantil, integrador y afable hacia fuera, era maniqueo y draconiano hacia adentro: convertía en *enemigo* ("bárbaro, flojo, facineroso, corrupto o inmoral") a todo aquel que no creía o no prosperaba en ese orden. La represión debía ser no sólo necesaria, sino exterminadora. Total. Exactamente, un "garrote" o un poder fáctico que no debía detenerse ante nada, ni siquiera frente a la ley:

> *"Con los hombres de ley no puede uno entenderse; y así ¡para qué carajo! sirven las Constituciones y papeles, si son incapaces de poner remedio a un mal que se sabe existe... En Chile la ley no sirve para otra cosa que no sea producir la anarquía, la ausencia de sanción, el libertinaje, el pleito eterno, el compadrazgo y la amistad... Maldita ley entonces si no deja al brazo del Gobierno proceder libremente en el momento oportuno... Este respeto por el delincuente o presunto delincuente acabará con el país en rápido tiempo"* [23].

Estas afirmaciones son de 1834; es decir: a un año de promulgada la Constitución Política de 1833. Revelan que su autor creía más en un 'poder fáctico' (capaz de violar los derechos humanos del "delincuente o presunto delincuente") que en un cívicamente moralizador Estado de Derecho. Es imposible no pensar que el concepto de Estado, en Portales, se reducía al 'brazo no legalizado del Gobierno'; es decir: al "Estado policial" descrito en el sistema mercantil de la *Riqueza de las Naciones*, de Adam Smith. De hecho, ese concepto derivaba de su práctica como ministro del presidente José Tomás Ovalle (1830-1831), cuando, en pocos meses, dio de baja a 136 oficiales del ejército vencido en Lircay, desconoció el pacto de Cuzcuz firmado con los vencidos, alejó al ministro Rodríguez Aldea, al ministro Meneses, impidió el retorno de O'Higgins, expulsó al general Freire,

---

21 Carta a J. M. Cea, Lima, marzo de 1822.

22 Carta a A. Garfias, Valparaíso, enero 14 de 1832.

23 Carta a A. Garfias, Valparaíso, diciembre 6 de 1834.

promovió al general Prieto a la Presidencia, relegó al general Cruz; aniquiló al movimiento pipiolo, a los o'higginistas, a los grupos pro-hispánicos, a los federalistas, al mayorazgo de Tagle, etc. [24]. El orden interno, en esa lógica, no admitía diversidad ni "partidos" ni diálogo ni, menos, consenso. O se estaba con él, o era su enemigo mortal.

Los ministros del Interior, después de Portales, se hallaron con un orden ya consolidado. Omitiendo la forma en que ese orden fue impuesto, se limitaron a dar cuenta de él en términos abstractos pero llenos de orgullo. Como hizo Ramón Rengifo en 1842:

> *"El orden público, primer bien de las sociedades humanas i base fundamental del engrandecimiento de las naciones, ha venido a ser para nosotros la prenda más segura de nuestra creciente i futura prosperidad... La voz de los partidos ha sido sofocada por las excitaciones del patriotismo... Si examinamos el cuadro histórico de la República... en ninguna de sus faces hallaremos, como en la que hoi se presenta a nuestra vista, tan bien cimentado el orden, tanta armonía entre los gobernantes i gobernados, tanto respeto a las instituciones, ni tanto celo por la conservación del inapreciable bien de la paz doméstica"* [25].

Sin embargo, no bien aparecía un movimiento de oposición, la "armonía entre gobernantes y gobernados" desaparecía en la propia boca del ministro, para dar paso a la ira. Y al "garrote". Este cambio lo testimonió el ministro del Interior Ramón Irarrázaval en 1839, al referirse a la rebelión de los desterrados por Diego Portales en 1831: "indignos cálculos del que armó la mano de los alucinados chilenos que a mediados de 1836 se dirijieron desde el Callao a sembrar en su patria la semilla de la anarquía. Ajentes inmorales del enemigo insidioso... para lograr sus inicuas miras ... se habían envilecido recibiendo del extranjero el puñal que manejaban: así es que sus pérfidos proyectos..." [26].

El discurso del orden escondía un sub-discurso *discriminatorio*, no sólo contra los opositores políticos al régimen, sino también contra las capas sociales más desvalidas de la sociedad. Estas últimas recibieron también garrotazos mercantiles por su rechazo al trabajo forzado ("flojera"), o por su falta de trabajo ("vagabundos"), o por su tendencia al robo ("facinerosos") o por su desapego a las normas existentes ("sin Dios ni Ley") o por la imposibilidad de fundar familias estables ("escandalosos"). El discurso discriminatorio, socialmente excluyente, podía alcanzar tonos dramáticos:

> *"Escuchad esas vociferaciones, ved esos rebaños de hombres andrajosos que arroja el fango de los arrabales: es el motín que pasa. Ha apestado el aire. He aquí el pueblo... ¡el pueblo soberano! Esa mescolanza de pálidos mata-perros, de vigilados por la justicia,*

---

[24] B. Vicuña: *Introducción a la historia de los diez años de la administración Montt: Don Diego Portales* (Santiago, 1863), pp. 48-56.

[25] "Memoria que el ministro de Estado en el Departamento del Interior presenta al Congreso Nacional, año de 1842", en *Documentos Parlamentarios* (Santiago, 1858. I. Ferrocarril), vol. II, pp. 5-6.

[26] "Memoria que el ministro de Estado en el Departamento del Interior presenta al Congreso Nacional, año de 1839", en Ibídem, vol. I, p. 98.

de horrorosas bacantes, esas frentes estúpidas i embadurnadas de vino - ¿eso es el pueblo?- ¡Vaya pues! Eso es lodo humano... en los días de las grandes crisis, se arrastran esos horribles pigmeos, impuro cardumen que ahulla i que degüella..." [27].

O bien, tonos fríamente clasistas:

"La diversa posición social exige diversa cultura intelectual. Para la clase que vive del trabajo de sus manos i que desde muy temprano se ve precisada a ganar por sí la subsistencia, la instrucción primaria es todo lo que puede adquirir. Para la clase que con más desahogo puede i debe dedicar más tiempo al cultivo del entendimiento, es preciso proporcionar más estensos medios de instrucción que las escuelas primarias..." [28].

O de condenación moral ("los vicios que los muchachos aprendices ven... ejercen una influencia funesta sobre ellos, i más que buenos artesanos se forman jugadores o borrachos") [29]. O, a fin de cuentas, regresivos, como cuando muchas voces se levantaron, a fines de los años 70, para afirmar que "la instrucción primaria" sólo servía para que las mujeres de pueblo "desdeñaran servir (como sirvientes domésticas) para convertirse en brazos inútiles; diré claro: en prostitutas, de lo que tenemos un sinnúmero de ejemplos", y para que los hombres de pueblo "abandonaran ciertos oficios... La instrucción que se da sólo conduce a la depravación o a la pérdida moral del que la adquiere" [30].

El discurso del orden no fue, por ello, de unificación o de armonización, sino un medio para institucionalizar la 'necesaria' diferenciación hacia adentro. Que se remachó -como se vio en el capítulo anterior- en la distribución "censitaria" del derecho electoral de la "ciudadanía activa". La integración mercantil hacia afuera primó valórica y políticamente sobre la integración social hacia adentro. Guardó, así, para más adelante, el trato político para el caos de su patrio trasero.

La modernización: discurso y contra-discurso

El proyecto histórico de los mercaderes necesitó, además, de un discurso superior, omnicomprensivo, capaz de dar cuenta de su ruptura con el pasado hispánico (lógica de la memoria), de su discriminación hacia adentro (lógica de la dominación), y sobre todo, de sus promesas de futuro (lógica de la eficiencia). Este discurso -que se formuló públicamente a partir, más o menos, de 1842- fue el del "progreso". O de la "modernización".

---

27 F. Fernández: "Variedades", *Revista de Santiago* 2:3 (1848), p. 279.

28 Antonio Varas: "Memoria del Ministerio de Justicia, Culto e Instrucción Pública, Año de 1845", en *Documentos Parlamentarios*, vol. II, p. 394.

29 Editorial, *Revista Católica* 76 (1845), p. 219.

30 Referencias en G. Salazar: "Los dilemas históricos de la auto-educación popular en Chile", *Proposiciones* 15 (1987), pp. 93-95. El examen de los mecanismos específicos de diferenciación, exclusión y estratificación se hará en el tomo II.

La 'modernización', como discurso, explicó la ruptura de amarras con el pasado colonial latino (leyenda negra), y la necesidad de correr libremente hacia el futuro industrial anglo-sajón (leyenda dorada). Dividió el tiempo en dos, y fundó la Historia de Chile. Dos fechas claves: 1810 (ruptura de amarras) y 1830 (amarra al progreso). Esta fue la tarea de la famosa generación de 1842. La cual, en lo histórico-cultural, trabajó con las mismas dicotomías maniqueas que Portales usara en 1834 para lo histórico-político. Véase esa dicotomía en la declaración de intenciones de don José Victorino Lastarria:

> *"Este estudio nos llevará a demoler el pasado para reconstruir nuestra civilización... he tenido que hacerme... historiador de dos civilizaciones, una que caduca i otra que se levanta, porque necesitaba mostrar la deformidad, la ineptitud de la primera... i mostrar la marcha de la segunda ..."* [31].

Lastarria -como otros panegiristas de la modernización- consumó la demolición intelectual de la memoria histórica y la tradición latina de la identidad nacional, que arrancaban de la Revolución Comercial del siglo XII (ocurrida en el Mediterráneo y desplegada después como Renacimiento) y no de la Revolución Industrial del siglo XVIII (ocurrida en el Atlántico Norte) [32]. La sustitución de una raíz histórica por otra constituía, en verdad, un fraude cultural de grandes proporciones. No era ni es fácil reducir a amnesia la memoria social de varios siglos. Y encubrir las raíces latinas no fue fácil. Ni aunque se estrujara al máximo la lógica académica, como hizo Andrés Bello, en 1831, cuando 'demostró' -contra los defensores del proteccionismo- cómo el libre comercio anglosajón podía mejorar la condición de vida de las lavanderas:

> *"El influjo de la civilización, enseñando necesidades que antes no se conocían, ha abierto canales inmensos de riquezas, multiplicando los objetos de trabajo. La variación de las costumbres domésticas es un argumento cuya convicción no puede negarse. En aquellos tiempos en que las mercaderías europeas valían mucho... una infeliz lavandera prestaba sus servicios a toda una familia por 20 reales al mes, i ahora, con el saludable uso de mudarse de ropa con frecuencia, el lavado de un hombre regularmente decente cuesta $ 6. Por esto... aumentó el número de lavanderas que, consumiendo más jabón, multiplicó las fábricas de esta especie; i extendió sus beneficios hasta la agricultura, dando empleo a los brazos del ganadero para el sebo, al leñador, al carbonero, a los que trabajan braseros, a los constructores de planchas i a los almidoneros i a los aguadores..."* [33].

---

31 J. V. Lastarria: *Estudios Históricos* (Santiago, 1909), vol. VII, pp. 5 y 7.

32 Un mayor desarrollo de estas ideas en G. Salazar: "Crisis en la altura, transición en la profundidad: la época de Balmaceda y el movimiento popular", en L. Ortega (Ed.): *La guerra civil de 1891, cien años hoy* (Santiago, 1993), pp. 172-180.

33 Andrés Bello: "Sistema Prohibitivo", en Consejo de Instrucción Pública (Ed.): *Obras Completas de don Andrés Bello* (Santiago, 1893), vol. XV, p. 69.

El sabio Bello ignoraba tal vez que -como se verificó después- tras el 'colonial' oficio de lavandera se escondía otro aún más antiguo: el de la 'prostitución'. Y que fue éste el que aumentó -aumentando de paso el número de 'lavanderas' - con "el influjo de la civilización", y no el de éstas [34]. Pero estos detalles no tenían importancia: la modernización mercantil era, en el fondo, una 'mercancía importada' que necesitaba crear, a como diera lugar, su demanda y justificación internas. El impacto real de esa importación, demanda y justificación (o sea, su *implosión* interna) no importaba, no era negocio. Debía ser ignorado. Y, por cierto, postergado [35].

El proyecto histórico mercantil que se impuso en 1830 logró, sin muchos altibajos, mantenerse hegemónico hasta 1930. Sin embargo, los mercaderes que lo impusieron en 1830 no fueron los mismos que, un siglo después, mantenían su hegemonía. Bajo la longevidad del proyecto hubo una significativa *circulación de élites*. Así, los 'restos' de la élite mercantil colonial que impusieron el proyecto en 1830, se diferenciaron internamente según su alianza con los audaces *consignees* (jóvenes sobrecargos, capitanes de barco y mercaderes anglosajones) y hacia 1848 varios grupos de mercaderes se hallaron en quiebra. Los que se enriquecieron con esa alianza se asociaron, después de 1860, con las poderosas *Commission Houses* que las potencias nor-atlánticas instalaron en Chile en reemplazo de los deshonestos *consignees*. Pero también se debilitaron, terminando por abandonar a esas casas todos los rubros estratégicos de la economía nacional [36].

La circulación de élites terminó por generar una paradoja: el 'proyecto' mercantil se mantuvo incólume e incluso rozagante hasta 1930 (gracias a las *Commission Houses*), pero no sus discursos internos de orden y modernización, que perdieron su primitiva pujanza y altanería. A cambio, surgieron discursos depresivos. Auto-lacerantes. Paranoicos. Enrique Mac Iver habló de "la crisis moral de la República". Julio Valdés Cange, de la corrupción e ineficacia del Estado. El banquero Agustín Ross de los "contubernios" entre terratenientes y ministros. Tancredo Pinochet de la "conquista de Chile del siglo XX". Nicolás Palacios de la "crisis de la raza chilena". Francisco A. Encina de "nuestra inferioridad económica". Luis Orrego del colapso de las aristocráticas *bubble-manías* de Viña del Mar, etc. [37].

Las fuerzas de la modernización importada, invocadas por los aprendices de brujo de los años 30 y 40, se emanciparon y se volvieron contra sus invocadores, barriéndolos hacia los rincones del sistema mercantil. Por ello, no se puede leer a Lastarria sin leer

---

34 A. Góngora: *La prostitución en Santiago (1813-1931)*, (Santiago, 1994).

35 G. Salazar: "Dialéctica de la modernización mercantil: intercambio desigual, coacción, claudicación", en *Cuadernos de Historia* 14 (Santiago, 1994), Sección I.

36 Una visión global de este proceso en G. Salazar: "El empresariado industrial en Chile: conducta histórica y liderazgo nacional. 1878-1938" (Santiago, 1988. Proyecto FONDECYT 997), vol. I, capítulo II.

37 Ver C. Gazmuri: *Testimonios de una crisis. Chile: 1900-1925* (Santiago, 1979).

luego a Encina; ni a Bello sin Valdés Canje. El verdadero *sentido* histórico de los discursos mercantiles del siglo XIX se hallará en esa secuencia, y sólo en ella. Se necesitó un siglo para que se desenmascararan a sí mismos.

Las raíces del proyecto de integración hacia adentro

Fue durante ese desenmascaramiento cuando se detectó la presencia fantasmal de los proyectos de 'integración hacia adentro', que habían sido 'garroteados' y sepultados, una y otra vez, en 1830, en 1848, 1851, 1859, 1890, 1903, 1905, 1906 y 1907. ¿Mueren de verdad los proyectos sociales que han sido derrotados? ¿O siguen tras su vencedor como su propia sombra? Los "garrotazos" del proyecto dominante ¿dan muerte o producen nueva vida? ¿Qué vida y qué victorias aguardan en el tiempo, pese a todo, a los vencidos?

Al revés del proyecto de integración hacia afuera, que renunciaba a su pasado latino, el de integración hacia adentro lo asumía, precisamente, como fundamento original. Debe tenerse en cuenta que la 'modernización latina' surgida en el Mediterráneo, al colonizar América Latina, reprodujo, a nivel de élites, la misma empresarialidad mercantil-financiera existente en Europa; pero, por abajo, a nivel de la masa popular, *creó* una empresarialidad productiva de nuevo tipo o de mayor escala de operación que la existente en ese continente (plantadores de azúcar, rancheros y estancieros, grandes mineros de la plata, cosecheros, etc.). Existiendo un enorme continente abierto, la opción popular por la empresarialidad productiva no sólo era posible sino que, de hecho, era la única razonable. La raíz latina privilegió así la *empresarialidad* productiva sobre toda posible *proletarización* salarial, mientras fomentaba el sentido de independencia propio de una clase media rural más que el sometimiento servil a una disciplina patronal. En la tradición latina se fundían, pues, tanto la cultura humanista, corporativa y mercantil típica del Renacimiento, como la empresarialidad autónoma, abierta para la mayoría popular, típica de la 'colonización'.

La masificación de la empresarialidad productiva se produjo en Chile no tanto en la fase de Conquista (siglo XVI y comienzos del XVII), sino en la baja colonia (fines del siglo XVII hasta mediados del XIX). Diversos ramales productivos se extendieron a lo largo y ancho del territorio. Un grueso ramal se enraizó en el agro, constituyendo campesinos de tierra adentro (labradores o cosecheros), de tierra ajena (inquilinos, peones obligados), de tierra estrecha (huerteros, chacareros) y de tierra lejana, allende el Bío-Bío (ocupantes). Otro ramal se hundió en los cerros del Norte Chico, poblándolos de cateadores, buscones, pirquineros, barreteros, pallaqueros, trapicheros, etc. los que quemaron sus bosques a fuego lento y descerrajaron a mano sus minerales de plata, cobre y oro. Y hubo todavía un tercer ramal, que echó raíces en pueblos y ciudades, a las que llenó de humo, de hornillas, fraguas, chimeneas y también de acequias y pantanos "deletéreos":

eran los gremios artesanales o "industriales" (curtidores, jaboneros, tejedoras, zapateros, herreros, almidoneros, colchoneros, pelloneros, etc.) [38]. La omnipresencia de estos ramales tornó, para todos, menos dramática y crítica la declinación de la encomienda y el trabajo indígenas.

Fueron esas clases productoras las que hicieron posible, en el siglo XVII, las exportaciones de sebo; en el XVIII, las de trigo, cobre, plata, vino, bayetas, etc., e incluso las que sustentaron desde abajo el célebre *boom* exportador del período 1830-1860. Hasta 1810, la política 'social' del Rey de España impidió, de una forma u otra, que la élite mercantil colonial expandiera su cuota de ganancia a costa de 'peonizar' esa masa productora. Por ello, los arrendatarios (inquilinos), los mineros pobres y los artesanos pudieron, aunque en baja escala, administrar un proceso propio de acumulación; celebrar contratos o "conchavamientos" en un pie de relativa paridad, y mantener, por tanto, una cierta autonomía. Pudieron, sobre esa base, desarrollar una dignidad de contornos republicanos que, de un modo u otro, se centró en los cabildos y se manifestó en el extendido, difuso pero democrático movimiento "pipiolo" de la década de 1820.

Fue sobre y contra esta base productiva que operó la creciente expoliación diferenciadora de los mercaderes. Su monopolio sobre las relaciones externas, sobre las bodegas portuarias, sobre el transporte naviero, los centros molineros, el crédito, sobre la recaudación de impuestos, el aprovisionamiento de insumos, el nivel de precios, etc. El acoso mercantil sobre los productores se desplegó desde diversos ángulos. Si antes de 1810 existía una cierta regulación de esas expoliaciones, después de 1810 pudieron operar *desreguladamente*. La independencia excluyó al Rey, pero la guerra civil de 1829-1830 introdujo un Estado que, al revés de aquél, privilegió el accionar desregulado de la élite mercantil nacional y extranjera. Así se abortó el desarrollo de lo que, a lo largo de siglo y medio, se había estado perfilando como polo de integración interna: la *clase media* empresarial, rural y productivista. Y en treinta años el campesinado libre fue convertido en inquilinaje servil, mientras el empresariado minero popular fue convertido en una falange de peones desalarizados. Algo más duró la guerrilla mercantil contra los artesanos e "industriales" urbanos, pues sólo hacia 1885 se logró destruir su autonomía empresarial [39].

El soterrado proyecto de 'integración hacia adentro' surgió de los avatares de esa clase productora, que, aunque dispersa a lo largo del territorio (e identificada con su

---

38 G. Salazar: "Crisis en la altura...", loc. cit., pp. 76 et seq.; también: "Lo social (popular) y lo político (nacional) en Chile: ¿crisis del modo clientelista de articulación?", en CLACSO (Eds.): *Movimientos sociales y política: el desafío de la democracia en América Latina* (Santiago, 1990), pp. 185-188.

39 La desintegración de la clase productora colonial puede verse en M. Carmagnani: *El salariado minero en Chile Colonial. Su desarrollo en una sociedad provincial: el Norte Chico, 1690-1800* (Santiago, 1963); G. Salazar: *Labradores, peones y proletarios*... op. cit.; también en "Empresariado popular e industrialización: la guerrilla de los mercaderes. Chile, 1820-1885", *Proposiciones* 20 (1991), y M. A. Illanes: "Azote, salario y ley: el disciplinamiento de la mano de obra en la minería de Atacama (1817-1850)", en Ibídem, 1990.

color de tierra y de suburbio) latía por doquier con un mismo sentido local de comunidad y sociabilidad, de laboriosidad e interés productivo, que contrastaba agudamente con las cosmopolitas, frías y pálidas élites mercantiles. Era, en ciernes, un proyecto histórico que enfatizaba, de un lado, el emplazamiento social-comunitario, y de otro, la proyección productiva. Que, por eso mismo, tendía a integrarse *socialmente*, a *proteger* la fuerza productiva y a *oponerse* políticamente a todo abuso proveniente del 'centro' (Santiago), o del 'exterior' (mercado externo). El *social-productivismo* de este proyecto permaneció latente y difuso (se expresó más en "manifestos" que en discursos) mientras las élites mercantiles no extremaron la expoliación; pero cuando lo hicieron, el proyecto afloró, desarticulado como *discurso* pero convergente como movimiento cultural, social y... político.

Floraciones políticas de la raíz productivista

La primera floración política de la raíz productivista fue el movimiento "pipiolo".

Surgido de la tierra y orientado por objetivos de carácter anti-mercantil, este movimiento luchó más contra los monopolios que contra el Rey, y defendió más su localidad productiva que 'la Patria' global. Frente a la lógica elitista de los mercaderes, opuso su lógica "de mediopelo" y de "advenedizos". Y frente al centralismo elegante y militar de aquél, opuso sus rollizos aires provincianos, su caudillismo disperso, sus lejanos cabildos y acaloradas asambleas. Su áspero lenguaje de patrón, hecho para vagabundos y afuerinos, contrastó con el lenguaje ilustrado y escritural de los mercaderes. Su afán de cabildear todos los problemas y de elegir democráticamente todos los cargos (de alcalde, regidor, jefe de policía, párroco local, etc.) era la antítesis perfecta del autoritarismo y el "garrote" portalianos. Sus demandas económicas, que insistían en clamar proteccionismo para la industria local (lo que Andrés Bello, con indignación, llamó "iluso sistema prohibitivo") y en establecer un Banco del Estado para conceder crédito 'público' a mineros, cosecheros y manufactureros, contrastaba radicalmente con las fronteras abiertas y el crédito 'privado' para comerciantes y grandes hacendados. Y no era menor el antagonismo entre la tendencia pipiola a pastorear cuerpos de serenos y vigilantes municipales y las centralizadas "milicias cívicas" y el "Ejército de la Nación" que organizaban los mercaderes. Siendo federal, proteccionista, industrialista, consensualista, democratizante y por añadidura advenedizo, el movimiento terrícola de la masa productora no podía ser desarraigado ni por medios discursivos ni por medios políticos. Como se sabe, fue desarraigado a sangre y fuego, en Lircay [40].

---

[40] El discurso "pipiolo" puede ser pesquisado en diversas declaraciones, panfletos, cartas, periódicos y discursos públicos de los grupos pipiolos, liberales, anti-estanqueros, federalistas y provincialistas; a veces completo, por lo común fragmentado, entre 1810 y 1830.

Un apretado resumen de ese discurso presentó en 1829 el periódico *Valdiviano Federal*:

> *"Preguntadles: ¿queréis ser los depositarios de cuanto vuestra Provincia eroga por diezmos, alcabalas, estanco i demás contribuciones... e invertirlas después según os convenga en beneficio de la misma Provincia que las produce; o queréis que, como hasta aquí, continúen ingresando en la caja de Santiago? Os contestarán que jamás convendrán en subsistir condenados a la miseria que han soportado hasta hoy dia... Preguntadles: ¿queréis nombrar todos los empleados provinciales: Intendentes, Jueces de Letras, jefes i oficiales de vuestras milicias, sin que tenga parte alguna en estos nombramientos el Ejecutivo Nacional... ?"* [41].

Difuso y disperso como fue presentado y luchado, el primer discurso 'político' del proyecto de integración hacia adentro fue formulado *antes* que se consumara la desintegración del actor social que lo respaldaba. El movimiento pipiolo no sólo no logró imponer su propuesta de Estado: tampoco pudo impedir esa desintegración. Su lucha contra el sistema portaliano era a muerte. Y fue, poco a poco, exterminado. Sin embargo, la derrota 'política' de 1830 y la derrota 'empresarial' que siguió después, ¿trajeron consigo, también, la extinción del proyecto y discurso de integración hacia adentro? Los hechos indican que no.

Como se dijo, la derrota cayó primero sobre campesinos y mineros pobres, y diez o veinte años después, sobre el artesanado y otros trabajadores por cuenta propia. La derrota de los primeros "echó al camino" a millares de peones-gañanes, que inundaron el país dentro y fuera de las fronteras nacionales. La derrota de los artesanos en cambio, retardada y progresiva, no incrementó tanto el vagabundaje como el desarrollo de redes civiles de resistencia cultural y política. Si la derrota de campesinos y mineros pobló las fronteras de buscones y vagabundos, la de los artesanos saturó los intersticios institucionales de resistencia política. Siempre, como fenómeno urbano. Y allí, cultivando los despojos de su empresarialidad, pero el gran acumulado de su memoria social, *reformularon* el discurso político del movimiento pipiolo. El que, por ellos, fantasmalmente, renació de sus cenizas [42].

La segunda vida del proyecto de integración hacia adentro no se centró en la construcción del Estado, sino en la *resistencia* a la política del Estado. Ni se centró en el desarrollo económico de las micro-empresas artesanales, sino en la defensa y protección de las *comunidades* constituidas a su nombre. El 'productivismo' del discurso pipiolo acentuó su militancia anti-monopólica, pero ahora en un sentido político. La lucha se centró menos en la protección del "taller" y más en la construcción del nuevo 'ser social' que

---

41 En Valentín Letelier (Ed.): *La Gran Convención de 1831-1833* (Santiago, 1901), p. 33.

42 Sobre la crisis y desintegración de las clases productoras de origen latino-colonial, G. Salazar: *Labradores, peones y proletarios...*, op. cit., passim, y "Empresariado popular e industrialización...", loc. cit., passim.

surgía del asociacionismo mutual. El énfasis primario fue puesto en sus prácticas internas de solidaridad, recreación, generación y administración de recursos, elaboración de discursos públicos, etc. Mientras decaían las 'prácticas empresariales', se fortalecían las 'prácticas republicanas'. La antigua autonomía económica revivía como autonomía cívica, tendiente a potenciar a todos y cada uno de los sujetos asociados. Frente a la corrosiva 'diferenciación hacia adentro' de los mercaderes, las sociedades mutuales opusieron su integración de 'puertas adentro'. ¿Podía haber politización adecuada sobre la base de la 'privatización' de la integración y el desarrollo?

Como quiera que haya sido, la mutualidad tomó bajo su custodia la enorme *memoria social* acumulada desde 1823 entre los vencidos por el proyecto mercantil. Se recargó de mundos posibles en fase de repliegue. Y allí, en privacidad, puertas adentro -a donde no llegó el garrote mercantil- se aplicó sin tapujos la lógica de la integración. Y se construyó socialmente una realidad propia, microscópica, pero autónoma y solidaria. Es cierto que las 'mutuales' no se levantaron para ir directamente a la lucha de clases. Pero no hay que buscar allí su sentido político, sino en el hecho de que cada mutual fue una "escuela cívica" (Alexis de Tocqueville) de *democracia social*. Una micro-república de ciudadanos integrales. Una demostración de laboratorio de que la utopía era posible. Un principio capaz de fundar la política sobre bases 'sociales', diametralmente diferentes a las del Mercado o a la tautológica autorreproducción del Estado. A treinta años de ser masacrado por el garrote portaliano, el proyecto de integración hacia adentro resurgió privilegiando ahora su contenido social. Transformado en la fuente 'autóctona' del *socialismo* en Chile [43].

A partir de 1850, el movimiento mutualista no dejó de crecer, y su discurso, de evolucionar, desde su fase social-defensiva, de simple resistencia, a otra de agresivo empuje "sociocrático", que comenzó a actuar como 'poder constituyente'. Esta evolución, iniciada en el último cuarto del siglo XIX, fue favorecida por el debilitamiento corrosivo de los discursos mercantiles. Siendo democrático desde sus ancestros pipiolos, el discurso mutualista evolucionó como conciencia política de poder a medida que crecía su propia entraña 'socialista' [44].

En 1827, el discurso 'económico' social-productivista se resumía del siguiente modo:

"No hay duda que si se prohibiese el comercio extranjero se haría la felicidad de los

---

43 G. Salazar: "Crisis en la altura...", loc. cit., pp. 183 193.

44 Los historiadores han discrepado en cuanto al rol histórico-político y al contenido del 'discurso' explícito e implícito del movimiento mutualista. Los historiadores marxistas lo han considerado un movimiento pre-político, que no promovió la lucha de clases. Sergio Grez lo ha calificado de "liberalismo popular", subentendiendo que derivaba, en la práctica, del liberalismo oligárquico (mercantil), por lo que no sería una fuente autóctona del socialismo. Ver su monumental *De la regeneración del pueblo a la huelga general. Génesis y evolución histórica del movimiento popular en Chile (1810-1890)* (Santiago, 1997), pp. 752-755.

artesanos... los que en cambio están por esta libertad (de comercio) favorecen la continua extracción de caudales a naciones extranjeras, condenando a sus habitantes a vivir soterrados en las cavernas de los cerros sacando oro y plata para darlos a los extranjeros... Si estas manufacturas se fabricasen dentro de la República de materias primas de su propia cosecha, su valor mantendría a la populación de sus trabajadores..." [45].

En 1858, el empresario social-productivista en lo económico pero "liberal" en lo político (luchaba contra la "tiranía"), don Pedro Félix Vicuña, exponía el pipiolismo en una 'teoría' de más alto nivel formal y sofisticación. Respecto a la clase mercantil y al rol de la producción industrial, señalaba:

> *"Para libertar a la industria de la tiranía del capital, no hai más recurso que la organización del crédito público, i la creación de un banco nacional que baje los intereses hasta un mínimum... Jamás tendremos verdadera independencia si no podemos bastarnos a nosotros mismos... ¿Qué importa el que podamos comprar más barato del estranjero, si nuestra seguridad, nuestro amor propio, nuestro porvenir, quedan ligados a un comercio tan desigual? Ha llegado a ser una condición envidiable la de ser estranjero: no están sujetos a ningún servicio ni contribución, sus cónsules reclaman contra todo los que no les acomoda, i sus buques de guerra en nuestros puertos i sus amenazas de bloqueo son su derecho i su lei".*

Y respecto a la proyección socio-política de la asociatividad artesanal, agregaba: "la asociación del pueblo se acerca; ésta puede ser tácita o espresa, en la plaza pública... o en el aislamiento de la propia familia... la asociación de todas las fuerzas populares para reclamar contra los abusos de la usura" [46].

Los empresarios mineros y latifundistas -entre los que se contaba el propio Vicuña- tuvieron que luchar desde la calle contra el abuso "usurero" y "tiránico" de las élites mercantiles protegidas por Manuel Montt y Manuel Bulnes, para lo cual buscaron apoyo en las logias y asociaciones artesanales. De modo que sus hijos (llamados "liberales rojos" o "jóvenes liberales") pudieron permitirse el lujo parisién de perpetrar aventuras "girondinas", como fue el caso de Francisco Bilbao, Santiago Arcos y otros [47]. Pero no bien la tiranía cedió (lo que ocurrió hacia 1860), tanto los empresarios como su prole cerraron filas en el flirteo de los partidos elitarios (Liberal y Conservador).

Esa alianza coyuntural ¿'liberalizó' y aburguesó el proyecto de integración hacia adentro del movimiento mutualista?

---

45 Editorial, *Miscelánea Política y Literaria* No. 1 (1827).

46 P. F. Vicuña: *El porvenir del hombre, o relación íntima entre la justa apreciación del trabajo y la democracia* (Valparaíso, 1858), pp. 108-109 y 232-234,

47 B. Vicuña: *Los girondinos chilenos* (Santiago, 1989); G. Sanhueza: *Santiago Arcos, comunista, millonario y calavera* (Santiago, 1956); C. Gazmuri: *El 48 chileno. Igualitarios, reformistas, radicales, masones y bomberos* (Santiago, 1992).

Sin duda, los intereses de los grandes empresarios mineros y terratenientes que lucharon contra el Estado de 1830 en 1851 y 1859 no eran los mismos que los de los artesanos mutualizados. Para éstos, la defensa de 'lo social' era, junto a su lucha antimonopólica, no un mero simulacro girondino, sino una cuestión de vida o muerte. Una lucha de largo plazo sin solución mediante una fusión entre partidos. La 'democratización' de la oligarquía agrícola y minera, por el contrario, era y resultó efímera: surgió hacia 1846 en la lucha contra "el tirano", brilló utópicamente con Bilbao y Arcos, y murió con el pragmatismo político del Presidente J. J. Pérez, la ley de Bancos de 1860 y el *boom* de las sociedades anónimas gatillado por la "fiebre de Caracoles", desde 1872. En rigor, el democratismo burgués fue una táctica destinada a imponer un mínimo de liberalismo político a lo que ya era el liberalismo económico en el Estado de 1830. Como tal, usó las fuerza callejera y la credulidad mutualista. Y fue la conciencia de este embaucamiento y traición lo que determinó que, a la *izquierda* de la fusión liberal-conservadora surgiera, en 1887, un partido nuevo: el Democrático, cuyo primer programa articuló los elementos básicos del discurso artesanal de la época de Manuel Montt:

> *"Todos sabemos hoy... que la designación de los altos poderes del Estado no tiene de popular sino la forma y el nombre con que se le bautiza y que la representación del pueblo no representa otra cosa que la omnipotente voluntad del Jefe de la Nación... Mientras tanto el bienestar material del pueblo, ... las artes y las industrias, son descuidadas, menospreciado su ejercicio, las fuerzas económicas y sociales se ven embarazadas por un fiscalismo estrecho, el desenvolvimiento de las fuerzas productivas impedido por un sistema comercial absurdo... Las fábricas y manufacturas son las madres y las hijas de la libertad civil, de las luces y de las ciencias, del comercio, de la navegación... de las civilizaciones y del poder político"* [48].

Con todo, de la misma manera en que el proyecto mercantil se vio afectado por una erosiva 'circulación de élites', el proyecto de integración hacia adentro debió asimilar el incómodo proceso de "reconfiguración" de las identidades populares, al producirse la peonización o *proletarización* creciente de su base artesanal y micro-empresarial. Esta reconfiguración resultó, precisamente, de la transición chilena al 'capitalismo industrial', iniciada hacia 1845 con la mecanización de las faenas, la inversión creciente en medios de producción y la 'democratización' del crédito que trajo consigo la Ley de Bancos [49].

Al modernizarse, el empresariado nacional modernizó también los contratos laborales, salarizó formalmente el trabajo productivo y admitió, incluso, las asociaciones y los

48 "Manifiesto del Partido Democrático al Pueblo de Chile. Santiago, 1888", en S. Grez (Comp.): *La 'cuestión social' en Chile. Ideas y debates precursores* (1804-1902) (Santiago, 1995), pp. 363-366.

49 Sobre el problema de en base a qué criterios puede determinarse la transición chilena de la economía mercantil y colonial al capitalismo industrial, ver G. Salazar: "Algunos aspectos fundamentales...", loc. cit., passim.

meetings callejeros de los obreros industriales, en tanto y hasta cuando apoyaran el mismo desarrollo de las fuerzas productivas. En efecto, entre 1876 y 1896, media docena de grandes mítines obreros en Santiago y Valparaíso (principalmente de "mecánicos") pidieron al Gobierno la "protección a la industria y a los empresarios industriales", como garantía de sus propias fuentes de trabajo [50]. Sin embargo, debido al proceso inflacionario, el emergente proletariado industrial dejó de salir a la calle (como sugería la tradición social-productivista desde 1845) para exigir proteccionismo a la industria (como indicaba esa misma tradición) y a cambio salió para protestar contra la *explotación salarial* que sobre ellos ejercía su patrón. Desde 1890, aproximadamente, el proyecto de integración hacia adentro perdió su contenido proteccionista e industrialista y se concentró en la defensa de 'lo social', en tanto determinado por los (bajos) niveles de salario. Es decir, se tornó creciente y exclusivamente 'proletario' [51].

Y el 'bajo pueblo', ¿tuvo proyecto histórico?

Las masas peonales que se desprendieron de la crisis campesina, minera y artesanal, deambularon por décadas de una faena a otra. En cada lugar, se hallaron forzadas a aceptar un mismo tipo de contrato laboral ("de peonaje"): salario desmonetizado (pago en "fichas"), trabajo forzado (arresto de vagabundos, enganche de presidiarios, deudas con la pulpería, etc.), castigos físicos (azotes, cepo), servicio doméstico "a mérito" (sin salario), desprotección en la faena, revisiones abusivas, barracones infectos, monopolio comercial de las pulperías, etc. La peonización provenía de la desintegración microempresarial y transitaba, como única posibilidad, hacia la salarización industrial; pero ésta no llegó, formalmente, ni en 1850 ni en 1860, sino después de 1885. Siendo una forma aberrante de proletarización, los contratos peonales estaban más cercanos al neoesclavismo (tipo culíes chinos) que al moderno salariado industrial. Por ello, los peones tendieron a escapar de las faenas, a asaltarlas y robarlas, desacatando a patrones, jueces, vigilantes y policías. Por décadas, la masa peonal actuó "alzándose en la faena" (o emigrando fuera del país), siguiendo un patrón conductual tal que podría decirse que el "roto alzado" tenía su propio 'proyecto histórico' de resistencia: luchar contra la peonización (o escapar de ella).

¿Puede llamarse 'proyecto histórico' a la conducta pública de sujetos marginales que incurren repetidamente en actos abominados por la sociedad principal? De ser posible, ¿puede su proyecto ser clasificado en el mismo rango que el de las élites mercantiles

---

50 G. Salazar: "Entrepreneurs and Peons...", loc. cit., pp. 586 et seq.

51 Sobre la mutación de las identidades laborales, ver Julio Pinto: *Trabajos y rebeldías en la Pampa Salitrera. El ciclo del salitre y la reconfiguración de las identidades populares* (Santiago, 1998), passim.

o de los grupos promotores del social-productivismo? La lucha peonal contra la peonización ¿cabe inscribirla en el proyecto de integración hacia adentro, o es 'anti-social'?

Ciertamente, era un proyecto histórico sin ningún 'discurso público' conocido. Jamás exhibió una propuesta política. Pero su conducta 'social' fue tan constante (fue la misma por casi cien años), consistente (se basó en una identidad fogueada de sol a sol) y definida (transgresora), que el "roto alzado" llegó a ser el personaje *típico* del país. El sello identitario de la nación. El verdadero depositario del 'temple' nacional. Y el actor mítico de todas sus leyendas. Pues su comportamiento fue 'consistente' en cuanto rechazar de plano el proyecto de lesa-proletarización que se le quería imponer, en cuanto al modo en que manifestó ese rechazo (desacatos, alzamientos, bandolerismo), en cuanto a la insistencia en buscar en otra parte u otro país alguna fórmula de inserción productiva 'independiente' (resabios del viejo proyecto colonizador) y en cuanto a encontrar en sí mismos la fuerza, la creatividad, la compañía y la compensación escapista necesarias para reproducir y potenciar su 'proyecto' central (sociabilidad bandolera, de chingana, burdel, garito, bodegón o chiribitil). La masa peonal encarnó la máxima explotación y la máxima miseria, pero a la vez la forma más directa y violenta de rebelión. Por ello, su 'proyecto' estaba en todas partes y se *infiltró* en todos los otros: cada acción de 'política callejera' emprendida por "girondinos" o "democráticos" fue, normalmente, sobrepasada por turbas peonales que, cual convidados de piedra, emergían de las sombras agregando acciones de pillaje, saqueo y destrucción [52]. Su acción fantasmal, subversiva y transgresora desencadenó el *miedo*, en las filas del Gobierno y en las de la Oposición Parlamentaria. Miedo que se hizo extensivo a toda manifestación política centrada en lo social. Y que desencadenó una nerviosa represión contra todo despunte 'socialista'.

La lenta proletarización 'industrial' del peonaje, iniciada hacia 1885, incorporaría al discurso social-proteccionista de obreros y artesanos una tradición dramática hecha de miseria, explotación y violencia. El socialismo germinante en el discurso mutualista -de reposados contenidos industrialistas y cívicos hasta 1890- adquirió tonos dramáticos y maniqueos desde entonces, pasando de una solidarizada politización hacia adentro a una beligerante politización hacia afuera. Nótese ese cambio en el texto que sigue, de Alejandro Escobar y Carvallo, escrito en 1897:

> *"En la montaña de la vida, el hombre honrado y trabajador, atado a la roca de la miseria, vé que le roe sus entrañas el hombre águila, que vive sin trabajar... En el vergel del hogar, la mujer, cegada por la ignorancia y vencida por el hambre, sacrifica su cuerpo y enloda su alma, por un plato de lentejas... En el teatro político la supervivencia de los más perversos, la nulidad de las leyes, la incompetencia de los gobernan-*

[52] G. Salazar: "La rebelión social del peonaje. Chile, siglo XIX" (en preparación). Ver también de Julio Pinto: *Trabajos y rebeldías en la Pampa*..., op. cit., primera parte.

tes... Para llegar a la meta de sus designios, el Partido Socialista proclama: 'la conquista del poder' (que) no se hará por la guerra de cada explotado contra su explotador... sino por la científica aplicación combinada de las leyes naturales de Carlos Darwin, con las leyes económicas de Carlos Marx... El Partido Socialista... es el ejército redentor, al cual deben afiliarse todos los hombres que aspiren a la redención de la humanidad" [53].

La extensa red de "asociaciones populares" (premonitoriamente anunciadas por P. F. Vicuña en 1858), incluyendo artesanos, obreros y peones, demostró en 1890 que su poder era ya suficiente como para realizar la primera "huelga general" en el país [54]. Y para dejar clara evidencia de cuánto pesaba históricamente la fuerza social y cuál podría ser la dirección estratégica del emergente discurso político del socialismo.

La nueva forma discursiva del proyecto de integración hacia adentro se pronunció categóricamente, en lo inmediato, contra "las águilas" de la explotación, y en lo simbólico, hacia la "conquista del poder". La mayoría de los historiadores marxistas concuerdan en que este giro marcó la madurez política del movimiento popular, el inicio formal de la lucha de clases y el verdadero nacimiento del socialismo en Chile [55]. Es evidente que esta interpretación se obtiene al *aplicar* de modo directo las tesis más conocidas de Karl Marx y las de los partidos marxistas del período anterior a 1973. Y es también evidente que de esa aplicación se deriva un cierto 'reduccionismo' del proceso histórico real. Al seguir las líneas internas de ese proceso se obtienen, a cambio, algunas interpretaciones más matizadas.

Primero que todo, debe subrayarse el hecho de que, si bien es cierto que la masificación de la proletariedad salarial situó la 'explotación' como categoría central en la definición de 'lo social' (del socialismo), no lo es menos que la 'asociatividad territorial' continuó siendo una categoría central en ese mismo sentido (por lo menos hasta 1930 ó 1940). La 'explotación' definía el *conflicto*, pero la 'asociatividad' definía el *poder*. La 'explotación' había sido brutal en el caso del peonaje, pero no llegó a convertirse en categoría política, porque el peón prefirió luchar desde *fuera* de la faena, aplicando sus propios términos. La 'explotación', para el proletariado industrial, existió, pero fue menos brutal que para el peonaje, pues el contrato industrial era más 'moderno'. Por ello, el obrero no se fugó, se quedó, y luchó desde *dentro* del contrato global. En cambio, la 'asociación territorial' (o mutual) había provisto de modo directo, desde 1830, el sentido político de 'lo social' *sin* intermediación de contratos laborales. Tenía de común con la lucha peonal el hecho de que 'lo político' surgía aquí desde una posición de autonomía, no de

---

53 "Nuestra respuesta", en *El Proletario* 2 (Santiago, 10/10/1897), en E. Devés & C. Díaz (Comp.): *El pensamiento socialista en Chile. Antología, 1893-1933* (Santiago, 1987), pp. 44-45.

54 S. Grez, op. cit., pp. 705-750.

55 H. Ramírez: *Historia del movimiento obrero en Chile. Siglo XIX* (Santiago, 1956); L. Vitale: *Historia del movimiento obrero en Chile* (Santiago, 1962) y F. Ortiz: *El movimiento obrero en Chile. 1891-1919* (Santiago, 1985). Sergio Grez tiende a sostener la misma tesis.

dependencia. El 'socialismo' se nutrió de ambas fuentes. Pero el incremento de la proletarización industrial reunió esas fuentes, en cuanto la crisis empresarial de los artesanos confluía hacia allí, lo mismo que el ascenso social del peonaje. Es decir: fundió las dos fuentes sociales del socialismo, pero *no* unió del todo sus *discursos* respectivos. Las memorias colectivas, aunque convergieron, permanecieron leales a raíces distintas.

Es importante recordar, en segundo lugar, que la 'asociación territorial', aunque no planteó la lucha de clases ni la conquista del poder como objetivo inmediato, desarrolló en cambio una larga y enriquecedora práctica democrática basada en la participación directa y la igualdad. Cierto es que fue puertas adentro, pero también es cierto que la sociedad mutual era, de hecho, una célula socialista, no en el sentido de 'célula partidaria', sino como 'molécula de sociedad'. En el fondo, al cultivar esa molécula, promovía el socialismo como *propuesta*. Fue de esta democracia molecular que surgió la idea de fundar el Partido Democrático y convocar a la reconstrucción 'democrática' del Estado por la vía de una Asamblea Constituyente Popular (proyección de la asamblea de socios mutualizados). La propuesta de una asamblea constituyente fue, de hecho, un objetivo permanente de los discursos socialistas desde 1887 hasta 1925 que, nítidamente, L. E. Recabarren sostuvo hasta su muerte (de hecho, redactó de su puño y letra dos proyectos de Constitución Política) [56]. Sin duda, el discurso que emanó de la tradición asociativa-mutual condujo a una concepción democrática, cívica y *republicana* del socialismo, que culminó en las sesiones de la Asamblea Constituyente de Trabajadores e Intelectuales de marzo de 1925. Sobre esta Asamblea, el diario *Justicia* comentó:

> *"Es sin duda alguna esta reunión la más importante de cuantas se han celebrado en Chile desde el nacimiento de la República, por cuanto ella congrega... la representación genuina de los elementos de trabajo convocados por sí mismos para deliberar sobre las bases que han de darse a la sociedad en que viven, sin la intervención de elementos ajenos a los grandes intereses colectivos que representan, como lo han sido hasta hoy los Congresos formados por diputados y senadores cuyos cargos representativos han sido el fruto del cohecho o de la violencia de la autoridad puesta a su servicio"* [57].

Significativamente, los acuerdos de esa Asamblea reprodujeron los ítemes principales del ya viejo proyecto social-productivista y de los (¿olvidados?) discursos "pipiolos", "industrialistas" y "mutualistas": 1) que el Estado debía ser descentralizado, *federal*, y con fuerte énfasis en los gobiernos locales; 2) que la misión fundamental del Estado era desarrollar la *producción* y el empleo; 3) que la cultura y la educación debían orientarse también hacia la producción y el *desarrollo* social; 4) que el Congreso Nacional no debía estar

---

56 G. Salazar: "Municipio popular y construcción de Estado: el pensamiento de L. E. Recabarren", *Revista de Sociología* 1:6 (1995).

57 *Justicia*, 7/03/1925, p. 6. Ver también G. Salazar: "La Asamblea Constituyente de Trabajadores e Intelectuales de 1925" *SUR D. T.* No. 131 (1993).

compuesto por intermediarios políticos elegidos en votación nacional sino por representantes electos por los *gremios* y clases productoras del país; 5) que todos los cargos públicos debían ser electos y *revocables* por las bases; 6) que el derecho de propiedad debía entenderse como función *social* y 7) que el Ejército central y permanente debía ser *disuelto* [58].

Es difícil no ver en esos acuerdos una síntesis de los discursos públicos del proyecto social-productivista (varias veces vencido) desde su origen en 1820. ¿Cómo fue posible tal síntesis y tal longevidad? ¿Se debió a la conjunción de la memoria colectiva y la permanencia del sistema de dominación? ¿No implicó esa Asamblea, sus acuerdos y esa síntesis la *maduración* política, discursiva e histórica del proyecto popular de integración hacia adentro?

La creciente centralización del discurso socialista en la 'explotación' del trabajo asalariado añadió, sin embargo, a la lucha contra el "usurero" capital mercantil, la lucha contra el "explotador" empresariado productor, con lo cual duplicó los frentes de lucha a la vez que redujo el campo de alianzas, al transformarse en enemigo un actor que, inicialmente, fue un aliado: el empresariado industrial (beneficiándose con ello al propio proyecto mercantil, que vio políticamente debilitada la propuesta industrialista). La misma centralización en el trabajo asalariado dejó fuera del proyecto político la gran masa popular que permanecía en una condición pre-proletaria (peonal) y fuera de la economía industrial.

La inauguración política de la 'lucha de clases' en Chile redujo y estrechó la base social e histórica del proyecto popular. Se operó desde una base mínima (el contrato proletario), aunque extrema; aislada, pero dramática, cuya salida estratégica (la "conquista del poder") y táctica (la huelga) dejaban un *largo* trecho entre los objetivos políticos (máximos) y los frentes de lucha inmediata (las faenas). Esto explica el tono melodramático de la denuncia 'social' y el utopismo maximalista de la propuesta 'revolucionaria':

> *"El labrador vive en el campo trabajando de sol a sol por un miserable salario... En las ciudades, el obrero vive esclavo del patrón, sujeto siempre a la tiranía de los ricos o capitalistas... En las minas el minero arranca de los filones el carbón... sin que nunca sus esfuerzos sean recompensados, y en las ciudades una pequeña multitud que habita los palacios, que ocupa los grandes paseos, vive la vida de la regalía, de la abundancia y del gran lujo... Esto no puede continuar... Esto debe terminar, y para que concluya hay que acabar con el régimen capitalista... se debe empezar porque el campesino se apropie de la tierra... porque el obrero se adueñe de las maquinarias y se apropie de las fábricas... es indispensable, también, que el Gobierno esté también en poder de los obreros... Nada de esto es imposible"* [59].

---

58 *Justicia*, 14/03/1925, p. 1.

59 Ramón Sepúlveda: "¡Obreros del campo, de las ciudades, de las minas!", en *La Comuna*, Viña del Mar, 29/01/1921, p. 1.

El proyecto de integración hacia adentro terminó, pues, por condensarse en el proyecto socialista. Y en éste operaron dos discursos principales: el que *proponía* un modelo de Sociedad, de Estado y Desarrollo a partir de su propia experiencia y tradición social-productivista, y el que, denunciando la explotación y la desigualdad, *llamaba* a 'tomarse' el Estado y el Capital de la burguesía. El primer discurso jugó su propuesta, junto con los movimientos sociales, entre 1908 y 1925. El segundo, en cambio, (que tenía menos tradición) necesitó más tiempo para madurar, y sólo pudo jugar su propuesta, en serio, después de 1970.

c) El proyecto de integración hacia adentro: corporativismo, desarrollismo y populismo (1930-1973)

Del social-productivismo al nacional-desarrollismo

El proyecto social-productivo, pese a sus derrotas periódicas, fue desenvolviendo todos los contenidos proteicos del discurso 'pipiolo': primero lo económico (1825-1873), más tarde lo social (1885-1908) y finalmente lo socio-político y cultural (1908-1925). Hacia 1918 tenía ya una envergadura 'nacional', que nadie podía ignorar u obviar. Como si sus derrotas, condensadas en 'hechos', no hicieran más que fortalecer el 'proceso' en el que su *discurso* se expandía y de sectorial se tornaba nacional.

Y por ese camino, entre 1920 y 1938 -después de un siglo- el viejo proyecto de 'integración hacia adentro' llegó, por fin, a ser hegemónico. Pero no como fuerza política o militar, sino, principalmente, como un 'discurso' germinado y floreciente en un conjunto disperso de movimientos sociales. Como un rocío flotante de legitimidad. En tal condición, parecía 'disponible' a la captura de las élites decadentes que, con urgencia, necesitaban tonificar su legitimidad. Vestir un discurso con credibilidad que les permitiera estabilizar su dominación. Y es lo que hicieron: lo conquistaron para sí, como 'trofeo de legitimidad'.

De este modo, puede hablarse de 'transmisión', 'legado', o de 'expropiación'. Y desde inicios de la década de 1910, todas las secciones elitarias, una a una, fueron asumiendo públicamente el discurso de 'integración nacional', 'nacionalismo industrial', 'justicia social', etc. Para algunas, fue el principio de su nacionalismo (la derecha política y cultural); para otras, el germen de su corporatismo social (la derecha económica); para otras, las bases del corporatismo de Estado (los políticos y militares de centro) y para los emergentes grupos de izquierda parlamentaria, la fase "heroica" del populismo. En casi todas sus variantes, la 'transmisión' implicó politización del discurso, y aun *estatización* (a excepción, quizás, de la derecha económica). Pues la tendencia general fue centrarlo no en los actores sociales que lo habían generado, sino en los actores políticos que controlaban el Estado. Precipitándose a realizar desde el Estado lo que la sociedad civil se proponía, de algún modo, a realizar por sí misma.

Todas esas élites fueron dando cuenta pública, en sus actos, de cómo habían asimilado ese 'legado'. Alessandri, exitosamente, lo asumió como 'discurso electoral de masas', pero en el contexto rígido de la Constitución de 1833 y del pacto gremial que lo unía indisolublemente al resto de la CPC. En el dilema, optó por lo último, reprimió los movimientos sociales y 'desechó' el legado.

Quienes, en postas, lo retomaron después de Alessandri fueron, primero, los militares jóvenes (C. Ibáñez, M. Grove y otros), el doctor José Santos Salas en su candidatura presidencial, siguió Ibáñez durante su dictadura y luego los "jefes" de la República Socialista de 1932. Fue una carrera frenética por ganar el mismo trofeo y dejar atrás al mismo patrocinador del trofeo. O por formalizar el discurso sin el concurso de sus autores.

La formalización realizada en el programa presidencial de José Santos Salas es de interés, porque integró la perspectiva de las organizaciones de asalariados y del "manifiesto de la juventud militar de 11 de septiembre de 1924 y reiterado el 23 de enero de 1925". Aparte de proponer medidas contra la especulación en los precios, la escasez de viviendas y a favor de la nacionalización del salitre y el cobre, Salas planteó:

> *"Para el mayor acierto de las medidas administrativas y legislativas, estimo que todas ellas deben elaborarse con el concurso de todas las actividades productoras y económicas del país, única manera de evitar que la acción (política)... perturbe la economía nacional y lleve la desorganización al campo de las industrias y el desconsuelo a los hombres de trabajo. Por esto he de gastar mis mejores energías para lograr la creación del Consejo Económico Nacional, como existe ya en otros países"* [60].

El 28 por ciento de los sufragios obtenidos por Salas en la elección de 1925 revela hasta qué punto su programa interpretaba la opinión popular y cuán extendida estaba la idea de que la integración hacia adentro debía realizarse teniendo como eje las *clases productoras* (empresarios productores y trabajadores, sobre todo) y en un marco estatal que tuviese, cuando menos, un Consejo Económico-Social a través del cual esas clases lideraran el desarrollo económico y social del país. Debe recordarse que la idea de una alianza de las clases productoras había surgido en el siglo XIX como fórmula opositora al libremercadismo de las élites mercantiles. El *corporatismo* social-productivista constituyó una reacción a la hegemonía liberal. La inflación de fin de siglo debilitó la base corporativa de esa alianza -como se dijo- al agudizar entre asalariados y productores la lucha de clases, pero no debilitó el 'discurso' de la misma, como lo revela el apoyo electoral obtenido por J. S. Salas. Con todo, ese 28 por ciento electoral no podía de por sí anular la

---

60 *La Nación*, 20/10/1925.

espiral inflacionaria (que, acumulada, cuadruplicaba ese porcentaje), de modo que las clases productoras *no* se integraron.

Como Emiliano Figueroa no se sintió aludido por el 'legado', Ibáñez se sintió obligado a tomarlo. Pero lo hizo a medias, pues entendió el social-productivismo como un programa que debía privilegiar la producción, pero no por la acción 'sociocrática' de las clases productoras, sino por la acción caudillesca de él mismo (tenía un sentido vertical del mando) y/o la aplicación centralista de un programa nacional de Estado. Dejando fuera a quienes Salas dejaba dentro: los actores sociales. Repitiendo la fórmula de Alessandri, aunque con una diferencia: Alessandri dejó dentro del esquema a quienes Ibáñez dejó fuera: la CPC. De todos modos, el modelo caudillesco de Ibáñez avanzó más en lo nacional y social-productivo (creó las cajas de crédito para productores, la de colonización agrícola, la corporación estatal del salitre, la oficina central de municipios, el código del trabajo, etc.) que el modelo parlamentarista de Alessandri. Y la República Socialista de 1932 avanzó en lo social más de lo hecho por Ibáñez o Alessandri [61].

Durante su segundo gobierno, preocupado por estabilizar su propio legado político (la Constitución de 1925) Alessandri no se interesó en retomar el discurso social-productivista (o de integración hacia adentro), aunque no abolió lo avanzado en ese sentido por Ibáñez y la República Socialista. Rechazó, incluso -como se vio- la creación del Consejo Económico y Social que proponían los empresarios, que reponía en parte la hegemonía económica de las clases productoras. El 'legado', pues, quedó de nuevo disponible. Hacia él corrieron entonces otros inesperados postulantes: los ingenieros civiles del Estado.

Como muchos otros, los ingenieros, cuando jóvenes, asumieron el discurso casi en toda su pureza. Pero cuando maduros, lo hicieron desde una perspectiva o *tecnocrática* o *empresarialista*. De algún modo, el paso de los años implicaba un corrimiento al centro del espectro político. El ingeniero Raúl Simon, de prominente actuación en el período 1930-1950, lo sabía. En una alocución dirigida a los estudiantes de ingeniería, dijo:

> "*... Uno llega a viejo, no tanto por los años que corre, como por la disminución relativa de su velocidad de asimilación respecto a la velocidad de los acontecimientos. Por ejemplo, en mi tiempo, los estudiantes eran radicales, y eso parecía ya bastante como izquierdismo. Ahora, sin saber cómo, los que antes estábamos en la izquierda hemos quedado en el centro. Me imagino ahora que, dentro de 20 años, alguno de Uds. se encontrará hablándole a otra generación de jóvenes ingenieros y tratando de explicarles cómo, siendo socialista de izquierda en 1939, se encuentra socialista de centro en 1959*" [62].

---

61 J. Morris: *Las élites, los intelectuales y el consenso* (Santiago, 1967), pp. 203-214, y M. A. Illanes: *Historia social de la salud pública en Chile, 1880-1973* (Santiago, 1993), p. 235.

62 "Palabras del Presidente del Instituto de Ingenieros, señor Raúl Simon", *Anales del Instituto de Ingenieros de Chile* (AIICH, en adelante) 6 (1940), p. 91.

Antes de 1930, la mayoría de los ingenieros trabajaba en el Departamento de Obras Públicas o en Ferrocarriles del Estado, donde adquirieron una visión estatalista y social-nacionalista del 'desarrollo' (que no influyó en el Estado de la época). Después de 1930, cuando el discurso social-productivista iba de boca en boca, los ingenieros no sólo tuvieron mayor influencia 'política' sino que mayor presencia en la empresa 'privada'. Su creciente protagonismo histórico los situó en un mismo plano con la CPC, pero los alejó de la masa social. Es que -según decía Simon a sus alumnos- los ingenieros "se adueñaron en pocos años de los ferrocarriles, de la industria salitrera, de la industria manufacturera, de la administración pública y aun del alto comercio". La meteórica elitización de los ingenieros fue también reconocida por Carlos Hoerning [63]. Su ascenso consolidó, de paso, la 'empresarialización' de la CPC. El vacío 'cupular' dejado por la retirada de las casas comerciales y bancos extranjeros atrapó *hacia arriba* a unos y a otros, desarraigándolos del suelo social.

La hipotética hegemonía económica de las 'clases productoras' fue así sustituida por una alianza *tecnocrático-nacional* formada por los ingenieros 'civiles' y la nueva generación (la número 3) de políticos 'científicos' (como Pedro Aguirre Cerda y otros).

El manifiesto técnico de esta nueva alianza apareció en 1939 y fue redactado por los ingenieros Raúl Simon, Rodolfo Jaramillo, Walter Müller y Vicente Izquierdo. De inmediato, otros ingenieros saltaron a la palestra: J. Herreros, D. Armanet, J. Alessandri, etc. El debate inundó las altas esferas de la nación. El manifiesto señalaba que la industrialización debía ser una actividad protegida y conducida por el Estado, tanto para reducir el rigor de la competencia externa (*dumping*, por ejemplo), como para incentivar en el mercado interno la competencia local. En base a un análisis estructuralista, probaron que el estándar de vida de la población trabajadora dependía de esa política y de ese tipo de desarrollo. Se trataba de establecer una regulación nacional sobre las tarifas aduaneras y las licencias de importación. Salvo por cuestiones de detalle, los ingenieros que participaron en el debate concordaron en la idea central [64]. No se hizo mención ninguna al rol de los actores sociales en ese desarrollo.

Con todo, la alianza tecnocrática convirtió el viejo discurso social-productivista en un plan nacional de industrialización. Pero su materialización básica -la Corporación de Fomento a la Producción- fue más política que empresarial, y más estatal que corporativa. O sea: lo opuesto al Consejo Económico y Social previsto por Salas en 1925 y por los

---

63 C. Hoerning: "Preparación de los ingenieros y la administración de empresas industriales y comerciales", *AIICH* 6 (1940), pp. 141-143. Ver también A. Ibáñez: "Los ingenieros, el Estado y la política en Chile", *Historia* 18 (1983).

64 R. Simon et al.: "El concepto de industria nacional y la protección del Estado", *AIICH* 39:6 (1939); J. Herreros: "Alcance al concepto de industria nacional y la protección del Estado", ibídem, 39:12 (1939); J. Alessandri: "El concepto de la industria nacional y la protección del Estado", ibídem; y D. Armanet: "La industria nacional y la protección del Estado", en su *¿Cómo fomentar la riqueza nacional?* (Santiago, 1939).

empresarios en 1934. En otros respectos, el industrialismo urbano (privilegiado por la nueva alianza) dejó en las 'sombras' no sólo el desarrollo rural sino también las maniobras pre-capitalistas y anti-sociales de la declinante oligarquía latifundista. La modernización que sólo en estos rubros propugnó la nueva alianza para superar los débiles logros de Alessandri e Ibáñez, no fue más lejos que éstos cuando mantuvo a los actores involucrados en su condición de *clientes* y *peticionistas* frente al Estado.

La célebre Ley 6334, de abril de 1939, que estableció la CORFO y pronunció el discurso industrializador, no alteró el centralismo estatal restablecido por Alessandri e Ibáñez, ni detuvo el ciclo depresivo de la economía terrateniente, ni cambió la provisión mercantil de crédito y bienes de capital para los sectores productivos, ni ensanchó el mercado de consumo por otra vía que no fueran los sueldos y salarios urbanos (que tenían fuerte impacto en el mercado electoral). En suma: no alteró nada que pudiera debilitar la hegemonía de la CPC. De hecho, la CORFO fue una herramienta del Poder Ejecutivo (como todas las agencias desarrollistas y populistas del período 1939-1973), puesto que la regían 19 consejeros de estatus 'político' (4 designados por el Presidente, 10 presidentes de reparticiones fiscales, 3 ministros y 2 parlamentarios), y sólo 6 de estatus 'social-productivo' (uno del Instituto de Ingenieros, 4 de la SOFOFA y uno de la Confederación de Trabajadores de Chile). El peso político de la CORFO fue tal, que alineó con las suyas las políticas de la institución que, por su origen liberal, debía ser 'autónoma' por excelencia (según las reformas de la Misión Kemmerer de 1925): el Banco Central [65].

Los empresarios resintieron el giro político del desarrollismo. El presidente de la SOFOFA, ingeniero Walter Müller, fue claro en este punto:

> *"Los partidos políticos no han sabido o no han querido tomar contacto con los elementos de trabajo organizados para conocer sus aspiraciones y aprovechar sus conocimientos en aras de la política económica más conveniente para el país ... Creemos que un Consejo de Economía Nacional sólo será útil si las fuerzas productoras y comerciales del país están debidamente representadas en él... El proyecto del Gobierno que crea la Corporación de Fomento con atribuciones para estudiar y con fondos para realizar pudo haber sido aún mejor si en la formación de la Corporación hubiese primado la representación de los intereses económicos por sobre la del Gobierno, que como tal está sujeta a influencias políticas de todo orden... Las entidades representativas de la producción y del comercio, de los empleados y obreros deben hoy día limitar su acción a peticiones aisladas a los poderes públicos"* [66].

---

65 M. Mamalakis & C. W. Reynolds: *Essays on the Chilean Economy* (Homewood, Ill, 1965), pp. 18-28; también A. Maschke: *Cuatro Presidentes de la República desde el Banco Central de Chile, 1940-1960* (Santiago, 1990), passim.

66 W. Müller: "El plan chileno de fomento a la producción", *Estudios* 78 (1939), pp. 8-10. También G. Catalán: "Notas sobre proyectos autoritario-corporativos en Chile", *Escritos de Teoría* 3-4 (1979), pp. 100-160.

La consolidación 'nacional' de la CORFO implicó la consolidación del 'corporatismo de Estado', la minimización del 'corporatismo social' y la marginación, tanto del 'socialismo corporativo' de la FOCH (antes de 1921) y del propio Recabarren, como del frágil "socialismo municipal" que le rondó [67]. Tras 20 ó 30 años de hegemonía, el discurso social-productivista (o de integración hacia adentro) fue apropiado y refundido en el discurso nacional-desarrollista de una agencia estatal (la CORFO), por una CPC remozada en el trámite de esa misma 'apropiación'.

Despojados de su discurso histórico, los actores afectados debieron asumir su calidad de grupos clientelares y peticionistas *frente* al poder. Como si con la expropiación de su proyecto se les hubiera arrancado, también, su 'poder' propio. Como si el poder, todo el tiempo, hubiera estado allí, no 'dentro', sino 'frente' a ellos. Alojado siempre en el discurso abstracto que, rápidamente, se acuñó para alojarlo: el del desarrollo 'nacional'. El de la necesaria "armonía social". Sin embargo, desde el fondo de esa condición demandante, los actores involucrados retomaron la parte 'social' de su discurso, que no había sido expropiada. Y, aunque fuera con ese 'retazo' de su viejo proyecto, demostrarían que no sólo seguían siendo actores históricos, sino que, también, podían seguir planteando soluciones 'sociocráticas'.

El nacionalismo desarrollista

Históricamente, el nacionalismo se exacerba cuando es necesario exaltar la unidad sobre la diversidad, la armonía sobre el conflicto, o la abstracción cuando naufragan las concreciones. Lo que ocurre en situaciones de crisis, decadencia o derrota. Se le invocó, por ejemplo, durante la crisis de la Independencia y las guerras externas del siglo XIX. *No* se le invocó, en cambio, en el período más expansivo del "desarrollo hacia afuera": entre 1841 y 1900, aproximadamente. Pero se le reclamó con fuerza cuando las élites se percataron de la "decadencia de la raza", la "crisis moral de la República", de "nuestra inferioridad económica", etc. Y fueron precisamente los mismos que denunciaron esa decadencia (E. Mac Iver, F. A. Encina, N. Palacios, A. Edwards, etc.) los que fundaron en Chile el "nacionalismo", como teoría de la historia y premisa mayor de la política. Es sugestivo que la historiografía conservadora haya pivoteado su nacionalismo sobre diversas percepciones de decadencia: ruptura del orden portaliano, crisis moral del reformismo liberal, subversión del orden interno por la irrupción del socialismo, incremento del alcoholismo, etc. Que, en el fondo, constituían la decadencia de la propia oligarquía.

La 'decadencia' es desintegración, desorden, conflicto. Por eso el nacionalismo, como principio corrector de la decadencia, necesita proclamar lo contrario: integración,

67 El corporatismo comunal o municipal se examinará en el Capítulo IV de este volumen.

orden y armonía. Pero la decadencia fue -y es- un proceso socialmente empírico (la crisis no se inventa), mientras que el nacionalismo, en tiempos de crisis, no puede ser sino una abstracción. Que, pese a todo, *debe* tener vida, y darla. Por esto, en Encina y Palacios la abstracción tomó la forma de "la raza chilena", y en A. Edwards y J. Eyzaguirre, la de "espíritu del pueblo" y "genio de la raza". Atrapado en esta vía, el nacionalismo puede convertirse en una teoría biologista o espiritualista de la historia, sobre todo si no llega a encarnarse en actores sociales concretos. Es lo que ocurrió con el Movimiento Nacional Socialista chileno durante la década de 1930, *antes* que el nacionalismo se nucleara en la alianza 'desarrollista' de ingenieros y políticos de nueva cepa.

Nótese ese biologismo en las tesis de J. González, jefe del MNS:

> *"Los pueblos y las naciones que ellos forman son organismos vivos que, como tales, atraviesan por fases sucesivas de existencia, del todo independientes de la voluntad de los individuos que los integran. Al igual que cualquier ser orgánico, las naciones están sometidas a un proceso constante de transformaciones biológicas... las etapas de la existencia de los pueblos quedan al margen de toda acción volitiva... Lo más que a los hombres nos está reservado en esta materia, es desarrollar y estimular el impulso vital en un sentido determinado... orientar el crecimiento y el desarrollo de acuerdo con sus posibilidades intrínsecas"* [68].

A partir de estas tesis, González derivó los conceptos políticos de "democracia orgánica, economía planificada, nacionalización de riquezas básicas", etc., que articulaban el programa nacionalista de gobierno. Sólo con éste se podría superar "la impotencia del sentimiento nacional del pueblo", causa de la decadencia.

Sin grandes actores sociales que lo sustentaran, el discurso nacionalista no encontró otro apoyo que grupos residuales, cuyo fortalecimiento sólo podían alcanzarlo enardeciendo ese discurso y las acciones que derivaran de él. Es decir: su perfil histórico debía configurarse como un fanatismo de grupos necesitados de que poderes mayores que ellos se movilizaran en su apoyo: hombres fuertes (jefes) o las fuerzas armadas. En tal encapsulamiento, el nacionalismo tendía a manifestarse como 'golpismo' [69].

Distinto fue el caso del nacionalismo asumido por la 'alianza tecnocrática' formada por grupos de ingenieros y políticos de nueva crianza. En este caso, la ausencia de actores sociales de conciencia nacionalista fue suplida por la *convergencia* del 'poder constitucional' (restaurado por Alessandri e Ibáñez), del 'poder electoral' (de los partidos políticos posteriores a 1932) y del 'poder tecnológico' de los ingenieros y economistas de

---

[68] Jorge González von Marées: *El mal de Chile (sus causas y sus remedios)* (Santiago, 1940), pp. 10-11 y 69 et seq.

[69] R. Alliende: *El Jefe: la vida de Jorge González von Marées* (Santiago, 1990); R. Cristi & C. Ruiz: *El pensamiento conservador en Chile* (Santiago, 1992) y V. Valdivia: *El nacionalismo chileno en los años del Frente Popular* (Santiago, 1995).

la CORFO. A la que se añadió una estrategia de desarrollo dotada de capacidad operativa nacional y un bagaje conceptual de dimensión internacional.

El triunfo (tecnocrático) del nacionalismo -única salida 'legitimable' para la decadencia- fue un solevantamiento de tal envergadura que empujó a los ex-sociócratas hacia el centro o hacia la derecha política, y a no pocos viejos oligarcas hacia reductos de centro. O sea: percutó desplazamientos transversales que, en definitiva, terminaron hinchando un gran bolsón nacionalista: el *centro armonizador*. Desde entonces, el centro político no falló en asumir posturas 'mayoritarias' de nacionalismo tecnocrático y desarrollista. El pragmatismo de centro sustituyó, así, al aleve nacionalismo orgánico y espiritualista [70].

Ya en 1915 diversos ingenieros (Santiago Marín Vicuña y Javier Gandarillas Matta, entre otros) habían recomendado imponer en Chile un "nacionalismo industrial" basado en la "nacionalización de las industrias, sean manufactureras, extractivas o de cualquier otra naturaleza". Había que aprovechar la crisis provocada por la Primera Guerra Mundial. La propuesta tropezó, sin embargo, en la dificultad de suministrar "los medios indispensables" (capital y educación industrial) y en el propio fin de la guerra [71]. Hacia 1943, sin embargo, el problema de esos "medios" estaba en vías de solución (había, además, otra guerra), de modo que muchos osaron pasar del nacionalismo industrial al Estado Empresarial o Fabril. O sea: a un punto de fusión, en que la 'nación' se identificaba con un 'artefacto empresarial', de cuentas o, simplemente, estadístico.

En esa línea, Raúl Simon publicó en 1935 un estudio acerca de la "Entrada Nacional de Chile", en el que, junto con recomendar la aplicación en el país de los métodos usados en Estados Unidos por el *Industrial Conference Board*, denunció la "insuficiencia de datos estadísticos y la distorsión de los escasos valores disponibles, por las variaciones de precios y la desvalorización de la moneda" que existía en Chile [72]. Siguiendo esa misma ruta, la CORFO se abocó a trazar el perfil económico, estadístico y geográfico de la nación. Todo lo cual, finalmente, se resumió en el concepto clave de "renta nacional", definido en 1946 como:

> *"La Renta Nacional está constituida por el valor neto de los productos y servicios que el proceso económico pone, año a año, a disposición de la población de un país para la satisfacción de sus necesidades presentes y futuras, ya sean éstas de orden individual o colectivo. Constituye un flujo continuo... resultante del esfuerzo y de la cooperación de todos los factores productivos que participan en el proceso. El objetivo que persiguen los distintos factores que participan en el proceso de producción es adquirir derecho sobre el reparto del producto"* [73].

---

70 Los ingenieros chilenos, menos que imitar la teoría biologista del nacional-socialismo alemán, admiraron la política económica de su ministro de finanzas: Hjalmar Schacht. Ver de Daniel Armanet: *¿Cómo fomentar la riqueza nacional*? (Santiago, 1939), pp. 53-63.

71 Ismael Jara: "Nacionalismo industrial", *El Mercurio* 12/07/1915.

72 R. Simon: "Determinación de la Entrada Nacional de Chile" *AIICH* 15 (1935), pp. 74 et seq.

73 CORFO (Ed.): *Renta Nacional, 1940-1945* (Santiago, 1946) 2 vols.; vol. I, p. 23.

La 'nación' era, en el discurso de la CORFO, un ente dinámico constituido, de un lado, por "factores productivos" y, de otro, por "derechos sobre el reparto". Un sistema cerrado, receptor de inputs y productor de outputs, en el que el Estado intervenía como un intermediario que, de un lado, *fomentaba* la producción y, de otro, *regulaba* el reparto del producto. La 'nación' no era más que lo que los factores productivos, bajo la tutela providencial del Estado, eran capaces de producir para el desarrollo de la población. Nótese que, en este modelo, el Estado, al controlar 'factores' y 'repartos' sustituyó, a la vez, a los actores sociales de la producción y a los mecanismos automáticos del mercado distribuidor. Excluyendo el sociocratismo y también el libremercadismo y centralizando a cambio el 'ser estadístico' de la nación. El 'desarrollo', por tanto, no tenía que ver con la 'liberación' de ningún actor ni con la 'automatización' de nada, sino con las variaciones estadísticas temporales registradas en las solemnes "cuentas nacionales". Variaciones que, para todo efecto, eran el producto de la acción política del Estado. De esas variaciones dio cuenta en 1956 un estudio del Instituto de Economía de la Universidad de Chile, que demostró que, entre 1940 y 1955, "la producción y el ingreso nacionales se han duplicado", a la vez que "el ingreso ha pasado a depender directamente cada vez menos del comercio exterior" [74].

El estudio del Instituto de Economía sentó un modelo de análisis no sólo estadístico y económico sino también *histórico*: el perfil de la nación podía trazarse como una cabellera formada por largas hebras de cifras, que se extendían por décadas y aun siglos, en las cuales podían identificarse ciclos de 'decadencia' o ciclos de 'estagnación' o 'desarrollo' estrictamente empíricos (ya no de tipo racial o espiritual). Sobre ese modelo, Aníbal Pinto pudo escribir su famosa "frustración del desarrollo"; Jorge Ahumada su penetrante "en vez de la miseria", y los historiadores marxistas montar su más potente denuncia histórica: la lucha 'nacional' (desarrollo) contra el imperialismo (subdesarrollo) [75]. La historia de Chile se periodificó de modo diferente a la vieja dicotomía Colonia versus República, y se habló entonces de etapas del crecimiento ("hacia afuera y hacia adentro"), de crisis de crecimiento (1860, 1873, 1930, 1955) y de estrategias de desarrollo; todo con un tiempo eje: la fundación de la CORFO.

La misma solemnidad científica usada por el Instituto de Economía en 1955 para anunciar la duplicación del producto, se usó poco después para anunciar la *estagnación* del crecimiento y el aumento imparable de la *inflación*. Una enfermedad estadística impensada atacó de súbito la marcha histórico-cuantitativa de la 'nación'. La crisis inflacionaria y la crisis social que saltó de inmediato tras ella (ciclo 1953-1957) anuncia-

---

74 Instituto de Economía (Ed.): *Desarrollo económico de Chile, 1940-1955* (Santiago, 1956) p. 1.

75 Una visión global de esta literatura en G. Salazar: "Movimiento teórico...", loc. cit.

ron lo que podría ser una nueva 'decadencia'. La 'alianza tecnocrática' tembló: no sólo tenía que dar cuenta del tropezón sino, sobre todo, impulsar otro ciclo expansivo [76].

Inmutable, la estadística registró todos los indicadores propios de la 'decadencia': inflación, estagnación, huelgas, colapso electoral del bloque en el poder, etc. ¿Cómo reaccionaron, ante eso, los ingenieros y economistas? Los ingenieros callaron (para entonces dirigían empresas, no el Estado). Pero los economistas y los sociólogos (que entraron en escena por entonces) reforzaron su anterior nacionalismo *ampliándolo* a escala latinoamericana y al escenario mundial. Se trabajó ahora con un proyecto histórico a escala continental. Se internacionalizó el nacionalismo. Se 'universalizaron' las dos caras de la teoría: la del desarrollo y la del subdesarrollo. El conflicto interno se sumió y fundió en el nuevo conflicto Norte-Sur (o 'centro' versus 'periferia'), donde se enredó a su vez con el conflicto Este-Oeste. La crisis doméstica fue, epistemológicamente, globalizada. En cierto modo, las responsabilidades también. La teoría, posada sobre el mundo, sobrevoló todas las políticas. La ideologización fue inevitable.

O sea: se comenzó a pelear contra molinos de viento.

De la política industrializadora se pasó así, raudamente, a la política de los 'cambios estructurales' que, en lo doméstico, consistía en erradicar los 'compromisos' que el primer discurso desarrollista había mantenido con el pasado pre-industrial (latifundio, pobres del campo y la ciudad, dependencia externa del sector exportador, etc.), y en lo internacional, luchar contra las deformaciones del mercado mundial. La ingeniería industrial dio paso a la ingeniería social (inaugurando el ciclo de los sociólogos), y se comenzó a hablar de "sociología del desarrollo", "educación integral", "planificación estratégica", "promoción popular", etc. Fue evidente que, tras la 'decadencia' registrada en 1955, el discurso nacional-desarrollista se sometió a una total 'reingeniería' técnica, que implicó dejar un poco de lado la CORFO (creación criolla), centralizar la CEPAL (creación hemisférica) y mezclar dosis variables de keynesianismo con dosis variables de marxismo estructuralista. Provisto de esta nueva (internacionalista) receta discursiva, el Estado no dudó en acerar su centralismo, su tecnocratismo y pasar sin sobresaltos del industrialismo al 'populismo' (todo para el pueblo explotado y marginal, pero *sin* el pueblo explotado y marginal). En suma: 'la decadencia quedó atrás, el futuro es nuestro'.

En su origen, el salto del nacional-desarrollismo a una teoría hemisférica del desarrollo fue percutado durante la Conferencia Interamericana de Bogotá, 1949, donde el Secretario de Estado, G. C. Marshall, dejó en claro la negativa de Estados Unidos para financiar los planes nacionales y/o hemisféricos de desarrollo, dada la prioridad que para ellos tenía la "reconstrucción de Europa". No habrá interamericanismo desarrollista

[76] O. Sunkel: "Change and Frustration in Chile", en C. Véliz (Ed.): *Obstacles to Change in Latin America* (Oxford, 1965).

-dijo Marshall-, sino alineamiento político y militar contra el Oso Soviético. No habría cooperación para el desarrollo, salvo los intercambios propios del libremercadismo [77]. Ante esto, los delegados latino-americanos decidieron cobijarse, bajo el marco de las Naciones Unidas, en lo que sería el Comité Económico para América Latina (CEPAL), cuyo líder fue el economista Raúl Prebisch. Este tipo de alineamiento hemisférico fue una respuesta primaria al aplastante monopolio ejercido por Estados Unidos sobre el mercado externo de América Latina desde el inicio de la Segunda Guerra [78]. Este incidente alejó el discurso nacional-desarrollista de las tesis libre-mercadistas que sostuvieron Estados Unidos, el FMI y las restantes instituciones de control liberal surgidas en Bretton Woods, encaminándolo hacia planteamientos "heterodoxos", que fueron desde el neo-keynesianismo al neo-marxismo.

La matriz de escalamiento discursivo la trazó el propio Prebisch:

> *"La política de desarrollo tiene que sustentarse sobre una interpretación auténtica de la realidad latinoamericana. En las teorías que hemos recibido de los grandes centros hay con frecuencia una falsa pretensión de universalidad. Nos toca a nosotros, hombres de periferia, contribuir a corregir esas teorías... Pero nada nos exime de la obligación intelectual de analizar nuestros propios fenómenos y encontrar nuestra propia imagen en el empeño de transformar el orden de cosas existentes"* [79].

Se proponía producir un reencuentro (teórico) con la identidad y la realidad propias que, de darse, implicaba quebrar la tradición abstracta de la ciencia occidental. El desafío era, sin duda, fascinante. Pero ¿a qué nivel de abstracción había que producir ese "reencuentro" con lo propio? ¿A nivel de país periférico? ¿O de país latinoamericano? ¿O estrictamente nacional? De hecho, el modelo 'fascinante' de análisis lo estableció la CEPAL. Todo teórico del desarrollo, si no aspiró a trabajar en la CEPAL (la Arcadia de los intelectuales), trabajó en lo propio aplicando el modelo de la CEPAL. Esto implicaba construir "tipologías" de todo tipo: mundiales o hemisféricas, de dependencia o subdesarrollo, de reforma o revolución. Lo 'políticamente' importante (que sin duda lo fue) era separar aguas de las teorías libremercadistas y monetaristas [80]. El gran norte de toda 'especificación' fue, sin embargo, la rigidez estructural del mercado mundial (causa de todas las dependencias), y no tanto los obstáculos internos del desarrollo. De este modo, todas las especificaciones rebotaron en las tipologías para volver al mercado mundial. O sea: a develar al principal enemigo: el imperialismo.

---

77 "Address by G. C. Marshall, Secretary of State, at the Ninth International Conference of American States at Bogotá, April 1, 1948", en J. Gautenbein (Ed.): *The Evolution of Our Latin American Policy. A Documentary Record* (New York, 1950), pp. 276-293.

78 G. Salazar: "El movimiento teórico...", loc. cit., pp. 6-15.

79 R. Prebisch: *Hacia una dinámica del desarrollo latino-americano* (México, 1963), pp. 10-11.

80 Naciones Unidas (Ed.): *Estudio económico de América Latina* (New York, 1949), passim.

Lo concreto fue que, entre 1950 y 1968, el desarrollismo, vestido ahora de "nacionalismo latinoamericano" (Felipe Herrera) se enfrentó en todas partes (incluso en Europa) al libremercadismo del FMI, y en lo doméstico, a las embajadas monetaristas de aquél. Así, en su nueva versión, el discurso de 'integración hacia adentro' se encontró enfrascado en un estratégico y crucial debate de nivel mundial [81]. En Chile, la derrota del monetarismo liberal fue arrasadora. A ello contribuyó, desde 1958, la revista *Panorama Económico* (editada por Aníbal Pinto, Luis Escobar, Oscar Muñoz, Osvaldo Sunkel, Ricardo Lagos, Sergio Molina y otros). De un modo u otro, todas las reformas estructurales implementadas después de 1964 (reforma agraria, educacional, tributaria, de redistribución del ingreso, chilenización del cobre, etc.) se inspiraron en las tesis de este grupo, que operaban dentro de lo que Luis Escobar Cerda llamó "la interpretación nacional del desarrollo económico" [82].

El fantasma de la 'decadencia', sin embargo, que surgió de los números en 1955, se presentó de nuevo en 1962-1963 (crisis de las políticas de Jorge Alessandri), y de nuevo en 1967-1968 (crisis de las políticas anti-inflacionarias de Frei Montalva). Con cada nueva aparición, el dicho fantasma se descolgaba más y más de los números para aparecer, más y más, en plena calle. La ondulación de las series estadísticas dio paso a los flujos y reflujos de los movimientos de masas desfilando frente a (o contra) La Moneda. Los pobres del campo marcharon a convertirse en pobres de la ciudad. Las "masas marginales", en Chile y toda América Latina, inundaron los ojos -ya no las estadísticas- con la prueba de que la integración hacia adentro no existía. Que lo que realmente estaba ocurriendo era una hemorragia marginadora. Que el milagro verdadero del desarrollismo era la multiplicación de los pobres y no de los panes. Hacia 1962, el debate entre el desarrollismo y el monetarismo estaba siendo sobrepasado por la brutal dicotomía entre "integración o marginalidad". La 'decadencia' ya no era fantasma: era una enorme masa social apozada en los suburbios. ¿Qué hacer? Ya no cabía seguir 'universalizando' el análisis. Había que ir directamente a los pobres. Encontrarlos en la calle. Había que integrarlos en directo, a empujones, sin rebotes teóricos, en el marco mundial. Forzando la ley, de ser necesario.

Había llegado el momento del populismo radical.

---

81 En Chile, el debate lo encendió, en 1949, la espiral inflacionaria. Tanto la CEPAL como el FMI produjeron sendos informes 'sabios': NN. UU (Ed.): *Report of the U. N. Economic Mission to Chile, 1949-50* (New York, 1951), y FMI (Ed.): *A Report on the Process of Inflation in Chile* (New York, 1950).

82 Sergio Molina: *El proceso de cambio en Chile. La experiencia 1965-1970* (Santiago, 1972).

El nacional-populismo

Quien percibió la llegada de ese momento no fue un ingeniero ni un economista, sino un jesuita (sociólogo): Roger Vekemans. Para él, la marginalidad era un fenómeno histórico-estructural, no originado por el desarrollismo, sino por la yuxtaposición del mundo hispánico sobre el indígena, y del mundo moderno sobre el criollo. Cabía hablar de un 'dualismo' estructural, que sólo podía superarse con una estrategia neo-civilizatoria, diseñada para 'integrar' marginales (llevándolos de la mano, dado que por sí solos no podían integrarse). Dijo:

> *"Aun el análisis superficial muestra que esos grupos carecen en sí mismos de cohesión, lo que llega a afectar hasta el núcleo familiar. Tampoco se ve en ellos solidaridad, según demuestra su atomización y progresiva alienación"* [83].

Este diagnóstico sirvió de base para montar la política de Promoción Popular del gobierno de Frei Montalva, que, como tal, era innovadora y la primera en su género en la historia de Chile. Sin embargo, conservó el sello tecnocrático del discurso madre y el populismo del momento histórico. El resultado de esta política no fue la integración efectiva de los marginales sino una marea de movilización marginal (las "tomas de terreno" urbano quebraron las estadísticas). El populismo desde arriba (tecnocrático como el desarrollismo nacional) sólo hizo más visible el problema. Surgió entonces la duda: ¿puede el reformismo desarrollista acabar con el problema de la marginación? ¿O, para ello, se requiere una estrategia de cambio más radical? ¿Y pueden los propios marginales transformarse en actores 'revolucionarios'? El debate teórico, originado en la inflación, paseado por el mundo de las dependencias y bajado por el populismo a la integración de los marginales, terminó así amarrado a un nudo gordiano: la irrupción de los marginales ¿exige 'revolución'? [84].

El fatídico fantasma (ahora corporizado) de la 'decadencia' sólo podía ser expulsado -al parecer- con una movilización *nacional* de las propias masas. Era necesario que los pobres vapulearan por sí mismos las 'moscas' de la decadencia. De modo que, en vez de integrarlos al 'estándar' socio-económico (o cultural) del desarrollo, era preferible integrarlos a la movilización política radical, total, *contra* el subdesarrollo. La responsabilidad, así, pasaba de la CPC y del Estado a las propias masas. Pero *no* se les entregó, junto con eso, la 'conducción' del proceso [85].

---

83 R. Vekemans, et al: *Marginalidad, promoción popular e integración latinoamericana* (Santiago, 1970. DESAL), p. 70.

84 Ver de J. Nun: "Sobrepoblación relativa, ejército industrial de reserva y masa marginal", *Revista Latinoamericana de Sociología* 2 (1969); A. Pinto: "Naturaleza e implicaciones de la heterogeneidad estructural", *Trimestre Económico* (enero-marzo de 1969), y A. Quijano: "La constitución del 'mundo' de la marginalidad", *EURE* (Santiago, 1972).

85 Un síntesis de esta radicalización en Ann Zammit (Ed.): *The Chilean Road to Socialism* (Sussex, U.K., 1973).

El populismo se justificaba por la necesidad de aplicar el *máximo* de fuerza política sobre los nudos rebeldes que impedían alcanzar los objetivos nacionales de integración y desarrollo. Pero ese máximo sólo se lograba si se maximizaba la movilización *social* (no había posibilidad de un golpe militar populista), dado que los medios tecnocráticos estaban agotados. A ese efecto era más eficiente la ideologización del discurso y no la sofisticación. La radicalización de los cambios y no la consolidación de los mismos. El discurso, con eso, se dividió en dos, abriéndose un nuevo frente polémico que enfrentó a los ya viejos tecnócratas del desarrollo ("reformistas"), con los emergentes promotores del "poder popular" ("revolucionarios") [86].

Fue sobre esa bifurcación discursiva donde se fraguó el programa de gobierno y el triunfo electoral de Salvador Allende, así como la centralización del nacional-populismo en lo que se llamó "la transición al socialismo" [87]. Y fue esta misma transición la que se halló muy pronto maniatada en la jaula liberal tendida desde 1925 por la Constitución Política. Sólo estando dentro de ella la Unidad Popular comprendió lo importante que era descerrajarla. Pero la maximización de la presión política no fue empleada para eso, y la movilización nacional de las masas se gastó casi toda en mera 'agitación callejera'. La jaula siguió igual. Pero, tras esa agitación poco útil, salió a la calle toda la CPC (incluida la de Centro y de Derecha), la que, enredada con las masas, se trabó en una batalla por el control de las *calles* céntricas de la capital [88]. Como si el poder sobre el espacio hubiera sustituido al poder sobre los problemas reales de la nación.

Había algo de absurdo en todo eso. Y las masas populares, hacia 1972, se daban cuenta de ello. Es sintomático que esas masas se volcaran a intensificar su control directo sobre la distribución local de alimentos, sobre las empresas del "área social" y sobre la seguridad de sus propios campamentos. Tenían la exacta sensación de que el problema (o el absurdo) no estaba en "el pueblo" sino en las autoridades que decían representar al pueblo; las que frenaban el avance precisamente por estar amarradas al Congreso y a la Constitución. Fue así que, en los propios pies de Allende, estalló la apuesta al "poder popular", que se extendía de hecho sobre calles, fábricas, fundos y, aun, comunas. El presidente del Cordón Cerrillos, Hernán Ortega, dijo en junio de 1973:

> *"Cuando no se ha querido escuchar el planteamiento de las bases laborales, es lógico que surja el espontaneísmo. No se ha confiado en lo que nosotros creemos y que es el principal de los poderes para el gobierno, que es el poder de las masas... La clase obrera comienza a darse cuenta de que necesita organización que le permita pasar a jugar el*

---

86 Una versión amplia de este debate en J. Petras & M. Zeitlin (Comp.): *América Latina ¿reforma o revolución?* (Buenos Aires, 1970), 2 vols.

87 Ver CESO-CEREN (Eds.): *Transición al socialismo y experiencia chilena* (Santiago, 1972) y S. Ramos: *Chile ¿una economía de transición?* (Santiago, 1972).

88 G. Salazar: *Violencia política popular...*, op. cit., pp. 311-350.

papel que le corresponde en el desarrollo del proceso, que es el papel de conductor. La clase obrera siente la necesidad de empezar a dirigir el proceso... Surgen los cordones industriales... La necesidad de unificar criterios en un sector territorial de trabajadores, de impulsar los Comandos Comunales para que puedan dar la oportunidad para que esa unidad con los aliados de clase se dé" [89].

El poder popular surgió, sin duda, de las "potencialidades de acción" desplegadas en las tomas de terreno y en la organización de campamentos (proceso iniciado hacia 1957); se acrecentó con la organización poblacional promovida por el gobierno de Frei Montalva, y se hizo consciente con la posibilidad de controlar, por empresa, la producción industrial; por fundos, la agrícola; por barrios, la distribución de alimentos y, calle a calle, el espacio político del pueblo. Se tornó corrosivo con la crítica a los "déficit de liderazgo" y abiertamente subversivo con los "cordones industriales", "comandos populares", "tribunales del pueblo" y "Asambleas del Pueblo", que tendían a *sustituir* varias instituciones del Estado. Especialmente, al Congreso. Eso fue lo que planteó el Comando de Trabajadores del Cordón Cerrillos-Maipú el 30 de junio de 1972, que en el acápite 12 de su programa exigió "instaurar la Asamblea Popular en reemplazo del parlamento burgués" [90]. Y eso fue también lo que las masas le gritaron al Presidente Allende frente al palacio de gobierno en junio de 1973 y lo que la Asamblea del Pueblo de Concepción concluyó en su célebre sesión del 26 de julio del mismo año [91].

Surgido desde abajo en el siglo XIX, el proyecto de integración hacia adentro, tras un largo rodeo tecnocrático y estatista (a impulso de sus legatarios y expropiadores), volvía, hacia 1972, a esgrimirse desde abajo. Como si los expropiadores del discurso hubieran sido expropiados, pero no para reformular el discurso, sino, ahora, para *ejecutarlo* desde abajo. Pues ahora era 'poder'. Ya que, si los discursos son expropiables, el poder no: nadie puede quitarles a trabajadores y marginales su 'posibilidad' de juntarse por sí mismos y hacer lo que decidan hacer. Así, la baja sociedad civil se halló en 1972-1973 en la misma situación que en 1925: desenmascarando ilegitimidades legitimadas. Fue por ello sintomática la respuesta dada por el Presidente Allende al Manifesto emitido por la Asamblea del Pueblo de Concepción:

> *"En otras experiencias históricas ha surgido un 'doble poder' contra el poder institucional reaccionario, sin base social y sumido en la impotencia. Pensar algo semejante en Chile en estos momentos es absurdo, si no crasa ignorancia o irresponsabilidad. Porque aquí hay un solo Gobierno, el que presido, y que no sólo es el legítimamente constituido sino que, por su definición y contenido de clase, es un gobierno al*

89 Citado en M. Silva: *Los cordones industriales y el socialismo desde abajo* (Santiago, 1998),, pp. 371-372.

90 M. Silva: *Los cordones industriales...*, op. cit., p. 148.

91 H. Cancino: *La problemática del Poder Popular en el proceso de la vía chilena al socialismo, 1970-1973* (Aarhus, Den. 1988), pp. 256-271.

servicio de los trabajadores... No toleraré que nada ni nadie atente contra la plenitud del legítimo Gobierno del país... El Gobierno de la Unidad Popular es resultado del esfuerzo de los trabajadores, de su unidad y organización. Pero también de la fortaleza del régimen institucional vigente... Por eso, es mi deber defender sin fatiga el régimen institucional democrático" [92].

Nunca, en su siglo y medio de vida, pudo el proyecto histórico de integración hacia adentro -que surgió desde abajo y fue retomado desde abajo- dialogar *en serio* con los representantes leales a la 'legitimidad' constitucional.

d) Reimposición del proyecto de integración hacia afuera: autoritarismo, neoliberalismo y civismo crítico (1973-1998)

La larga y angosta historia del libremercadismo en Chile

El libremercadismo ha sido en Chile más un régimen de facto que un discurso público, y en el mejor de los casos, más un discurso abstracto que un proyecto histórico surgido espontáneamente de la sociedad civil.

En un artículo publicado en el *Journal of Political Economy* de la Universidad de Chicago en 1963, el economista liberal Tom Davis se preguntaba quiénes de verdad se beneficiarían en Chile con la aplicación irrestricta de un modelo liberal que frenara la inflación, estabilizara los parámetros económicos, liberalizara el comercio exterior, etc., y se respondió:

> *"a las industrias de exportación; las pequeñas firmas de industrias razonablemente competitivas como la alimentaria, textil, cuero...; y finalmente, la masa trabajadora no organizada y los trabajadores por cuenta propia de industrias de tipo artesanal y la agricultura, que soportan una parte desproporcionada de la carga generalmente regresiva del 'impuesto' inflacionario. La explicación del fracaso de estos grupos para constituirse en una fuerza política proporcional a su número o a la fracción total de su aporte al producto total es obvia. Ellos son extranjeros o emigrantes, los no organizados e iletrados, los apartados de centros urbanos y alejados de la capital. Un gobierno que intente basarse sobre una base tan fragmentada como punto de apoyo para implantar un programa de estabilización se vería de inmediato amenazado por los extremos del totalitarismo".*

---

92 M. Silva: *Los cordones industriales...*, op. cit., p. 176. Algo no muy diferente planteó Arturo Alessandri en septiembre de 1924 y marzo de 1925 frente a las demandas de las masas.

Sobre tales bases, no podía haber un proyecto liberal socialmente viable. Menos aún si por la institucionalización de la inflación la sociedad se hallaba inmovilizada en un irrompible "empate político": los conservadores 'podían' obstruir los aumentos en la tributación directa; los sectores de centro e izquierda 'podían' obstruir todo intento de reducir las remuneraciones reales; mientras el gran empresariado 'podía' obtener del Banco Central préstamos *pari passu* con los que el Gobierno obtenía allí. Para quebrar ese empate se requería maximizar la fuerza política, y esto se podía hacer sólo de dos maneras: o acumulando fuerza social, o aplicando "poder de fuego" (R. Baño). Las raquíticas fuerzas sociales de que podía disponer en Chile hicieron del libremercadismo sólo un discurso retórico, básicamente importado algo a la fuerza por el FMI o Estados Unidos. La conciencia de esta situación llevó a Tom Davis a plantearse "la pregunta de si un gobierno 'democrático' puede efectivamente llevar a cabo un programa anti-inflacionario global" [93].

Durante el siglo XIX el 'discurso' libremercadista se enfrentó a tres grandes dificultades: a la *mayoría* social partidaria del proyecto de integración hacia adentro; a la enraizada tradición *proteccionista* (colonial) que se enquistó en la legalidad económica de la nación, y a la supremacía empresarial de los mercaderes y capitalistas *extranjeros* que, además de ser los principales promotores del libremercadismo, eran de lejos sus principales beneficiarios. La oligarquía mercantil chilena logró sortear el primer problema barriendo militarmente esa mayoría. El segundo, mediante la aplicación de decretos de excepción que barrenaron fácilmente las retóricas leyes de un Congreso dominado por el Ejecutivo (cuando menos hasta 1860). Sólo fracasó ante el tercer problema, ya que los extranjeros no sólo mantuvieron sino que maximizaron su supremacía empresarial. Tanto, que algunos se preguntaron (F. A. Encina, T. Pinochet y otros): ¿qué real utilidad 'nacional' tiene un modelo 'exitoso' de integración hacia afuera?

A pesar de eso, la oligarquía local, con fe liberal de carbonero, perseveró en privilegiar la condición de esos extranjeros. Esa fe no dejó de sorprender a esos mismos extranjeros. En 1858, por ejemplo, el economista francés J. G. Courcelle-Seneuil (contratado en 1856 por Manuel Montt) informaba que "la riqueza adquirida de golpe por los exportadores agrícolas y mineros" no hizo más que aumentar "la demanda para los comerciantes y las mercancías extranjeras", y que parte de los empréstitos externos y

> "el crédito hipotecario ha sido gastado en atender los goces de los propietarios; la mayor parte en la construcción de bellas mansiones, en la compra de suntuosos mobiliarios, y el lujo de la *toilette* de las damas ha tenido en estos años progresos increíbles... En suma, se puede decir que mientras el agricultor disipa en locas

93 El artículo original de Tom Davis se tradujo como "Ocho décadas de inflación en Chile: 1879-1959. Una interpretación política", en *Cuadernos de Economía* 4:11 (Universidad Católica, 1967), pp. 69-70 y 74.

orgías el aumento de sus ingresos, los capitalistas emplean los suyos en aumentar sus bienes durables".

Añadió que "el comercio de importación está en manos de un cierto número de casas comerciales extranjeras" [94].

En 1861, otro economista francés, H. Mannequin, informaba que la crisis reportada por Courcelle-Senuil en 1858 había empeorado después, con un dato nuevo: "el gobierno chileno, acosado de solicitudes inoportunas, tuvo la imprudencia de confiar a los mercaderes y propietarios más necesitados una parte del empréstito que había contratado en Inglaterra para terminar la construcción del ferrocarril (a Talca)" [95]. Y el mismo Courcelle-Seneuil reportaba en 1876 que, puesto que el Gobierno se vio obligado a contratar nuevos empréstitos para pagar los intereses de los anteriores, los mercaderes -"que se habían habituado a usarlos para sí"- se hallaron en dificultades, y tuvieron que pagar sus importaciones con oro y letras en oro, debido a la crisis mundial de la plata [96]. En ese punto, los capitalistas chilenos optaron por especular con la caída del tipo de cambio y dejar de invertir en la mecanización de las faenas mineras y productivas en general, llevando la crisis al plano productivo. Es lo que constató, en 1889, el ingeniero de minas Henry Sewell:

> "En Chile, los minerales de cobre son chancados en muchas minas con martillos y lavados a mano. Agréguese a todo esto la *pecaminosa* negligencia de sucesivos gobiernos chilenos en cuanto a proteger su gran industria nacional... Los chilenos están permitiendo que sus grandes minas se derrumben por falta de implementos mecánicos. Yo puedo asegurar... que si Inglaterra o Estados Unidos toman control de las minas y fundiciones chilenas, Chile podría hegemonizar el mercado *con una mano*. La industria del cobre chilena, en manos de chilenos, morirá..." [97]

Es lo que, a fines del siglo XIX, ocurrió. Quebrada su "gran industria", la mayoría de los (ex) grandes agricultores y mineros optaron por jugar suertes en la especulación bursátil y sobre el tipo de cambio. El dinero fácil era una mejor salida, y el modelo libremercadista (que recomendaba volver al aristocrático y ético 'patrón oro') se quedó sin apoyo 'social'. Es lo que constataron Henry Hucks Gibbs (jefe de la más importante y antigua casa comercial inglesa con negocios en Chile), y Stephen Williamson M. P. (jefe de otra importante casa comercial inglesa) en 1887, quienes, bajo juramento, insistieron en que los empresarios chilenos se sentían cómodos con su sistema monetario colapsado,

---

94 J. G. Courcelle-Seneuil: "Crise économique au Chili", en *Journal des Economistes* 18 (Paris, 1858. 2da. Ser.), pp. 57 y 61.

95 H. Mannequin: "Sur la crise monétaire et commerciale des Républiques hispano-américaines", ibídem, 31 (Paris, 1861), p. 119.

96 J. G. Courcelle-Seneuil: "Crise commerciale et monétaire au Chili", ibídem, 44 (Paris, 1876. 3a. Ser.), p. 294.

97 H. Sewell: *British Capital & Chilean Industry. Nitrates, Gold Mines & Coal Mines (The Richest Gold Fields of the World with the Lowest Wages of any Known Gold Districts)* (London, 1889) pp. 28-29. Cursivas en el original.

dado que eso favorecía la "producción de *commodities* para la exportación", a tal punto que, si el peso fuera revaluado "ni un cuarto de trigo se cultivaría en Chile para la exportación, y muchas minas de cobre, que ahora subsisten del colapsado tipo de cambio, cerrarían, lo mismo que muchas oficinas salitreras". Esta opción de los chilenos -añadieron - les favorecía sobremanera a ellos, porque sus casas comerciales no sólo importaban mercancías que ahora subían de precio, sino que también eran productores y exportadores que veían bajar no sólo el precio de sus insumos internos sino también la tasa de salarios. El beneficio para ellos era, pues, doble. Con ortodoxia o sin ortodoxia, la fe liberal de los chilenos privilegiaba a los extranjeros [98].

Esta rápida revisión de informes técnicos entregados por expertos extranjeros muestra nítidamente la evolución crítica de la élite 'libremercadista' chilena: auge hacia 1850 (aumento de su consumo suntuario); contracción financiera hacia 1860 (que el Estado salvó 'transfiriendo' empréstitos externos); baja de la inversión reproductiva entre 1873 y 1888 (y colapso del sector productivo exportador); expansión del capital extranjero tras ese colapso; arrinconamiento de la élite libremercadista chilena desde 1888, y recuperación 'especulativa' de las exportaciones y de los productores medianos y pequeños, aprovechando la devaluación monetaria y la caída general del nivel de salarios. La angostura del libremercadismo chileno determinó que, sin mayor esfuerzo, el viejo proteccionismo se cobrara revancha, tras largas décadas de obstinada desprotección liberal.

Al iniciarse el siglo XX, el libremercadismo chileno tenía, pues, menos base social que nunca. Se sostenía, tan sólo, en un pequeño y residual grupo de magnates (centrado en el banquero Agustín Ross), que esgrimía, como único quejumbroso bastón, el discurso de la "conversión monetaria" y el retorno al caballeresco "patrón oro". Se les llamó, por eso "oreros" (liberales). Y se trenzaron en un fuerte debate con los "papeleros" (productivistas). Cuando, hacia 1918, el discurso social-productivista se instaló en el escenario público, el discurso orero se dejó de oír, junto con el valetudinario montt-varismo [99]. Con todo, quedó un vástago: la clase política parlamentaria, que se había educado y fogueado en el respeto irrestricto (se traduce como 'libremercadismo') al capital extranjero radicado en Chile. De modo que, muertos los magnates, los políticos liberales adhirieron a las reformas implantadas por la Misión Kemmerer (liberal) y al "patrón oro" (cuya super-ortodoxa defensa llevó al comercio exterior chileno a ser el más afectado en el mundo por la crisis de 1930) [100].

Desde 1930, el libremercadismo se quedó, prácticamente, sin gente. El social-

---

98 United Kingdom Houses of Parliament. Gold & Silver Commission (Ed.): *Recent Changes in the Relative Value of the Precious Metals, with Minutes of Evidence & Appendices* (London, 1887), 3 Reports. Vol. 1: p. 151 y 274; vol. 2: pp. 4, 6 y 7.

99 P. Conoboy: "Money and Politics in Chile. 1878-1925" (University of Southampton, U.K., 1976, Ph.D. Thesis).

100 P. T. Ellsworth: *Chile: an Economy in Transition* (New York, 1945).

productivismo conquistaba todos los corazones, incluso dentro de la derecha política, donde los discursos del nacionalismo espiritual o el coporatismo social (dominante en los propios gremios patronales) hicieron olvidar el discurso de integración hacia afuera. Se produjo un *olvido* casi total de los principios básicos del Mercado, sobre todo respecto a cómo tratar el "rebelde flagelo de la inflación". Los ingenieros de la CORFO, los economistas de la CEPAL y los sociólogos de DESAL asumieron la inflación (extrapolando el keynesianismo) como una herramienta "heterodoxa" para el desarrollo, ya que estimulaba la expansión de los negocios. La misma definición dominó en los programas económicos de los presidentes Frei y Allende [101]. Los "papeleros" -fuertemente vapuleados por los "oreros" en 1900- se tomaron desquite medio siglo después, hasta 'borrar de la memoria' los principios ortodoxos del Mercado.

Es ese sorprendente 'olvido' lo que explica por qué, en Chile, el discurso libremercadista debió ser *reimplantado* un siglo después de su primer implante [102]. Y no una vez, sino varias. Casi siempre por el ingreso al país de "misiones" (¿o 'cruzadas'?) de probada fe libremercadista. Primero fue la "misión" Kemmerer, en 1925. Luego, diversas misiones enviadas por el FMI (las más relevantes fueron las de 1949 y de 1955). Como eso no diera mucho resultado (la amnesia libremercadista parecía congénita), se firmó el célebre 'convenio académico' entre la Universidad de Chicago y la Universidad Católica de Chile, en 1956. El destino de la fe liberal en Chile pareció entregado entonces a la 'persuasión' apostólica de esas misiones, a la 'presión' política de Estados Unidos y a la eficiencia 'pedagógica' de los Premios Nobel de Chicago. O sea: quedó entregado, no a una clase social, sino a un puñado de valientes. Así, todos los gobiernos desarrollistas y populistas del período 1946-1973 tuvieron que escuchar y atender ladinamente ("se obedece, pero no se cumple") las lecciones impartidas *in situ* por tales implantadores. Pese a todo, esas lecciones no perforaron la dura coraza desarrollista (que estaba demasiado legitimada socialmente como para sacársela 'políticamente' de encima), y sobre ella resbaló la prédica libremercadista, sin echar raíces. Si algo quedó, fueron, sólo, semillas en hibernación. Que fue el estado primigenio, fetal, de los "Chicago Boys".

De la reimplantación liberal: el injerto Chicago

En junio de 1955, cuatro economistas de la Universidad de Chicago (Arnold Haberger, Theodore Schultz, Earl Hamilton y Simon Rottenberg) llegaron a Santiago con la *misión* de implantar lo que se llamó "Proyecto Chile". El proyecto consistía en establecer un convenio de "cooperación técnica" con la Universidad Católica, por el cual profesores de Chicago vendrían a 'enseñar' en esa universidad, mientras becarios chilenos

---

101 O. Sunkel: "La inflación chilena: un enfoque heterodoxo", *Trimestre Económico* 25:100 (1958).

102 R. Will: "The Introduction of Classical Economy into Chile", *Hispanic America History Review* 44 (1964).

irían a 'aprender' a la *Chicago School of Economics.* El objetivo estratégico no era otro que eliminar lo que Tom Davis (uno de los primeros que vino a 'enseñar') llamó "la total ignorancia de los principios básicos de mercado" de que hacían gala tanto los economistas como los políticos chilenos, sobre todo en su trato con la inflación [103]. Diversas fuentes indican que, por entonces, en Estados Unidos, crecía la sospecha de que Chile era un país "mal estudiado por los propios chilenos" (Kalman Silvert) y que, justo por eso, era necesario montar una operación 'académica' para resolver esa incomodidad [104]. La dicha sospecha y la subsecuente operación tuvieron lugar en el contexto de la guerra fría, durante el peor activismo macartista (caza de intelectuales 'rojos' en EE. UU), en pleno auge de las super-teorías sistémicas de Talcott Parsons, poco después de que la Misión Klein-Saks fracasara frente a las teorías de la CEPAL en dejar implantados en los políticos y en la juventud chilena los sagrados "principios básicos del mercado", y casi al mismo tiempo que las masas estudiantiles, obreras y marginales de la capital lanzaran su espeluznante "asonada" del 2 y 3 de abril de 1957. Es decir: el tejido histórico no era por entonces el más propicio para que el reimplante libremercadista (vía Universidad Católica) fuera algo más que un huevo ortodoxo, sin empollamiento a la vista.

El convenio, sin embargo, se firmó sin tropiezos, y rigió, de tres en tres años, hasta 1964. Durante ese período, al menos 150 estudiantes recibieron *full graduate fellowships* para estudiar en la Universidad de Chicago. Entre los que alcanzaron el doctorado se encuentran: Rolf Lüders, Ricardo Ffrench-Davis, Mario Corbo, Ernesto Fontaine, Dominique Hachette, Alvaro Saieh y Sergio de Castro [105]. Durante casi dos décadas, los graduados en Chicago trabajaron -contratados por la Universidad Católica- paciente y anónimamente. Sus investigaciones se publicaron en los *Cuadernos de Economía* de esa Universidad. El enfoque 'neoliberal' de esa revista pasó desapercibido bajo la producción nacional-populista de sus rivales: los *Cuadernos del CESO* (Universidad de Chile) y los *Cuadernos de la Realidad Nacional* (Universidad Católica). El contraste entre esas revistas no fue, sin embargo, el del enfoque 'científico' (Chicago) versus el enfoque 'ideológico' (CESO-CEREN), puesto que en todas ellas se mezcló lo ideológico y lo científico. Es lo que comprobó Roberto Zahler (doctorado en Chicago) en la misma Chicago School of Economics:

---

103 Ver referencias de la Nota 34.

104 G. Salazar (Ed.): "Historiografía chilena: balance y perspectivas. (Actas)", *Proposiciones* 12 (1986), pp. 164-166.

105 Ver P. O'Brien: "The New Leviathan: The Chicago School and the Chilean Regime, 1973-1980", *IDS Sussex Bulletin* 13 (1981); A. Fontaine: *Los economistas y el presidente Pinochet* (Santiago, 1988. 2da. ed.); J. G. Valdés: *La Escuela de Chicago: la Operación Chile* (Santiago, 1989); M. Délano & H. Traslaviña: *La herencia de los Chicago Boys* (Santiago, 1989); S. Correa: "Algunos antecedentes históricos del proyecto neoliberal en Chile, 1955-1958", *Opciones* 6 (1985); G. Cáceres: "El neoliberalismo en Chile: implantación y proyecto", *Mapocho* 36 (1994), etc.

"El carácter totalizante, la pretensión de cientificidad y de verdades absolutas -en lo que comprende una fuerte carga ideológica- y el carácter extremista de sus planteamientos y de su aplicación práctica, limita y restringe un aporte que, expresado con prudencia y mayor humildad, podría tener una influencia profunda y duradera en los distintos campos de las ciencias sociales" [106].

Es sugestivo que el implante libermercadista de Chicago, lo mismo que el 'proyecto mercantil' impuesto un siglo y medio antes por Diego Portales & Cía., sólo haya podido germinar en el nido violento de una intervención militar. Y que desde 1975 -cuando los equipos de Jorge Cauas y Sergio de Castro defenestraron al equipo 'pos-desarrollista' de Fernando Léniz y Raúl Sáez- el discurso neoliberal se aplicó verticalmente, como todo discurso de "carácter totalizante y extremista" (R. Zahler); forma 'civil' de implante 'militar' que recibió el aséptico nombre de *shock treatment* (versión econométrica del *shock* eléctrico aplicado a los prisioneros políticos). Esto reactualiza la ya vieja pregunta de T. Davis: ¿es compatible cualquiera forma de implantación del libremercadismo con una metodología 'democrático-liberal'?

Es también sugestivo que el reimplante libremercadista (que está centrado en la 'integración hacia afuera') se haya efectuado *a contrapelo* de la tradición discursiva contemporánea de la Derecha chilena (corporatismo social y nacionalismo), y a *espaldas* del mayoritario proyecto de integración hacia adentro. Cuestión que lleva a otra pregunta: las implantaciones libremercadistas de 1829-1830 y de 1973 ¿han sido, *strictu sensu*, 'nacionalistas'?

De no ser compatible con metodologías democráticas, ni ser de sustancia verdaderamente nacionalista, entonces sorprende que el libremercadismo *hipnotice* a los militares, al punto de anonadar su lealtad irrestricta hacia lo que la nación real entiende como 'nación' y como 'democracia'. ¿Por qué?

En primer lugar, pareciera que, en Chile, al no tener el discurso libremercadista una orgánica base social de apoyo (T. Davis), se vuelve estratégicamente necesario y coyunturalmente urgente 'convocar' a los militares, provocarlos (tirándoles maíz, por ejemplo) y 'centrarlos' en el Estado reconociéndolos de paso como una salvadora 'clase política' (G. Vial). Como dijo A. Przeworski:

"El tutelaje militar es preferido por algunas fuerzas políticas civiles a modo de protección contra las demandas de aquellos sectores con mayor representatividad, y de las presiones de aquellos que buscan la revolución política y también social" [107].

En segundo lugar, el libremercadismo tuvo (en tiempos de Bernardo O'Higgins y Diego Portales) y tiene la ventaja comparativa de ofrecer, 'positivamente', relaciones co-

---

106 R. Zahler: "El neoliberalismo en una versión autoritaria" *Estudios Sociales* (CPU) 32 (1982), p. 50.

107 A. Przeworski: *Democracy and the Market...*, op. cit., p. 77.

merciales, diplomáticas y militares con las grandes potencias del Mercado. En 1820 y en 1830 tanto como en 1975, el libremercadismo abría caminos para sacar a Chile de una situación crítica de *aislamiento* respecto a esas grandes potencias (Inglaterra en 1820 y Estados Unidos en 1975). Así, sobre los problemas externos de la geopolítica y los internos de la sociopolítica, el libremercadismo ha ofrecido, siempre, paz para aquéllos y guerra para éstos. O sea: obviar elegantemente el conflicto con las grandes potencias económicas y militares del orbe, y arrasar inmisericordemente con los micro-poderes que surgen de la angustiada identidad nacional. Y entre el heroísmo homérico de desafiar los grandes poderes de la tierra y el heroísmo doméstico de triunfar en la "guerra sucia", el libremercadismo, imperturbable, recomienda, siempre, tomar el más barato. Vale decir: heroificarse a bajo costo en la guerra sucia. En este punto, el escaparate libremercadista tiene un *marketing* infinitamente mejor que cualquier 'caro' nacionalismo o social-productivismo. Al menos, para militares. Es tal vez por esta lógica de mercado que el militarismo 'desarrollista' (como el levantado por los oficiales jóvenes en 1924 y mal continuado por Ibáñez después) haya sido convenientemente olvidado por la alta oficialidad, y haya quedado bajo la sospecha de los líderes del movimiento ciudadano (como Recabarren en 1924).

Por esas -y otras- razones, el libremercadismo contiene, en sí mismo, un 'silogismo histórico' que, en su premisa mayor y en su conclusión, es mercantil; en su premisa del medio, es geopolítico y militar, y en ninguna fase del razonamiento, socializado. Tiene una relación 'casual' con la democracia y la nacionalidad. Por ello, su metabolismo cultural es, en lo visible, materialmente rico, pero en lo invisible, socialmente pobre. Dijo David Evans:

> *"Los neoliberales a menudo refuerzan las formas autoritarias de producción con argumentos en pro de un Estado fuertemente centralizado... Este Estado es aceptado aunque es de hecho no-democrático, porque prima el interés en la eficiencia del Mercado. Y no ven ninguna contradicción en llamar reformas de 'liberalización económica' a las reformas pro-mercado, incluso cuando ellas son implementadas por repelentes dictaduras militares o civiles"* [108].

John Toye, por su parte, considera que en este discurso existe una "irredimible visión cínica del Estado y una aguda disyunción entre esta visión y los requerimientos políticos para la adopción de programas liberalizadores en la esfera económica", sobre todo en los países en vías de desarrollo [109].

---

108 D. Evans: "Visible and Invisible Hands in Trade Policy Reform", en C. Colclough & J. Manor (Eds.): *States or Markets?...*, op. cit., p. 55.

109 J. Toye: "Is There a New Political Economy for Development?", en ibídem, pp. 322-23 y 332.

La "visión cínica del Estado" (una de las principales fuentes de problemas para el libremercadismo) se compensa, por lo común, con una sensual y alegre visión *cosmopolita* de la vida. Rubro en el que el libremercadismo (¿quién lo duda?) no tiene rival. Visión que, históricamente, es la sublimación globalizada y madura de sus primitivas y polvorientas ferias, caravanas y mercados.

Desde sus orígenes pos-medievales, el comercio instaló ferias abiertas (*marketplaces*) como lugares donde los individuos, aparte de comprar y vender baratijas, podían liberarse de sus *amarras* comunalistas (feudales, monárquicas, municipales o tribales) y bañarse en lo exótico, lo distinto o lo prohibido, que el mercader se encargaba de importar de otros continentes y vocear a gritos en la entrada de su tienda. A esa bulliciosa atmósfera de 'libertad' no se convocaba al Estado como Estado, ni a los gremios como gremios, ni al municipio como tal, sino a los *individuos*. Pues era a éstos a los que, seductoramente, se les ofrecían espectáculos circenses para ver, baratijas para comprar, especies para consumir y vivencias exóticas para rebasar los límites (rígidos) de la vida comunitaria. De este modo, a las prácticas comunales de 'libertad participativa' (sujeta a responsabilidades cívicas), el comercio opuso, en sus ferias de suburbio, la 'libertad vivencial' (basada en la sensorialidad individual), y a la identidad comunal, la identidad de 'lo exótico'. Por esto, desde el principio, el libremercadismo ha proclamado la filosofía de las libertades individuales, cuya seducción sensorialista ha provocado un quiebre profundo en las tradiciones éticas de la política comunal [110].

Desde una perspectiva histórica, la globalización libremercadista actual no es otra cosa que la 'culminación comunicacional' de las polvorientas caravanas intercontinentales que, a paso de caballo, los mercaderes pos-medievales llevaban por todas partes. Pasando sobre todas las fronteras. El bullicio multicolor y la fanfarria de las ferias suburbanas circunvalan hoy, a vuelo de luz, todo el globo terráqueo. Su expansión espacial y su modulación seductora se han potenciado de modo exponencial, pero su discurso de libertad individual es el mismo. El modo como sus gigantescos *shopping centers* están despoblando las viejas plazas públicas o foros donde antaño se reunía soberanamente la comunidad, es el mismo. Los buhoneros y mercachifles que antes pregonaban y regateaban sus chucherías en las bocas de sus tiendas, son hoy seductoras siluetas televisivas que ondulan eróticamente las intimidades de las mismas baratijas. Hoy, como ayer, el voceo mercantil compulsa y trabaja la sensorialidad del individuo, no su responsabilidad colectiva.

> *"El énfasis en la libertad es el elemento distintivo de la cosmovisión neoliberal... La libertad es definida en términos de autonomía individual. Es esencial en esta autono-*

---

110 Para una visión kantiana del problema ético implicado en la noción individual de la libertad, M. J. Sandel: *Liberalism and the Limits of Justice* (Cambridge, 1996. 15a. edición).

mía que el individuo no sea entramado o coaccionado por la sociedad. La libertad es definida de modo negativo, es decir, en términos de ausencia de toda intervención externa al individuo" [111].

Es este concepto individual (sensorial) de libertad el que excluye toda coacción externa (ético-política), provenga del Estado como tal, o del comunalismo ciudadano. Por ello, la 'justicia social', en tanto discurso político, es inaceptable. No hay más justicia social que asegurar la 'oportunidad de acceso' (a los goces del mercado), sobre la base de un 'poder de compra' (no de un imperativo moral o político). Las desigualdades que puedan darse entre individuos respecto al 'poder de compra' o respecto a la 'capacidad de goce' (consumo) es una situación *natural*, resultado de las capacidades individuales, y ni el Estado ni la Comunidad deben intervenir en nada para asegurar un 'absurdo' promedio regulado. Pues es preciso respetar, en los individuos, su dotes naturales, su esfuerzo propio y, por cierto, los "dones de Dios". Aunque haya desigualdades. Y esto *hay* que asegurarlo, aunque sea a sangre y fuego.

El problema central del libremercadismo es su tendencia obsesiva a destruir las identidades comunales, nacionales y el carácter '*societal*' de los sujetos. O sea: a extinguir, en los individuos, su carácter 'político', e incluso, su misma identidad de 'sujeto'. Es decir: todo lo que 'vista' al individuo con otra ropaje que no sea su cuerpo desnudo ante la expectativa de un festín sensorial. O imaginario. Tendencia que, sin duda, compromete la vigencia de valores humanos de alcance estratégico. Es esta la tendencia que, según Francis Fukuyama (el mismo que proclamó el triunfo definitivo del neoliberalismo y "el fin de la historia"), corroe a la sociedad norteamericana, la más liberal del orbe. En un libro escrito cuatro años después de su famoso artículo, en tono autocrítico, Fukuyama escribió:

> "Pero si una fuerte vida de comunidad es, como dice Alexis Tocqueville, la mejor garantía de que, en una democracia, sus ciudadanos no se conviertan en últimos hombres, en las sociedades contemporáneas se halla constantemente amenazada. Y lo que amenaza la posibilidad de las comunidades no es una fuerza externa a ellas, sino los mismos *principios* de libertad e igualdad en los cuales se basan y que ahora van convirtiéndose en universales. Muchos de los problemas de la familia americana contemporánea -la alta tasa de divorcios, la falta de autoridad de los padres, la alienación de los hijos, etc.- surgen precisamente del hecho de que sus miembros la ven en términos estrictamente liberales... La posibilidad de una fuerte vida comunitaria también se ve atacada por las presiones del mercado capitalista. Los principios económicos liberales no dan ningún apoyo a las comunidades tradicionales; al contrario, tienden a atomizar y separar a la gente. La

---

111 J. Collins & J. Lear: *Chile's Free Market...*, op. cit., pp. 37-38.

gente se siente forzada a retirarse al mundo microscópico de la familia... No ha de sorprender que haya declinado en América la fuerza de la vida comunal. Esta decadencia ha ocurrido no *a pesar* de los principios liberales sino *a causa* de ellos. Las democracias liberales ... no son autosuficientes; la vida comunitaria de la que dependen ha de proceder, en última instancia, de una fuente distinta que el propio liberalismo".

La decadencia de la vida comunitaria la ve Fukuyama como una fuente de peligros, que van desde la posibilidad de "convertirnos en últimos hombres", a ser los "primeros hombres enfrascados en combates sangrientos por un prestigio sin sentido, más ahora con armas modernas", pasando por una rebelión de los ciudadanos "ante la perspectiva de convertirse en miembros indiferenciados del Estado universal y homogéneo. Querrán convertirse en ciudadanos en vez de burgueses, y a fin de cuentas encontrarán aburrida la vida de una esclavitud sin señores. Querrán arriesgar la vida incluso si el sistema internacional de Estados ha conseguido abolir la posibilidad de la guerra. Esta es la 'contradicción' que la democracia liberal todavía no ha resuelto" [112].

Alexander Solzhenitsyn cree que el individualismo materialista conduce también a la "dilapidación de los valores espirituales", y a la muerte cultural, "como si ya hubiéramos probado toda la cultura posible, como si la hubiéramos agotado y no halláramos en ella más alimento". Y agrega:

> *"La expansión de la civilización ha traído, junto con infinitas riquezas y comodidades, un empobrecimiento de las almas... Aquello que hace progresar a grandes saltos el número de consumidores, al combinarse con los efectos de las leyes de mercado, amenaza con apartarse de la cultura auténtica. La vulgaridad del arte envilecido, que ya no es desde hace décadas más que una falsificación... sin traba alguna, mutilando la sensibilidad visual y auditiva de la gente y llenando su alma de engaños"* [113].

El "empobrecimiento de las almas" incluye, a veces, la pérdida total del sentido cívico de 'solidaridad'. En Chile actual -dice *El Mercurio*-, un "exacerbado individualismo no sólo merma (en la gente) la disposición a ayudar, sino que impulsa a abusos ante la ajena desgracia". Y ejemplifica:

> *"En marzo de 1998, en otra calle (de Santiago), el cuadro era el siguiente: un taxista atrapado entre los fierros de su auto volcado, después de recibir el impacto de otro vehículo mientras conducía en Vicuña Mackenna con Avenida Matta. Si bien permanecía consciente, sus movimientos estaban reducidos a cero. Y otra vez apareció un*

---

112 F. Fukuyama: *El fin de la historia y el último hombre* (Buenos Aires, 1992), pp. 412-13; 419 y 430-35. Cursivas en el original.

113 A. Solzhenitsyn: "¿Agotamiento de la cultura?", en *El Mercurio* (15/03/1998), E4.

grupo de personas, no precisamente para ayudar. Aprovechando, le quitaron el reloj al chofer y hurgaron en la guantera para quedarse con todo lo que encontraron. Como broche de oro, después llegaron dos tipos con bidón y manguera... para sacar la bencina del estanque..." [114].

De banderillas rojas, negras y de actores críticos

Es precisamente la percepción de esas "contradicciones liberales" (Fukuyama), de ese "agotamiento cultural" (Solzhenitsyn) y de las "mermas de solidaridad" (*El Mercurio*), la que, entre otros factores, ha llevado a un gran sector de la sociedad chilena a mostrarse apática y aun crítica del modelo neoliberal, pese al éxito de "aquello que hace progresar a grandes saltos el número de consumidores". Y que, encima de ello, hace germinar por allí diversos proto-discursos cívicos de orientación re-humanizadora.

En términos generales, es posible agrupar esos sectores en tres grandes 'actores críticos': 1) los derrotados y reprimidos por la instalación dictatorial del modelo libremercadista; 2) los que han sido o están siendo excluidos o 'precarizados' en la lucha por 'acceder' a los empleos del Mercado, y 3) los que, por simple sensibilidad o percepción política, critican y se mueven contra esas "contradicciones", "agotamientos" y "mermas".

Los grandes 'derrotados' por la imposición del libremercadismo en Chile son, como se sabe, los miembros de la izquierda marxista. El golpe militar -lo repiten hasta el cansancio los generales golpistas- fue planeado y asestado *contra* el gobierno de la Unidad Popular y sus aliados. La "guerra sucia" que siguió se asestó sistemáticamente contra el Partido Comunista, el Partido Socialista y el Movimiento de Izquierda Revolucionaria. Los arrestos, deportaciones, finiquitos, torturas, asesinatos y desaparecimientos ejecutados contra la militancia y la periferia de esas organizaciones quebraron todos los récords represivos del siglo XX chileno. Nunca antes se había perpetrado una herida tan extensa y profunda en un sector que abarcaba casi la mitad de la sociedad chilena. Fue esta enorme brecha la que dejó inválido y 'herido de guerra' al discurso político del marxismo 'a la chilena', inutilizándolo para mucho tiempo. La caída del Muro de Berlín le restó, además, toda atención de urgencia [115].

Es necesario ser cuidadoso, sin embargo, cuando se habla de derrotas. Y sobre todo cuando se trata de derrotas de ese rango y carácter. La historia no se reduce al 'campo' de batalla y a la estadística de los muertos, heridos y vencedores. Más allá del

---

114 A. Figueroa: "Solidaridad ciudadana: un hábito que muchos botaron al tarro de la basura", *El Mercurio* (21/05/1998), A 1 y 11.

115 Sobre el golpe militar y la subsecuente guerra sucia: A. Cavallo et al.: *La historia oculta del régimen militar* (Santiago, 1990); E. Ahumada et al.: *Chile, la memoria prohibida* (Santiago, 1989), 3 vols.; Comisión Nacional de Verdad y Reconciliación: *Informe Rettig* (Santiago, 1991), 2 vols., y P. Politzer: *Miedo en Chile* (Santiago, 1985).

humo y la sangre, hay otros planos: el del dolor. El del recuerdo y la memoria. El llanto de los deudos, la ira de los despojados, la solidaridad de los observadores. La derrota, en suma, es una *experiencia social e histórica* más ancha, profunda y longeva que la destrucción neta que la define. Porque la experiencia de la derrota queda viviendo, palpitante, y crece hasta rodear, por todos lados, el carro de los vencedores. Por eso, la brutalidad de la derrota marxista creó, en torno a los caídos y en torno a los vencedores, una experiencia pos-marxista mucho *mayor* que la experiencia militante de los que cayeron. El libremercadismo celebró la extinción de la militancia marxista, pero tuvo que retroceder ante la nube experiencial que surgió de esa extinción. Nube que puede llevar diversos nombres. Tal vez, todos los nombres. Recordemos uno: "Derechos Humanos" [116].

Hasta 1973, la experiencia específicamente marxista se concentró, de un lado, en el padecimiento y la lucha del 'trabajo explotado' (lo que presuponía la existencia de empleo, contrato estable y sindicatos fuertes); de otro, en el efecto subdesarrollante de la 'acción imperialista' y en la lucha por la independencia económica, y, de otro, en la 'práctica electoral' y democrática para erradicar la explotación y el imperialismo. No se puede negar que la experiencia derivada de la práctica marxista chilena era *moderada*, institucionalista y negociadora. Se puede decir ahora: casi ingenua. Crédula. Desprevenida.

La forma de la derrota ensanchó la experiencia marxista. Si antes de 1973 la militancia basó su proyecto y discurso en una versión moderada del 'trabajo proletario' y la 'política de izquierda', después de 1973 se ha visto forzada a trabajar yéndose a todos los *extremos* del piso histórico: del trabajo proletario sindical al trabajo sub-proletario desprotegido, de la política formal a la política informal, del discurso parlamentarista al discurso social (de la calle, la casa, el género, etc.), de la frustración electoral al dolor integral por la vida y la muerte, etc. Y en este campo ensanchado, la ex-militancia ha encontrado nuevos amigos, otras solidaridades, distintas fraternidades. O sea: otras fuentes de poder. La experiencia histórica del marxismo derrotado se ha hecho *extremista*, pero no en el sentido de la 'violencia contra el sistema', sino en cuanto integra *todas* las formas de experiencia, todas las formas imaginables de oposición, y no sólo la estrecha y moderada militancia político-formal. El libremercadismo ganó todas las batallas de la guerra sucia, pero, hasta ahora, no ha ganado ninguna -al menos, definitiva- sobre la experiencia ampliada y totalizada de sus derrotados.

El proyecto libremercadista va por la historia, pues, llevando entre sus ojos, como estigma de nacimiento, la banderilla roja que le clavara el frente social ampliado de los derechos humanos. Justamente, a nombre y honra de los marxistas (moderados) que derrotó. Banderilla que no intentó ni intenta 'matar' al toro neoliberal, pero sí diseminar por su cuerpo -como anemia corrosiva- la savia noble del valor *humano* de la historia. En todas sus

---

116 Es notable, en este sentido, la solidaridad de las iglesias cristianas (sobre todo, de la Católica). La derrota marxista llenó de vida, pasada y futura, los patios parroquiales. Fue allí donde se recuperó la dignidad de la vida y se fraguó la resistencia social a la dictadura.

formas: como afán solidario del no-olvido; como la voluntad impertérrita de la no-impunidad; como la justicia social en todos los ámbitos (penal, laboral, habitacional, educativa, política); como poder cívico refundador del Derecho, del Estado, del Mercado, etc. La totalización de la experiencia social y valórica que provocó la derrota de los marxistas bajo la forma de un gran paquete de 'derechos humanos', es, hoy, un 'lugar' que tiende a ser tanto o más valedero que el *marketplace* para fundar la sociedad humana del futuro [117].

No hay duda que el aura humanista surgida de la propia derrota creó un nicho ecológico que ha amparado y permitido la sobrevida de diversos grupos 'pos-marxistas'. Después de todo, es la línea de su propia historia. Si el marxismo es el clon rebelde surgido de las contradicciones capitalistas, el marxismo chileno no murió con su brutal derrota de 1973: simplemente cambió de lugar. Y si antes anidaba en el habitáculo estrecho del trabajo asalariado, hoy se 'posa' allí, pero también 'vuela' por todas partes [118]. No está muerto: sólo tiene nuevos y muchos trabajos por hacer.

El segundo 'actor crítico' es la considerable masa de chilenos (sobre todo jóvenes) que no han logrado acceder a un puesto aceptable en el restringido 'mercado laboral' (una especie de zaguán selectivo que da o no da la llave maestra para entrar a las 'tiendas gozosas' del Mercado). Son las víctimas de la llamada "flexibilización" (precarización) del empleo asalariado y de la "mercantilización" de la educación. Son víctimas de otro tipo de guerra sucia (la laboral) que, sin embargo, no han tenido en torno suyo, como las víctimas de la guerra política, la potente aureola discursiva de los "derechos humanos", sino, sólo, esa dádiva conmiserativa del discurso oficial sobre "la pobreza", y la mirada iracunda del discurso policial sobre la "seguridad ciudadana". No han concitado la solidaridad internacional. No han sido, por tanto, dignificados como actor, ni han crecido sobre ellos esos nichos humanistas desde donde es hoy posible sostener los fundamentos de una nueva sociedad. Sin embargo, es un actor complejo, donde las contradicciones neoliberales y la rebeldía anti-liberal se encarnan del modo más directo y expresan en las formas más diversas. Porque en ellos vibra la *subjetivación* del conflicto y el soterramiento de la crítica. Algo que desde las cúpulas se ve como despolitización, anomia, evasión sicológica, apatía, agresividad, delincuencia, etc. Pero que desde dentro es un torbellino de frustraciones y rabias que, al no encontrar discursos amigos, se expresa a borbotones, monosilábicamente, a grandes tajos. Un actor cargado de historia revuelta que, a su modo, también está clavando banderillas al toro neoliberal. Día tras día. De un tipo (rap), o de otro (droga), violentamente (delincuencia), o pacíficamente (apatía). Pero negras. Negras. Banderillas que no se clavan en la cresta *originaria* del modelo neoliberal (como las rojas), sino en su misma *esencia* [119].

---

117 Entre otros estudios, ver H. Villela (Ed.): *Los derechos humanos como política* (Santiago, 1985).

118 Ver J. Habermas: *La necesidad de revisión de la izquierda* (Madrid, 1991); J. Castañeda: *La utopía desarmada. Intrigas, dilemas y promesas de la izquierda en América Latina* (Buenos Aires, 1993); A. Callinicos: *Is There a Future for Marxism?* (London, 1982) y N. Mouzelis: *Post-Marxist Alternatives. The Construction of Social Order* (London, 1990).

119 Sobre el problema de la juventud marginal, ver el volumen IV de esta Historia.

El tercer 'actor crítico' lo configuran todos aquellos grupos que, por experiencia directa, intelección teórica o percepción valórica, han estado y están construyendo, palabra a palabra, acción tras acción, un discurso *trans-liberal*. El flujo aluvional de un proyecto alternativo. La ancha y caudalosa experiencia de "derrotados y marginados" es demasiado patente como para que no se aglomeren, junto a ellos, los observadores reflexivos. Los que se sienten solidarios. Como para que no conversen juntos. O no coincidan en sus apreciaciones.

¿Quiénes conglomeran este tercer actor? En primer lugar, los dirigentes sociales (sobre todo las mujeres de población), que han conocido en carne propia lo que ha sido y es para la masa popular el neoliberalismo *real*, y la necesidad de no creer sino *en sí mismos* para promover soluciones reales a los déficit del desarrollo local [120]. En segundo lugar, están los profesionales y trabajadores de las ONGs (Organizaciones No Gubernamentales) que, desde fines de los años 70, han "acompañado" en terreno la soledad estatal y la exclusión mercantil de los grupos populares, especialmente en relación a sus derechos humanos, pobreza, salud, vivienda, identidad de género y -sobre todo- respecto a su *auto-educación* como actores centrales del desarrollo local [121]. En tercer lugar, cabe citar a los cientistas sociales centrados en la Universidad, en alguna ONG o consultora; a los profesionales del estamento tecnocrático de los municipios, y a un número creciente de estudiantes universitarios, quienes han profundizado el diagnóstico del contexto social del modelo neoliberal y están mostrando a la luz pública los contornos de la creciente autonomía cultural y política de los actores locales, así como el perfil de las rebeldías profundas que anidan en la juventud marginal. La red oral, escritural y opinativa que tejen estos tres actores tienden a dibujar, progresivamente, la silueta del nuevo discurso. De la nueva oposición. Y, tal vez, de otro movimiento.

La tarea de este tercer actor no es nimia. Pues no se trata de que clave banderillas blancas, rosadas o de otro tipo. Su tarea es mayor: *junto* a los otros actores citados, debe aprender a pasar de la etapa de las 'banderillas', a la etapa de las 'espadas'. Y no sólo para 'matar', tirar el sombrero y embriagarse de vítores, sino, sobre todo, para crear y amansar un nuevo toro.

Hasta ahora, tres parecen ser los rasgos distintivos de proto-discurso cívico: 1) el rechazo total o parcial al modelo neoliberal existente; 2) la reimposición de valores solidarios y humanísticos como nortes de la política y la economía, y 3) la instalación a todo nivel de instancias reales de participación ciudadana [122].

---

120 F. Sabatini: *Barrio y participación. Mujeres pobladoras de Santiago* (Santiago, 1995).

121 G. Salazar: *Los pobres, los intelectuales y el poder* (Santiago, 1995), y B. Cancino & D. Vergara (Eds.): *La asociación de los privados. Organismos privados de desarrollo* (Santiago, 1996).

122 M. Hopenhayn: "El humanismo crítico como campo de saberes sociales en Chile", en J. J. Brunner et al.: *Paradigmas de conocimiento y práctica social en Chile* (Santiago, 1993), y G. Salazar: "De la participación ciudadana...", loc. cit.

Esos actores y sus circuitos de experiencia y opinión configuran hoy, sin duda, el "archipiélago Gulag" del modelo neoliberal chileno. Una red de alvéolos diversos donde se agitan memorias, experiencias y desencantos. Una gran olla de ebullición lenta y vaporización ancha. Saberes sociales de expansión horizontal, que corren extendiendo un nuevo tipo de espacio público. Descorriendo el velo de entrañas sociales más comunalizadas y más seguras de sí mismas. Como para mostrar el nacimiento de un nuevo ciudadano.

O la eclosión de una nueva etapa del insumergible proyecto de 'integración hacia adentro'.

CAPÍTULO III
Sistema político, partidos, ciudadanía

a) Sistema político y flujos de historicidad o la doble lealtad de los partidos

"Chile es un país que ha alcanzado un sistema político maduro, con sus características de respeto por la legalidad, elecciones libres, alta proporción de votantes y partidos... El personalismo, si bien no del todo ausente, ha llegado a ser superado por la ideología y la disciplina... La escena chilena ofrece el mejor ejemplo de un sistema multipartidario en América Latina..." (Federico Gil) [1].

Del oligarquismo y la destotalización de la política

La mejor manera de resolver los problemas comunes es, sin duda, en comunidad. Si la 'política' consiste en resolver los problemas de un colectivo social (articulando sus necesidades, recursos, saberes y pareceres, en la perspectiva de realizar una acción conjunta), entonces el único modo coherente de hacer política es involucrando a toda la comunidad, tanto en la fase de diagnóstico (asamblea), toma de decisión (acuerdo), como en la de ejecución (acción). La 'acción de totalidad', que es propia de lo político, implica la participación de toda la comunidad en todas las fases del proceso de resolución de los problemas. En este sentido, el aspecto 'sustantivo' de la política (resolver de modo satisfactorio un problema común) forma una sola unidad dinámica con el aspecto 'procedimental' (interacción de toda la comunidad involucrada).

---

1 F. Gil: *The Political System of Chile* (Boston, 1967), p. 16. Publicada en español por Editorial Andrés Bello en 1969.

El aspecto 'sustantivo' de la política, sin embargo, suele estar patológicamente complicado por las distorsiones que ocurren en su aspecto 'procedimental'. Estas distorsiones consisten, en todos los casos, en *no* convocar a toda la comunidad a alguna o a todas las fases del proceso político. Se observan dos tipos principales de distorsión: 1) exclusión directa de la interacción comunal por la irrupción de autoritarismo de grupo (faccional) o de individuo (personal) y 2) exclusión indirecta y anulación de la interacción comunal, o bien por apropiación clasista y/o profesional de la 'autoridad' decisional (oligarquismo), o bien por la hipertrofia mecánica de un sistema procedimental. En ambos casos la exclusión (directa o indirecta) de la interacción comunal impacta en el aspecto sustantivo de la política, no tanto por los resultados materiales del proceso (que pueden ser óptimos o no), como por el grado de satisfacción real de la comunidad involucrada.

En la historia de Chile, como afirma F. Gil, no se registran casos notables de "personalización" del proceso político. Podría hablarse de los casos de O'Higgins, Portales, Balmaceda, Alessandri, Ibáñez y Pinochet, pero es claro que estos casos surgieron en coyunturas de transición constitucional, por breve tiempo -salvo el caso de Pinochet-, y que diferentes modalidades de movimiento cívico les pusieron fin.

Si en Chile no ha habido 'personalismo', sí ha existido 'oligarquismo'. Es decir: la recurrente ocupación de los roles de comando del sistema político por una misma red social, profesional o ideológica de individuos, en desmedro de una efectiva interacción ciudadana. Durante el siglo XIX -como se vio- la 'clase política civil' (CPC), a través de redes cerradas (como el grupo estanquero, el montt-varista, los grupos liberales, etc.), mantuvo un control monopólico de los comandos políticos. Y entre 1919 y 1973, no más de 500 individuos coparon recurrentemente esos comandos, o como líderes de la legión parlamentarista (Manuel Rivas Vicuña, Arturo Alessandri, etc.), o del nacional-desarrollismo o populismo (Pedro Aguirre, Eduardo Frei, Salvador Allende, etc.), o como jefes de movimientos militares (Ibáñez, Pinochet, etc.). A menudo, formando caudillismos rotatorios dentro de un partido, o dinastías 'de apellido'.

Es notable que el rasgo oligárquico se haya mantenido por casi dos siglos 'asociado' a un sistema político que, según la mayoría de los analistas, es 'único' en América Latina. ¿Cómo explicar eso? ¿Es el oligarquismo una consecuencia natural de la tendencia política moderna a cristalizar en 'sistemas'? ¿O es que los grupos oligárquicos se las arreglan para crear entre ellos y la masa ciudadana un 'sistema político' que encubra y a la vez permita la reproducción de su 'hegemonía' profesional? ¿Y qué hace la masa ciudadana ante eso?

Muchos han escrito que 'los trabajos' de Portales consistieron en darle a Chile su célebre "Estado en forma". Pero ¿qué significa esto? ¿Que Portales, actuando como los legisladores y dictadores de la antigüedad, creó un sistema procedimental que les permitió a todos los chilenos participar en el proceso político? ¿O que 'derivó' ese sistema de la articulación institucional de la 'comunidad' colonial? Pero es tan dudoso que lo que creó Portales fue una 'comunidad política nacional', como que haya existido en Chile, antes de 1830, una 'comunidad' integrada en los mismos términos que el tipo de Estado establecido en esa fecha [2].

Todo indica que lo que Portales 'creó' (por lo demás, lo que haya hecho, no lo hizo solo) fue un sistema político asaz *restringido*, no sólo socialmente (integró al mismo grupo oligárquico que lo impuso, pero excluyó al "bajo pueblo" y a otros grupos pululantes en la misma oligarquía), sino también funcional y sectorialmente (no sistematizó la actividad municipal, ni la laboral, ni la productiva, ni la educativa, etc.). Lo que 'sistematizó', en rigor, no fue una comunidad política nacional, sino, tan sólo, la exterioridad formal de un faccionalismo oligárquico de hecho. Se ha dado como explicación que eso era lo único posible desde el punto de vista del "realismo político", y que Portales era, por ante todo, pragmático. Pero eso no justifica que ese sistema no haya previsto que, más temprano que tarde, debía des-elitizarse e integrarse nacionalmente. Eso también era pragmático, pero no en el sentido estrecho del oligarquismo, sino en la perspectiva amplia, histórica, de un verdadero estadista 'nacional' [3].

Todo indica, también, que el sistema político de 1830 no mejoró la organicidad interna de la 'sociedad' colonial, ya que -como se dijo- agudizó la diferenciación social *destruyendo* muchas redes de interacción comunal, al paso que expandió unilateralmente aquellas de dominación vertical. Debe recordarse que gran parte del Derecho Indiano estaba orientado a desalentar la polarización excesiva de las comunidades coloniales [4]. Al fragmentar los lazos comunales de la sociedad criolla, el sistema político de 1830 'destotalizó' y 'desocializó' la política, la transformó en una función aislada y específica, y echó las bases para la auto-reproducción de los grupos oligárquicos. No por un lustro o dos, sino por un siglo o dos.

La 'totalización' y 'socialización' institucional de la sociedad chilena tuvo lugar, por eso, casi *medio siglo* después de la suspensión del estatuto colonial y de la irrupción del oligarquismo mercantil. Fue un proceso lento y tardío: sólo en 1854 se dictó la Ley de

---

2 Para Talcott Parsons, un sistema social está constituido por la interacción regulada entre personas, que se define tanto por la acción social como por los "roles participativos". Por lo tanto, "una *sociedad* es el tipo de sistema social que contiene dentro de sí mismo todos los prerrequisitos esenciales para su mantenimiento como sistema autosubsistente". En T. Parsons et al.: *Hacia una teoría general de la acción* (Buenos Aires, 1968), pp. 41-45.

3 El "realismo político", apunta G. Sartori, deviene de la desilusión frente a los intentos racionalistas de resolver de modo óptimo (ideal) los problemas comunes, lo que conduce a menudo a promover acciones de carácter anti-democrático, o a la expulsión no-democrática de los 'racionalistas'. En *Teoría de la democracia* (Madrid, 1988), vol. I, pp. 73-77.

4 Ver R. Konetzke: *Colección de documentos para la historia de la formación social en Hispanoamérica, 1493-1810* (Madrid, 1953-58), 3 vols., y A. Jara: *Fuentes para la historia del trabajo en el Reino de Chile* (Santiago, 1965).

Organización y Atribuciones de las Municipalidades; en 1855, el Código Civil; en 1860, la Ley de Bancos; en 1865, el Código de Comercio; en 1874 el Código Penal; en 1875 la Ley de Organización y Atribuciones de los Tribunales; en 1888 el Código de Minería; en 1902 el Código de Procedimiento Civil; en 1931, el Código del Trabajo; en 1949, la ley que dio plena ciudadanía a la mujer, etc. Es notorio que la totalización institucional de la 'sociedad chilena' -que fue posterior a la formación institucional del 'subsistema político'- tendió a *reflejar*, en primera instancia, el carácter oligárquico del grupo político que presidió esa institucionalización, y sólo en un segundo momento (casi un siglo después) a *incorporar* las relaciones de integración propiamente 'nacionales' (Código del Trabajo, leyes sociales, de educación primaria obligatoria, sufragio universal, nuevas leyes de municipio, etc.). Hay una notoria diferencia de 'comunalidad' entre los códigos del siglo XIX y los del siglo XX [5].

¿Por qué razón en ese segundo momento (1891 a 1949) los códigos y leyes orgánicas referidos a la *sociedad* chilena incorporaron más 'lo nacional' que 'lo oligárquico', habida consideración al hecho de que, ni el sistema político creado en 1830, ni el corregido en 1891 y luego en 1925, habían eliminado el rasgo oligárquico?

La sociedad civil: flujos libres de historicidad

La única respuesta posible es que la sociedad civil se movilizó -desde fuera del sistema político y de la normatividad civil- para forzar la 'desoligarquización' de ambos. Es decir: para eliminar los déficit de integración comunal.

> "Una colectividad -escribió T. Parsons-... se caracteriza por la *solidaridad* de sus miembros. A su vez, ésta se caracteriza por la institucionalización de valores comunes ... orientados hacia gratificaciones colectivas. (Pero) ningún sistema social se halla totalmente integrado así como ninguno está completamente desintegrado. En aquellos sectores donde no hay integración... es donde deben buscarse las fuentes más importantes del cambio..." [6].

No hay duda que, durante el siglo XIX y comienzos del XX, ni el sistema político ni la institucionalidad civil se fundaron en el principio de "solidaridad", lo cual produjo una integración nacional defectuosa. Los sistemas procedimentales que *no* se basan en la solidaridad comunal no logran disciplinar por completo la capacidad de acción e interacción de la sociedad. Lo más probable es que atrapen, sólo, una parte menor de esa

---

5 Comparar la *Colección de Códigos de la República de Chile* editada por el Ministerio de Justicia en Valparaíso en 1912 (un volumen), con la editada por la Universidad de Chile, también en Valparaíso, en 1945 (tres volúmenes).

6 T. Parsons et al: *Teoría general...*, op. cit., pp. 45 y 231. La cursiva está en el original.

capacidad. El saldo -si se permite este vocablo-, sin embargo, no permanece ocioso ni se pierde: pasa a ser un recurso de uso potencial *exclusivo* de la sociedad civil. Deviene en su brazo histórico libre. En una fuente civil de la cual manan *'flujos de historicidad'* que circulan libremente, por dentro y por fuera de los sistemas políticos, a despecho de cualquier oligarquismo y, por lo común, tejiendo y retejiendo telarañas de integración y solidaridad [7].

Las corrientes de historicidad que surgen y advienen desde fuera del sistema institucional pero desde dentro de la sociedad civil, configuran, originariamente, 'movimientos sociales'. En este sentido, el movimiento social es un flujo de historicidad propio de la sociedad civil, no del sistema político. Es un error llamar 'movimiento social' sólo a los que trafican o negocian dentro de ese sistema. O a los que son reconocidos como tales por los actores políticos de ese sistema [8]. De entenderlo así, se operaría con una lógica oligárquica y no solidaria. Funcional y política, pero no comunitaria y social. En suma: ahistórica.

Los movimientos de la comunidad social, según revela la historia, son más anchos, profundos y complejos que los procesos políticos formales. Pues no sólo son políticos: son también económicos, culturales y, sobre todo, societales. E incluyen las *incursiones* ciudadanas sobre el ámbito público (o político) tanto como los *repliegues* hacia el ámbito privado (o socio-cultural), y la acción regida por la normatividad sistémica, tanto como el uso a discreción de los 'saldos libres' de su propia capacidad de reflexión, opinión y acción. Pues -como se dijo- la sociedad civil puede ir, venir, hacer y deshacer por donde y como ella misma no le permite al Estado. Son las ventajas de la soberanía.

Los movimientos sociales son, además, tejedores de comunidad. Fabricantes perpetuos de *micro-asociatividad*. Sobre todo en sus fases de repliegue político. O de aparente derrota. Pues, al replegarse a sus nidos privados, tienden a hacer lo que los sistemas oligarquizados no hacen: integrar comunalmente a la masa ciudadana. Haciendo eso, se reconstituyen como movimientos. Como flujo de historicidad. Y como poder.

No todo movimiento o flujo de historicidad civil llega, sin embargo, a plantearse objetivos de cambio político, puesto que, a menudo, la asociatividad de resistencia, de repliegue y de reintegración local produce momentos y sentimientos de intensa *plenitud comunalista* (local, vivencial, cultural y de poder), que torna desmotivante seguir hasta la

---

7 Sobre las diferencias de juricidad e historicidad entre el Estado y la Sociedad Civil y cómo ajustar esas diferencias, G. Salazar: "De la participación ciudadana...", loc. cit., IV-b.

8 La anotada es la definición esgrimida por la mayoría de los cientistas sociales chilenos, y es la razón por la cual, al observar el escenario socio-político chileno de las décadas de 1980 y 1990, sostienen que, en Chile, no existen, propiamente, movimientos sociales 'modernos'. Ver, por ejemplo, G. Campero: "Luchas y movilizaciones sociales en la crisis: ¿se constituyen movimientos sociales en Chile?", en F. Calderón (Comp.): *Los movimientos sociales ante la crisis* (Buenos Aires, 1986).

'fase política'. Frente a esa plenitud, la política aparece como un ámbito sin prestigio, frío, tensado por luchas egoístas y de poder. Seguir hasta allí implica cambiar de valores. De estatus. Y de personas. ¿Por qué no dejársela a los que gustan de eso? El 'goce' de la autogravitante vivencia comunalista suele frenar el avance de los movimientos sociales (cuando no es la rápida represión preventiva que lanza sobre ellos el sistema) hacia la política pura y hacia la 'toma' o 'construcción' del Estado. Lo que genera un vacío histórico que, usualmente, aprovechan las clases políticas para reimponer la frialdad de sus sistemas y el *rigor mortis* de la ley [9].

Los flujos de historicidad, sin embargo, hacen política a su manera: fuera, en los bordes, o en los intersticios del sistema institucional. Han instalado, por ejemplo, sedes y tiendas de *política callejera* (como hicieron los artesanos y liberales "rojos" contra Manuel Montt); o desarrollado, puertas adentro, avanzados ejercicios *democrático-participativos* (como hicieron, por décadas, las sociedades mutuales); o dominado un territorio con una *política local* (sociedades mancomunales, asociaciones de municipios, campamentos de pobladores); o saturado la atmósfera con *opinión pública* (poesía popular del siglo XIX, periodismo social del período 1860-1930, boletines y radios populares de la década de 1980); carnavales políticos de *masas* (período 1938-1973); brotes de *poder popular* (comunas rebeldes en 1851-1852, Asamblea Constituyente Popular de 1925, cordones industriales, comandos comunales y asambleas del pueblo en 1972-1973), etc.

Todas esas prácticas, aunque extra-parlamentarias, produjeron rotundos 'hechos políticos' que las clases gobernantes, ni en el momento ni después, pudieron ignorar. Hechos que, por su origen autónomo, eran de difícil identificación legal y política, pues no estaban ni previstos ni aceptados por la ley. De modo notorio, incomodaban (e incomodan) al Estado. Produjeron y producen un escalofrío político de "miedo a la sociedad" [10]. Al ser rebasado en todos los frentes por los flujos libres de historicidad civil, el Estado, rígido en su institucionalidad, no reacciona con la misma flexibilidad, se recoge en sí mismo, y aplica entonces su 'derecho' a la "violencia legítima" (Max Weber).

El déficit sistémico que percuta la reacción de la sociedad civil entra así en colisión con el déficit de historicidad libre que aqueja al Estado. Es evidente, en este contexto, que la derrota (militar) del movimiento social respectivo no resuelve de por sí los déficit que desencadenó el flujo de historicidad, o los resuelve (a medias) *después* que aquél ha sido devuelto a su celdilla en el entramado sistémico. A menudo, el ajuste sistémico que 'satisface' las exigencias del movimiento ocurre con retraso -un par de décadas de olvido después-, proyectando la *ilusión* de que el movimiento fue derrotado sin apelación y que el ajuste fue una 'concesión graciosa' de la clase política (para gloria

---

9 Un mayor desarrollo de este problema en G. Salazar: "El viejo topo...", loc. cit.

10 Sobre el concepto de "miedo a la sociedad", J. Martínez: "Miedo al Estado, miedo a la Sociedad", *Proposiciones* 14 (1987); también G. Salazar: *Violencia política popular...*, op. cit, pp. 208-219 y 351 et seq.

de ésta); o efecto del proceso 'global' de modernización que ésa lleva adelante (para mayor gloria de la misma).

El 'manejo' del tiempo histórico y las políticas de olvido pueden tornar ilusorio lo que es real (o a la inversa), y negativo lo que es positivo. Así, la clase política civil (CPC) o militar (CPM) pueden presentar como algo propio lo que, en rigor, 'fue' de los movimientos que derrotaron, y presentar a éstos como transgresores de la legalidad (cuando, en rigor, la perfeccionaban). La 'política' que la sociedad civil hace estallar fuera, en los bordes o en los huecos del sistema institucional, no es ingresada en la Historia por las oligarquías de turno como una contribución positiva al sistema, sino como una transgresión negativa. No la ven como 'política', sino como anti-política; ni como voluntad social, sino anti-social. La Ley -que los políticos dictan- es un bien superior, siempre positivo, por sobre todos sus defectos. Los que quieren perfeccionarla desde fuera de ella, aunque tengan razón, 'deben' ser derrotados, y su vencedor, aunque no la tenga, será siempre un 'justo' vencedor.

Si se observan estos fenómenos en el largo plazo, se perfila con claridad que los movimientos sociales contribuyen: 1) a convertir en *hechos políticos* los déficit comunales del sistema legal; 2) a ensanchar la *opinión y el espacio públicos*, lo que permite rodear, cercar y someter a presión el espacio funcional de lo político; 3) a producir espontáneamente momentos plenos de *integración comunal* (sectorial) de la sociedad, demostrando con hechos lo mismo que se demanda, y 4) a crear y consolidar, de modo transitorio en lo político pero duradero en lo cultural, poderes sociales de opinión y de acción que, de hecho, actúan como contra-poderes o *poderes duales* dotados de una fuerte potencialidad de permeación viral y expansión epidémica, en lo actitudinal y conductual.

Los movimientos sociales pueden ser derrotados 'físicamente', pero los flujos de historicidad que generan, no. Al contrario: a través de esos flujos tienden a 'adueñarse' (nunca completamente) de los *procesos* históricos de mediano o largo plazo, sea por la aceptación tardía de sus demandas, por la obvia 'acomodación' que producen en la oligarquía, o por la 'modernización' que desatan en el sistema social o político. Las delgadas capas cupulares de la política están, pues, frecuentemente, remecidas por ondas sísmicas (históricas) cuyo epicentro radica en el magma comunal de la sociedad civil. Ondas a las que, en definitiva, se adaptan, con tardanzas y torpezas. Pero con buen sentido de 'equilibrio'.

De olas, acantilados y partidos o el dilema de la doble lealtad

Quienes en Chile se han movido en el 'tembloroso' espacio que media entre las delgadas capas cupulares y el ebullente magma profundo han sido, por supuesto, los partidos políticos.

En verdad, el hiper-desarrollo del "sistema multi-partidario" en Chile se debe, en gran parte, a la *frecuencia e intensidad de los movimientos sociales*, que se han visto obligados, una y otra vez, a remecer la escena histórica para *desalojar* al porfiado y tenaz rasgo oligárquico que, una y otra vez, reaparece en la cima del sistema político, obstaculizando la integración.

La mayoría de los partidos políticos chilenos han surgido, o de la cresta de una ola social (al quebrarse sobre el acantilado oligárquico), o de la constatación de que el partido surgido de la ola anterior tendió a oligarquizarse y mimetizarse con ese acantilado. De la cresta de una ola surgieron el Partido Liberal y el Radical, al fragmentarse los oleajes sociales que atacaron el 'acantilado del orden' construido por los grupos estanquero y montt-varista. En cambio, los partidos Democrático y el Obrero-Socialista surgieron de la constatación de que sus predecesores 'sociales' se habían oligarquizado y mecanizado en el sistema procedimental de la política. Orígenes parecidos tuvieron los partidos Comunista, Socialista y Nacional Socialista (crestas de oleaje social) así como el Movimiento de Izquierda Revolucionaria (reacción frente a la "institucionalización" de la izquierda parlamentaria). Pero los partidos del orden ficharon una historia distinta: se dividieron para 'adaptarse', o se coalicionaron para producir su base 'nacional', o agregaron párrafos 'sociales' a su programa oligárquico central (Partido Conservador, partidos Nacionales y los de Centro).

La tenaz permanencia del rasgo oligárquico (dentro de un mismo sistema procedimental) ha determinado la emergencia de nuevos partidos 'sociales' de oposición; mientras que la insistente emergencia de nuevos partidos sociales ha determinado que los viejos partidos 'del orden' se subdividan y cambien. El producto final ha sido una (¿moderna?) proliferación de partidos. Y un 'sistema de partidos' que, en definitiva, es un sólo acantilado; con una primera línea de rompiente 'blanda' (huiros sinuosos) que protege a la línea 'dura' (acantilado sistémico). Una línea que acoge (y desvía) los oleajes sociales y otra que lo quiebra y lo rechaza cuando sortea la primera.

Es evidente que esta doble trinchera (desvío y quiebre) opera, en primera instancia, como *neutralizante* de la soberanía civil y *fertilizante* del núcleo oligárquico del sistema. En segunda instancia, delimita (más en la práctica que como concepto puro) un 'espacio público' restringido al espacio sistémico de la política, el cual excluye al espacio público constituido a pulso por los movimientos ciudadanos. Tanto, que la mayoría de los politólogos chilenos denominan 'espacio público' sólo a aquel por donde trafican los partidos de ida y el Estado de vuelta (lo que llaman, apropiadamente, "campo de fuerzas") y 'movimiento social' sólo a los que actúan legalmente *dentro* de ese espacio [11].

Ciertamente, la función histórica de los partidos políticos ha sido servir, a la vez,

---

[11] Los conceptos 'restringidos' de espacio público y de movimiento social se les halla en los trabajos de Guillermo Campero, Eugenio Tironi y Tomás Moulian, especialmente.

a dos señores. Y equilibrarse en el filo de una "doble lealtad". Yendo y viniendo entre el brazo normado del Estado y el brazo libre de la sociedad civil. Pero ésta *es* soberana, por lo que todo movimiento civil surge manifestando su voluntad de 'participación'. En este sentido, la lealtad del partido debería consistir en facilitar la realización de esa voluntad, reduciendo sus apetitos oligárquicos y aumentando su responsabilidad instrumental y mandataria. El dilema 'moral' de los partidos, en este flanco de sus lealtades, consiste en abrir o cerrar el paso a aquella 'participación':

> *"En términos generales puede decirse que el nacimiento y el desarrollo de los partidos políticos está vinculado al problema de la participación, es decir al aumento progresivo de la demanda de participar en el proceso de formación de las decisiones políticas por parte de clases y estratos diversos de la sociedad. Esta demanda... se presenta de manera más intensa en los momentos de gran transformación económica y social que trastornan la estructura tradicional de la sociedad... surgen grupos más o menos grandes y más o menos organizados que se proponen actuar por una ampliación de la gestión del poder político a sectores de la sociedad que anteriormente estaban excluidos..."* [12].

El problema histórico planteado por los partidos políticos en Chile ha consistido en que, en el dilema permanente de su doble lealtad, han tendido, en primera instancia, a *recoger* la voluntad política de los movimientos sociales; pero, en una segunda, a *identificarse* con el sistema procedimental del Estado. Recogen la demanda de cambio y mayor participación, pero luego defienden el orden y la exclusión. Este vaivén pendular, repetido por un siglo y medio, ha impedido que los "sectores de la sociedad que estaban anteriormente excluidos" participen en las decisiones públicas y eliminen su situación de no-integración. El sistema partidario chileno -"el más desarrollado de América Latina"- no ha logrado resolver, en su larga vida, el problema esencial de la política: eliminar los altos déficit de integración y los bajos índices de participación ciudadana.

¿Se requiere refundar el sistema político eliminando su 'origen' oligárquico? ¿O refundar los partidos, ahora sobre la base de una inquebrantable lealtad a la sociedad civil? ¿O la masa ciudadana debe reeducarse a sí misma para que esta vez promueva movimientos sociales capaces de construir, no sólo partidos permanentemente *leales*, sino también sistemas políticos orgánicamente integrados y *participativos*? ¿O todo eso a la vez?

---

12 Anna Oppo: "Partidos Políticos", en N. Bobbio et al.: *Diccionario de Política* (México, 1983), Vol. II, p. 1153.

b) Los partidos políticos y el primer acantilado oligárquico (1823-1932)

"¿Merecen nuestros gobiernos el nombre de republicanos? En vez de gobernar con el pueblo, por el pueblo i para el pueblo, han gobernado con el partido, por el partido i para el partido" (Justo Arteaga A. - Discurso, 4/08/1870).

Los "pueblos", como actor político

Antes que los partidos monopolizaran la actividad política, ésta surgió y creció, en Chile, en las asambleas de "los pueblos" (o comunidades locales) y en las "asambleas provinciales" (de esos pueblos). Es decir: tuvo una constitución *natural*, comunitaria y territorial (tal como la definió A. de Tocqueville), que entroncó directamente con la tradición civilista del mundo latino. Y que, por lo mismo, se centró en la institución 'popular' del Cabildo. Según Barros Arana:

> *"Desde los primeros días de la revolución, se había querido que los cabildos fuesen la expresión jenuina de la voluntad popular, i que sus miembros, en vez de ser designados por el gobierno o por los mismos capitulares que cesaban en sus funciones, lo fueran por elección popular"* [13].

Durante la Independencia y a lo largo del proceso de construcción estatal, reinó en los Cabildos un 'estado de asamblea' abierta y periódica, aunque no permanente. El estado de asamblea se amplió al plano provincial, donde, en la práctica, se formalizó el poder 'soberano'. Conscientes de ello, las asambleas provinciales controlaron celosamente a sus representantes al Congreso Nacional con sede en Santiago, los que debieron atenerse escrupulosamente a las "instrucciones" recibidas. Fue esa conciencia, también, la que indujo a las asambleas de Concepción, Coquimbo y Valdivia a mantener no sólo una autonomía política relativa, sino también de paridad respecto a la de Santiago. El 6 de mayo de 1826, por ejemplo, la Asamblea de Coquimbo declaró que sus diputados al Congreso Nacional "no serían libres para variar la forma de gobierno federal que la provincia había juzgado ventajosa... es un deber de los representantes opinar i votar por la federación", so pena de ser sometidos a "juicio de residencia" en caso de que contraviniesen las instrucciones dadas [14]. Fueron esas asambleas las que derribaron la dictadura de O'Higgins, las que consultaron a sus comunidades sobre las constituciones federales y liberales de la década de 1820 y las que fueron, finalmente, sometidas por la Asamblea de Santiago (la de Portales) en 1830 [15].

---

13 D. Barros: *Historia Jeneral de Chile* (Santiago, 1897), vol. XV, p. 8.

14 "Auto de la Asamblea Provincial de Coquimbo del 6 de mayo de 1826", en *Sesiones de los Cuerpos Legislativos de Chile*, tomo XII, No. 36.

15 Sobre la acción soberana de los Congresos Constituyentes de 1826 y 1828, ver de F. Errázuriz: *Chile bajo el imperio de la Constitución de 1828* (Santiago, 1861. Imp. Chilena), pp. 2-60.

Cabe recordar que, durante el período colonial, los "pueblos" pudieron participar en sus respectivos cabildos, pero no en las Intendencias que regían las provincias y menos en la Capitanía General del Reino. En este sentido, las asambleas provinciales constituyeron una *institución popular revolucionaria* que vino a sustituir la magistratura 'imperial' de la Intendencia. Sin embargo, las asambleas provinciales, más que asumir el gobierno de 'su' territorio, tuvieron que configurar el sistema político 'nacional'; camino inverso que las llevó a debatir en abstracto la forma ideal de ese sistema, y a *rivalizar* con la asamblea de Santiago la identificación y consolidación de los intereses centrales del Estado.

El modo de funcionamiento político que *espontáneamente* se adoptó tras la caída de O'Higgins (Cabildo, Asamblea Provincial y Congreso Nacional) era, en sí mismo, un orden constitucional. Un sistema político. Con la ventaja comparativa de -como se dijo- reflejar directamente la agrupación natural y territorial de la sociedad civil de entonces. Eso conducía, sin duda, a un sistema federal, liberal y representativo (prácticamente democrático). Las elecciones 'libres' efectuadas entre 1823 y 1830 revelan que esa fórmula contó con una aprobación mayoritaria de la población entonces sufragante [16]. El discurso oficialista que predominó después de 1830 ignoró y descalificó ese *hecho*, proclamando que el orden constitucional 'espontáneo' (federal, liberal, etc.) era anarquista, caótico, sin sentido de realidad. A cuyo efecto se citaron algunos escándalos locales ocurridos en actos electorales y la disputada instalación del régimen federal [17].

Lo que interesa precisar aquí es cuáles fueron los 'factores de partidización' que operaron en ese sistema político espontáneo y qué factores de partidización operaron en el sistema que fue implantado en 1830.

Dentro del sistema espontáneo, los 'factores de partidización', o bien operaban desde dentro de la comunidad (conflictos locales) o desde el plano del Congreso Nacional (conflictos abstractos o contra el centralismo de Santiago). Dentro de los "pueblos", ni el conflicto vertical entre propietarios y no propietarios, ni el entre patrones y peones (los sin patrimonio y los analfabetos no tenían rango de "vecinos") tenían expresión política. Por tanto, no partidizaban. El conflicto horizontal entre mercaderes y productores, aunque real, tampoco generaba partidización, porque *ambos* se unían contra Santiago, a ambos convenía el federalismo y ambos discriminaban al peonaje. Por tanto, la 'comunidad' local predominaba sobre toda posible 'partidización' política. La rivalidad por grupos de parentesco o de faccionalismo religioso tenía más colorido local que partidismo político; más anecdotismo cotidiano que lucha por el poder. En cuanto a la 'instrucción', todos los

---

16 D. Barros: *Historia Jeneral*... op. cit., vol. XV, pp. 207-214.

17 Un enemigo del régimen federal representativo daba como razón, en 1825, que el federalismo no tenía sentido porque "todos los intereses y los grandes propietarios están radicados en la capital", la que, por ello, podía dar "protección y consistencia" a las provincias. Ver "Sobre los sistemas federativos en general y con relación a Chile", en *La Abeja Chilena* 6 (Santiago, agosto 20 de 1825).

archivos locales (municipal, notarial, judicial, de gobernación, eclesiástico y de Intendencia) demuestran que la cultura media de los 'ciudadanos' de provincia no era ni superior ni inferior a los de Santiago; aunque es cierto que el mercader era más ilustrado que el simple propietario rural. En conjunto, las comunidades locales convergieron en promover un *partido provincial* que, incluso después de 1830, permaneció activo, según revelan, sobre todo, las trayectorias políticas de las provincias de Coquimbo y Concepción.

Distinta fue la situación en las asambleas nacionales (Congresos y Convenciones Constituyentes), donde los delegados, actuando por sí y pese a sus 'instrucciones', tuvieron que discutir sobre 'realidades virtuales' mucho menos concretas que las de su comunidad. Fue en ese plano, más evanescente, donde operaron los factores principales de partidización: el quiebre entre los 'grandes' mercaderes de Santiago y los 'medianos' empresarios de provincia; el antagonismo entre el peso dogmático de la Iglesia Católica y el ideario cosmopolita de los mercaderes; el conflicto entre el centralismo administrativo heredado de la colonia y la crisis que la guerra y los tributos de guerra desataron sobre las provincias; la pugna entre el republicanismo de los delegados comunales y el oportunismo de los escaladores sueltos que medraban por los congresos. En suma: en las asambleas nacionales, los delegados se hallaron parados, ya no sobre consensos locales, sino bajo múltiples 'disensos' de diverso rango y naturaleza que eran de difícil, sino imposible, consensuación horizontal.

Fue allí, por tanto, donde afloraron algunas gruesas 'corrientes de asamblea'. Fue en el maremágnum de las asambleas nacionales -y no en las provinciales- donde se instaló una nube de aparente 'anarquía verbal'. Y fue allí, por tanto, donde brotaron las corrientes pipiolas y peluconas, así como el ir y venir de los seguidores de caudillos, de la Iglesia, o de ideas importadas de Argentina o Europa.

De las corrientes de asamblea: pipiolos y pelucones

El "pipiolismo" fue desde el principio la expresión directa del orden político espontáneo surgido tras la caída de O'Higgins: representó la tradición popular y cabildante de la sociedad colonial; proyectó a nivel nacional la 'soberanía' de los "pueblos". Por ello mismo, defendió el interés de los productores frente a los mercaderes de Santiago, Lima o España. Se opuso al centralismo tributario, mercantil y administrativo que asolaba a las provincias. Rechazó el centralismo jerárquico de la Iglesia Católica y del Ejército, porque beneficiaban a las élites de Santiago. El pipiolismo era, sin duda, una corriente "plebeya". Y al mismo tiempo, una corriente "liberal-democrática".

El pipiolismo tuvo unidad y coherencia como discurso o corriente de opinión. No ocurría lo mismo en tanto que movimiento social. Pues, aunque *era* un movimiento social (popular, si se le compara con el pelucón), no clasificaba estrictamente ni como movimiento de clase, ni gremial, ni puramente político, dado que sus raíces se hundían en el espacio local con proyección *territorial*. Tuvo la dispersión y la ausencia de jefatura central propias de un movimiento 'federado', tensionado por las distancias, por lo que a menudo dependió (en los desbandes de la Asamblea Nacional) del liderazgo de sus miembros radicados en Santiago (J. M. Infante, F. A. Pinto, etc.).

La masa mayor del pipiolismo era más provinciana que capitalina y más plebeya que patricia. La élite pipiola de Santiago -de trato cotidiano con los "pelucones"- no fue llamada 'pipiola', sino "federalista" (grupo de Infante) o "liberal" (grupo de Pinto y Mora). Los pelucones respetaron cívicamente, en Santiago, a sus 'pares' políticamente descarriados, pero no a los pipiolos de "medio pelo".

Tras decantarse hacia 1826 las corrientes de asamblea, se consolidó una guerrilla verbal que se extendió por fuera, como derrame público, de las salas de reunión. Eso dio lugar a un encendido intercambio de panfletos, folletos y periódicos. Antes que eso ocurriera, el debate había adoptado un tono filosófico, ético y académico, en el que destacaron ideólogos y publicistas como Manuel de Salas, Juan Martínez de Rozas, Camilo Henríquez, Antonio Irisarri y el propio Juan de Egaña [18]. Pero la guerrilla abierta en 1826 ni retuvo ese tono ilustrado, ni el mesurado 'tono Cabildo', sino el de las diatribas e insultos 'callejeros' que las corrientes de asamblea se endilgaron unas a otras. Fue en este debate de segunda fase donde se acuñó la caricatura *personal* del pipiolo típico, para deleite de todos los pelucones.

> "El nombre de *pipiolos* -escribió Vicuña Mackenna- se atribuye a los concurrentes de segundo i de tercer orden que asistían al café del español Barrios, situado en la calle de Ahumada. Acostumbraban jugar allí malilla los hombres de alguna consideración, i a los mirones o a los que pedían barato, les habían puesto por apodo el nombre de *pipiolos*, por relación al grito de *pio pio* con que los pollos parecen solicitar su grano... Cuando el que llegaba ordenaba al mozo alguna cosa de sustancia como jamón, chocolate o coñac, era pelucón; pero si pedía ponche o chicha, no podía ser sino pipiolo" [19].

"El apodo burlesco de *pipiolos* -escribió Barros Arana-, voz provincial de Chile con que se designaba a los hombres sin posición fija, inquietos y movedizos" fue inicialmente aplicado por los miembros del grupo estanquero de Diego Portales (cuyo contrato fue rescindido por el Congreso 'liberal' de 1826) a los "liberales constitucionalistas" que a partir de ese año dominaron ese Congreso y el Gobierno. El ataque -sobre todo a través

---

[18] Ver la colección de P. G. (Ed.): *Espíritu de la prensa chilena* (Santiago, 1847. Imprenta del Comercio); Juan de Egaña: *Colección de algunos escritos políticos, morales, poéticos y filosóficos* (Burdeos, 1836. Imprenta Laplace y Beaume), tomos I y VI; G. Feliú (Ed.): *Colección de antiguos periódicos chilenos* (Santiago, 1951-1967), 20 vols.

[19] *Introducción a la Historia de los diez años de la administración Montt* (Valparaíso, 1863), Vol. I, pp. 12-13.

del pasquín llamado *El Hambriento*- fue dirigido a los liberales que figuraban como diputados o funcionarios de gobierno aun cuando tenían "antecedentes desfavorables, por haber nacido en modesta condición de fortuna i de familia", por lo que su "arrogancia" política resultaba incongruente e irritante [20]. El apodo, sin embargo, fue aplicado estratificadamente. En sentido estricto, pipiolo era el "*pelajeano*, compuesto de todos los vagos, haraganes, viciosos, aspirantes i tahúres", pues el pipiolaje constituido por "la juventud ilustrada, los viejos republicanos i los hombres de saber que deseaban la reforma", era denominado más bien como "*liberal*" [21].

Se debe tener presente que el gobierno directorial de O'Higgins activó un primer factor de partidización política, del que brotó el movimiento 'liberal' de oposición que lo derribó. En ese movimiento participaron casi todos los que, más tarde, en el ámbito decantador de las asambleas nacionales, se dividirían en corrientes menores: pipiolos, pelucones, estanqueros, liberales puros, etc. "El partido que se llamó *pipiolo* i el de los *estanqueros* -escribió Ramón Sotomayor Valdés-, que tanto odio llegaron a profesarse, no fueron en realidad más que dos fracciones de un solo i único partido, al cual don Manuel José Gandarillas dio hacia 1824 el título de *liberal*, importado de la República Argentina". En Chile, históricamente, el concepto de 'liberal' surgió como sinónimo de 'opositor' a la dictadura del General O'Higgins (sobre todo después "de la inmolación de los Carrera"). Fue en base a estos opositores que "llegó a formarse en 1823 en torno del jeneral Freire aquella inmensa asociación política que parecía abarcar la República entera" [22].

Es de notar que en los gobiernos 'liberales' del período 1823-1829 -erigidos por elección abierta- participaron, por igual, pelucones, liberales, estanqueros, federalistas y pipiolos "pelajeanos". Esto permitía pasar de la oposición al oficialismo y de éste a la oposición, flujo transversal que borroneó las fronteras entre 'partidos'. Destacó el caso de José Rodríguez Aldea, que de ser el más odiado ministro de O'Higgins, pasó a liberal, y de liberal, a ser el más activo conspirador de la revolución portaliana en 1829 [23]. Muchos conspicuos 'pelucones' formaron parte del Estado 'liberal': Egaña, Errázuriz, Benavente, Gandarillas, Elizalde, Eyzaguirre, etc. [24].

No hay duda de que el factor de partidización más enérgico fue el que separó del tronco 'liberal' (anti-o'higginista) dominante en el Congreso de 1826 al famoso 'grupo estanquero'. Es cierto que el jacobinismo pipiolo tendió a discriminar 'ideológicamente'

---

20 D. Barros: *Historia Jeneral de Chile...*, op. cit., pp. 127 y 340-341. Los empleados del monopolio del tabaco contratado por la firma Portales, Cea & Cia. debieron enfrentarse, a menudo, a la drástica oposición de funcionarios o productores locales, de obvio "medio-pelaje"

21 J. V. Lastarria: *Don Diego Portales, juicio histórico* (Santiago, 1896. Imp. La Democracia), pp. 15-16.

22 R. Sotomayor: *Historia de Chile durante los cuarenta años transcurridos desde 1831 hasta 1871* (Santiago, 1875. La Estrella de Chile), p. 25.

23 G. Feliú (Ed.): *Biógrafos e historiadores del doctor José Rodríguez Aldea* (Santiago, 1959), passim.

24 R. Sotomayor, op. cit., pp. 24-25.

a ciertos grupos: a los católicos ultramontanos y a la oligarquía de origen colonial. Pero esa discriminación 'verbalista' nunca tuvo la gravedad y virulencia del conflicto de intereses en que se vio envuelto el grupo que administraba y/o respaldaba al monopolio del tabaco y otras especies. Pues, en este caso, los monopolistas (Portales, Cea & Cía.), al tener mando de tropa y con ella destruir al gremio completo de los cultivadores de tabaco ("sigarreros"), generaron una división *nacional* más amplia que las que se producían en las asambleas políticas [25]. La rebelión de los "sigarreros" y la rescisión del contrato por el Congreso llevó a Portales y su grupo a tomar una posición intransigente, no sólo contra el "pipiolismo pelajeano" (donde militaban los "sigarreros") sino contra el Congreso y el propio Gobierno Constitucional (liberal) de F. A. Pinto. Al tomar ese rumbo, el 'partido' de los estanqueros se situó en un cuadrante externo a *todas* las 'corrientes de asamblea' y fuera del ordenamiento político 'espontáneo' surgido en 1823. Es decir: tomó un rumbo decididamente golpista, no civilista. No cabe duda que la crisis del estanco fue un factor de partidización decisivo que catalizó la oposición antiliberal y dio al peluconismo una fuerza y una voluntad política de la que hasta allí carecían.

> *"Fue, por consiguiente, un odio dirijido más contra los hombres que contra las instituciones, más contra los pipiolos que contra la Constitución liberal, la causa por la que don Diego Portales se adhirió a los planes de la reacción"* [26].

Los "pelucones" no eran sino la oligarquía colonial: grandes mercaderes y propietarios, dueños de mayorazgos, títulos y blasones, etc., que habían mantenido, durante las guerras independentistas, una actitud reservada y fluctuante. Habrían sido los hermanos Carrera -según Vicuña Mackenna- los que denominaron 'pelucones' a "los diputados del Congreso de 1811 que les fueron opuestos... que usaban entonces la trenza i la peluca empolvada que estuvieron de moda a fines del último siglo". Se trataba de estirpes como el conde de Quinta Alegre, el de Sierra Bella, el marqués de Piedra Blanca, el de Cañada Hermosa, el de Casa Real, el de la Pica, Villa Palma, etc. y los mayorazgos Larraín Guzmán, Ruiz Tagle, Alcalde, y familias como los Errázuriz, Eyzaguirre y Ovalle, entre otras; todas las cuales "profesaban un odio que podía llamarse de casta a los oscuros pipiolos". Debido a su relativa pasividad durante la guerra y frente a la dictadura de O'Higgins, recibieron también el apodo de "serviles" (J. V. Lastarria). Barros Arana, por su parte, los denominó "conservadores... que en su totalidad eran hombres de ventajosa posición de familia i fortuna, que se mantenían retraídos de intervenir en la cosa pública" [27].

La mayoría de los "conservadores o pelucones" vivía en Santiago, y si bien no fueron grandes protagonistas en las Asambleas Nacionales, sí dominaron por completo la

25 G. Salazar: "Empresariado popular...", loc. cit., pp. 197-201.
26 B. Vicuña: *Introducción...*, op. cit., p. 21.
27 D. Barros: *Historia Jeneral...*, op. cit, vol. 15; p. 209

Asamblea Provincial de la capital. Desde el principio se opusieron al sistema federal, declarándose en rebeldía frente a las leyes que lo aprobaron. Se negaron a realizar la "consulta a los pueblos sobre la forma de gobierno que debía darse a la República", aduciendo que eso daba lugar a "violencias y supercherías" [28]. La negativa pelucona a implementar el sistema de "consultas" contribuyó, decisivamente, al fracaso de las Constituciones de 1826 y 1828, y a multiplicar la confusión y la anarquía. Federico Errázuriz los incluyó, por ello, entre los "cómplices y fautores de intrigas, conspiraciones y escándalos... respiraban la misma atmósfera que todos" [29].

Dolidos por las medidas anti-oligárquicas de O'Higgins, se integraron al gran movimiento 'liberal' que lo derribó; pero luego, ante las más que evidentes tendencias republicanas y anti-centralistas de los delegados pipiolos (que pugnaron por abolir los mayorazgos), se reagruparon, dando vida a una tenaz oposición 'conservadora'. Su conservadurismo consistió en defender la hegemonía mercantil y tributaria que Santiago mantenía desde el período colonial sobre las provincias. Para eso necesitaban construir un sistema político autoritario y centralista, de gran similitud con la organización política del 'Reyno' de Chile. Sin embargo, siendo, más que los pipiolos, un movimiento social 'de clase', y teniendo por tanto una mayor capacidad que aquéllos para mancomunarse y actuar de conjunto, no dejaban de ser una élite minoritaria, que depositaba en la tozudez de su rebeldía el poder obstructivo necesario para impedir la consolidación del proyecto pipiolo. Era más obstruccionista que propositiva, y más contra-revolucionaria que conductora del proceso global. Navegaba mal en el mar de las asambleas y, gustosamente, habría hecho política 'fáctica' desde fuera de ellas. De haberse mantenido el sistema electoralista instalado por los pipiolos, el movimiento pelucón no habría tenido más destino que ser minoría opositora. En este sentido, su 'fortuna' dependía de lo que ocurriera *fuera* del sistema constitucional espontáneo surgido en 1823. Y fue allí afuera donde acampó, despechado, Portales y sus monopolistas.

El campamento exterior de Portales se fue haciendo cada vez más visible. Y entre él y las constituciones liberales surgió, así, una franja 'de centro'. En ella se fueron instalando, poco a poco, los que Barros Arana llamó "hombres de liberalismo templado". Eran "hombres de prestigio" (como Manuel Gandarillas, Diego Benavente, Manuel Rengifo, etc.) que, luego de ocupar algún cargo en los gobiernos liberales -y de recibir las andanadas peluconas- se situaron en una posición neutra, como en disponibilidad. Entre ellos habían hombres del Estanco y otros que, junto a Portales, ridiculizaron a los "pelajeanos" disparando desde *El Hambriento*. Sin embargo, la feroz guerrilla periodística que lanzaron contra el pipiolaje demostró que ni su flamante centrismo ni su emergente conservadurismo eran muy 'templados', sino al contrario: fueron mucho más *rupturistas* que lo

---

28 Ibídem, pp. 190-191.

29 F. Errázuriz: *Historia de Chile...*, op. cit., p. 24.

demostrado hasta allí por los solemnes, rebeldes, pero al final retraídos "conservadores". No hay duda que *El Hambriento* ayudó, de modo eficaz, a tornar visible el cuadrante externo de los estanqueros, a tornar reaccionario el "liberalismo templado" de los "hombres de prestigio" y a partir definitivamente en dos las hasta allí abigarradas corrientes internas de las Asambleas Nacionales [30].

La polarización definió el campo para otros grupos desafectos al sistema liberal: fue el caso de los nostálgicos o'higginistas de José Rodríguez Aldea, que eran particularmente fuertes en las militarizada provincia de Concepción. A decir verdad, esta provincia tenía sobradas razones para resentir la hegemonía de la capital, y el hecho de que el Ejército estuviese acampado allí, convirtió a sus comandantes en eventuales caudillos de cualquier 'subversión provincial'. Fue el caso del general Freire contra O'Higgins; el de los generales Prieto y Bulnes contra los gobiernos liberales basados en la Constitución de 1828, e incluso el del general De la Cruz ante el régimen autoritario de Manuel Montt. Los pelucones no tenían cómo dominar la situación allí. Su única posibilidad se reducía a que alguien, mediante un adecuado trabajo conspirativo, 'desliberalizara' a los jefes militares acampados en Concepción. Ese trabajo no podía realizarlo ni un pelucón ni un estanquero, pero sí un o'higginista. Y es lo que hizo, felinamente, el astuto Rodríguez Aldea [31].

La misma polarización definió el campo para la Iglesia Católica, que había sido hostigada por O'Higgins y por los innumerables "ilustrados" que navegaban en el movimiento liberal.

Y también para los intelectuales 'recién llegados', como Mariano Egaña (que, según Vicuña Mackenna, "había heredado de su padre la afición a lejislar i traído de su viaje a Europa un intenso amor por la monarquía constitucional"); Andrés Bello, y otros.

Los factores de partidización asambleísticos se complicaron, pues, con la adición del 'factor' estanquero, que instaló su campo fuera de la Asamblea Nacional e inició su acción con un trabajo conspirativo en la militarizada provincia de Concepción. Con ello, la partidización se convirtió en polarización, y ésta, en una polarización no-parlamentaria. O sea: 'fáctica'.

Polarización: surgimiento de la 'jefatura política' pelucona

A diferencia del movimiento social de los pipiolos (que trabajó en base a 'conver-

---

30 Un ejemplo del Hambriento: "De una cucaracha parda/ De la nación argentina/ Cuya lengua viperina/ Ni al sexo respeto guarda/ Que también es de la carda/ De otros muchos que yo sé/ *Libera nos Dominé*". Ver: M. Cavada y V. Osorio: "Análisis de periódicos: *El Canalla* y *El Hambriento*", Tesis de Licenciatura, Universidad Arcis (Santiago, 1996).

31 Ver la "Carta escrita por el Dr. don José Antonio Rodríguez Aldea al Capitán Jeneral don Bernardo O'Higgins, desde Santiago, a principios de 1831", en B. Vicuña: *Introducción*..., op. cit., Documento No. 1, pp. 297-313.

gencias' cívicas y políticas), el pelucón trabajó en base a 'polarizaciones'. No necesitó de "consultas a los pueblos", sino de una *jefatura central* que, junto con ser política, militar e intelectual, fuera audaz, clara y operativa, pese a que lideraba a una 'clase' oligárquica, minoritaria y -según Rodríguez Aldea- "tímida e irresoluta". Pero fue esa 'jefatura', más que esta 'clase', la que logró la unidad de acción necesaria para obtener la victoria *militar* de Lircay.

Todo indica que la polarización iniciada en 1826 corrió a lo largo de fisuras de *clase*: el ataque principal al movimiento pipiolo no tuvo como blanco central el 'sistema liberal' que ése proponía, sino el 'medio-pelaje' de la mayoría de sus miembros (en esto coinciden todos los historiógrafos contemporáneos). Del mismo modo, la identidad interna de la 'alianza pelucona' no era sino la red parental que unía al grupo estanquero con la madeja de la 'clase' pelucona. Identidad que apareció también como el criterio común tras los destierros y exclusiones dictatoriales y discriminaciones constitucionales del régimen portaliano. Sería un error, sin embargo, atribuir la revolución de 1829 a la "resuelta y valiente" acción de la *clase pelucona* como tal. No fue, estrictamente hablando -como a veces se ha dicho- una revolución aristocrática. Sin la articulación del 'grupo' militar de Concepción, del 'grupo' estanquero de Santiago y del 'grupo' volante de Rodríguez Aldea, no habría sido posible consumar esa 'contra-revolución' pelucona. Y sin la intervención oportuna de los "hombres de liberalismo templado", tampoco habría sido posible consolidar el Estado centralista y autoritario de 1833.

La contra-revolución pelucona de 1829 fue llevada a cabo por un puñado de grupos audaces que lograron darse a sí mismos una audaz 'jefatura política' central. Y es por ello que, en rigor, el nuevo sistema político no reflejó el 'poder' de esa clase (como clase) tanto como el de la 'jefatura' pelucona. Es importante subrayar que, después de Lircay, esa jefatura se reprodujo (a lo largo de tres décadas) como una oligarquía política dentro de, pero *sobre*, la 'clase' oligárquica. Fue el caso, primero, del grupo portaliano o estanquero; después, del grupo de liberales templados, y más tarde, del grupo montt-varista. Los pelucones, como clase, se situaron en una posición -aparentemente cómoda- de 'conformidad' bajo las decisiones de 'su' jefatura. Pero eso equivalía, en el fondo, a marginalidad. Es esto lo que afloró en el año clave de 1857, cuando se produjo el divorcio entre una 'jefatura' libremercadista, modernizante y 'secular' (surgimiento del Partido Nacional Montt-Varista), y una 'clase' de epidermis moderna pero de oscura sangre tradicional (Partido Conservador), que desde ese año se quedó *sin* jefatura.

El movimiento social del peluconismo se aglutinó y triunfó, en gran medida, por la acción de la 'vanguardia' que construyó el Estado de 1833. Construido éste, la vanguardia se simplificó (purgó a los no-pelucones y no-mercantiles), acerándose como una poderosa élite política en la cresta del movimiento pelucón.

"Así es como de entre aquellos bandos -escribió Sotomayor Valdés- debía salir un partido confuso, heterojéneo al principio i sin más lazo de unión que su común propósito de desquiciar al Gobierno; pero que, andando el tiempo, debía depurarse i convertirse bajo la influencia de sus hombres eminentes en un poder homojéneo..." [32].

Es importante, pues, escrutar la transfiguración de la 'jefatura' política del movimiento pelucón que, habiendo surgido como cabeza de 'movimiento', terminó siendo, veinticinco años después, un 'partido' de Gobierno combatido no sólo por los eternos liberales sino también por los propios pelucones. Es decir: por todos los 'movimientos'. Esa transfiguración cambió radicalmente los anchos y ondulantes factores de partidización de los años veinte (bases territoriales de la sociedad civil) por otros más rígidos y de tipo estructural (polarización entre Gobierno y oposición civil).

¿Habría sido conveniente que la vanguardia pelucona se hubiera disuelto en la clase pelucona tras instalarse el gobierno del general Prieto? Es claro que no era conveniente. ¿La razón? El régimen pelucón no se había fundado sobre el consenso sino sobre el *disenso*: los pipiolos habían sufrido una derrota sangrienta; la numerosa oficialidad liberal del Ejército había sido dada de baja violando acuerdos previos; se habían decretado destierros, purgas, persecuciones; se había acumulado odio entre las víctimas del estanco y entre las masas peonales salvajemente reprimidas. El asesinato de Portales no fue casual, ni vesania de un sujeto aislado. No había posibilidad alguna para una 'paz pelucona': la victoriosa jefatura debía continuar, pues, al mando de la clase. Portales lo sabía -todos los sabían-, y fue por eso que, pese a sus deseos de 'retornar a los negocios', tuvo que 'sacrificarlos' y retornar al poder. Pero ¿qué era entonces el 'poder'?

No cabe duda: el Ejército. La disciplina militar. El generalato vencedor (Prieto, Bulnes) que lo comandaba. Sin este 'poder', no se podría, ni sostener el Estado de 1833, ni dominar el 'mercado' de la costa del Pacífico, que Portales consideraba estratégico para Chile. Quien debía seguir mandando era, pues, el General en Jefe del Ejército. Y siendo así, la función del político hábil era "mandar a los que mandaban" (como lo dijo Manuel Gandarillas pensando en Portales). Por tanto, era imprescindible apoyar y, sobre todo, liderar *políticamente* al trío de generales Prieto, Bulnes y De la Cruz (parientes de sangre entre sí). Esto podía conseguirse no sólo postulándolos (adulándolos) a la Presidencia, sino también revitalizando sus lazos con la vieja oligarquía, la Iglesia Católica y llevando a otros altos oficiales al Congreso Nacional [33]. La mejor política pelucona consistía en escudarse detrás del Ejército. Pero esto implicaba desprenderse de todo resabio de liberalismo político. Incluso, llegado el caso, de los célebres "hombres de liberalismo templado" que, desde 1831, habían sido de enorme utilidad al gobierno del General Prieto.

---

32 R. Sotomayor: *Historia de Chile...*, op. cit., pp. 28-29.

33 Entre 1834 y 1861, treinta y un (31) altos oficiales del Ejército y la Armada fueron electos como diputados o senadores. Ver G. Urzúa: *Historia política...*, op. cit, pp. 56-57.

El distanciamiento entre la 'jefatura' encabezada por Portales (más el General Prieto y los ministros M. Egaña y J. Tocornal) y el grupo de los "liberales templados" (el ministro M. Rengifo y los publicistas M. Gandarillas, D. J. Benavente y otros) se agravó hacia 1835, año de elección presidencial. Los liberales templados eran partidarios de retornar la presidencia a un civil (proponían al ministro Rengifo), liberalizar el régimen político y atenuar la acrecentada influencia de la Iglesia Católica (tanto Prieto como Tocornal eran católicos fervientes). A este efecto editaron *El Philopolita*, desde el cual, con exquisita prudencia, abogaron por la moderación del autoritarismo. Noticiado de ello, Portales retornó al poder, editó, junto con Tocornal, Urízar Garfias, Garrido y otros ex-estanqueros un pasquín de batalla: *El Farol* ("audaz, sarcástico, incisivo... que denunció a los filopolitas como un grupo traidor e hipócrita") y maniobró para provocar la renuncia del ministro Rengifo. En verdad, el incidente de los "filopolitas" marcó el quiebre del grupo (portaliano) original (el que editó *El Hambriento*); crisis que Sotomayor Valdés llamó "guerra palaciega". Esta "guerra" depuró la jefatura pelucona, consolidándola como un 'partido cívico-militar de Gobierno'. La creciente solidez del generalato militar (doblemente prestigiado por Yungay y el martirologio de Portales) permitió que el modelo político civil de "mandar a los que mandaban", intuido por Diego Portales y reproducido por J. Tocornal, fuera recogido en postas y maximizado por la dupla Montt-Varas y otros; todos los cuales, dado el hecho de que actuaban tras el General de turno, pudieron *obviar* toda dependencia orgánica de la 'clase' pelucona.

La jefatura del movimiento, habiendo alcanzado una autonomía relativa respecto de la clase, autonomizó también la acción política del Estado. Es por esto que no cabe afirmar, tan categóricamente, que los gobiernos del período 1831-1861 fueron de la "clase terrateniente". Es cierto que la política económica de Rengifo ("liberal templado") tuvo un carácter proteccionista, coherente con el defensismo de la vieja oligarquía cerealera, pero desde la caída de este ministro la preocupación del Gobierno fue mejorar -como se vio- las relaciones con las subsidiarias extranjeras que controlaban el comercio exterior, y con los emergentes empresarios chilenos que negociaban *asociados* a esas subsidiarias (los Urmeneta, los Cousiño, los Edwards, los Besa, los Délano, los Lyon, los Matte, los Waddington, etc.). La autonomía de la jefatura pelucona se usó para instalar 'bases' en ese nuevo conglomerado de intereses (matriz de una emergente clase *capitalista* de racionalidad industrial), y no para defender sus bases sociales de origen (la oligarquía basada en una forma arcaica de acumulación capitalista: los "mayorazgos"). El avance de la modernización -que inundó a Chile desde los puertos y no desde las haciendas- fue el factor de partidización que *separó* la jefatura pelucona de la 'clase' pelucona y que, al mismo tiempo, asoció esa jefatura al emergente poder económico de una flamante, cosmopolita y libremercadista 'clase' capitalista.

No debe sorprender, por tanto, que esa jefatura, a mediados de los años 50, fuera reconocida como la gran protectora de los "comerciantes extranjeros" establecidos en Valparaíso [34]. Y que éstos, bajo esa protección, promovieran la circulación de los periódicos más influyentes del siglo XIX chileno: *El Mercurio* de Valparaíso, y *El Ferrocarril* de Santiago (que hicieron olvidar los pasquines estanqueros). Desde esa cumbre, la jefatura pelucona se fogueó en el manejo de las trascendentes 'razones de Estado' asociadas al *boom* del comercio internacional de Chile (que ya era el principal exportador mundial de cobre y un importante exportador de trigo, harina y plata), y en las no menos trascendentes relaciones diplomáticas con las potencias europeas. Es decir: se fogueó en los problemas 'públicos' y 'nacionales' del capitalismo chileno, lejos ya del vetusto interés privado de los mayorazgos. Fue ese fogueamiento en 'gran escala' lo que convirtió la vieja jefatura pelucona en un moderno partido 'oficialista' de cara a Chile pero sobre todo al mundo, que reclamó para sí la genealogía mítica del Estado (Portales, Lircay, Bulnes, el "orden", etc.) y por tanto el discurso global de 'la' nación.

Sería un error, sin embargo, creer que la 'nacionalización' de la jefatura no fue sino la encarnación del sentido "impersonal" de la política, que Portales, supuestamente, habría recomendado como un ideal para Chile, y que la 'clase pelucona' habría asumido como su *ethos* de identidad. Sería un error, pues esa jefatura, si bien demostró autonomía relativa respecto a la clase 'pelucona', no hizo lo mismo respecto al interés privado de la emergente clase 'capitalista'. Fue así que, al mismo tiempo que firmaba el Tratado de Comercio que privilegiaba a la poderosa Inglaterra, la jefatura de marras promovía en el Congreso Nacional la abolición de los mayorazgos, que desprivilegiaba a los pelucones [35].

La plena 'objetivación' de la jefatura pelucona se materializó formalmente cuando ésta se transfiguró en el Partido Nacional, en 1857, unánimemente denominado por los historiadores como "partido de los magnates" (pese a que varios de sus miembros no eran de prosapia millonaria, como los propios Montt y Varas). La notoria identificación de este partido con los *merchant-bankers* que se hicieron millonarios entre 1830 y 1873 (ver supra) era tanta, que perdió en breve tiempo su declamado 'impersonalismo nacional'. Por ello, a partir de 1862, "los nacionales" comenzaron a vegetar como una organización política minoritaria, acomodaticia, cual simple comparsa de los emergentes partidos 'sectorialistas' que, enraizados en la sociedad civil, la superaron en todo terreno. Hasta

---

34 Un gran retrato del presidente Manuel Montt fue colgado en los muros de la Bolsa Comercial de Valparaíso, en 1858. Ver Casa Mackenzie (Ed.): *El esfuerzo británico en Valparaíso y Album de Chile* (Valparaíso, 1925. R. V. y V.), p. 83.

35 Sobre la abolición de los mayorazgos, R. Donoso: *Las ideas políticas en Chile* (Buenos Aires, 1975), pp. 125-149. Para una interpretación portaliana de la jefatura pelucona, ver A. Edwards: *Bosquejo histórico de los partidos políticos chilenos* (Santiago, 1976).

36 Ver J. Heisse: *El período parlamentario, 1861-1925* (Santiago, 1982), Tomo II, pp. 282 et seq.

producir su total extinción en la década de 1920 [36]. Su ejemplo sugiere, por tanto, que las 'jefaturas de movimiento', si se oligarquizan separándose de éste, autonomizándose, tienden con el tiempo a convertirse en 'cáscaras de poder', que los nuevos movimientos abandonan. Pese a la eventual gloria acumulada.

Polarización: surgimiento de la red nacional de oposición liberal

La batalla de Lircay implicó la derrota del movimiento pipiolo en el *contexto* de las partidizaciones de origen territorial y de Asamblea Nacional. El régimen pelucón y la consolidación de la Jefatura pelucona giró los factores de partidización en el sentido de imponer el quiebre 'Gobierno' (militar) versus 'Oposición' (civil). Este giro transformó el 'pipiolismo' (de base propositiva), en 'liberalismo' (de base crítica y opositora). El cambio deterioró el sentido *comunal* y territorial de la política popular, y lo reemplazó por un sentido de oposición *nacional* al Gobierno de turno. La nueva partidización tendió a desechar la política de "los pueblos" y a incorporar la de "los gremios", las "clases" y las de determinadas "corrientes ideológicas". Los cuales no usaron el espacio como el territorio 'de' la identidad, sino como un espacio operativo, instrumental, para montar acciones (callejeras) 'contra' un Estado hermético.

La consolidación del régimen pelucón, en cierto modo, retrotrajo la situación a las raíces de 1823, cuando todos fueron liberales para derrocar a O'Higgins. El pipiolismo se *nacionalizó* entonces como liberalismo de 'oposición', y tuvo tres décadas (1830-1860) para especializarse en ello. Entre 1823 y 1829, en cambio, sólo tuvo seis años para actuar 'desde' los pueblos, y casi siempre como gobierno.

La nueva matriz de partidización -patente tras el fin de la "guerra palaciega" de 1835- creó un polo de cristalización rígida (la jefatura pelucona) y otro de aglutinación dispersa (la oposición civil). Uno, escudado tras el Ejército, habitó los salones de La Moneda y el Congreso. El segundo, atento a los movimientos de la tropa, se atrincheró en las 'salas girondinas' y en las 'calles de la plebe'. El primero 'privatizó' el espacio público. El segundo, tornó público los espacios privados. En ese contexto, la nacionalización liberal del pipiolismo se fundió con el segundo despertar político de la sociedad civil.

En el período 1810-1830, la sociedad civil se estiró desde sus cabildos y asambleas provinciales hasta los capitalinos congresos nacionales, de manera que sus 'movimientos sociales' formaron pirámides de altura evanescente y base dispersa; que el Ejército del Sur aventó de un papirotazo. En cambio, después de 1845, la oposición civil se aglutinó en logias, redes, sociedades o clubes, permanentes, semi-privados y a menudo clandestinos. Los nuevos movimientos sociales, pues, no se avanzaron en altura, sino hacia el lado o hacia abajo. Arraigándose en cientos de células al acecho. Tensas, dispuestas a saltar a la calle, a copar la atmósfera con vociferaciones y discursos y a destejer y tejer de noche, como Penélope, su propia y pegajosa *red orgánica*. Fue de este oleaje socio-político extra-estatal de donde surgieron, en la segunda mitad del siglo XIX, los nuevos partidos políticos chilenos.

En vista de eso, no es extraño que el dominante movimiento pelucón fuera aquejado por un rebrote del "filopolismo". El triunfo del General Bulnes en la elección de 1841 (derrotando al autoritario y ultra-católico Joaquín Tocornal) reveló que los jefes militares eran, todavía, no sólo garantes del sistema político, sino también árbitros en la disputa por el control de la 'jefatura'. Bulnes, apoyado por el filopolismo, devolvió la mano incorporándolos al Gabinete. Allí, Manuel Camilo Vial (un filopolita más audaz que Gandarillas o Rengifo), se movió para construir una especie de contra-jefatura, opuesta al grupo 'portaliano' de Montt y Varas. Es evidente que la audacia de Vial se basó en la confianza de que existía una fuerte oposición civil (o 'callejera', patente desde 1846), y es por ello que la separación del ministro (producto de la feroz campaña anti-vial desatada por el montt-varismo) transformó las elecciones parlamentarias de 1849 en un evento de inusitado revuelo político [37].

La imposibilidad de liberalizar el Estado mediante la acción de una jefatura filopolita o -si se quiere- a través de la guerra interna entre jefaturas rivales de un mismo movimiento, dejó en claro que ese objetivo, a futuro, debía ser trabajado con fuerzas *exteriores* al movimiento. Fuera del cuadrante de las jefaturas. Tal como Portales se movió desde 1826. El liberalismo, por tanto, tenía que plantearse 'contra' el peluconismo, contra el Gobierno, y, apoyándose en la sociedad civil, incluso, contra la Constitución. Eran los pipiolos asumiendo métodos portalianos. Políticamente, sin embargo, predominó la idea (civil) de resolver todo en una (pacífica) 'Asamblea Constituyente' Por tanto, el nuevo movimiento liberal tendió a privilegiar el 'partido' antes que la toma inmediata del poder, al revés -en este aspecto- del viejo movimiento pelucón:

> "El nuevo partido era misto, i se daba a sí mismo el título de *progresista*, para caracterizar su oposición al gobierno (a la jefatura Montt). Su programa no se reducía más que a pedir la reforma de la... lei de elecciones... un proyecto para poner restricciones a las facultades estraordinarias i a las declaraciones del estado de sitio... que el ejecutivo no debía intervenir en las elecciones populares... i se hizo el centro de un verdadero movimiento contra la antigua política restrictiva del partido pelucón, movimiento que fue segundado por una prensa independiente i que cundió en los pueblos i halló el apoyo de la opinión" [38].

El partido "progresista" fue la matriz de los partidos Liberal y Radical. Como tal, reunió a los filopolitas pelucones -que iban y venían entre el Congreso y el Gabinete (base del partido Liberal)- y a la oposición civil de las provincias, de los clubes y de la calle (base

37 A. Edwards: *El gobierno de don Manuel Montt. 1851-1861* (Santiago, 1932), pp. 12-67.

38 Argos: *El radicalismo chileno* (Santiago, 1875), p. 5. Argos era el seudónimo de Eduardo de la Barra.

del Radical). La expansión del partido Progresista fue una reacción al endurecimiento de la nueva jefatura pelucona (grupo Montt-Varas), y al hecho de que el flexible arbitrismo militar, desde 1851, quedó subordinado al rígido arbitrismo político de Montt. Subordinado, el Ejército ya no medió entre pares sino que, al devenir instrumento de la jefatura de turno, no hizo más que profundizar la *imparidad* entre el Gobierno y la Oposición Civil. La derrota del 'liberal' General De la Cruz en la batalla de Loncomilla interrumpió la dinastía militar, dañando la hegemonía del generalato. La notoria asociación de Montt con las casas comerciales extranjeras acentuó además su secularismo y autonomía relativas frente al peluconaje católico. De este modo, Montt se encontró, pese a su reelección en 1856 y a su arbitrismo total, como O'Higgins en 1823: apoyado por una minoría extranjerizante y atacado por un ancho frente de 'liberales' de distinto pelaje y laya.

La polarización avanzó, pues, debilitando el 'partido de Gobierno' mientras fortalecía el 'de Oposición':

> *"El partido conservador -escribió 'Argos' en 1875- siguió desgajándose i sufriendo importantes... transformaciones. Su rama más fuerte era la que se había adueñado del poder i ocupaba todos los puestos públicos. Partido ministerial, o más propiamente personal, obedecía en todo a la voluntad de Montt i Varas, sus jefes... La juventud pelucona crió alas, voló del nido materno, i, desconociendo los principios i tradiciones de su orijen, proclamó resueltamente la necesidad absoluta de reformar la Carta del 33 en el sentido más ampliamente liberal"* [39].

La anchura y profundidad sociales del difuso partido Progresista era tanta como para no ser barrido de un papirotazo, como los pipiolos en 1829. Montt asestó dos papirotazos y no falló en obtener un triunfo *militar* sobre la rebelión territorial de "los pueblos", pero perdió la batalla *política* contra el proceso liberal que ataba las calles plebeyas al salón filopolita, y éste al club girondino y todo eso a las salas de los periódicos y los publicistas. Su victoria militar, pues, no hizo más que desnudar la soledad de su jefatura 'política'.

Oligarquización: la primera vorágine transversal

El problema de fondo, sin embargo, era la descomposición de la oligarquía mercantil de prosapia colonial. Influyente aún en la década de 1820, llevada al poder por la jefatura portaliana en 1830, vivió, sin embargo, una erosión permanente, que la debilitó como clase, como movimiento social y fuerza política. Las guerras de la Independencia extirparon de ella a los mercaderes hispanos, que la lideraban económicamente. O'Higgins la agobió luego con sus contribuciones de guerra, le arrancó sus títulos de nobleza e instaló a su

[39] Argos: op. cit., pp. 7-8.

lado una agresiva colonia de mercaderes nórdicos (ingleses, etc.). Los gobiernos pipiolos, aunque no la excluyeron del Estado, hicieron poco por protegerla de los extranjeros. Y los gobiernos pelucones -supuestamente suyos- no la integraron orgánicamente al Estado y la desprotegieron aún más frente a la oligarquía foránea enquistada en los puertos.

Así, entre 1820 y 1860, la oligarquía pelucona perdió, a manos de los extranjeros, la red mercantil y financiera del comercio exterior, que había dominado hasta comienzos del siglo XIX. Y a manos de los que Alberto Edwards llamó "hombres de mérito" (en rigor: 'jefaturas' políticas, antecesoras de la 'clase política'), el control directo del Estado. Perdió, a favor del modernismo secular importado por los extranjeros, la hegemonía cultural que ella, atada a la tradición hispano-religiosa, había monopolizado en el pasado. Perdió, por obra y gracia de su propia jefatura, la "vinculación" de su patrimonio (los grandes mayorazgos), quedando entregada al aislamiento de sus haciendas y a la atomización implacable que en ésas produjeron las leyes de la herencia.

Hacia 1860, en verdad, no le quedaba más base económica real que su conglomerado de haciendas y un más que dudoso *pool* de bancos hipotecarios dependientes de los fondos fiscales; mientras en lo cultural e ideológico no disponían de otra cosa que su militancia católica, su desfondado orgullo "aristocrático" y el discurso histórico basado en la 'gloria' pretérita -a falta de acciones o resultados contundentes– de haber erigido el Estado de 1830. Poco era, en realidad, para liderar la nación, modernizar el país e integrar a los muchos marginales que habían quedado en el camino.

Mirado en conjunto, era como si la sociedad chilena, después de 1810, se hubiera desarrollado, no *por* el liderazgo ejemplar de la clase pelucona, sino, paradójicamente, en base al desgajamiento y *desmembración* progresiva de esa clase. O sea: por la acción eslabonada de distintos tipos de "hombres de mérito" que dependieron cada vez menos del tronco pelucón y cada vez más del ramaje liberal o del intruso injerto anglosajón.

Cuando la clase pelucona tocó en 1857 el límite más bajo de su hegemonía -cuando ya no le bastó su mera condición de clase para constituir 'movimiento' y 'poder'- sintió la necesidad urgente de convertirse en *partido*. Cuando tuvo que desgajarse ella misma de la que había sido 'su' vanguardia política. Como se sabe, el descolgamiento del peluconaje (que marcó el origen bautismal del partido Conservador y simultáneamente el del partido Nacional Montt-Varista), se precipitó con el incidente "del sacristán", que dejó a la vista y profundizó la gran fisura existente entre la modernidad mercantil (dominante en el Gobierno de Montt) y la vieja tradición hispano-católica. Los pelucones que se mantuvieron leales a su fe religiosa y al arzobispo Valdivieso lo hicieron al precio de abandonar a su ex-jefe político y al Gobierno [40]. Y fundaron un partido que se enroló en la misma 'oposición civil' aglomerada para combatirlos. El autoritarismo pelucón, ya

[40] A. Edwards: *El gobierno...*, op. cit., pp. 174 et seq.

'objetivado' como Jefatura y Gobierno, no sólo prescindió de los pelucones rasos, sino que además no les dejó más alternativa que merodear en las filas de su enemigo de siempre. La larga desmembración de la clase pelucona concluyó así en un estallido que, por un lado, dejó a su jefatura convertida en una "fantasmal" minoría política, y por otro, recluyó a la clase en un partido que partió siendo comparsa de la vanguardia liberal.

La "fusión" liberal-conservadora, ocurrida a poco del estallido pelucón, se gestó sobre dos concesiones ideológicas y una común reincidencia de clase: el Partido Progresista (después Liberal) surgido en 1849, excluyó de su ideario las tensas "cuestiones teológicas" que tanto importaban al Conservador, y éste sacó de su discurso el "autoritarismo" que tanto había irritado al Liberal. Practicados esos recortes, se transparentó para ambos su "linaje común" en la vieja oligarquía colonial. Transparencia que no era, exactamente, la recomposición de la "clase en sí", sino apenas un pacto político parental, que les permitiría aislar la jefatura montt-varista y postularse con ventaja al control del Estado. No hay duda que la fusión liberal-conservadora tuvo que ver con la sobrevivencia metamorfósica de la 'clase' pelucona lo mismo que con el cálculo político de recuperar el poder y aislar la jefatura (a fin de cuentas, 'advenediza') de los "hombres de mérito".

Con todo, el peso político de la clase dominante reintegrada fue menor que el de la máquina estatal objetivada, ya que ésta podía y pudo convertir en mayoría (suficiente para reconquistar la Presidencia) la minoría electoral del aislado Partido Nacional. Esto demostró que el 'autoritarismo' puede, procedimentalmente, sobrevivir al mutis de su electorado y a la crisis de su eventual legitimidad. Fue así que el candidato del montt-varismo pudo -al igual que el Cid: después de muerto- ganar la batalla electoral de 1861: José Joaquín Pérez.

Naturalmente, eso era demasiado. Demasiado, si estaba vivo el recuerdo de las sangrientas guerras civiles de 1851 y 1859, provocadas por esa misma máquina estatal. Demasiado para una élite política aislada, abandonada por la misma clase en que se apoyaba. Y demasiado para un hombre que, como el Presidente J. J. Pérez, no era de temperamento autoritario ni iba a ser -como no fue- un Antonio Varas con piel de oveja. De manera que el nuevo Presidente usó el autoritarismo que le confería la máquina estatal en sentido contrario al autoritarismo (o sea: en sentido liberal), aunque sin descomponer la máquina. De manera que la victoriosa 'lógica procedimental' del poder montt-varista terminó reunida a la derrotada 'lógica de clase' de la fusión liberal-conservadora. En 1863, a sólo un sexenio de su descuelgue, la clase pelucona retornó, pues, ahora refusionada como 'alianza de partidos', al Gobierno.

Fue entonces el turno de los nacionales, que, acusando a Pérez de "traidor", se descolgaran del Gobierno para atrincherarse en la oposición. La vorágine que afectaba a la clase pelucona actuaba como una centrifugadora de vástagos, a quienes catapultaba, ora al Gobierno (autoritario), ora a la Sociedad Civil (oposición), teniendo como eje giratorio, al principio, 'las jefaturas', pero desde 1861 -con Pérez-, 'la Presidencia'.

Oligarquización: la vorágine homogeneizadora

Desde 1857, y sobre todo desde 1863, se hizo claro que, para escapar de la vorágine pelucona y del emborrachamiento político que envolvía a los que se le aproximaban, era indispensable 'radicalizar' el programa político, incorporar sectores sociales no-pelucones y mantenerse consecuentemente adherido a esos nuevos "principios". Desde 1856-57 esto fue intuido por una generación nueva de jóvenes liberales (algunos de procedencia pelucona, pero la mayoría de procedencia 'advenediza'), lo que reunió a grupos como el formado por la pareja de hermanos Pedro y Custodio Gallo y Guillermo y Manuel Antonio Matta, quienes, actuando desde su base en Copiapó hicieron resonar su pensamiento en Santiago por medio del periódico *Voz de Chile*; lo que atrajo al grupo formado por Manuel Recabarren, Juan N. Espejo, e Isidoro Errázuriz, y más tarde al formado en torno al diario *La Libertad* por los hermanos Arteaga Alemparte [41]. Esta nueva generación ("los liberales rojos") hizo del publicismo político un ejercicio programático y propositivo (superando el clasista modelo *ad hominem* establecido treinta años antes por los estanqueros al combatir al pipiolaje), dando a las jefaturas de movimiento un contenido ideológico 'de enlace' con las inquietudes de la sociedad civil y la opinión pública; lo que sin duda estaba en el camino apropiado para constituir un partido político moderno. Fue esta generación la que fundó en Copiapó, en 1863, lo que sería, en rigor, el primer partido político que no fue concebido en las entrañas sociales o ideológicas de la ya giratoria 'clase' pelucona: el Partido Radical [42].

La crisis pelucona de 1857 y la fundación del Partido Radical en 1863 cerraron el ciclo regido por la 'matriz de partidización' Gobierno-contra-Oposición Civil operante desde 1830. A partir de estos hitos regiría una tercera matriz, mucho más flexible, que sería regida por la relación no-tensa entre *dos polos abiertos*: el del Estado y el de los Partidos. El Estado, aunque regido por la Constitución pelucona de 1833, se abrió e incorporó, o al Congreso o/y al Gobierno a políticos liberales, nacionales o de cualquiera otra definición. Y al mismo tiempo, los partidos se abrieron a la presión, opinión y diversidad de la sociedad civil. De modo que, a la apertura y diversidad política del polo 'Gobierno', se sumó la apertura y diversidad cívica del polo 'partidario'. La nueva matriz permitió no sólo morigerar el autoritarismo estatal y 'des-jefaturizar' la política, sino que al mismo tiempo creó la red necesaria para el surgimiento de un 'sistema de partidos' y de 'representación' de la sociedad civil. Sin embargo, la doble apertura creó tales corrientes circulares y transversales que, a poco andar, todos los partidos políticos se hundieron en un mar de homogenización y camuflaje rotativo. Así, todos fueron un poco autoritarios y un

---

41 Argos: op. cit., pp. 8-18. Ver también C. Ossandón, op. cit., passim.

42 Sobre la fundación y primera evolución de este partido, J. García: *El Partido Radical y la clase media. La relación de intereses entre 1888 y 1938* (Santiago, 1990. Andrés Bello), pp. 79-90.

poco liberales, un poco democráticos y un poco oligárquicos; tanto, que terminaron siendo más parecidos *entre sí* que, en conjunto, a la sociedad civil.

¿En qué aspectos se radicó la semejanza? Primero que nada, en que todos los partidos echaron raíces en las salas, salitas y salones de las casas solariegas, palacios de millonarios, sedes mutuales, clubes privados, bodegones, cafés, sedes arzobispales y despachos de periódicos; donde, además de los palacios del Congreso y de Gobierno, se cobijaron las "tertulias" y el debate público [43]. Aunque la ampliación de la 'sociabilidad política' no excluyó la toma privada (oligárquica) de decisiones de impacto nacional, de hecho esa ampliación implicó arraigar los partidos en los anchos circuitos orales de la *opinión pública;* así, su frontera social inferior se tornó porosa, permitiendo la 'politización' del estrato superior del "bajo pueblo" (sobre todo los artesanos y los miembros de la Guardia Cívica). Pero cuando la matriz de partidización, además de ancha se volvió tensa, la 'tertulia' privada no bastó, y se hizo necesario *especializarla* como "centro electoral" o núcleo de programación política, al principio de carácter social, grupal y conspirativo (fase 1835-1845), después, como asamblea política 'local'. Esto dio vida, entre 1845 y 1850, al Club del Orden, al Club de la Reforma y a la Sociedad de la Igualdad, sin contar las "logias" artesanales Caupolicán, Galvarino y Colo Colo; todas las cuales, con excepción del primero, fueron vigiladas o reprimidas por la jefatura pelucona de turno [44]. La represión, con todo, no extirpó la tendencia, ya que ésta formaba parte de la cultura política media de la mayor parte del Chile alfabeto.

En segundo lugar, la opción por enraizarse en las sedes de la opinión pública llevó a los partidos a homogeneizarse en cuanto a cómo organizar esas sedes (dispersas por todo el territorio) para tomar decisiones importantes. Después de 1849, las decisiones importantes que se 'consultaban' a las asambleas dispersas se referían, casi únicamente, a la elección interna de un candidato presidencial. La 'consulta', hasta 1849, se extendía sólo a la jefatura en ejercicio y al generalato. Después, se amplió a las asambleas locales más relevantes (asiento, por lo común, de grandes intereses económicos, como las de Copiapó, Concepción y Santiago). Pero cuando se amplió a las bases 'nacionales', la consulta tomó el nombre (unánime) de "convención":

> *"La cuestión presidencial se resuelve por la Convención... Los hombres del mismo partido, o los que no difieren en lo esencial de su credo político, son los que organizan la Convención. Allí juntan sus elementos análogos, i... se ponen de acuerdo para trabajar por el hombre que mejor llene las aspiraciones de la mayoría. Pero una Convención que junte a clericales i rojos, ni a Polichinela que se le ocurra"* [45].

---

43 Ver, a este respecto, los trabajos de B. Bravo, H. Godoy, C. Gazmuri y F. Silva en Fundación Mario Góngora (Ed.): *Formas de sociabilidad en Chile 1840-1940* (Santiago, 1992). También de C. Gazmuri: *El '48' chileno...*, op. cit., pp. 129-161.

44 D. Barros: *Un decenio de la historia de Chile* (Santiago, 1913. Imp. Barcelona), 2 vols., passim.

45 Eduardo de la Barra: *El radicalismo...*, op. cit., pp. 40-41.

Después de 1860 las asambleas electorales de base tendieron, no sólo a "ponerse de acuerdo" en su candidato presidencial, sino también a fijar gruesas líneas programáticas [46]. Al acoger esa doble función, la asamblea nacional (o Convención) se fue transformando en un evento *cívico* de importancia estratégica en el desarrollo de los partidos, dado que en ella se configuró el 'mandato ciudadano' que aquéllos debían realizar en el Estado. Como tal, la Convención partidaria constituyó una instancia de *participación* política abierta, que captó y fraguó la opinión y voluntad de la sociedad civil involucrada y que, teóricamente, debía administrar la representatividad de "los hombres" que ella elegía para el Congreso o el Gobierno. En este sentido, las 'convenciones' partidarias sustituyeron a las portalianas 'jefaturas de movimiento'; erosionaron el autoritarismo estatal oponiéndole la legitimidad mayor de las decisiones ciudadanas, y proporcionaron a los movimientos sociales bases nucleares de apoyo político para el despliegue de sus luchas. El Partido Radical surgió en el punto de maduración de esta tendencia y, por tanto, fue el primero en adoptar el modelo 'convencional'. "Fue el radicalismo -escribió Eduardo de la Barra- el que constituyó las asambleas electorales i las convenciones". Pero la tendencia, sin duda más ancha y profunda que el radicalismo, impulsó también a los 'partidos' Liberal y Conservador a adoptar el mismo modelo.

La tercera forma de homogenización partidaria que se perfiló después de 1860 fue la convergencia programática en torno a objetivos comunes, derivados de la tendencia global arriba descrita. Pues, a medida que la fuerza política de los partidos se fue autonomizando de la fuerza armada del generalato, su poder relativo dependió de su enraizamiento en las asambleas locales. La elección presidencial sólo podría ganarse si se controlaba una cuota mayoritaria del voto ciudadano. Estaba en el interés de todos, por tanto, modificar la Ley Electoral (que restringía severamente el sufragio) a efecto de ensanchar las respectivas bases electorales de poder; pero además, por lo mismo, estaba también en el interés de todos restringir el omnímodo poder electoral que, desde 1833, manejaba el Gobierno. Lo cual tornaba necesario reformar la Constitución. La misma lógica, por último, exigía organizar el poder electoral al margen del Gobierno, y lo mejor, en este sentido, era hacerlo en torno a las comunidades locales o en los municipios. Su creciente naturaleza *civil* fue transformando a los partidos en reformistas, anti-autoritarios, promotores del sufragio universal, de la descentralización del Estado, municipalistas, etc. Esta transformación los aproximó a los postulados políticos del viejo pipiolismo. Sólo que el nuevo se generalizó entre los partidos no como interés político 'de movimiento' (como en 1820), sino como interés político *per se*. Diferencia que sólo

[46] Caso, por ejemplo, de la primera asamblea radical, realizada en Copiapó en diciembre de 1863 y presidida por Pedro León Gallo. Ver J. García: *El Partido Radical...*, op. cit., p. 83.

podía conducir, como condujo, al desarrollo de brotes más radicalizados (socialistas) de la misma tendencia.

Sintomáticamente, quienes más apuraron la reforma electoral fueron los que, por haberse desgajado de las viejas jefaturas (ahora abandonadas), necesitaban con más urgencia montar una base cívica de poder: la Iglesia y el Partido Conservador. O sea: los pelucones rezagados que dependían, para todo efecto político, de las haciendas y de la Iglesia. Es lo que vio Eduardo de la Barra:

> *"Por un lado el partido de la Iglesia, para no desaparecer como entidad política desde que no cuenta con el amparo del Gobierno, se une al país i con él reclama la libertad electoral... Nació una lei electoral que, aun cuando no completa, daba un golpe terrible a la omnipotencia presidencial"* [47].

En el mismo sentido orientaba al emergente Partido Radical su líder Manuel Antonio Matta [48].

El empuje electoralista de ambos partidos, tras una seguidilla de leyes (1874-1914), condujo al "sufragio universal", pero dejando el poder electoral controlado por los "grandes contribuyentes" y los municipios. Lo cual repotenciaba, de rebote, las asambleas locales y la Convención partidaria. De lo que se deduce que la acción corrosiva del liberalismo no provino de un 'factor externo' (enquistado en la 'escandalosa' Ley de Bancos de 1860 recomendada por el economista francés Courcelle-Seneuil), como sostiene la vieja historiografía conservadora, sino de un 'factor interno' inherente al mismo autoritarismo portaliano. Factor que indujo a la clase pelucona (organizada ya como fusión Liberal-Conservadora), a jugar un rol protagónico en la lucha por la libertad electoral (que destruía el autoritarismo), la autonomización de los municipios (que destruía el centralismo) y el relevamiento de las 'convenciones' (que aniquilaba las jefaturas). Todo lo cual quedó de manifiesto en la "Gran Convención Conservadora" de 1878.

Con 400 delegados provenientes de 41 comunidades locales, el Partido Conservador celebró en Santiago, entre el 21 y el 25 de diciembre de 1878, bajo la presidencia de Domingo Fernández Concha, su Primera Gran Convención. El evento fue definido como "solemne asamblea donde pueden los partidarios encontrar la norma de su conducta i el objeto al que deben dirijir sus esfuerzos", y tuvo un carácter fundamentalmente programático. Luego de aclamar los discursos -de Carlos Walker Martínez, Abdón Cifuentes, José Clemente Fabres y José Tocornal, entre otros- y trabajar en cinco comisiones, la Convención aprobó los siguientes objetivos programáticos: a) realizar la descentraliza-

---

47 E. de la Barra: op. cit., p. 18. Se refiere a las leyes electorales de 1869 y 1874. Ver Javier Vergara: *Del régimen electoral en Chile* (Santiago, 1929. Imp. Santiago), pp. 19-25.

48 C. Gazmuri: *El '48' chileno...*, op. cit., pp. 131-132.

ción administrativa del Estado estableciendo la autonomía de los municipios; b) derogar el patronato estatal sobre la Iglesia; c) implementar economías fiscales suprimiendo ciertos servicios y empleos, y racionalizar el sistema tributario; d) reformar la Ley de Elecciones "en el sentido de la más amplia i completa libertad, manteniendo la base de los mayores contribuyentes"; e) declarar incompatibles los cargos parlamentarios con los de administración pública y de juez, y f) promover la "libertad de enseñanza", la gratuidad de la educación primaria e igualar los establecimientos del Estado con los privados [49]. Se deduce con claridad, de lo anterior, que el Partido Conservador no se definía sólo por su credo religioso ("el partido de la Iglesia"), sino también por su tendencia (pipiola) a *liberalizar* el sufragio, la enseñanza y la administración estatal.

La similitud con los acuerdos de la Gran Convención Radical de 1888 es notable:

> *"El Partido Radical es un partido autónomo cuya existencia sirve al desarrollo de la libertad... propugnando el respeto del derecho de sufragio; libertad individual; autonomía municipal; separación de la Iglesia del Estado; autonomía del poder judicial; enseñanza primaria gratuita, laica y obligatoria; mejoramiento de la condición de la mujer; reducción del número de empleados públicos y mejoramiento de la condición de los proletarios y los obreros"* [50].

Al subir capilarmente la opinión pública, vía 'convenciones', al cuerpo medular de los partidos, la homogeneización programática se tornó evidente. Esto llevó a la indistinción entre partidos, a la multiplicación de las alianzas y coaliciones a nivel de Congreso y de Gabinete, y al desplazamiento transversal de los políticos, que según la coyuntura podían aparecer como liberales o radicales o conservadores. Lo cual terminó por afectar incluso al conspicuo Partido Nacional (el que, para luchar contra la fusión liberal-conservadora, no dudó en formar una alianza con los radicales).

Un último factor de homogeneización entre los partidos, que derivó de su enclave en asambleas locales y convenciones nacionales, fue la tendencia a transformar esas asambleas en *meetings* ampliados y masivos, que por su mayor número, debieron realizarse en espacios públicos abiertos (plazas y calles). Esta ampliación se registró desde mediados de la década de 1870. "De aquí que el movimiento lójico, natural i espontáneo que se operó a fines del año pasado -decía Eduardo de la Barra en 1875-, fue por medio de numerosos *meetings* en toda la República...".

El impulso que llevó a las tertulias de sala o salón a devenir en "asambleas o centros electorales" y a éstas en "convenciones" concluyó recuperando (con los 'mítines') el civismo callejero de la política, forma típicamente pipiola (en su versión jacobina de

49 Imprenta El Independiente (Ed.): *La Gran Convención Conservadora de 1878. Manifiesto. Discursos. Conclusiones* (Santiago, 1881), pp. 107-110.

50 Citado por J. García, op. cit., p. 86.

los años 50) que sirvió de *enlace* con los movimientos sociales de tipo popular. Pues no eran ni la sala girondina ni la "asamblea electoral" los espacios más apropiados para la manifestación de los intereses productivos de industriales y obreros de los años 70 y 80, sino la calle y la plaza. Por eso las manifestaciones de apoyo al proteccionismo fueron "meetings" callejeros (huelgas) y no 'convenciones' [51]. Que un partido pasara derechamente de la Convención a los grandes mítines callejeros dependía, obviamente, de su voluntad política de enraizarse en los estratos artesanales y proletarios de la sociedad; voluntad que los partidos de identidad terrateniente, mercantil, de grandes o medianos empresarios y profesionales (caso del partido Conservador, del Nacional, Liberal y del Radical) no tenían, o sólo la tenían como propuesta de intención, programática y puramente ideológica. De aquí que estos partidos, si bien democratizaron su membresía partidaria e institucionalizaron sus asambleas públicas, no bajaron ese proceso al nivel (popular) de los mítines, optando por *estacionarse* en el plano de las Grandes Convenciones de correligionarios. En este sentido, se homogeneizaron en cuanto a *no* incorporar los mítines como forma última de socialización.

Fue el Partido Democrático el que, de partida, demostró voluntad para añadir, al procedimiento 'convencional', el instrumento popular de los mítines callejeros. Lo que no obedecía a un afán de originalidad, sino al hecho de que los partidos troncales, al estacionarse en el nivel correligionario, cerraron sus válvulas inferiores a la clase popular y politizaron la política; lo cual tornó necesario politizar, desde 'la calle', al movimiento social del "bajo pueblo". El enclaustramiento de la política -debido a la homogeneización transversal de los partidos y a la detención de la socialización partidaria en el estrato correligionario- abrió una fisura que la separó del movimiento propio de 'lo social'. Es decir: la tendió a *desocializar*, sobre todo respecto del "bajo pueblo". Con todo, aunque la especialización o profesionalización de la política produce, por inversión óptica, lo que se denomina 'despolitización' de la masa popular, ésta no deja de procesar cívicamente los problemas que la politización de la política le produce. Tiende, pues, por propia iniciativa, de un modo o de otro, a producir 'hechos cívicos' que impactan en el espacio público. De este modo, sus mítines y revueltas propenden a politizar lo social forzando la resocialización de la política. La fisura en cuestión trabajó, por tanto, como frontera, tensión o conflicto entre los movimientos sociales y la 'clase política'. Lo cual, claramente, constituyó, desde 1880, aproximadamente, una *cuarta* matriz de partidización. Fue de ésta de donde surgió el Partido Democrático. Y los partidos populares en general.

---

[51] José J. Larraín: "El servilismo político y lo que existe en el fondo de las huelgas en Chile", *Revista Económica* 3 (1888), pp. 435-445, y Marcial González: "Los obreros chilenos ante la protección y el libre cambio", *Ibídem* 4 (1889), pp. 403-434.

Oligarquización: ¿quién es el señor de los anillos?

Conforme el estudio realizado por el historiador Grez, el Partido Democrático reunió a sectores de la juventud radical con líderes del movimiento artesanal, impulsados aquéllos por su afán de llevar la socialización de la política hasta la base popular, y éstos por dar proyección política a la necesidad creciente de proteger la actividad industrial en general, y la de los micro-productores (artesanos) en particular. Fue evidente que el objetivo programático distintivo del Partido Democrático que lo diferenció del resto de los partidos fue el de proteccionismo industrial. Fue éste el que lo impulsó a llevar la socialización del partido al nivel "popular" y, por tanto, a *profundizar* la libertad electoral, la educación laica y gratuita, la autonomía del gobierno municipal y el poder judicial, y la incompatibilidad entre cargos públicos, objetivos que lo homogeneizaban con los demás partidos. En cambio, al exigir la reducción del Ejército y la abolición de la Guardia Nacional, no sólo lo diferenció de otros partidos, sino que lo emparentó estrechamente con el primer movimiento pipiolo. De cualquier modo, su estreno en el espacio público fue un gran *meeting*, que concluyó en el famoso "incendio de los tranvías" [52].

Es evidente, por lo visto, que los fundadores del nuevo Partido retomaron el viejo proyecto social-productivista del primer y segundo pipiolismo; sólo que en un período en que el empresariado popular vivía un franco proceso de desintegración económica ante un sector industrial moderno que multiplicaba el proletariado y no el empresariado popular. La tarea asumida por los jóvenes radicales comandados por Malaquías Concha y Avelino Contardo de "emancipar política, social y económicamente al pueblo" tuvo lugar en un período de *transición* al capitalismo industrial, proceso que tendía a marginar al tipo de pueblo que ellos querían emancipar. Pues no se habían asociado con 'obreros' en sentido estricto -como indican las listas editadas por Grez- sino con sastres, carroceros, zapateros, cigarreros, etc. cuyo contrato habitual no era de asalariado sino de 'maestro' o de 'industrial' independiente. Es cierto que -como mostraron las huelgas de "mecánicos" de los años 70 y 80- la emergente clase obrera industrial realizó mítines de apoyo a la industria moderna y al proteccionismo, pero la inflación que luego se desencadenó llevó a los asalariados al librecambismo (apoyo a la libre importación de carne argentina) y a la huelga contra el patrón industrial, con abandono del proteccionismo. En este sentido, la fundación de un partido que intentó representar los intereses del empresariado popular llegó demasiado tarde: cuando una eventual 'revolución democrático-industrial' ya no era posible. De ahí que el Partido Democrático, nadando detrás de la ola transicional y no en su cresta, tendió a vegetar sin crecer y en definitiva -en ausencia de un poderoso empuje popular- a dejarse llevar por la vorágine transversal de los partidos troncales: el parlamentarismo. Que es lo que hundió al final a su líder máximo. Su única posibilidad

---

52 S. Grez: *De la 'regeneración del pueblo'...*, op. cit., pp. 655-703.

de desarrollo pudo ser la de asumir la lógica de la clase obrera industrial en sentido estricto, que asumía la lucha de clases como la vía principal al socialismo. Pero esto sólo lo intuyó Recabarren, 25 años más tarde. Por esto, entre 1890 y 1925, no fueron ni los partidos oligárquicos ni los populares los que lideraron políticamente a la clase popular, sino ésta a sí misma, a través de sus redes, movimientos y sociedades [53]. El Partido Democrático no hizo madurar las potencialidades de la cuarta matriz de partidización, ya que vegetó girando en la vorágine horizontal de la tercera. Por donde ésta pudo sobrevivir a lo que debió ser su propia muerte.

Habiendo logrado la libertad electoral, destruido el poder del Gobierno para 'elegir' la mayoría congresal, y conquistado el derecho parlamentario a designar y derribar los gabinetes del Presidente, los partidos políticos chilenos sintieron que habían alcanzado el objetivo principal de su fundación y desarrollo: el control del Estado. Desde 1891, pues, su preocupación fundamental consistió en *administrarlo* y en *rotar* solidariamente por todas y cada una de sus aposentadurías. La homogeneización progamática no sólo fue total en cuanto a comunión de objetivos sino también en cuanto a la percepción de que éstos se habían *alcanzado*. La transversalidad, la indiferenciación, la migración de políticos por distintas banderías y el cambio permanente de las alianzas y coaliciones fue el rasgo dominante del sistema de partidos entre 1891 y 1925, hecho unánimemente percibido y denunciado por los propios políticos, inclusive por los que tuvieron una destacada participación en el Congreso y los Gobiernos:

Escribía Carlos Luis Hübner en *El Diario Ilustrado*, en 1903:

> "*El vaivén político de Chile es fenómeno natural, que no tiene por qué asustar a nadie... Se baja y se sube, porque no se puede estar eternamente arriba ni eternamente abajo. En 1891 don Claudio Vicuña cayó con la revolución armada; diez años después hacía a un Presidente. En 1901 cayeron los moderados como para no volverse a levantar; a los trece meses han llegado a tener la mitad del Gabinete... Don Federico Errázuriz Echaurren fue en 1894 ministro de una combinación liberal, en 1896 fue elegido Presidente de la Coalición (conservadora). Don Germán Riesco fue en 1900 senador de la Coalición, y en 1901 elegido Presidente por la Alianza... Realmente no combaten principios sino agrupaciones de hombres... En el actual Congreso, excepción hecha de don Vicente Reyes, don Manuel Ballesteros y don Guillermo Rivera, todos los demás aliancistas han militado alguna vez en coaliciones...* para la totalidad de los políticos, hay ocasión en que se pueda estar con los conservadores" [54].

---

[53] En los actos eleccionarios (lógica dominada por los partidos troncales) los partidos Radical y el Liberal Democrático mostraron cierta 'popularidad' en el proletariado industrial. Ver Julio Pinto V.: "¿Cuestión social o cuestión política? La lenta politización de la sociedad popular tarapaqueña hacia el fin de siglo (1889-1900)", *Historia* 30 (1997), pp. 244-259.

[54] "Charla" publicada el 7 de marzo de 1903. Cursiva en el original.

A lo que agregaba Guillermo Subercaseaux en 1914:

"Por esto digo y repito que los liberales son conservadores y los conservadores liberales. ¿Qué son sino conservadores del régimen del presente, en sus rasgos fundamentales, los Mac-Iver, los Tocornal, los Mackenna, los Sanfuentes, los Montt, etc., que encabezan las diferentes ramas de nuestro liberalismo?... Y por la inversa, ¿qué son sino liberales, y liberales muy avanzados, los conservadores como don José M. Irarrázabal, don Zorobabel Rodríguez y demás cuyo credo político y aun económico ha sido esencialmente liberal? En realidad, todos ellos han sido conservadores y liberales a la vez... Radicales y conservadores, liberales y nacionales, todos ellos participan del mismo credo liberal... porque ha sido liberal el régimen que han procurado conservar" [55].

Y en 1922 constataba Raúl Ripamonti lo que sigue:

"Naturalmente, los programas de todos los partidos, una vez cumplidas las reformas democráticas, se fueron asemejando... El partido mal llamado Conservador sólo lo es tratándose de la cuestión relijiosa; en cuanto a las cuestiones económicas i sociales i en materia de libertades políticas se ha manifestado últimamente más avanzado que todos los otros... Las combinaciones liberales con el partido estremo: el Radical, una vez llegadas al poder, hacían un gobierno tan conservador como sus antecesores de los partidos contrarios ... Las luchas políticas se han empequeñecido i los grupos hoi sólo combaten entre sí por la posesión del poder... por llegar a los ministerios i demás puestos públicos..." [56].

Manuel Rivas Vicuña, de lata trayectoria política, tenía, en 1919, idéntica opinión:

"Si se llegaba al fondo del problema, los principios que una y otra generación sostenían, eran los mismos... Podría decirse que se trataba de cambiar la etiqueta con que se ofrecía al público un mismo producto... El anhelo primario era ser diputado, pero diputado de oposición. Ya dentro del Congreso nacería la ambición ministerial..." [57].

La 'politización (o desocialización) de la política' tenía como eje, por abajo, la homogenización programática de los partidos, y por arriba, la multi-partidización del Estado; situación que producía, como imagen global, un cuadro de rotación transversal de hombres, ideas y problemas, *sin* movimiento traslatorio. Sin avance ni retroceso. Sin tiempo histórico. Esto produjo varios fenómenos de alto interés político.

Primero: todas las grandes reformas, después de 1874, se fueron postergando *ad*

---

55 G. Subercaseaux: *Estudios políticos de actualidad* (Santiago, 1914. Imp. Universitaria), pp. 9-13. Cursiva en el original.

56 R. Ripamonti: *Del réjimen parlamentario en Chile y en especial de la inestabilidad ministerial* (Santiago, 1922. Imp. Santiago), pp. 35-36.

57 M. Rivas: *Historia política y parlamentaria de Chile* (Santiago, 1964. Ed. Biblioteca Nacional), vol. II, pp. 152-153.

infinitum. Todos los partidos, con excepción del Nacional Montt-Varista, habían incluido en sus programas, como un objetivo estratégico, convocar a una Convención Constituyente que reformase en un sentido liberal o productivista la Constitución de 1833, pero *nunca*, hasta ser forzados a ello en 1925, lo intentaron. Las reformas aprobadas fueron puntuales y acotadas al tema electoral. Otras leyes de gran importancia (laborales, de instrucción primaria obligatoria, el Código Sanitario, de reserva del cabotaje a la Marina Mercante Nacional y de real fomento al desarrollo industrial), sólo se aprobaron, de modo recortado, hacia 1920, mientras otras no lo eran en absoluto [58]. El Estado parlamentarista administró los recursos heredados del país, pero no gobernó en función de los *nuevos* problemas o para implementar un proyecto *actualizado* de modernización. La arritmia con los tiempos de la modernidad se hizo patente.

Segundo: se desarrolló un doble anillo de rotación partidaria. Uno por arriba, a nivel de los altos cargos públicos y las Juntas Nacionales de los partidos, donde se negociaban los pactos, se asignaban las plazas burocráticas y los cargos ministeriales, y se preelegía a los parlamentarios y regidores del partido (o de la coalición o alianza). Y otro por abajo, a nivel de las "asambleas departamentales" y "convenciones universales o de partido", donde se discutían principios y programas y se nominaba al candidato a Presidente de la República. Fue evidente que ambos anillos, que se superponían en un mismo partido y rotaban sincopadamente, actuaban de modo distinto: el de arriba tornaba 'liberal' lo que el de abajo decidía 'en radical'. Los políticos -escribió Maximiliano Ibáñez en 1908- aceptan "las órdenes del Gobierno en la designación de los congresales", pero reservan para sí "el derecho de elejir, en convenciones de partido antes que en las mismas urnas, el hombre que debía ejercer la primera majistratura" [59]. Esto determinó que convivieran en un mismo partido un realismo político de base (asambleas, convenciones) y un realismo político de Estado. De ahí que "los partidos -dijo C. Hübner- se corrompen por arriba y se regeneran por abajo". Manuel Rivas, analizando el Partido Radical, concluía lo mismo:

> *"Los elementos políticos que actuaban en nombre del partido no le representaban... El alma radical de las asambleas era distinta a la representación radical en el Congreso; esta diferencia no nacía sólo de su situación y papel, sino que era de fondo. Podría decirse que la tonalidad parlamentaria del radicalismo llegaba al extremo de dejar al país sometido a la evolución espontánea, mientras que las asambleas querrían llegar hasta la acción revolucionaria"* [60].

La rotación de los anillos partidarios, que en el Radical era horizontal, en el Liberal era vertical, según las clientelas de sus personalidades notables. "Los liberales por su

58 R. Ripamonti: op. cit., pp. 83 et seq.

59 M. Ibáñez: *El réjimen parlamentario en Chile* (Santiago, 1908. Imp. Cervantes), p. 15.

60 M. Rivas: *Historia política...*, op. cit., vol. II, pp. 265-266.

lado -afirmó el liberal Manuel Rivas- presentaban toda la gama del iris político, desde el que oía misa todas las mañanas, arrodillado y con devocionario, hasta el que por las noches, *mallete* en mano, abría en nombre del Gran Arquitecto del Universo los trabajos de una logia masónica". Mientras que en el partido Conservador los anillos giraban ora en la horizontal, ora en la vertical, ora en la diagonal, según si el problema era religioso (entonces la postura era horizontalmente conservadora), si, ante un problema económico, el militante tenía "fortuna saneada" (entonces era verticalmente liberal y "orero") o era "deudor" (entonces era diagonalmente proteccionista y "papelero"). ¿Cuál era, pues, el señor de todos los anillos? El esfuerzo común por 'politizar la política'. Y eso tenía un nombre simbólico: el Presidente. "Una sola idea tenía la fuerza capaz de unirlos -escribió Manuel Rivas-: la Presidencia de la República. Eso sí, el Presidente debía ser liberal".

Tercero, de un modo u otro, todos los partidos terminaron por compartir una misma 'identidad de clase'. Todos coparticiparon en lo que la masa ciudadana percibió como "oligarquía". Pero 'la clase' no tenía, en este caso, el sentido que Marx asignó a la "clase burguesa", puesto que en esa oligarquía no predominó, precisamente, el empresariado industrial, sino restos de los otrora poderosos mayorazgos terratenientes, restos de los otrora millonarios mineros del Norte Chico, restos de los otrora hegemónicos mercaderes-banqueros, restos de las autoritarias jefaturas portalianas, junto a grupos emergentes de especuladores de la Bolsa de Comercio, de gestores políticos de compañías extranjeras, de rentistas urbanos, de administradores públicos, de extranjeros nacionalizados, etc. La vieja alcurnia, ahora decadente, se unía al nuevo dinero (dominantemente especulativo) en un matrimonio que no podía realizarse saliendo del Estado hacia el Mercado, sino entrando el Mercado en el Estado. Tener dinero -afirmó Manuel Rivas- era "indispensable para actuar en la política". Pero el dinero, en la época del parlamentarismo, ya no provenía de las exportaciones del 'sistema de hacienda', o de las exportaciones de plata y cobre desde el Norte Chico, sino de especulaciones con las acciones salitreras, de arrendar manzanas de conventillos, de gestionar intereses extranjeros, de negociar tierras fiscales, de traficar senaturías y diputaciones, etc. La necesidad de tener dinero para hacer política permitió que varios contingentes de 'nuevos ricos' ingresaran, vía campaña electoral, al Partido, y de aquí a las raleantes filas de la oligarquía.

> *"Pero ambos partidos (Liberal y Radical) habían tenido que acoger a los afortunados para hacer frente al esfuerzo... de los demás partidos y vencerles en la compra de los sufragios populares... Obligaban a los círculos de provincias a ceder posiciones políticas o electorales, largo tiempo cultivadas, en favor de personas que no conocían, pero que aportaban el dinero necesario para ganar la batalla... Sintetizando, podría decirse que la acción política era la lucha de tres elementos: la fuerza y el dinero contra la libre y espontánea manifestación de la voluntad popular"* [61].

---

61 M. Rivas: *Historia política...*, op. cit., pp. 263—64.

¿Era la 'politización de la política' lo que mercantilizó la acción de los políticos, o fue la mercantilización de una oligarquía económicamente decadente la que obligó a politizar (o desocializar) la política? Los testimonios insisten en que la mercantilización de la política se dio en tres planos: a nivel bajo, en la compra del voto popular (cohecho); a nivel intermedio en la compra-venta de diputaciones y cargos públicos, y a nivel alto, en la apropiación de fondos fiscales. Ironizando, escribió Carlos Hübner:

> *"La manera de sacarle plata al Fisco ha llegado a ser entre nosotros verdadero arte, en el cual brillan estrellas de primera magnitud... En relación al número de habitantes, no hay Fisco que cuente con mayor entrada que el nuestro; pero no hay tampoco país alguno en que los millones se evaporen con la facilidad que en Chile. Muchos de esos millones se coagulan en los dedos de los operadores y de allí emprenden viaje directo a los bolsillos de los ídem... Si es pequeña la cantidad, puede que el individuo, por bruto, pero no por bribón, pase algunos meses a la sombra; si la cantidad vale la pena, la absolución no tarda en llegar, y con ella la estimación pública, y a veces la influencia política. Dijo bien el que dijo: 'Quinientos pesos se robó Beréa/ Y lo hicieron alcalde de la aldea;/ Robóse cuatro mil en un juzgado/ Y lo hicieron al punto diputado... / Y robóse diez mil en el Congreso,/ Y Ministro hiciéronle por eso. / En cambio, un peso se robó Juanillo/ Y purgó su delito en el banquillo. / Ya ves, lector -y la lección es seria. / Que no es bueno robarse una miseria'..."* [62].

Cuarto, la rotación homogeneizadora de los partidos produjo, en el funcionamiento del Estado, la virtual desaparición de la *función fiscalizadora*, mecanismo fundamental del régimen parlamentario y de todo sistema político. La defenestración de los Gabinetes no constituyó acción fiscalizadora, sino mera *rotación* de todos los partidos y políticos por el máximo posible de cargos públicos. Según demostró R. Ripamonti, las dos cámaras del Congreso tenían carácter político, pues ambas tenían facultades fiscalizadoras y ambas concurrían con sus votos a derribar los Gabinetes. "El Senado, lo mismo que la Cámara baja, está dotado de las poderosas armas de negar las leyes de presupuestos, de contribuciones i de fijación de las fuerzas de mar i tierra...". No pudiendo el Presidente disolver el Congreso, se vio obligado, para sortear el problema, a nombrar gabinetes "de Administración" (sin considerar las mayorías de las cámaras), "Presidenciales" (con amigos personales del señor Presidente) o "Universales" (con todos los partidos). En todos estos casos no operaban, ni verdaderas mayorías ni minorías ni, por tanto, había verdadera fiscalización [63]. La solidaridad que todos los políticos se dispensaban entre sí anuló la tensión Gobierno-Oposición, o Mayoría-Minoría, que es indispensable para el funcionamiento de un sistema de partidos en cualquier régimen político. Ante este vacío, la fiscalización comenzó a

---

62 C. Hübner: *El Diario Ilustrado*, 8/07/1903. Charla No. 53.

63 R. Ripamonti, op. cit., pp. 38-40.

desarrollarse y a ejercerse *desde fuera* del sistema político y desde la *base* de los partidos. Esto, como era natural, aceleró la (lenta) politización de los movimientos sociales en general; los que, desde sus sedes, sus calles, o "desde cualquier piedra en el camino" (Recabarren) comenzaron a levantar "tribuna" para vocear la crítica del régimen, la denuncia de la oligarquía y la difusión de ideas sociocráticas de cambio social. Implicando la autonomización de la masa ciudadana y precipitando una aguda 'crisis de representación' y 'legitimidad' del régimen político.

Quinto, la homogeneización de los partidos produjo también una respuesta común frente al estallido de la llamada "cuestión social". Es decir: frente a la crisis integral de las clases populares, que se extendió entre 1885, aproximadamente, hasta después de 1930. La crisis social tuvo tal profundidad que, por sí misma, pudo ser un *divortium acquarum*, una nueva matriz de partidización. Pero no fue así. Antes de 1891 (año de la Encíclica *Rerum Novarum*) los partidos, concentrados en su acomodación política en el Estado, no incorporaron la cuestión social en sus debates. Por ejemplo, en la Gran Convención de Partidos Independientes de 1871 (Radicales, Nacionales y Liberal-Reformistas), que designó como candidato a Presidente a José Tomás Urmeneta, no se hizo ninguna mención al problema [64]. En las instrucciones políticas que Abdón Cifuentes dirigió a los católicos chilenos en 1883 no había otra mención a la cuestión social que la recomendación de incluir a los obreros en los "círculos católicos", a efecto de "formar su intelijencia, enseñarle sus deberes de cristiano; probémosle... que lo amamos" [65]. Sólo en 1896, cuando preparaba su Segunda Convención, el Partido Liberal acordó -a objeto de impedir que los delegados "fueran elejidos en proporciones caprichosas i arbitrarias, sujetas a influencias decisivas de los Directorios"- que se ampliaran las elecciones de delegados "llamando a los ciudadanos de todas las clases sociales i especialmente a la clase obrera" [66]. Sin embargo, cuando se realizó esa Segunda Convención, en 1907, no se incluyó a obreros, pero sí se incluyó la cuestión social en el Capítulo XI del Programa que se aprobó. Este capítulo constituyó un modelo político que la mayoría de los partidos suscribió luego, casi sin variaciones:

> *"A fin de mejorar la situación de las clases trabajadoras i de armonizar los intereses de patrones i obreros evitando así en nuestro país la lucha de clases, la Convención considera primordial: 1) Establecer la lejislación del trabajo asegurando sus derechos a patrones i obreros...; 2) Mejorar eficazmente las condiciones higiénicas de talleres i habitaciones...; 3) Establecer Cajas de Ahorros...; 4) Facilitar al mismo tiempo el crédito a los obreros por medio del Montepío Nacional; 5) Fomentar las sociedades coopera-*

---

64 Anónimo (Ed.): *El candidato de los partidos independientes. Folleto de actualidad* (Valparaíso, 1871. Imp. de La Patria).

65 A. Cifuentes: *A los católicos de Chile. Lo que hacemos; lo que debemos hacer* (Santiago, 1883. S/i.), p. 36.

66 P. Liberal: *Manifesto del Partido Liberal a sus correlijionarios* (Santiago, 1896. Imp. Mejía. Folleto), pp. 6-7.

tivas i de asistencia mutua...; 6) Reglamentar el trabajo de las mujeres i de los niños en las fábricas; 7) Procurar la formación de poblaciones para obreros, en condiciones que les permita ser propietarios, etc." [67].

El objetivo estratégico de la 'política social' que comenzó a esbozarse tras incluir el "problema obrero" fue, pues, el de *armonizar* "los intereses de patrones i obreros", a cuyo efecto se fomentó el establecimiento de ciertos 'derechos', determinadas 'instituciones de apoyo' (caja de ahorro, cooperativas y montes de piedad), algunos 'reglamentos' de seguridad laboral, además de 'inversiones privadas' en la construcción de "habitaciones para obreros". Es decir: un conjunto de medidas tendientes a tejer una red de "protección" sobre los que la Convención Liberal de 1913 enumeró como "infancia desvalida, empleados públicos i privados, i clase obrera" [68].

Es cierto que algunos intelectuales y políticos, en sus escritos y discursos, fueron algo más lejos que el modelo establecido por el Partido Liberal, pero la tendencia predominante se ciñó a esa pauta, en coincidencia con los planteamientos globales de la Iglesia Católica, cuando ésta se decidió a implementar en Chile los principios de la Encíclica *Rerum Novarum* [69]. Hacia 1923 ya era un hecho universalmente conocido que el modelo de política social difundido por el Partido Liberal en 1907 no había dado lugar a ningún cuerpo legislativo capaz de asumir y resolver el problema social. Arturo Olavarría caracterizó esto como culposa "indolencia musulmana" del Poder Legislativo:

> *"No hay un solo partido que se atreva a tomar la iniciativa para desarrollar en el Parlamento una acción práctica y eficaz que conduzca a dictar esas leyes de carácter social que están consultadas solemnemente en los programas de todas las colectividades políticas. Ante tal inconsecuencia uno no sabe qué pensar: si aquellos programas son una farsa o si aquellos hombres son unos ineptos".*

Olavarría realizó en 1923 un sistemático repaso de las posturas y realizaciones de los partidos políticos en relación a la cuestión social. En 1921 la Convención del Partido Conservador declaró que su aspiración era desarrollar el "orden social cristiano", basado en la "cooperación armónica" de todas las fuerzas sociales para realizar el bien común, en el derecho de propiedad y en el de asociación, recomendando la "adquisición de la pequeña propiedad urbana y rural" para los pobres y la lucha contra el alcoholismo. Olavarría verificó que la mayoría de los dueños de conventillos eran congregaciones religiosas o conservadores, lo mismo que 14 de los 26 propietarios de marcas de vino que

---

67 P. Liberal (Ed.): *Convención del Partido Liberal, celebrada en Santiago los días 24, 25 i 26 de diciembre de 1907* (Santiago, 1908. Imp. Barcelona), pp. 358-359.

68 P. Liberal (Ed.): *Tercera Convención del Partido Liberal, celebrada en Santiago los días 19, 20 i 21 de octubre de 1913* (Santiago, 1916. Imp. Barcelona), pp. 446-447.

69 N. Nicholls: "Intelectuales liberales relevantes frente a la cuestión social en Chile (1890-1920)", *Historia* 29 (1995-96). También J. O. Morris: *Las elites, los intelectuales y el consenso* (Santiago, 1967. Ed. del Pacífico).

había en Chile. No era muy distinta la posición del Partido Liberal Democrático (o balmacedista), pues proponía un "programa de renovación social basado en la cooperación y tendiente a evitar la lucha de clases y a conseguir la armonía y la justicia entre el capital y el trabajo". En lo demás era idéntico al programa del Partido Liberal. Lo mismo ocurría con el programa del Partido Nacional, sólo que éste enfatizaba "la implantación del crédito obrero a bajo interés, hipotecario o prendario en préstamos pequeños". El Partido Radical no difería de lo anterior, sólo que remarcaba que era "un deber del Estado la asistencia social en su forma más amplia y completa". El Programa Social del Partido Comunista se centraba en un llamado a todos los asalariados "que acepten incondicionalmente las 21 condiciones de la Internacional Comunista", para luchar contra la burguesía por la conquista del poder. En rigor, sólo el Partido Democrático presentaba un programa social coherente y distinto a los del Partido Liberal y del Comunista. Su objetivo estratégico era la "emancipación política, social y económica del pueblo", lo que era posible si se realizaba el principio de que los medios de producción "son patrimonio común de la humanidad". De este modo se avanzaba hacia la abolición de las diferencias de clase. Para realizar esto se definía un conjunto de objetivos específicos, que incluían: la creación de un Ministerio de Trabajo y Previsión Social, la "transformación de la beneficencia pública en un seguro general para todos los ciudadanos", el impuesto progresivo a la renta, la creación de un Banco del Estado, la estatización de los medios de producción y el transporte, etc. En términos prácticos, Olavarría verificó que los Partidos sólo habían establecido las Cajas de Ahorro, la Caja de Crédito Popular, la Oficina del Trabajo y se habían aprobado leyes relativas a las Casas de Préstamos, de Habitaciones para Obreros y de Accidentes del Trabajo [70].

La 'armonización' fue, pues, la estrategia política dominante para resolver el grave problema social de comienzos de siglo en Chile. Tal estrategia no podía y no pudo ser una cuña que abriera en dos el sistema de partidos, polarizándolo. Sólo el programa del Partido Comunista se salía del esquema consensual, pero de un modo tal que no estaba capacitado para arrastrar a otros tras de sí. El coherente programa del Partido Democrático no fue ni luchado ni implementado, dado que sus alianzas parlamentarias lo movían en dirección al programa liberal más bien que al propio. Lo que se aprobó fue, pues, lo que la lógica transversal de los pactos partidarios permitía aprobar, y esto promediaba con el programa del Partido Liberal que, según el estudio de Olavarría, fue el más activo en el Congreso en cuanto a promover leyes sociales. Es esa misma lógica lo que puede explicar por qué, de las medidas adoptadas -salvo la creación de la Oficina del Trabajo y la Ley de Accidentes del Trabajo-, la gran mayoría se referían a entidades

---

70 A. Olavarría: *La cuestión social en Chile* (Santiago, 1923. Imp. Penitenciaría), pp. 59-135. También Partido Democrático: *Programa del Partido Democrático* (Santiago, 1916. Imp. Excelsior) y *Programa y Reglamento* (Santiago, 1923. Imp. Excelsior).

asistenciales que implicaban inversiones *mercantiles* de la propia oligarquía: Casas de Préstamo, Cajas de Ahorro, Habitaciones para Obreros, Caja de Crédito Popular, loteo de parcelas, etc.

En suma, cabe concluir que en la cuarta matriz de partidización primó más la homogeneización que la diferenciación partidaria, y la mercantilización de la política más que su socialización. La extrema gravedad de la crisis social no quebró el magnetismo transversal que unía los partidos entre sí, ni la tozuda auto-referencia de la clase política. Totalmente desnuda ante la sociedad civil ya por 1915, la oligarquía insistió, con gran impudicia, no sólo en ceñir sobre sí misma la maquinaria estatal aun después de la bancarrota de la Hacienda Pública, en 1922, sino también en convertir la miseria social en otra oportunidad para su *petit capitalisme*. La crítica social, abrasiva desde 1903, se tornó subversiva desde 1919. Incluso en labios de un político parlamentarista como M. Rivas:

> *"Las clases populares prefirieron organizarse en gremios, formar grupos separados, seguir el socialismo..., para caer enseguida en el comunismo e inscribirse más tarde en la IWW... se abre la lucha entre el capital y el trabajo. El Presidente no conoce el problema. La idea de orden le domina más que la de una justicia que no concibe. Sus amigos le recomiendan energía, mano firme, el recurso de la ametralladora apuntada contra la masa y capaz de disparar. El problema es mucho más hondo, el descontento se transforma en agitación violenta..."* [71].

Premonitoria e irónicamente, Carlos Hübner denunciaba en 1902 la farsa a que conducía la homogeneización de los partidos: "lo que al principio de esta charla he llamado corriente o tendencia conservadora, se encuentra en Chile diseminada entre todos los partidos y adulterada por una serie de nombres que cuadran tanto a la verdad de las cosas como cuadraría a una imagen de Cristo un par de pistolas... Y porque no hay partido conservador no hay tampoco partido liberal". Es por esto que -concluía en 1903- "la lucha del porvenir no será entre liberales y conservadores: viene diseñándose clara entre la levita del rentista y la blusa del obrero..." [72].

Le gustase a él mismo o no, Carlos Hübner estaba definiendo, en 1903, cuál sería el carácter de la quinta matriz de partidización del sistema político chileno: la que, después de 1932, se rigió por la intervención política directa de la "blusa del obrero" en la raída "levita del rentista".

---

71 M. Rivas: *Historia política...*, op. cit., vol. II, pp. 267-271.

72 C. Hübner: *El Diario Ilustrado*, 21/12/1902, Charla 84, y 17/06/1903, Charla 47.

c) Los partidos políticos y el segundo acantilado oligárquico (1932-1973)

"La tiranía anónima es mucho más peligrosa que la que ejercen determinados individuos. La dictadura personal está sobre la tierra, a la vista de todos... Mientras que bajo la dictadura encubierta de los partidos, ¿en qué forma es posible señalar a los culpables... ? Así toda responsabilidad se diluye, porque las culpas individuales se vuelven colectivas". (Carlos Pinto Durán, 1925).

Un modelo de autocrítica reaccionaria

Se ha dicho y repetido que, durante el período parlamentario, el Poder Legislativo impuso sus criterios al Poder Ejecutivo. Sin embargo, lo que realmente ocurrió fue que los *partidos políticos* de entonces, coligados de diferentes formas, impusieron sus intereses al conjunto del Estado y a la Sociedad Civil. Es lo que se desprende de las conclusiones a que arribaron prácticamente todos los analistas que comentaron, entre 1924 y 1934, la crisis del primer sistema oligárquico de partidos chilenos. Podría pues asumirse la tesis de Carlos Pinto: el parlamentarismo chileno no fue otra cosa que la dictadura encubierta de los partidos:

> *"Mucho se ha repetido que el parlamentarismo traspasó poco a poco al Congreso las antiguas facultades del Ejecutivo; pero la realidad es que, mientras el Congreso arrebataba al Gobierno sus prerrogativas, iba entregando lo suyo y lo que no lo era al dominio anárquico de los partidos..."* [73].

La rebelión social iniciada con las masivas "marchas del hambre" en 1918, y la rebelión militar iniciada en 1924, coincidieron en cuanto a erradicar la intermediación de los partidos políticos. La lucha contra la oligarquía y el parlamentarismo se tradujo, en los hechos concretos, en un intento por eclipsar la 'clase de los políticos' (es lo que éstos, sintiéndose marginados, denominaron de vuelta como "tendencias anarquistas" de la sociedad). Esto implicaba, o bien reemplazar los políticos por las organizaciones sociales federadas nacionalmente (como la FOCH en 1919), o bien someterlos a algún tipo de 'dictadura' caudillista-populista (como intuyeron Alessandri en 1925 e Ibáñez en 1927), o bien 'regenerarlos' a través de movimientos sociales que produjeran la refundación de los partidos, como sugirió A. Olavarría en 1923:

> *"tiempo es, pues, de que los obreros, los capitalistas y todos aquellos a quienes afecta la indolencia del Poder Legislativo... organicen movimientos de opinión encaminados a obtener que los parlamentarios de todos los partidos realicen las declaraciones que les señalan sus propios programas y doctrinas"* [74].

---

73 Carlos Pinto Durán: *La revolución chilena* (Santiago, 1925. Imp. Valiente), p. 117.

74 A. Olavarría: *La cuestión social...*, op. cit., p. 135.

La "revolución" de 1924-1932 no podría entenderse, exactamente, como una revolución de proletarios contra capitalistas (que, en un 65 por ciento, eran extranjeros) sino de la sociedad civil contra el sistema oligárquico de partidos. La crisis de este sistema, por tanto, no puede atribuirse tan sólo a la dictadura de Ibáñez (que envió a muchos políticos al exilio), sino a la presión ciudadana frente a la incapacidad de los políticos -patente en medio siglo de "indolencia"- para resolver la crisis nacional (de la que el conflicto entre capital y trabajo era un aspecto). El socialismo revolucionario y el militarismo nacionalista surgieron en la cresta de esa presión, como fórmulas de reemplazo de la fracasada acción partidaria. "El país estaba al borde del abismo -escribió Ismael Jara en 1930- y había que salvarlo. Fue esto lo que hicieron los militares... La revolución se hizo contra el régimen parlamentario... y contra los partidos políticos de las diversas denominaciones, que eran los verdaderos causantes de la situación de desconcierto" [75].

Después de 1926 los partidos en general, "semi-aturdidos por los acontecimientos y avergonzados, acaso, de su triste pasado, enmudecieron" (Ismael Jara). Hubo un receso partidario. Una etapa de transición y reflexión. Las viejas matrices de partidización quedaron suspendidas. Durante este paréntesis -es decir: entre la dictadura de Ibáñez y la República Socialista- se decretaron reformas y códigos largamente postergados, se introdujeron cambios conversando con las bases gremiales, se experimentó un estilo político en que la acción del Ejecutivo primó sobre el Congreso y, sobre todo, se vivió la crisis mundial del libremercadismo y el ascenso del nacionalismo económico [76]. Haya sido legítima o no, la dictadura de Ibáñez patentizó la necesidad de que los partidos, para seguir existiendo, actualizaran sus programas y sobre todo sus estilos de hacer política y gobierno. Algunos lo hicieron, otros no. Algunos adaptándose a los tiempos, otros adhiriéndose a la tradición. Y muchos de los nuevos, tomando algo del presente y no poco del pasado.

En general, los analistas coincidieron en que, a fin de cuentas, al terminar el período de receso (1932), los partidos habían cambiado poco. Ya en 1925 Carlos Pinto Durán lo había intuido: "en el río revuelto de las agrupaciones y asambleas, salieron avantes los mismos pescadores de oficio. Aunque es cierto que, hoy por hoy, los más peligrosos tiburones están excluidos, el movimiento revolucionario no logró seleccionar al nuevo Congreso, cuya estatura mental y moral es más baja que la del anterior" [77]. En 1932, Domingo Melfi ratificaba la intuición de Pinto:

> *"El partido político, cualquiera sea su etiqueta, estuvo ausente de la realidad. Continuó en la zona abstracta... Los elementos de esos partidos, en su mayoría, ni siquiera*

---

[75] Ismael Jara Fuica: *Problemas financieros, económicos y sociales. Los nuevos programas de los partidos políticos* (Santiago, 1930. Imp. La Semana), p. 7.

[76] Sobre el último problema, ver G. Subercaseaux: *Historia de las doctrinas económicas en América y en especial en Chile* (Santiago, 1924. Imp. Universo).

[77] C. Pinto: *La revolución...*, op. cit., p. 124.

modificaron el vocabulario. Permanecieron fieles a lo inactual, en una postura exclusivamente reaccionaria... por eso, cuando reaparecieron en la superficie, traían de nuevo los mismos y viejos rencores de asamblea, idénticas pasioncillas y las mismas ambiciones de predominio. El candor político consistió en creer que una vez derribada la dictadura se disiparía con ella el ambiente malsano que había brotado de su propio flanco. Pero la dictadura ha creado castas sumisas de derrochadores adheridas al presupuesto... legión considerable de hombres sin tradición o que habían roto sus vínculos con los antiguos partidos de donde habían salido al llamado del dictador" [78].

El receso partidario fue, en todo caso, breve. Al reanudarse la actividad partidaria en 1932, quedó en evidencia que ese tiempo no había sido suficiente para permitir que los militares o los movimientos sociales consolidaran formas de representación alternativas a la 'representación partidaria', pero había sido suficiente para que los partidos "reaparecieran en superficie". Tornando práctica y oportuna una propuesta que diez años antes se consideraba posible pero inoportuna: "la solución del problema no consiste en suprimir los partidos, sino en reorganizarlos" (C. Pinto). De modo que, al reaparecer, los partidos reflotaron la balsa que habían construido al naufragar: la Constitución de 1925 (que, como se sabe, perfeccionaba la de 1833). Con ella, podían de nuevo navegar, remando 'colectivamente'.

"El ideal habría sido la organización de un nuevo partido, bajo cuya bandera se hubieran cobijado los hombres de todas las ideas políticas -escribió Ismael Jara Fuica- ... todas las fuerzas productoras del país, basado en el empuje de sus capitales, en su cerebro o en sus brazos... Pero, ya que se ha optado por el mantenimiento de los antiguos partidos, modificando sólo sus programas... para conformarlos al nuevo orden de cosas impuesto por la revolución..." [79]. Sólo cabía esperar el resultado de esa revisión. De esa auto-crítica partidaria.

Es importante la auto-crítica del Partido Conservador. En 1932, durante la Convención que ese partido realizó en Santiago, dijo su Presidente, don Héctor Rodríguez de la Sotta: "Debemos, pues, reflexionar hondamente; despojarnos de todo interés mezquino... medir nuestras palabras y hablar con la más absoluta franqueza y sinceridad". Dramáticamente, dijo que "en esta hora trágica del mundo" en que caían dinastías seculares, estallaban revoluciones en muchos países de Europa y América Latina y, sobre todo, por "la trágica experiencia de la Rusia soviética", el factor corrosivo no era otro que el denunciado por Ortega y Gasset: la "rebelión de las masas". Y la irrupción de las masas no habría existido de no haber el liberalismo abierto las puertas, sobre todo al instaurar el sufragio universal. "El liberalismo engendró el desorden, y la democracia la mediocridad; y este es el mal que sufre el mundo: un inmenso desorden, por la incapacidad de las

---

78 D. Melfi: *Sin brújula* (Santiago, 1932. Ed. Ercilla), pp. 29-30.

79 I. Jara: *Problemas financieros...*, op. cit., p. 10.

mediocridades". Los liberales mal usufructuaron de un orden que ellos no habían construido. Ante el daño consumado, el Partido Conservador debía luchar por una libertad ordenada:

> *"Libertad, sí; pero dentro del orden. Democracia también, pero igualdad de posibilidades y no de derechos. No puede tener los mismos derechos políticos el capaz que el incapaz; el sabio que el ignorante; el virtuoso que el vicioso; el inteligente que el necio... La democracia así entendida es absurda: es la aristocracia del descamisado... Cuán absurdo es el sufragio universal, la mayor imbecilidad que han inventado los hombres... (Debemos) luchar por el sufragio restringido... a los capaces y en la medida de su capacidad ... por el gobierno fuerte de los capaces dentro de la ley... Los comunistas no deben ser ni electores ni elegidos... (En cuanto a) las clases modestas de la sociedad ... que son las de mayor número... (se debe) tomar para este caso la representación gremial. Se reservaría una cuota importante de los asientos de las instituciones políticas a los gremios profesionales de los ciudadanos sin derecho a voto".*

El Partido Conservador, en consecuencia, debía encabezar un "triple movimiento de reacción": contra las democracias liberales basadas en el sufragio universal; contra el socialismo y el "estatismo exagerado que es su instrumento", y contra el Estado Docente, por ser el "forjador de demagogos y de comunistas" [80].

Es claro que la propuesta de Rodríguez de la Sotta -un dirigente altamente prestigiado- retrogradaba el pensamiento conservador a los tiempos de Manuel Montt, y exigía al partido, además, asumir no un rol histórico de vanguardia como entonces (habían liderado la liberalización electoral desde 1857 hasta 1914), sino uno triplemente "reaccionario". ¿Qué pudo producir este viraje?

Una hipótesis plausible es ésta: al perder el control de la 'jefatura' gubernamental, la clase pelucona debió construir otra fuente de poder y acceso 'competitivo' al Estado, fuente que no podía ser otra que el ensanche del derecho a voto; la aprobación de la "libertad electoral". O sea: consumar "la imbecilidad" del sufragio universal. Era una opción inusualmente 'democrática' (antagonizaba con el orgullo aristocrático de los ex-mayorazgos) pero conveniente, dado que los conservadores -latifundistas ante todo- dominaban los votos de los "cívicos" y los "inquilinos". La estructura *pre-capitalista* de las haciendas (que al prevalecer sobre su modernización capitalista terminó por ofrendar a sus dueños una masa electoral cautiva), convirtió a los conservadores en la mayor potencia electoral del país, hecho que obligó a los empresarios de relativo mayor desarrollo capitalista (caso de los industriales) a negociar con ellos en desventaja [81].

---

80 Héctor Rodríguez: *Crisis política, económica y moral* (Santiago, 1932. Imp. Prisiones. Folleto), pp. 4-32.

81 Ver T. Wright: "The S. N. A. in Chilean Politics, 1869-1938" (University of California, Berkeley, 1971. Ph. D. Diss.).

El imperio electoral de los conservadores, ineludible entre 1884 y 1941, se sostenía, con todo, sobre dos frágiles pilares: 1) en la 'posibilidad' de que las leyes laborales *no* penetraran en el coto laboral de las haciendas, y 2) en la 'posibilidad' de que cívicos e inquilinos *no* maduraran como ciudadanos autónomos [82]. Pero los proyectos militares tanto como la prédica socialista erosionaban esos pilares y reducían el Partido Conservador a lo que, estrictamente, era: el representante de la sección más retrasada del empresariado, el partido con la base electoral más pre-moderna, y el programa político más reaccionario de todos. No es extraño que Rodríguez de la Sotta se pronunciara bélicamente contra el comunismo y el militarismo golpista, y también contra la autonomización electoral de los "descamisados" (que incluían a cívicos e inquilinos). No condenó ni el cohecho ni la soterrada mercantilización de la política, pero sí el sufragio universal que beneficiaba al bajo pueblo. A pesar de esto, en su Convención de 1932, el Partido decidió luchar por "la armonía entre capital y trabajo" y por "el derecho que tiene el Estado a fomentar y aun participar en el establecimiento de industrias". Es decir: se pronunciaba contra el conflicto social y a favor de un Estado con gran poder económico. Protegía, pues, por sobre todo, las bases de su auto-reproducción como partido. ¿Le restaba, hacia 1932, algún contenido realmente *propositivo*?

Sin duda: lo que Abdón Cifuentes -siguiendo las encíclicas papales- desde 1883 venía llamando "el orden social cristiano". En sus palabras, ese orden consistía en la formación de "uniones católicas" o "círculos católicos" a todo nivel, hasta empapar la sociedad civil con la concertada acción moral de los cristianos. La práctica social y pública de los valores cristianos permitiría regenerar la condición moral de una humanidad decadente bajo el progreso material. Sin embargo, resulta evidente que, entre 1883 y 1932, la tesis del "orden social cristiano" fue ante todo una práctica parroquial privada y no un programa público de acción partidaria. En las conclusiones de las convenciones conservadoras esa tesis es 'mencionada' con frecuencia, pero no 'definida' como teoría de la sociedad o nuevo programa político. Era una tesis progresista de vigencia retórica. Sin embargo, para un segmento de la juventud conservadora, era el único tejido realmente sano del partido, razón por la cual debía ser su piedra refundacional. Sobre todo, ante la pérdida inminente del poder electoral de antaño. Escribió Rafael L. Gumucio en 1933:

> *"Todo eso ha cambiado. Hoy no tenemos ni mayoría en la opinión, ni mayoría en el Congreso, ni posibilidad de formar combinaciones con mayoría para la defensa religiosa. El país ha avanzado de tal modo hacia la izquierda, que el partido radical, que antes era el más extremo, sin cambiar de ideas ni tendencia, ha pasado a ser el partido*

[82] La hipótesis de que el poder electoral del Partido Conservador dependía de que *no* se reformara el 'sistema' de haciendas es compartida por todos los analistas políticos de los años 30 y 40. Ver Carlos Pinto, op. cit., pp. 131-141; G. Viviani: *Sociología Chilena. Nuestro problema social* (Santiago, 1926. Nascimento), pp. 83-84). De idéntica opinión es F. Gil, op. cit., pp. 79-82.

de centro... La triste verdad es que no contamos con qué hacer un movimiento popular... la masa proletaria es o indiferente en materia religiosa o está tomada por el extremismo izquierdista. Esta es la desoladora realidad: estamos en total impotencia para impedir una legislación perseguidora que quiera imponerse ... estamos en ínfima minoría: tenemos sólo el 16 por ciento del electorado... Las ideas disolventes van extendiéndose cada vez más en las masas populares".

Es claro que con el 16 por ciento del electorado no se podían defender las conquistas conservadoras del pasado (el control de la tierra pese al retraso del capitalismo agrario, el poderío electoral a pesar de la inmadurez cívica de los sufragantes inquilinos, etc.). El *pasado* conservador enfrentaba en 1932 una "desoladora realidad": electoralmente, no podía sostenerse por mucho tiempo. Ahora, como en 1857, debía pensar en 'otra' base de poder. En algún cartucho de *futuro*. Y ese cartucho -el último- era nada más y nada menos que la quintaesencia de su ideario: el "orden social cristiano". Intuyendo esto, agregó Rafael Luis Gumucio:

"La obra es urgente... el sufragio universal se presenta ya como un fracaso para los que tenemos las más arraigadas ideas democráticas (sic)... los únicos verdaderamente aptos para las funciones democráticas de elegir y gobernar son los que tienen el derecho que forma la filosofía católica, los que tienen el concepto de deber que forma la moral católica y los que tienen el concepto de justicia y caridad que forma la sociología católica... La importancia de la acción católica es suprema; la importancia de la acción social es trascendental... descuellan sin duda muy por encima de la acción política. Con todo, sostengo que, por el momento y por las circunstancias actuales, es más urgente la política ... la acción social es por naturaleza, lenta: lenta en su organización, lenta en su desarrollo, y lenta en sus resultados... para asegurar el porvenir de la acción católica y de la acción social es indispensable el trabajo de los católicos en el terreno político" [83].

Como se sabe, el Partido Conservador, mayoritariamente, optó por defender, en el viejo terreno político-parlamentario, los restos de su pasado. Esto le implicó desprenderse de la mayor parte de su juventud, en 1939 (llamada Falange Nacional) y luchar por mantener la estructura tradicional del latifundio [84].

La auto-crítica del Partido Conservador -el más sólido, fuerte e ideológicamente 'coherente' de los partidos históricos- revela que, entre las tendencias emanadas del período "revolucionario" 1924-1932 y el pasado pre-revolucionario, este partido optó por el último. Que, entre la "acción católica" orientada a construir en directo el orden social cristiano, y la "acción política" de cuño parlamentario, optó por la última. Que, entre dar

---

83 R. L. Gumucio: *El deber político* (Santiago, 1933. Imprenta Chile), pp. 15-23.

84 Teresa Pereira: *El Partido Conservador, 1930-1965. Ideas, figuras y actitudes* (Santiago, 1994. Ed. Vivaria), pp. 38-76.

vía libre al empresariado industrial capitalista para que éste realizara en Chile una revolución industrial basada en el mercado, y cerrar el paso a ese empresariado para dar a la vieja clase política el control directo del Estado Empresarial, este partido, en sus convenciones de 1932 y 1935, optó por lo último (con lo cual reincidía en el modelo parlamentarista, en el que los partidos, a espaldas de los empresarios, se 'apoderaron' del Estado, y con éste, de la Sociedad Civil).

Lo que prueba la tesis de Domingo Melfi: lo ocurrido entre 1918 y 1932 no dejó gran huella en este partido. Si hubo algún cambio, no fue progresista sino reaccionario, pues tanto el desgajamiento de la Falange como su belicismo contra el sufragio universal y el comunismo formaban parte de su retroceso a la etapa pre-liberal de su historia. Su pasado premoderno comenzó a pesar más que su pasado moderno, entrando en franca colisión con la tendencia de los tiempos. Pero la lentitud de los procesos sociales -prevista por Gumucio- obró en su favor, dado que la autonomización cívica del bajo pueblo sólo experimentó un alza significativa en la década de 1950. Por ello, el cohesionamiento retrógrado surgido de las Convenciones de 1932 y 1935 permitió a los conservadores obtener, todavía, alucinantes victorias electorales en 1937, 1945 y 1949 (según cifras de S. Guilisasti). Y diluir en parte su temor a la "izquierdización del electorado popular". A esto contribuyó también el cohesionamiento paralelo del Partido Liberal, cuya autocrítica siguió un rumbo igualmente reaccionario, pero *sin* la esencia renovadora que el catolicismo daba a los conservadores.

En la Convocatoria a la Quinta Convención Nacional, celebrada en Santiago en diciembre de 1932, el Partido Liberal cuidó de rendir homenaje a su pasado y sus fundadores. Como en el caso de los conservadores, el pasado identitario de los liberales incluyó todas las variantes programáticas de la historia política de Chile: el orden *autoritario* de Montt y Varas; el *liberalismo* radical de los presidentes Errázuriz, Pinto y Santa María y el "ideal *democrático* del gran Presidente Balmaceda". Así como el *parlamentarismo* oligárquico y populista encarnado en el caudillo Arturo Alessandri. La Convocatoria de 1931 reconoció además la relevancia coyuntural del 'estatismo':

> *"Sin contrariar los principios del liberalismo, puede el Estado contribuir directamente, en circunstancias que de veras lo justifiquen, a la estimulación y fomento de la producción y del comercio, e intervenir en la distribución de la riqueza para que todos los habitantes de la República gocen de un mínimo de bienestar económico... La contribución del Estado a la Caja de Seguro Obrero es deuda de honor, y por tanto, preferente... la protección fiscal y particular organizadas deben ir en auxilio, tanto en la clase media como en la obrera, para aliviar las horas de dolor..."* [85].

---

[85] P. Liberal (Ed.): *Partido Liberal. Quinta Convención, celebrada en Santiago. 25-27 de diciembre de 1931* (Santiago, 1932. Imp. El Imparcial), pp. 6-7.

En esa Convención "todas las colectividades liberales" se congregaron y sellaron su unidad, superando diferencias que se arrastraban desde 1893 (desgajamiento del Partido Liberal Democrático o Balmacedista). Como el Conservador, el Partido Liberal "aceptó" la Constitución presidencialista de 1925 sin plantear ningún proyecto específico de reforma, salvo la ambigua frase "sin perjuicio de las modificaciones que la experiencia aconseje". Como el Conservador, la Convención Liberal se planteó en contra del sufragio universal, interponiendo la condición de "capacidad" del sufragante: "reformar la Ley Electoral en términos que los electores tengan la capacidad suficiente para ejercer sus derechos ciudadanos". Esto le llevó a proponer lo mismo que el Conservador: el "voto plural", que en rigor era una variante del decimonónico "voto censitario":

> *"Que se establezca para las elecciones de regidores el voto plural, en el sentido de otorgar, además del voto general a que tienen derecho todos los electores, votos especiales a aquellos que sean propietarios de bien raíz o paguen patente profesional o industrial en la comuna".*

En coherencia con lo anterior -que reponía el poder electoral de los "grandes contribuyentes" ya no por la vía del cohecho sino por derecho propio-, se propuso "restablecer la autonomía comunal", las "asambleas regionales" y "alcanzar la mayor descentralización administrativa compatible con la forma unitaria de gobierno". Se pugnó así por restablecer las bases del régimen parlamentarista. Para fortalecer el poder del Estado se propuso la "nacionalización de la industria salitrera" y "del comercio", la "reserva de los servicios públicos al capital nacional", etc. En conjunto, la estrategia partidaria se rigió por una concepción "evolutiva" de la sociedad y la historia, y por una visión "armónica" de las relaciones entre capital y trabajo, en la que el individualismo estaba limitado por el mayor peso del rasgo organicista de la sociedad [86].

El triunfo logrado por Alessandri en la elección presidencial de 1932 no alteró el visible retorno del Partido Liberal a su pasado pre-moderno, pese a su conveniente aceptación del rol protector del Estado sobre la industria, el agro, la clase media y los obreros. En la Sexta Convención del Partido, celebrada esta vez en Valparaíso en octubre de 1933, se acordó insistir en la condición de "capacidad" para votar y en el derecho "exclusivo" de los grandes contribuyentes para controlar los municipios, lo que no fue óbice para coincidir en que el principio básico del Partido era el "justo y ponderado equilibrio entre los derechos individuales y las necesidades sociales". Su ideal de "evolución armónica" distó por completo de la visión que los neoliberales chilenos de fines del siglo XX tienen al respecto. Véase el siguiente párrafo acordado por la Sexta Convención:

> *"Reconoce que la vida social limita necesariamente la vida individual, por lo que no podría acoger en su programa la aspiración a un individualismo absoluto; semejante*

[86] Ibídem, pp. 125-138.

individualismo destruiría prontamente las bases del orden social y, con ellas, toda posibilidad de desenvolvimiento individual eficiente... el Partido Liberal afirma que el individuo no puede nada sin la sociedad y la sociedad nada sin el individuo" [87].

Las mismas propuestas fueron aprobadas por la Séptima Convención celebrada en Santiago en octubre de 1939, tras la derrota de Gustavo Ross en la campaña presidencial de 1938. La diferencia específica de esta Convención fue la decidida posición anti-comunista del Partido, contrastando con la Convención de 1933, que había planteado diferencias con el socialismo sólo en lo que se refería al grado de intervencionismo estatal [88].

Los dos grandes partidos hegemónicos del siglo XIX realizaron, pues, en la década de 1930, un mismo tipo de reflexión que, en lo medular, no implicó ninguna innovación. Puesto que, aun cuando reconocieron la inevitable irrupción de las masas en la historia y la (peligrosa) autonomización cívica de los "descamisados" y la "chusma", como también la irrupción mundial del nacionalismo (o estatismo) económico después de la crisis de 1930, ambos partidos repelieron con fuerza la eventual ciudadanía plena de la descamisada chusma, mientras aceptaban sólo coyunturalmente el rol industrializador del Estado. Su cultura parlamentarista les impedía, además, suscribir el flamante régimen presidencialista. Su reflexión, por tanto, los predispuso más bien a *obstruir* el proceso de profundización democrática y a 'observar' el liderazgo estatista de la economía y la cuestión social. Su postura en lo electoral era reaccionaria; su programa político factual tendía al parlamentarismo liberal, y su programa social buscaba una "armonía" (cristiana o laica) que, por razones de 'realismo político', sólo sabía ser anti-comunista o anti-izquierdista. Al anclarse en el pasado, ambos partidos tendieron a transformarse, de fuerzas mayoritarias en minoritarias, y de partidos dominantes en partidos de oposición. Con un agravante: su oposición no fue progresista -como los partidos opositores de mediados del siglo XIX- sino retardataria. Así, ciertamente, no podían recuperar ni la capacidad ni el poder para liderar la nación.

La profundización de la democracia electoralista -desatada de nuevo por la misma competencia interpartidaria- y el desarrollo acelerado de las "capacidades" ciudadanas (producto del sistema educacional) tenían que drenar, a mediano plazo, inexorablemente, el voto 'premoderno' que pudiera apoyar los retrógrados programas de los partidos Liberal y Conservador. Podían mantenerse en el Congreso -sobre todo, como los "viejos del Senado"-, obstruir desde allí los procesos de modernización, pero su acceso al

---

87 P. Liberal (Ed.): *Partido Liberal. Sexta Convención celebrada en Valparaíso. 13-15 de octubre de 1933* (Santiago, 1934. Imp. La Bandera), pp. 235. 236. Sobre el rechazo al sufragio universal, ver la ponencia de L. A. Arenas: *Reconstrucción nacional en el orden político, social y económico* (Santiago, 1933. Imp. Lathrop Hnos.), pp-19-20.

88 P. Liberal (Ed.): *Partido Liberal. Séptima Convención celebrada en la ciudad de Santiago. 6-8 de octubre de 1939* (Santiago, 1942. Imp. Rapid), pp. 435-453.

Gobierno dependía menos de su base electoral y más del pacto gremial que los unía al resto de la clase política. Después de 1940, firmar ese pacto exigía: a) una aceptación literal de la Constitución liberal-conservadora de 1925; b) una aceptación mínima del estatismo-nacionalista; c) una visión 'armonizadora' de los problemas sociales, y d) un rechazo al golpismo reaccionario o revolucionario. Por ello, el acceso de la Derecha al Gobierno comenzó a depender, no de su propio 'poder', sino de una 'invitación' a participar en algún Gabinete nominando por un Presidente de centro-izquierda. Mejor dicho: dependían de los desacuerdos, inconsecuencias o fracasos de sus adversarios políticos. Sólo una feliz operación electoral basada en la clase empresarial (como la que catapultó en 1958, sin éxito, al gerente y empresario Jorge Alessandri) o un sorpresivo vuelco militar hacia posiciones libremercadistas (como el que catapultó en 1973, no a la clase liberal-pelucona, sino a un general sin abolengo) podía darles, frente a la chusma, el poder que habían perdido.

Conservadores y liberales arribaron, pues, entre 1932 y 1939, al mismo punto al que los mayorazgos de raigambre colonial habían llegado un siglo antes (1828): frente a una *mayoría* electoral 'pipiola' y a la *espera* de una jugada ganadora de algún segmento empresarial o una jefatura militar. Para la prosapia de una oligarquía secularmente dominante eso era, en 1932, en verdad, muy poco. Casi nada [89]. Como se sabe, tres décadas más tarde, ambos partidos enfrentaban su virtual extinción [90].

Un modelo de autocrítica pragmática

Si la historia partidaria de la (supuesta) *dominación* política era contradictoria, de crisis y declinación, la historia de la (supuesta) *oposición* no fue menos contradictoria, crítica y crepuscular. La dialéctica entre la clase (o movimiento) y su 'jefatura política', que terminó sumiendo el sistema de partidos en una vorágine horizontal homogeneizadora, afectó lo mismo a los partidos de la dominación que a los de la oposición. Tal ocurrió con el Partido Radical, el Democrático, y el Liberal-Democrático, que, durante el régimen parlamentario (fase de madurez del primer sistema de partidos) tuvieron tal presencia en los Gabinetes de la Alianza Liberal o en los de la Coalición Conservadora, que no es posible considerarlos propiamente 'de oposición'. Para ellos, lo mismo que para el fuero interno de los partidos 'dominantes', el pasado y la tradición política -bases de su identidad- se nucleaban en torno a las luchas por la libertades electorales, la comuna autónoma, las convenciones partidarias, el libremercadismo y, por cierto, el régimen parlamen-

89 Si esas posibilidades constituían o no el comienzo del fin para la proyección liberal de ambos partidos, ver el análisis hecho por LAC: *El liberalismo y la cuestión social* (Santiago, 1942. Imp. El Imparcial), especialmente pp. 329-411.

90 T. Pereira, op. cit., pp. 223-315.

tario que integraba todo eso. Sólo el debate con la Iglesia Católica -cuya influencia era incompatible con la soberanía *laica* de la opinión pública- abría una polarización ideológica, cuyo impacto político real (más allá del dramatismo coyuntural) sólo tenía incidencia en la esfera educacional. Los partidos 'de oposición', del mismo modo que los dominantes, colmaron sus expectativas durante el régimen parlamentarista, de modo que fueron igualmente dañados por el ciclo 'revolucionario', debiendo sumirse también en un ciclo de reflexión y adaptación. El caso del Partido Radical es el de mayor interés.

El Partido Radical había surgido como oposición extrema al autoritarismo de Montt y Varas; contra el voluble oportunismo del Partido Liberal que, para llegar al Gobierno, no dudó en aliarse con su enemigo de ayer (el Partido Conservador); contra el centralismo mercantil de Santiago que bloqueaba el desarrollo capitalista de las provincias, y contra la excesiva influencia de los extranjeros en el Gobierno Central. Por ello -dijo Enrique Tagle en 1917- "en su origen, fue un partido liberal exaltado", que agrupó a "aquellos elementos liberales que vieron en la fusión liberal-conservadora un entorpecimiento para la implantación de sus doctrinas de avanzado republicanismo" [91]. La radicalización del liberalismo lo llevó, más que ningún otro partido, a luchar por establecer el régimen parlamentario, la descentralización del Estado, la comuna autónoma y, por supuesto, la laicización de la educación pública. Lo cual quedó claramente expresado en los acuerdos de su primera Convención Nacional, de noviembre de 1888:

> *"La Convención Radical declara: que en la organización vigente de la República, el régimen parlamentario, que supone el gobierno de gabinete, debe ser estrictamente observado; que el centralismo es un falseamiento del gobierno representativo, que... daña los intereses locales y debilita la acción social; que el Municipio, la Provincia y la Nación son tres organismos diferentes de la sociedad, y que, en consecuencia, cada uno debe tener un gobierno propio y autónomo"* [92].

La definición parlamentarista del programa político del Partido Radical capacitaba para evolucionar en un sentido liberal ortodoxo (tendencia que siguió Enrique Mac Iver), o en un sentido social-populista (tendencia seguida por Valentín Letelier). Es claro que la definición de esta encrucijada dependía de la base o composición social del Partido. Por su origen, el grupo social hegemónico fue el empresariado minero del Norte Chico, apoyado por diversos grupos profesionales y artesanales de Santiago. Pero debe recordarse que la economía agrícola y minera del Norte Chico colapsó irreversiblemente después de la crisis de 1873. En reemplazo de ese empresariado entró el grupo terrateniente de tipo capitalista surgido en la huella de la 'pacificación' de la Araucanía, grupo

---

91 Enrique Tagle C.: *Liberales y conservadores* (Santiago, 1917. Imp. Universitaria), p. 79.

92 Citado en Jaime García C.: *El Partido Radical y la clase media. La relación de intereses entre 1888 y 1938* (Santiago, 1990, Ed. Andrés Bello), Anexo No. 3.

que se hizo fuerte después de 1885. Por su parte, las bases artesanales emigraron al Partido Democrático o a otras facciones de tipo socialista a fines de la década de 1880. De modo que, después de 1900, la composición de clase del Partido Radical quedó formada por un grupo terrateniente moderno, liberal y capitalista (no provenía del viejo "sistema de hacienda"), una expansiva clase media urbana arraigada en la capital, una legión influyente de la consolidada 'clase política' (de la cual Mac Iver y Letelier eran parte conspicua), y una periferia 'social' residual o emergente en las provincias de Atacama, Coquimbo, Concepción, Antofagasta y Tarapacá. La identidad de clase del Partido Radical fue, pues, cambiante y además heterogénea.

Esta situación llevó a exaltar lo programático e ideológico más que la 'representación de intereses'. El resultado de ello fue el énfasis puesto en la política educacional, en el tratamiento racionalista de los problemas y en la crítica al rol 'medieval' de la Iglesia Católica. Esto puede explicar, también, la simpatía ideológica que mostró este partido hacia la "cuestión social", la que tan claramente emergió en su famosa Convención de 1906. El ideologismo del Partido Radical resultó temible para todos sus adversarios políticos [93]. Sin embargo, pese a su radicalización ideológica, su pluralismo clasista le obligaba, desde sus propias entrañas, a 'armonizar' los conflictos de clase y de interés. Lo que solía hermanarlo con el Partido Liberal. Arturo Olavarría constataba en 1923 que el Partido Radical, a pesar de su discurso ideológico, no contaba más 'obra social' que su gestión de la Ley de Instrucción Primaria Obligatoria. Por ello -dijo- "la labor parlamentaria radical en esta materia no es muy abundante... la amplitud de las concepciones de su programa no está en proporción con su acción efectiva". Y agregó: "el enorme número de diputados con que cuenta en sus filas, 42 en 116, exige una labor más eficiente en favor de... los bellos propósitos enunciados en su programa" [94].

Progresivamente, el Partido quedó bajo el control de los grupos profesionales de Santiago que, mientras administraban la célebre democracia interna de los radicales, adaptaron el programa al cambio de los tiempos, lideraron las asambleas de provincia en las Convenciones Nacionales y fraguaron las alianzas que les permitían mantenerse en el Gabinete, si no en el poder. De ese modo, devino en una organización especializada en el manejo de relaciones, redes de influencia y discursos tecnificados de progreso. Aquí la planificación e ingeniería políticas, poco a poco, se convirtieron en prácticas permanentes y auto-suficientes (impulsadas por los conceptos teóricos de "evolución y progreso". No es extraño que gran parte del cuerpo partidario configurara, al mismo tiempo, una Logia Masónica semi-secreta (cuya red se extendió sobre otros partidos, amarrando el

---

93 Ver Enrique Tagle, op. cit., passim, y Bartolomé Palacios: *El Partido Conservador y el Partido Radical, frente a frente* (Santiago, 1918. s/i).

94 A. Olavarría: *La cuestión social...*, op. cit., pp. 119-122.

pacto gremial de la clase política), que fue públicamente denunciada en 1917 [95]. De este modo, el Partido Radical, si no controló antes de 1938 el poder total o el Gobierno, sí fue copando el Estado, segmento a segmento, partiendo por el Ministerio de Educación y los escalones burocráticos. Fue uno de los principales promotores de la llamada "empleomanía". Su ebullente base social y ágil lanza programática le permitieron, de un lado, mantenerse siempre 'actualizado', y de otro, servir con eficiencia los intereses específicos del Partido.

Por ello, la 'reflexión' de 1931 no tuvo para los radicales el dramatismo litúrgico que tuvo para conservadores y liberales -que juramentaron su identidad pretérita camuflándola bajo una pátina de presente-, puesto que para ellos fue una pragmática aplicación de su ya 'infalible' ingeniería política. Asumiendo plenamente las 'novedades' que hacia 1930 traía la coyuntura histórica chilena (régimen presidencial, nacionalismo económico, izquierdización del electorado), el Partido Radical no tuvo reparos en 'evolucionar' con el tiempo y en renunciar a buena parte de sus vieja identidad política. Así, en el "programa de acción inmediata" acordado en 1930, abdicó del parlamentarismo suscrito en la Convención de 1888:

> *"Por razones de no discutida conveniencia nacional en cuanto a ideas de orden y progreso... acuerda prestar su decidida cooperación al actual régimen de Gobierno establecido en la Constitución Política de 1925... La Convención de 1888 declaró: 'que... el régimen parlamentario debe ser estrictamente observado'. El régimen parlamentario formó siempre parte de la esencia misma de las doctrinas radicales..."* [96].

El realismo político ("conveniencia nacional") de los radicales no sólo les impulsó a cercenar su "esencia parlamentarista" (y todo el tinglado municipalista que le acompañaba), sino también su conveniente principio de "armonía social". Así en la Décima Convención, realizada en Santiago en 1931, se acordó:

> *"Que siendo una realidad la lucha de clases, el Partido Radical, frente a esta lucha... está de parte de los asalariados que pretenden la reivindicación de los derechos sociales que eliminarían esta lucha... El actual régimen capitalista divide a la sociedad en dos clases iguales y antagónicas... este régimen debe ser reemplazado por uno en que los medios de producción sean patrimonio de la colectividad y el principio individualista sea reemplazado por la solidaridad social..."* [97].

La Convención de 1931 hizo florecer lo que la de 1906 sólo dejó en barbecho: la ruptura con la tradición liberal del Partido y su "enrolamiento en las corrientes socia-

---

95 Anónimo: *La masonería ante el Congreso. (Política Republicana)* (Santiago, 1917. Imp. Chile). Ver también Benjamín Oviedo: *La Masonería en Chile. Bosquejo histórico: la Colonia, la Independencia, la República* (Santiago, 1929. Imp. Universo).

96 Citado en I. Jara: *Problemas financieros...*, op. cit., pp. 73-74.

97 Citado por L. Palma: *Historia del Partido Radical* (Santiago, 1967. Ed. Andrés Bello), pp. 175.

listas" (E. Frei M.), ruptura que fue refrendada en las convenciones siguientes. Esto hizo que el Partido Radical comenzara a flotar orientándose por la marea popular de autonomización cívica y por el irresistible estatismo económico, a contra-viento de la navegación retrógrada de los partidos oligárquicos. Premunidos de este nuevo norte, los radicales abandonaron sus cargos en el segundo gobierno 'liberal' de Arturo Alessandri y firmaron, en 1936, el pacto del Frente Popular con los emergentes partidos Socialista y Comunista. Esto significaba impulsar la 'marea popular' como un poder electoral capaz no sólo de desbancar definitivamente a la vieja oligarquía, sino también de remodelar el Estado de 1925 a imagen y semejanza de los principios solidarios de desarrollo. La reflexión radical de 1931, de golpe, transformó los partidos de 'oposición' en una alternativa de poder capaz de controlar y remodelar el Estado. Es decir: los transformó en partidos de '*dominación*', desplazando a los viejos partidos oligárquicos a la trinchera de 'oposición'.

La emancipación electoral de la ciudadanía y la 'estrategia de contrición' de los partidos

La nueva base de poder no era, sin duda, obra exclusiva de la capacidad ingenieril de los radicales. En rigor, esa nueva base estaba constituida por el desarrollo cívico de la masa ciudadana, sobre todo de la masa popular. Era ésta la que, al asumir por sí y para sí sus derechos electorales, produjo la *emancipación* creciente del electorado, movimiento que angustió a los viejos partidos que acostumbraban 'domesticar' su voto, y encandiló a los que quisieron flotar a favor de su corriente.

Dos fueron los procesos que confluyeron en ese movimiento: 1) el aumento universal de la inscripción en los registros electorales, lo que permitió a la mayoría popular y más necesitada hacer pesar sus opciones en la política eleccionaria, y 2) el desplazamiento parcial de los sufragios desde las tiendas conservadoras a las tiendas de 'avanzada'. Es altamente significativo que la dicha 'emancipación' se inició por el segundo proceso y no por el primero. Es decir: la desencadenó primero el desencanto y la crítica de los sufragantes inscritos antes que los impactos secundarios de la 'modernización' (mayor educación, urbanización, salarización, etc.). Pues, mientras el aumento de los inscritos en el registro electoral *recién* experimentó un salto significativo en 1952 (entre 1918 y 1949 los inscritos fluctuaron en el 9 y el 11 por ciento de la población total, porcentaje que se duplicó en 1952) y la tasa de abstención se mantuvo estable entre 1927 y 1949, la votación conjunta obtenida por los partidos Liberal y Conservador se *redujo* de un 62 por ciento promedio para el período 1912-1925, a 37 por ciento para el período 1932-1949. Todo indica, pues, que la masa electoral inscrita de los años 20 y 30 realizó su propia 'reflexión' y auto-crítica. Producto de ello es que, aproximadamente, un cuarto de la masa sufragante se emancipó de los partidos oligárquicos para dar su voto... ¿a quién?

Las cifras señalan que el Partido Radical (que en 1931 decidió flotar a favor de la corriente) *no* se benefició mayormente de ese desplazamiento, puesto que, habiendo obtenido un 25 por ciento de votación promedio para el período 1918-1925, bajó a un 19 por ciento promedio para el período 1932-1949. Peor aún: siguió descendiendo hasta llegar a 13. 6 por ciento en 1969. Parece claro que la reflexión ciudadana de 1930 no sólo castigó el fundamentalismo oligárquico de algunos y los devaneos parlamentaristas de otros, sino también -tras una segunda reflexión- el pragmatismo político del 'evolucionismo'. Por ello, la mayor parte del desplazamiento electoral amarizó en las emergentes olas del 'socialismo', que entre 1932 y 1949 *cuadruplicó* su registro electoral (de 5 a 23 por ciento).

El aumento notable de la inscripción electoral (que desde 1952 a 1970 se incrementó de 17.6 a 36.2 por ciento) y de la ilustración cívica que trajo consigo el desarrollo educacional y los medios de comunicación de masa, no implicó, por sí mismo, un cambio mayor de estas tendencias. Más bien, tendió a congelarlas: la fuerza electoral de los partidos 'de avanzada' (socialistas) dejó de crecer y se estacionó promediando entre 28 y 30 por ciento de la votación; la de los partidos 'retrógrados' dejó de descender y se estacionó en un promedio similar; mientras el partido de tipo 'pragmático o tecnocrático' siguió descendiendo, pero a la vez cediendo parte de su votación a otro partido que, siendo también tecnocrático, supo endulzar ese carácter con una retórica humanista. El Partido Demócrata Cristiano, luego de un alza espectacular entre 1957 y 1964 (saltó desde el 9.4 por ciento a 56.1 por ciento), bajó para estacionarse en un inexpresivo 28 por ciento [98].

A la luz de lo examinado hasta aquí, es posible concluir que la 'matriz de partidización' que determinó el sistema de partidos después de 1930 no fue otra que *las tendencias marcadas por una sociedad civil que pudo emanciparse (sólo) electoralmente*. Fue éste el factor que transformó a los partidos oligárquicos en una minoría 'opositora'; el que indujo la aparición de partidos tecnocráticos en roles de 'dominación' (inigualados en el arte de hacer *surfing* sobre las olas de la opinión pública), y posicionó los partidos de avanzada social dentro del mismo sistema político (liberal) de 1925, con posibilidad de ser de oposición tanto como de dominación. Al subrayarse -a lo largo de un siglo- con mayor fuerza el sufragio universal que la participación real de la masa ciudadana en la toma de decisiones públicas, se obtuvo una matriz partidaria en la que se filtró una lógica *aleatoria* similar a la del azar: en el mediano plazo, todas las apuestas y alternativas tendieron a equipararse (la aritmética de "los tres tercios"), a pesar de que la *mayo-*

[98] Respecto a la evolución electoral de los partidos, ver S. W. Sinding: "The Evolution of Chilean Voting Patterns: A Re-examination of Some Old Assumptions", en *The Journal of Politics* 34:3 (Gainesville, 1972); S. Powell: "Political Change in the Chilean Electorate. 1952-1964", *The Western Political Quarterly* 23:2 (1970); J. W. Prothro & P. Chaparro: "Public Opinion and the Movement of Chilean Government to the Left. 1952-1972", *Journal of Politics* 36:1 (1974), y A. Borón: "Movilización política y crisis política en Chile, 1920-1970", *Estudios ELACP* 17 (Santiago, 1970).

ría ciudadana se ha hallado permanentemente en condición de pobreza, exclusión e incluso de explotación. El sufragismo introdujo en el sistema partidario -y en el sistema político- un factor de aleatoriedad mecánica, que trajo consigo la necesidad de transformar la política en una ingeniería de la flotación (adivinando y creando a la vez la 'opinión sufragista' de los ciudadanos), procesos que indujeron a muchos cientistas políticos a suponer que 'la' política no es más que la mecánica de un "campo de fuerzas", o la dialéctica circular de un empate al cubo (entre la Derecha, el Centro y la Izquierda) [99]. Cabe hacerse la pregunta de si, en lugar de haberse desarrollado el civismo ciudadano como una flotante 'opinión sufragista' se hubiera desarrollado como una proyectiva 'participación directa' en las decisiones públicas, el resultado a mediano plazo hubiese sido la aleatoriedad de un 'empate'.

La aleatoriedad del sufragismo -con su implacable cociente de probabilidad: el empate a tres bandas- transformó de rebote la Constitución de 1925 en el 'no va más' de toda jugada unilateral de los dígitos involucrados. La diferenciación inter-partidaria podía aumentar sus índices de tensión y de conflicto todo lo que se quisiera, pero ese aumento no podía ser sino "humo histórico" (F. Braudel), dada la ley de hierro de las probabilidades, que sostenía el empate a todo trance, convertía al acero las reglas (liberales) de la Constitución e imponía por sobre todo el 'pacto gremial' de la clase política (garantizado por esas reglas). El cepo sufragista conducía a los partidos, pues, a una perfecta paranoia circular de puertas adentro. Vorágine que arrastró, uno a uno, todos los aparatos del Estado.

Esta vorágine, aunque heterogénea y conflictiva, fue en el fondo tan *horizontal* como aquella en que se ahogó el sistema partidario del siglo XIX. Pues, en ésta como en aquélla, la masa ciudadana permaneció *bajo* la horizontal, jugando -como reloj- el mecánico rol de depositar, cada cierto tiempo, su 'opinión sufragista' (atomizada en cuantificables signos '+' o '-') sobre 'nombres' más bien que sobre 'programas', y sobre cambiantes alianzas y distintas homogeneizaciones más bien que sobre reformas radicales del cepo constitucional que paralizaba la reforma de todo. La evidente pobreza e ineficacia de tal rol histórico indujo a la masa ciudadana, en ambas vorágines, a intensificar su "acción directa" y a trazar una trayectoria propia, distinta a la de las vorágines respectivas. Es decir: la indujo a impulsar movimientos sociales de intencionalidad política *perpendicular* al disco giratorio horizontal de los partidos. Claramente, estos movimientos han sido de dos tipos y de dos tiempos: han tendido, primero, a la emancipación electoral (alejándose de los partidos 'dominantes'), y luego, a la acción directa (impulsando quiebres y proyectos de avanzada). La tendencia de la masa ciudadana a manifestarse por medio de un 'movimiento' perpendicular al de los partidos data del siglo XIX,

[99] Ver los primeros trabajos que, a este respecto, han escrito Arturo Valenzuela y Tomás Moulian.

pero ha sido en el XX, y en especial desde las grandes marchas cívicas de 1918-19, que esta tendencia ha devenido en una matriz no-reconocida de partidización en Chile.

La matriz de partidización que operó en Chile desde 1918 -pero con fuerza desde 1938- se caracterizó, pues, por una dialéctica partidaria encajonada en la Constitución (liberal) de 1925, y por un conjunto de movimientos sociales acosando perpendicularmente a la vorágine tanto como a la Constitución.

Es dentro de esta particular matriz donde es preciso examinar el rol específico de los partidos expertos en la ingeniería de flotación electoralista que, desde 1938, han sido históricamente dominantes (y mecánicamente "de Centro"); como también el rol de aquellos partidos que -como el Socialista y el Comunista- se situaron en una posición histórica similar a los partidos Democrático y Liberal-Democrático de comienzos de siglo; o sea: fluctuando ambiguamente entre la oposición y la dominación (las que, mecánicamente, se han llamado "de Izquierda").

Los partidos electoralmente dominantes del período 1938-1973 (el Radical y el Demócrata-Cristiano) trazaron una trayectoria similar: ambos flotaron sobre la opinión sufragista de una masa ciudadana en trámite de emancipación electoral, y lideraron la instalación del Estado Desarrollista y Populista *sin* reformar la Constitución de 1925. Tal como los partidos del siglo XIX habían instalado el Estado Parlamentario *sin* reformar la Constitución de 1833. Cabe hacer notar que, tanto los partidos del siglo XIX como los del XX (hasta 1973), instalaron un tipo de Estado *distinto* al indicado por la Constitución respectiva, so pretexto del sufragio universal, en circunstancias de que esas constituciones *no* se habían originado en la voluntad mayoritaria de la ciudadanía. ¿Por qué, si terminaron rigiéndose por la opinión sufragista de la masa ciudadana, no aplicaron esta opinión en retrospectiva y reformaron la Constitución que los regía, obviando así uno de los factores principales del fracaso de las 'instalaciones' basadas en el sufragismo? ¿Por qué mantener constituciones incongruentes con la voluntad ciudadana, si ellas iban a inutilizar después las instalaciones cívicamente congruentes? ¿Qué utilidad neta, y para quién, podía tener semejante inconsistencia histórica?

Hay una sola hipótesis apta para tal puzzle: esa inconsistencia creó un ámbito 'despegado', que incubó y desarrolló un sistema partidario no sólo *autonomizable* de la masa ciudadana, sino también dotado con la *posibilidad* de legitimación sucedánea si, más tarde, fomentaba instalaciones sufragistas. Al parecer, las constituciones ilegítimas -que nacen en pecado original- no están constreñidas a redimir su vicio si en su vida histórica van a poder implementar 'contriciones sufragistas'. O sea: si podrán vestir el llamativo 'hábito' de la seudo-legitimación.

Ha habido partidos dominantes en la fase de 'pecado original' (los oligárquicos), y ha habido partidos dominantes en la fase 'de contrición' (los que hacen instalaciones sufragistas). En la fase primera, los partidos sufragistas han sido de oposición, pero en la segunda, dominantes. Lo inverso ha ocurrido con los partidos oligárquicos (que, al ser desplazados a la 'oposición', se han vuelto sufragistas). De este modo, en una misma 'vida constitucional' -cuya longevidad es de medio siglo o más- todos los partidos de relevancia han sido, fase a fase, dominantes *y* de oposición. Todos se han regido por el *mismo* texto constitucional y han tenido, así, una *misma* base de seguridad; dentro de la que han podido encarnizar al máximo su 'batalla' electoral. Todos, en suma, participan de un empate histórico que promedia, por cuotas subsecuentes, para cada uno, ilegitimidad y legitimación; éxito y fracaso; beneficio, fama y poder. La ecuación: 'pecado original' menos 'contrición posterior', es la ecuación perfecta para no redimir lo primero y no consumar la segunda; es decir: para anular la soberanía ciudadana y reproducir la dominación perenne de la clase política.

El Partido Radical no fue determinante, como se sabe, en la imposición del texto constitucional de 1925, pero sí, desde 1932, en su consolidación y legitimación. Su opción por los asalariados dentro de la lucha de clases; su deserción del segundo gobierno (liberal) de Arturo Alessandri; su adscripción al Frente Popular con los partidos Socialista y Comunista, y el decidido liderazgo que ejerció en la implantación del nacionalismo industrialista, lo llevaron a promocionar (con éxito inicial) las 'instalaciones sufragistas' que dieron democratismo y desarrollismo al texto oligárquico y liberal de la Constitución. Así, el Partido Radical concluyó asumiendo el gran proyecto social-productivista de los movimientos sociales de los años veinte, pero con dos décadas de retraso y dentro del marco liberal de 1925. O sea: cuando esos movimientos habían sido reducidos a una condición de 'masas' que luchaban preferentemente, en un contexto inflacionario, por alzas de salario. Pese a esto, el Presidente del Partido Radical, don Florencio Durán, resumió en 1958 un trabajo hegemónico de 14 años como la realización de

> *"el fenómeno más trascendental de la historia de Chile en el presente siglo: el fin de la era de la democracia política y el comienzo de la era de la democracia económica, promovida por el advenimiento del Partido Radical al Gobierno, en 1938... obra restauradora de nuestra economía, ejecutada entre 1938 y 1952".*

La "restauración de la economía nacional", aunque implicó asumir una metodología política claramente tecnocrática (como la definió el Presidente Aguirre), en el fondo se asentó en el sufragismo, como lo revela la consigna electoral del partido: "pan, techo y abrigo, no para hacer beneficencia -escribió Florencio Durán- otorgando auxilios a los menesterosos... (sino) incorporados a los deberes del Gobierno y elevados a la alcurnia de un derecho: el derecho a vivir". Como deber del Gobierno, eso implicaba poner en ejecución una política de "planificación industrial" (Facultad de Economía de la Universidad de Chile, CORFO, Ministerio de Economía, etc.), que condujo, entre otros resultados, a levantar la gran usina de Huachipato, etc. El sufragismo ("pan, techo y abrigo") sólo podía ser atendido mediante una adecuada producción industrial, y ésta sólo podía promoverse en esa dirección si era el Estado el que asegurara el resultado de la operación. Por esto

> *"en materia económica, este Partido sustenta la doctrina de un socialismo de Estado, a la manera del Partido Radical francés. El Estado, según esta tesis, interviene y regula la economía, en cuanto ello sea útil a la población consumidora evitando los abusos de los monopolios..."* [100].

El 'nacional-desarrollismo' fue, pues, una estrategia promovida principalmente por el Partido Radical, aunque, tácitamente, fue aceptada no sólo por sus aliados marxistas, sino también por la oposición oligárquica. Sin embargo, su aplicación fue *incompleta*, en parte por la obstrucción sistemática que esa oposición hizo desde el Senado, en parte por la no adhesión de los empresarios a la estrategia radical (provocada por la empresarialización de la clase política y su monopolización de la política industrial), y en parte por la red librecambista internacional que mantuvo atada la economía chilena durante todo el ciclo radical (con nudos que se apretaron en la crisis de 1930, en la guerra de 1939 y en los acuerdos de 1944). ¿Fue Chile, durante la era radical, un país liberal o uno estatal-socialista?

Es evidente que el marco liberal de la Constitución, lo mismo que el marco internacional de las relaciones económicas, impedían a los partidos dominantes ir a fondo con su proyecto 'estatista' de desarrollo. De haber sido un proyecto 'nacional' sólidamente sostenido, tal vez esos marcos no habrían sido tan paralizantes. Pero era un proyecto 'político', de campaña, levantado por una coalición parlamentaria de carácter sufragista, que, fácilmente, podía fragmentarse y deteriorarse. Se sabe que el Frente Popular, como bloque de Gobierno, duró menos de tres años: los comunistas se retiraron, los socialistas tendieron a moderar su posición y a dividirse, y los radicales, dueños de la Presidencia y decididos a gobernar, no dudaron en reprimir a su aliado más obcecado y en 'invitar' al Gobierno a los partidos oligárquicos (revestidos de sufragismo) de oposición. Como si fuera poco, las organizaciones de trabajadores se dividieron, cayeron en disputas fratricidas entre sí y contra el Gobierno, desbande que terminó en la masacre de la Plaza Bulnes en 1946. La "democracia económica" radical, en menos de una década, perdió su potencia desarrollista, provocando la reaparición de la misma vorágine partidista que caracterizó el fin del viejo parlamentarismo. Con el agravante, esta vez, que arrastró consigo al movimiento popular organizado [101].

No hay duda que el bloque sufragista que dominó durante la 'fase de contrición' iniciada en 1938, cuando se enfrentó al dilema histórico de *maximizar* su nacionalismo

---

100 Florencio Durán: *El Partido Radical* (Santiago, 1958. Ed. Nascimento), pp. 12, 28-29, 32 y 97-98.

101 Una interesante visión del movimiento sindical durante la hegemonía radical, en Serafino Romualdi: *Presidentes y trabajadores: memorias de un embajador sindicalista en América Latina* (Bethesda, Maryland, 1967. Traducción al español: 1971, s/i), pp. 323-340.

desarrollista o *ceder* a la presión liberal que le acosaba desde el interior y el exterior, optó por desertar (los comunistas) o transar (los socialistas y los radicales). Con lo cual la irredimible ambigüedad de sus 'contriciones' perdió eficiencia y capacidad para responder con éxito a la emancipada 'opinión sufragista' de la masa ciudadana. De modo que ésta, ante el fracaso económico, político y social del radicalismo, dejó en la inopia electoral a los partidos contritamente dominantes. Lo que se manifestó en el "terremoto ibañista" de 1952, que envió a la oposición (por casi dos décadas) a los que habían sido dominantes hasta esa fecha [102].

Desde 1932, la creciente autonomía electoral de la masa ciudadana operó otorgando y retirando su apoyo sufragista; levantando y derribando hegemonías; arreglando y desarreglando el prestigiado 'sistema de partidos' del país. El oleaje ciudadano impidió que, pese al presidencialismo proclamado por la Constitución -y en notorio contraste con el 'presidencialismo' del siglo XIX- se consolidaran potentes 'jefaturas políticas'. Los partidos, en la urgencia de atender al oleaje, no bien captaban indicios de una nueva ola (lo que ocurría al cuarto año de gobierno), optaban por dejar a Presidentes y Gabinetes en soledad, para *surfear* la nueva ola sufragista. Así, mientras la masa partidaria flotaba en alta mar, la 'jefatura política', náufraga de apoyo, no trepidaba en socializar 'nacionalmente' con sus enemigos -sin poder alguno para designar delfines- en dramático contraste con sus homónimas de mediados del siglo anterior. Es sintomático, en este sentido, el último mensaje presidencial del Presidente Gabriel González, de mayo 21 de 1952. Se citan *in extenso* las frases pertinentes:

> "La mayoría del país, y sobre todo las clases que viven de un sueldo o de un salario, *quisieron* un cambio de estilo en las funciones de gobierno, una mayor flexibilidad en lo económico y social. No podía desoír este anhelo, que incluso llegó a ser inquietante y a significar nuevas alteraciones de la paz pública. Di paso entonces, hacia las funciones gubernativas, a la actual *combinación* de partidos... Hay quienes se inquietan por la excesiva multiplicidad de cauces en que aparece dividida la opinión nacional... este fenómeno no es reciente. Se está operando una profunda transformación en la estructura económica del país, la que a su vez provoca una transformación en su estructura política... la dispersión de algunos partidos y la distorsión que otros han sufrido en sus métodos de lucha y en su ubicación doctrinaria, no deben ser causa de inquietudes... inquietarse por este fenómeno equivaldría a sentir temor de nuestra propia sombra... A través de mi período presidencial han tenido participación en las tareas de Gobierno *todas*

---

[102] El Partido Radical bajó su votación desde 21. 7 por ciento en 1941 a 13. 3 por ciento en 1953; el Socialista, de 16,6 por ciento en 1941 a 10,6 en 1957, mientras el Comunista conservó su votación de poco más de 10 por ciento del electorado. Cifras de S. Guilisasti. La caída del bloque dominante coincidió con un ciclo de pulverización partidaria.

las fuerzas políticas que tienen significación en la vida del país. La Nación les debe gratitud y reconocimiento... Siento un indecible orgullo como ciudadano y gobernante al dejar constancia que todas las fuerzas políticas del país... cuando el deber las llama... saben buscar y encontrar los puntos de orientación común que satisfacen el interés público. En esto consiste la condición más alta y noble de nuestra Democracia, el fundamento de su carácter ejemplar... la *estabilidad* de nuestras instituciones y de nuestro prestigio internacional..." [103].

Con todo, la "combinación" que incluyó a la oposición oligárquica no es atribuible sólo al abandono de Presidentes y Gabinetes por los partidos dominantes del período 1938-1952. En ello tuvo que ver también el incremento del cerco internacional (liberal) sobre los países nacional-capitalistas como Chile. Esta presión, como es obvio, no se canalizó a través de la 'opinión sufragista' de la masa ciudadana, sino, directamente, sobre el Gobierno. Gabriel González Videla estaba consciente de esto aun antes de su acceso a la Presidencia, puesto que en 1943 entregó a la XV Convención del Partido Radical un documentado informe sobre Política Económica e Internacional, por el que recomendó al Partido declarar, como principio rector, entre otros aspectos, que la "unidad moral dentro de la Comunidad Internacional" trabajaba para producir un "equilibrio armónico entre los conceptos de soberanía y de cooperación e interdependencia de los Estados". Lo que implicaba moderar el nacionalismo en función de los imperativos morales (políticos) emanados de la *interdependencia* armónica entre las naciones. En la práctica, esto abría camino a la aceptación del "panamericanismo" promovido por Estados Unidos frente a la expansión de la Unión Soviética [104].

Si la debilidad ante las presiones internas llevó el radicalismo a experimentar "todas" las combinaciones partidarias, la externa lo condujo al reconocimiento político del 'campo liberal', el que no sólo lo indujo a moderar su nacional-capitalismo y compartir Gabinetes con partidos oligárquicos, sino también a reprimir al principal defensor de la lucha de clases: el Partido Comunista. En verdad, desde 1931, las denuncias *contra* el comunismo, al multiplicarse en el interior y desde el exterior, lubricaron el retiro del apoyo que los radicales habían dado, en 1931, a los asalariados y la lucha de clases [105]. Esto, pese a la opinión sufragista de las masas.

---

103 Congreso Nacional (Ed.): *Mensaje del Presidente Gabriel González Videla al Congreso Nacional, del 21 de mayo de 1952* (Santiago, 1952. Imp. Fiscal de la Penitenciaría), pp. XII-XIV. Los subrayados son nuestros.

104 G. González: *Informe a la Convención. Política Internacional y Económica* (Santiago, 1944. Imp. Sudamérica), pp. 114 et seq.

105 Ver Edgardo Cavada (Subcomisario de Investigaciones): *El comunismo y su propaganda en Chile* (Santiago, 1933. Imp. El Imparcial), en un extremo, y Sergio Fernández: *Informe sobre el comunismo rendido a la Convención General del Partido Conservador* (Santiago, 1954. Imp. Zig-Zag), en el otro.

La rotación de los tercios

La crisis de la combinación (radical) de partidos abrió, después de 1953, lo mismo que en 1925, un nuevo período de autocrítica y reflexión. Todos los partidos y todos los políticos recurrieron, a su modo, a la ingeniería de flotación para sobrevivir y progresar. En realidad, la autonomía electoral de la ciudadanía (forzada a expresarse en cifras y no en *argumentos*) sólo podía expresarse en 'negativas', las que repartió sucesivamente de derecha a izquierda frente al arco de propuestas partidarias que, nerviosamente, se exhibieron ante ella. El abanico de 'adivinanzas' partidarias se diversificó y expandió lateralmente hasta tocar el horizonte, en cuyo reguero lucharon por sobrevivir casi cuatro docenas de partidos. El juego sufragista, como pluralismo partidario, era fecundo [106]. Pero sólo cuando estalló, en abril de 1957, el "miedo a la sociedad", los partidos entendieron que la reflexión iba 'en serio' [107].

Cuatro fueron los carriles centrales de esa reflexión:

1) Ante el hecho patente de su emancipación electoral, la masa sufragante ya no se podía seguir entendiendo como 'masa' anónima, pasiva, objeto de cuantificación e indiferenciada: era preciso, ahora, reconocer en ella uno o varios *rostros* con 'identidad' propia y capacidad real de 'interlocución', y en este sentido, la "clase social" aparecía como un rostro apropiado;
2) Ante la reaparición endémica del "subdesarrollo", ya no se podía seguir siendo leal simultáneamente al 'campo liberal' y al 'campo nacional': era preciso potenciar el *nacionalismo* y reducir al mínimo la presión externa ("imperialismo") sobre los factores del desarrollo nacional;
3) Ante la proliferación epidémica de micro-partidos, era preciso poner fin al juego de 'las adivinanzas' -furgón de cola de la distributiva opinión sufragista- y *conducir* a la masa ciudadana mediante un programa científico, amplio, coherente y fiel a las necesidades de los 'rostros civiles' a los que el partido decidía conducir, y
4) Ante la notoria aleatoriedad de los resultados obtenidos por el desarrollismo liderado por el Partido Radical, era necesario incrementar la tasa de planificación y *tecnocratización*, a efecto de lograr mejores resultados y ciclos 'largos' de desarrollo.

Los partidos que deslizaron su reflexión sobre todos o algunos de estos carriles, lograron disciplinarse orgánicamente y recobrar o aumentar su cuota de sufragios; los que no, languidecieron o perecieron. Lo primero le ocurrió al Partido Demócrata-Cristiano (que se tecnocratizó al máximo, se jugó por la "chilenización" de los factores producti-

---

106 Una descripción general del segundo período de reflexión, en Tomás Moulian: *La forja de ilusiones. El sistema de partidos, 1932-1973* (Santiago, 1993. ARCIS-FLACSO), pp. 15-70.

107 Sobre la revuelta de masas de esta fecha, G. Salazar: *Violencia política popular...*, op. cit., pp-260-274.

vos y trabajó por los 'rostros' campesinos y de pobladores); lo mismo le ocurrió a los partidos reunidos en el Frente de Acción Popular (que marxistizaron sus programas, agudizaron su posición contra el imperialismo y 'condujeron' a la clase trabajadora) e incluso a los viejos partidos Conservador y Liberal (que, por primera vez en su historia, apoyaron de lleno un programa económico técnico-empresarial) [108]. Estas tres agrupaciones partidarias vieron crecer su votación hasta ganar un turno de hegemonía (las tres rotaron de la Oposición al Gobierno, o viceversa, en un lapso de 15 años), pero *sin* romper el azaroso empate sufragista. Las tres acoplaron su acción partidaria a la acción callejera de las 'clases sociales' que representaban, pero *dentro* del marco de la ley. Las tres, por último, desplegaron programas de 'cambio', pero *sin* reformar la Constitución de 1925. En suma: las tres -como en 1850- agitaron y azuzaron diferentes rostros de la sociedad civil, para exacerbar al máximo una guerra parlamentaria a tres bandas que *no* tenía salida constitucional.

Entre 1958 y 1973 los partidos hegemónicos rotantes hicieron lo que no habían hecho las "combinaciones radicales" entre 1938 y 1952, a saber: tecnocratizaron al máximo sus programas, dieron conducción a las clases sociales respectivas, y potenciaron (con distinto énfasis) el nacionalismo económico. Pero el resultado, tres veces repetido, fue el mismo: paralización del desarrollo, agitación descontrolada de las "masas sociales", y paranoia horizontal de los partidos. ¿Habría existido otro resultado si el partido con mayor votación individual -el Demócrata Cristiano- se hubiera "combinado" a la manera radical, después de 1969, con los partidos de la Unidad Popular o con el Partido Nacional? Es decir: si la Democracia Cristiana hubiera sumado su gente a 'una' de las clases sociales en pugna (digamos: la "popular"); si hubiese *simplificado* la lucha de clases ¿habría podido resolver o superar la lucha de clases? ¿O neutralizar la clara tendencia del electorado a marcar posiciones extremas, 'hacia' la izquierda?

Diversos cientistas políticos han especulado que si el partido 'de Centro' -en este caso, la Democracia Cristiana- no hubiese actuado en forma individual sino a través de "combinaciones" de partidos -como lo había hecho el Radical-, se habría evitado la "polarización extrema del campo de fuerzas, que llevó a la crisis de 1973" [109]. De considerar esta tesis, debe tenerse presente que, entre 1958 y 1973, dentro del sistema de partidos y con relación al 'eje' gubernamental de ese sistema, más que una polarización antagónica, lo que se produjo fue una *rotación* en la hegemonía de turno, con un mismo resultado de frustración y agitación social. Y que, independientemente de esa rotación, las tres agru-

---

108 Hay una abundante literatura sobre la historia partidaria de este período. Ver T. Pereira: *El Partido Conservador...*, op. cit.; J. C. Jobet y A. Chelén: *Pensamiento teórico y político del Partido Socialista de Chile* (Santiago, 1972. Quimantú); Augusto Varas (Comp.): *El Partido Comunista de Chile* (Santiago, 1988. CESOC-FLACSO); A. Olavarría: *Chile bajo la Democracia Cristiana* (Santiago, 1966. Ed. Nascimento) y Cristián Garay: *El Partido Agrario-Laborista* (Santiago, 1990. Ed. Andrés Bello), etc.

109 Ver los trabajos citados de Arturo Valenzuela, Tomás Moulian y Timothy Scully.

paciones citadas incentivaron -cada cual a su manera- la lucha *civil* de clases, en un contexto ya probado de emancipación electoral de la ciudadanía. Por último, debe considerarse que, históricamente, las alegres combinatorias radicales, si bien postergaron por un tiempo la polarización inter-partidaria, no evitaron el estallido de la oposición 'sociedad civil' versus 'sistema de partidos', ni la crisis subdesarrollista de 1955.

Todo indica, más bien, que los partidos políticos chilenos, después de 1932, no controlaron ni administraron por sí mismos la matriz de partidización que los regía, dado que fueron, al revés, subproductos o juguetes de ella. Quien administraba esa matriz no era el sistema de partidos como tal, sino la masa ciudadana que, amordazada, sólo podía silabear a través de un régimen electoral de aritmética binaria y aleatoria. Pero, aun silabeando, la masa ciudadana se bastó para 'sacudir' el campo de partidos, e incluso para levantar movimientos sociales que golpearon directamente, no sólo las inestables hegemonías partidarias, sino también, y por sobre todo, el sacrosanto *tabú* del texto constitucional de 1925. Acrecentando, con ello, el miedo 'político' a la sociedad. En verdad, la vorágine interna del sistema de partidos operó como una frondosa masa de árboles que, por cierto, impedían ver el bosque. A estallidos, éste obligó, sin embargo, a la reflexión. Uno a uno, los "luctuosos sucesos" sociales que estallaron a partir de 1946 y culminaron en el 'fatídico' 2-3 de abril de 1957, fueron encarrilando la reflexión partidaria, menos por la vía de la polarización parlamentarista (campo 'discursivo' de fuerzas), y más sobre el plano 'rudo' del conflicto de clases. Véase los textos discursivos que siguen:

De Jorge Alessandri, en Carta al Partido Conservador sobre su candidatura presidencial, del 28 de agosto de 1957:

> *"Desde hace muchos años sostengo que la crisis de nuestro país... se debe a que no se encuentra solución para nuestro problema económico-social, base de todos los demás. Esto se resume en la insatisfacción de las legítimas aspiraciones de las masas asalariadas a un mejor standard de vida por efecto de la producción escasa; en el antagonismo que existe entre poder satisfacer tales aspiraciones y la posibilidad de acelerar el crecimiento de la producción nacional... En nuestro medio, la explotación política interesada de las dificultades que crea aquel antagonismo... provoca un clima que repercute gravemente en la economía, alejándonos de las soluciones perseguidas y, en consecuencia, del bienestar y la tranquilidad de las distintas clases sociales y, muy en especial, de las que viven de un sueldo o jornal"* [110].

De Eduardo Frei Montalva, en el discurso pronunciado en el Primer Congreso Mundial de la Democracia Cristiana, noviembre de 1956:

> *"En el plano de los hechos políticos, sociales y económicos, no podemos insistir en principios morales o filosóficos que nos son dados desde otros planos de competencia*

[110] Gisela Silva (Comp.): *Jorge Alessandri: su pensamiento político* (Santiago, 1985. Ed. Andrés Bello), p. 74.

específica. Nos es necesario crear no ya la idea del bien común, sino su estrategia... A pesar de todos los progresos... subsisten en el mundo, sin una solución realmente democrática y humana, dos contradicciones básicas que son la raíz profunda de los vicios que estamos sufriendo. La primera es la contradicción entre el mundo de las finanzas, de la técnica y del capital, y el mundo del trabajo. Es este un choque universal que resulta inútil desconocer o disimular. El lugar preciso del choque es... la empresa... La segunda contradicción es semejante. Ella es la que separa en dos planos antagónicos a los países industriales de los subdesarrollados..." [111].

De Salvador Allende Gossens, en intervención en el Senado de la República, el 4 de diciembre de 1956:

"Nosotros creemos que ha llegado la hora de que los partidos auténticamente populares creen una conciencia cívica capaz de brindarle a Chile una salida política, una alternativa distinta, una solución nueva, y esta salida política la estamos labrando lealmente en el Frente de Acción Popular... Estamos trabajando con el Partido Comunista de Chile... Y yo no vi jamás, durante la época en que fui Ministro de don Pedro Aguirre Cerda... una actitud subversiva del Partido Comunista. En esa época, el Partido Comunista estaba en la ley; no tenía ministros ni funcionarios; recorría las calles y plazas de Chile dentro de nuestros marcos legales... No lo vi nunca atentar ni conspirar en contra del Presidente que él había contribuido a elegir... el señor Juan Antonio Ríos no pidió ni aceptó la colaboración del Partido Comunista, pero lo respetó, porque dentro del marco constitucional y legal tenía derecho a su vida propia" [112].

Los tres principales líderes de las tres agrupaciones partidarias hegemónicas entre 1958 y 1973 coincidieron -durante la fase de reflexión de los años 50- en definir el problema político central como uno de carácter "económico-social", y en considerar que, o bien dentro de ese problema, o en torno a la solución del mismo, se daba un "antagonismo" o "contradicción" que, por lo que explicitan o implican los textos, se perfilaba como un conflicto de "clases". Ninguno define el problema en términos típicamente parlamentaristas; es decir: no culpan a su adversario político (la Derecha o la Izquierda; este o aquel partido, o una mítica "oligarquía") de los males del país, como ocurrió hasta 1938, sino a una contradicción *estructural*, que afectaba principalmente a los asalariados. De acuerdo a los discursos que pronunciaron para el 'campo de fuerzas' de la política formal, los tres líderes tendían a compartir un mismo diagnóstico y una misma estrategia, con variación de énfasis. Y es irónico que Alessandri y Frei hayan resaltado los antagonismos y contradicciones del sistema (figura típica del materialismo histórico) y Allende,

---

111 C. Gazmuri et al.: *Eduardo Frei Montalva (1911-1982)* (Santiago, 1996. F. C. E.), pp. 392-394.

112 G. Martner (Comp.): *Salvador Allende, 1908-1973. Obras escogidas* (Santiago, 1992. Ed. Antártica), 188-189.

por el contrario, lo nacional y la legalidad (figuras típicas del pensamiento conservador). Lo que recuerda, del siglo XIX, el vanguardismo liberal de los conservadores y la oportunista legalización de los liberales.

Y es también sintomático que, después de 1973 -que produjo el colapso de la agrupación partidaria encabezada por el Presidente Allende-, tanto Gabriel González, Jorge Alessandri como Eduardo Frei M. se apresuraron a exponer razones *parlamentaristas* para justificar la intervención brutal de los militares, culpando de ella a la ("caótica") acción gubernamental de la Unidad Popular. Olvidando, de una parte, los diagnósticos y propuestas 'comunes' de 1956-57 y, de otra, los fracasos respectivos: de 1949-1952 (González); de 1962-1964 (Alessandri) y de 1968-1970 (Frei). El retroceso desde la lógica sufragista a la parlamentarista, en los tres casos, sólo puede tener una explicación histórica: en 1973 se pasó de una fase de 'contrición sufragista' a otra (fundante) de 'pecado original'. En consecuencia, los grandes líderes vivos debían entrar, marcando el paso detrás de los militares, en un oportuno y transitorio 'acceso oligárquico'. Pues aquí encajaba el curso de acción 'b', de la ingeniería de flotación [113].

La confusa historia de los partidos "auténticamente populares"

Cabe referirse, en este punto, al rol histórico y político de los partidos que Salvador Allende llamó "auténticamente populares" (debe entenderse el Partido Socialista y el Comunista), y que la mayoría de los ingenieros políticos que escudriñan el "campo de fuerzas" opta por llamar "Izquierda".

Teóricamente, los partidos "auténticamente populares" deberían operar como instrumentos orgánicos de la 'baja sociedad civil'. O como la cabeza orgánica de los movimientos sociales del estrato popular de la nación; o, si se prefiere: de las clases bajas.

No se puede negar que, a lo largo de casi dos siglos, las clases bajas han tenido dificultades para establecer pasajes *orgánicos* entre ellas y los partidos políticos que han proclamado asumir su representación. En el siglo XIX, los pasajes entre la plebe y el emergente Partido Liberal nunca se construyeron del todo y se desmoronaron antes de una década. Lo mismo ocurrió respecto al Partido Radical. Cuando se fundó, el Partido Democrático recogió ampliamente el descontento popular; pero quince años después la deserción popular cundía en sus filas, para dar vida, en su flanco izquierdo, a un semillerío de micro-organizaciones de filiación socialista. Y es claro que entre 1903 y 1925 - producto de una profunda reflexión puertas adentro - la clase popular optó por politizar directamente sus propios movimientos de base, sin consolidar masivamente ninguna propuesta partidista. Y es también claro que, a la inversa, ningún partido político apoyó en forma

---

[113] Ver la bibliografía citada sobre estos líderes.

leal y consistente las propuestas que esos movimientos levantaron entre 1918-1925. La prueba está en que el texto constitucional de 1925 -redactado por políticos de diversos partidos- no incluyó *ninguna* de esas propuestas.

Habiéndosele negado toda participación directa en los gobiernos locales, pareció, a fines de siglo, que el sufragio universal permitiría a las clases bajas manifestar directamente sus opciones políticas. Pero la oligarquización de sus representantes y el vértigo horizontal que atrapó a los partidos populares distorsionaron o revocaron esas opciones. En este contexto, el sufragio universal, menos que un mecanismo expresivo de la voluntad soberana, resultó una forma de balbuceo o mordaza. Tanto, que se desvalorizó, y pareció más útil venderlo al mejor postor. Cuando se eliminó el cohecho -después de 1949-, desapareció, en parte, la mordaza, pero, ante el vigor programático de una clase política repotenciada por el Estado Docente, Empresarial y Social-Benefactor, el sufragio universal fue, para el bajo pueblo, poco más que un silabeo de sordomudo. ¿Cómo sujetar y dirigir partidos 'conductores' en base al puro balbuceo electoral? Sin duda: produciendo 'negativas' y 'terremotos electorales'. Ante esto, todos los partidos -todos- comenzaron a jugar al aprendiz de brujo y apostaron a la lucha de clases ínsita en los "problemas socio-económicos". Juego, porque la lucha de clases, como tal, no fue nunca asumida *en serio* por los partidos como proceso central de la política, sino, sólo, en tanto que proceso aledaño e instrumental del verdadero *ritual* político, que comandaban la Constitución y la Ley. De aquí que, cuando el bajo pueblo pudo decir una frase y no un monosílabo (lo que ocurrió alguna vez en concentraciones callejeras), gritó: "¡Presidente! ¡A cerrar el Congreso!", el Presidente gritó a su vez: "¡Nunca!".

Los partidos que el Presidente Allende llamó "auténticamente populares" acataron, desde 1933, el texto constitucional liberal aprobado en 1925 (tal como liberales, radicales y democráticos acataron el de 1833). Este acatamiento les hizo acreedor al reconocimiento *formal* como partidos 'democráticos'; lo que les daba el derecho a incorporarse al Congreso y los Gabinetes. Una vez dentro del sistema político formal, la única acción histórica disponible para los partidos populares era la de vanguardizar (por sí o en combinación con otros) lo propio de la etapa de 'contrición sufragista', con aceptación tácita de la fase previa de 'pecado original'. Con lo cual se exponían -y se expusieron- a la fase final de *agotamiento* de las instalaciones sufragistas.

Como también a la opción compensatoria de las bases populares, que tendían -tendieron- a multiplicar las acciones directas y a pasar del silabeo electoral al ejercicio de un poder popular, con crisis de la gobernabilidad formal. El izquierdismo parlamentario no podía, al parecer, tener otro destino histórico que ser un cándido chivo emisario, por un 'pecado original' que no cometió, pero cuya 'contrición' sí expió.

¿Podrán los partidos auténticamente populares concentrarse menos en las contriciones sufragistas y más en la fase constituyente del Estado y del Mercado, que es donde realmente se cometen los grandes pecados contra el pueblo? ¿Podrán, a futuro, plantearse el desafío, no de 'representar' la silabeante voz electoral del pueblo, sino de 'desarrollar' su auténtica y poderosa voz?

d) Los partidos políticos y el tercer acantilado oligárquico (1973-1998)

"Sorprendentemente, fue la presencia de las masas movilizadas en las calles y reunidas en las plazas la que despojó de su poder a los regímenes armados hasta los dientes. Era esa acción espontánea de masas que ya se creía muerta, y que había servido de modelo a tantos teóricos de la revolución" (Jürgen Habermas, 1991) [114].

"Los partidos atraviesan... por un generalizado descrédito que, partiendo de ellos, se extiende hasta alcanzar a todo el sistema político" (Genaro Arriagada, 1997) [115].

En la historia política de Chile, cuando los militares han intervenido a sangre y fuego, los políticos sobrevivientes (o aliados) tienden, durante la fase constituyente, a descargar la responsabilidad de esa sangre y de ese fuego no sobre los mismos militares, sino sobre los políticos derrotados (o muertos) por la dicha intervención. Tal hicieron los políticos pelucones después de la derrota militar de los pipiolos en 1830; los políticos congresistas, tras la derrota militar de los balmacedistas en 1891, y connotados políticos 'de Derecha' y 'de Centro' después de la barrida militar que afectó a 'la Izquierda' desde 1973.

Como escribió Gabriel González Videla, a propósito del "llamado" que hizo en el Canal 13 de Televisión el 23 de octubre de 1972:

"Desde las pantallas de la televisión abrí los fuegos en contra del responsable constitucional del caos en que vivía el país, al borde de la guerra civil:... el Presidente de la República, Salvador Allende" [116].

Lo anterior ha determinado que, en su origen, cada sistema de partidos ha comenzado a funcionar no sólo *incompleto* (los vencidos, otrora mayoritarios, pero cargados después de acusaciones, no 'comienzan'), sino que, además, los partidos que sí comienzan hayan asumido un claro perfil *autoritario y oligárquico*, porque han debido (o querido) marchar a la zaga del generalato vencedor, y porque han requerido de un *aditivo* constitucional y legal que, para después de la 'guerra', convierta su (usualmente pobre) perfor-

[114] J. Habermas: *La necesidad de revisión de la izquierda* (Madrid, 1991. Ed. Tecnos), p. 260.
[115] G. Arriagada: *¿Hacia un 'Big Bang' del sistema de partidos?* (Santiago, 1997. Ed. Andes), p. 10.
[116] G. González: *Memorias* (Santiago, 1975. Ed. G. Mistral), vol. II, p. 1243.

mance electoral en una suerte de mayoría. Fue así como los pelucones aceptaron generales-presidentes e impusieron el "sufragio censitario", que agregó suficiente cantidad a su declamada 'calidad'. La liberalista oligarquía parlamentaria prescindió del generalato porque supo y pudo tiranizar el poder electoral ("cohecho" + "mayores contribuyentes" = parlamento + gabinete garantizados). Entre 1938 y 1973, los viejos partidos oligárquicos, ya sin generales (alejados por los exabruptos del propio Arturo Alessandri) ni factores legales ni ilegales de multiplicación electoral, lucharon sin éxito por el "voto plural" -que triplicaba el voto de "los mayores intereses"-, pero su bastión senatorial bastó para *obstruir* toda reforma. Después de 1989, los partidos oligárquicos han recobrado su perdida altivez histórica al ampararse, de nuevo, tras un generalato, y al auto-garantizarse que la Constitución (su hada madrina) los agigantara con esa (vieja) magia llamada hoy "sistema binominal", que sobre-representa su minoría.

Dada esta particular 'estructura histórica' del sistema de partidos, ni las agrupaciones partidarias derrotadas ni la gran masa ciudadana han podido, fluidamente, incorporarse al sistema o fiscalizar orgánicamente su función 'representativa'. En el mejor de los casos, los partidos vencidos han podido incorporarse como adalides de la 'contrición' en la fase histórica madura -pero acatando el sistema *ya* establecido- y la masa ciudadana sólo ha podido darse a entender en negativas, silabeos y terremotazos electorales. De este modo, si los partidos 'de contrición' asumen en serio los silabeos de la masa ciudadana construyendo trozos de Estado 'populista' en los intersticios del texto constitucional, corren el (grave) riesgo de *salirse* de la letra sagrada y quedar expuestos a un nuevo ataque militar.

El perfil histórico de largo plazo del sistema de partidos en Chile es, por tanto, de tal naturaleza que, como sistema, es por 'origen' oligárquico, pero ampara en su madurez 'democrática' dos tipos de partidos: a) los partidos oligárquicos minoritarios que 'no les alcanza' para gobernar pero que, al ser inflados por los aditivos electorales, pueden obstruir toda reforma radical de la Constitución, y b) los partidos populistas mayoritarios que sí les alcanza para gobernar, pero que, como han jurado no reformar la Constitución, sólo pueden ser consecuentes con su populismo si engañan, violentan o atentan contra la Constitución. Así, los que no pueden gobernar tienen el 'derecho' a levantarse contra los gobiernos populistas 'a nombre' de la Constitución (para lo que claman la intervención de la clase política militar), mientras que los que sí pueden gobernar no tienen el 'derecho' a hacerlo conforme lo proponen, por lo que sólo pueden gobernar en serio atentando contra la Constitución. De modo que sólo hay dos tipos de partidos: los constitucionalistas, y los subversivos. Se comprende que, dentro de este zapato chino, los programas y las ideologías pueden o deben transarse, olvidarse o aplicarse a medias, mientras la conveniencia de todos es comprometerse (este pacto es el verdadero centro del sistema) a no hacer nada malo.

El sistema histórico de partidos ha sido pues en Chile un juego de tramposos, en que los partidos vigilantes de que se cumplan las reglas no juegan, y los partidos que juegan no pueden ganar, a menos que rompan las reglas. De modo que el único juego real es aquél donde se *dictan* las reglas (que por lo demás no las dictan los partidos actuantes, sino un jugador tercero que no ha sido ni es partido político, y que es el más tramposo de todos).

El tercer sistema oligárquico de partidos -el que comenzó en 1973- es el que ha expresado con mayor nitidez y pureza el perfil histórico de ese sistema en Chile. Nunca antes el 'origen' del sistema había determinado con tanta precisión la matriz de partidización. Nunca antes la sociedad civil había pesado menos en la configuración del sistema de partidos. Nunca antes -ni siquiera en el siglo XIX- los factores oligárquicos fundantes de este sistema habían sido diseñados con tanta exactitud funcional ni coordinados con tanta fidelidad a la filiación 'liberal' de la idea matriz. Ni nunca antes, tan rápidamente, la sociedad civil había restado su apoyo a los elencos partidarios en proporción tan alta (supera por poco a las cifras de abstención del período más anti-oligárquico de la historia de Chile: la víspera de los años 20, que fluctuaron en torno al 40 por ciento). ¿Por qué?

Es importante, para responder a eso, precisar los hitos claves de la -hasta ahora- corta vida del tercer sistema oligárquico de partidos chilenos:

El primer hito clave en la configuración del actual sistema de partidos fue la consolidación ideológica de lo que en su momento se llamó "realismo político".

> "Todos invocan el realismo como una condición fundamental para instaurar y desarrollar la democracia -escribió Norbert Lechner en 1987-; pero ¿qué significa ser realista? Es un llamado a determinar, en términos teóricos y prácticos lo que podría ser. No se trata de lo que es ni de lo que debiera ser, sino de *qué es posible.* Entiendo el realismo político como una categoría... referida a la construcción de un nuevo orden... He aquí la actualidad del realismo maquiavélico para nuestros países: vincular la innovación a la duración. En nuestras sociedades, convulsionadas por una vertiginosa secuencia de acontecimientos, tal vez sea oportuno recalcar la importancia de la duración... Crear orden es una forma de crear continuidad... *Hacer política implica estructurar el tiempo*" [117].

Partiendo de esta primera definición, podría añadirse que el realismo político es un 'tipo de análisis' que, principalmente, llevan a cabo los políticos (sobre todo los partidos), en una fase clave del proceso de "construcción de un nuevo orden", para decidir *su* propio curso de acción o conveniencia dentro de un *orden dado de situación.* Todo 'realismo' implica reconocimiento de una realidad o situación dada. Una situación más bien

117 N. Lechner: *Los patios interiores de la democracia. Subjetividad y política* (Santiago, 1988, FCE), pp. 61-63. Las cursivas están en el original.

'dura', que admite o no admite ciertos intereses, o bien ofrece o no ofrece 'posibilidades' para la continuidad o desarrollo de esos intereses. De modo que el "realismo político" puede asociarse, sobre todo, a la evaluación que se hace desde ciertos intereses políticos pre-constituidos (partidos, clase política) respecto a sus posibilidades de supervivencia y/o desarrollo dentro de un 'orden de situación' no directamente favorable para ellos.

Por tanto, puede concluirse que el realismo político, en el caso concreto de la transición a la democracia en Chile (período 1983-1990), fue un análisis vinculado a la estrategia de sobrevivencia de los partidos *no-oligárquicos*, en el marco situacional duro de la dictadura del General Pinochet. Pues los partidos oligárquicos no necesitaron de realismo político durante el período sino, más bien, de capacidad productora de realidad o/y de creatividad innovadora. Históricamente, han sido los partidos derrotados por los militares, o los derrotados en las urnas (por tanto, los de 'oposición') los que han necesitado del realismo político. Lo que hace suponer que este tipo de análisis, en rigor, es -para usar los términos de Lechner- una "categoría" de la adaptación, o, según el caso, de "oportunidad". Simplemente, es el raciocinio del juego perdido.

De ser así, entonces el problema del tiempo político ("duración", en los términos de Lechner) asume un doble carácter: de un lado, es la continuidad y supervivencia de los partidos vencidos (lo que implica definir el tiempo según el interés particular de la 'organización' partidaria); de otro, es la consolidación del orden situacional duro (dictatorial). Las duraciones se funden en una sola: la del "nuevo orden". De lo que se puede concluir que asegurar la mera supervivencia de los partidos de oposición (en una situación constituyente) puede no conducir a otra cosa que a consolidar el orden establecido y a extinguir en términos reales el proyecto opositor. Lo cual no lleva sino a debilitar o abortar las acciones profundas de 'contrición'.

La fusión de las duraciones, sin embargo, no concluye sólo allí, pues, no bien los partidos no-oligárquicos (para el caso, el Partido Demócrata Cristiano, el Partido Socialista, el Radical y el por la Democracia), tras realizar su ejercicio 'realista' y acatar el orden de situación legado por Pinochet, inauguraron el funcionamiento del nuevo orden, los partidos oligárquicos pasaron de posiciones de dominio a otra de minoría electoral relativa. Así, para los primeros, la transición significó pasar de una fase de supervivencia posible a otra de 'gobierno posible', mientras para los segundos significó pasar de una fase dominante de innovación a otra de conservación dominante, con gobierno improbable.

El realismo político ha sido en Chile un realismo de partidos, no de la ciudadanía. Y ha implicado la aceptación del 'nuevo orden' dejado por la fuerza (o sea, por la clase política militar). En rigor, ha sido un realismo de sobrevivencia. Inercial. Ha sido, por lo mismo, el análisis fundante de los pactos que constituyen y consolidan la 'clase política'. Fue el realismo político el que produjo la fusión liberal-conservadora, en el siglo pasado; las cambiantes alianzas y coaliciones del período parlamentario y las del Partido Radical durante el período presidencialista anterior. Y es lo que ha tornado 'liberal' a la coalición concertacionista (que era desarrollista y populista antes de 1973), y lo que ha llevado a la minoría 'opositora' (partidos Renovación Nacional y Demócrata Independiente, incluyendo los editoriales de *El Mercurio*) a 'motivar' al Gobierno de un modo paternalista y pedagógico para que *profundice* sus políticas neoliberales. Porque, a final de cuentas, el realismo político implica 'apadrinamiento'. Podría decirse que, en este aspecto, el realismo político no es sino el sentido común de supervivencia gremial de todos los políticos.

La ciudadanía ¿tiene realismo político? ¿Puede decirse que la comunidad de sujetos soberanos necesita del realismo político en el mismo sentido que los partidos políticos? Si el realismo político es un tipo de análisis que brota en el curso de las relaciones (más bien verticales) *entre* la clase política militar y la clase política civil, entonces es, ante todo, un fenómeno de ajuste interno de la esfera de la representación, no uno relativo a la esfera de la soberanía y la legitimidad. En la esfera propia y soberana de la ciudadanía, el 'orden social' no puede oponerse como una realidad dura que limite su voluntad y su acción, y la obligue a calcular 'posibilidades' y 'oportunidades'. En este plano, no hay más límite que las dificultades materiales; es decir: que la capacidad de eficiencia para obtener resultados. En lo político, no hay límites ni realidades duras que sojuzguen los proyectos de la ciudadanía. Si la ciudadanía está mediatizada y dividida por 'diferencias sociales' (clases) que producen proyectos distintos y aun contrapuestos, entonces, de todos modos pesa más la voluntad y proyecto de la mayoría, que no tendrá más límite que respetar la existencia y bienestar de las minorías; o sea: el principio democrático de la pluralidad. Lo grave ocurre cuando prima militar y constitucionalmente la voluntad y proyecto de las minorías; cuando a la mayoría ciudadana se le arrebata su soberanía. Pues es entonces cuando el "realismo político" aparece como un ejercicio de trasnoche, como una ladina corroboración de la soberanía adulterada. Como una "categoría" sofística en boca de los representantes del pueblo. Como un discurso 'democrático' que el pueblo se siente con derecho a no creer.

Los análisis del realismo político se vinculan, históricamente, a un segundo hito relevante: al problema de "cómo reconstruir la política".

> *"Una parte fundamental de la reconstrucción política de Chile -escribió Manuel Antonio Garretón hacia 1985- tiene que ver con los actores propiamente políticos. Y entre ellos, los partidos ocupan un lugar principal. No se trata de creer que la política la hacen sólo los partidos... Toda sociedad tiene un 'momento' partidario en su constitución... el momento partidario de la sociedad es insustituible e ineludible. Pero la sociedad no se reduce nunca a ese puro momento: hay otros que no podrán nunca identificarse a uno o todos los partidos. Los mejores ejemplos históricos se encuentran en ciertos movimientos sociales como el obrero, el de estudiantes, el de mujeres: nunca podrán*

---

118 M. A. Garretón: *Reconstruir la política: transición y consolidación democrática en Chile* (Santiago, 1987. Ed. Andante), pp. 193-196.

reducirse al sistema partidario y nunca sumados todos esos movimientos podrán representar a toda la sociedad sin la existencia de partidos" [118].

Aunque este texto no explicita todos los procesos involucrados en la problemática que plantea (el análisis vuelve una y otra vez a su centro de gravedad: los partidos políticos), no hay duda que introduce al estudio de lo político como un conjunto de acciones y relaciones que va más allá del 'realismo' de los partidos [119]. Lo que, como es lógico, lleva a plantear la política, también, como actividad *histórica* de la sociedad civil (que trasciende los límites de la política funcional).

En rigor, en "los momentos de constitución", la sociedad civil chilena actual se encontró en una situación peculiar: de un lado, se halló aherrojada por el orden 'duro' de situación impuesto por los militares (sobre todo, entre 1973 y 1990), lado en el que se halló en la misma situación que los (derrotados) partidos de oposición; de otro lado, sin embargo, ella produjo desde sí y *por* sí misma un 'estado de situación' -también duro- de crítica y resistencia, lado en el que no siempre coincidió con los partidos de oposición, dado que éstos, forzados como organización a buscar fórmulas de sobrevivencia, aceptaron sobrevivir *dentro* del orden duro legado por la clase política militar (sobre todo, entre 1984 y 1994).

Se desprende de lo anterior que ha habido no uno sino *dos* frentes de realidad para llevar a cabo el análisis de realismo político: el del 'orden' impuesto, y el de la 'resistencia civil' opuesta.

El análisis que sólo considera el primer frente es, obviamente, estrecho e incompleto. Pero ¿qué ocurre con el que se centra principalmente en el segundo frente? Es claro que este segundo análisis tiene que hacerse cargo no sólo de sí mismo, sino del frente de realidad impuesto por el orden 'duro' y, *también*, del frente (imprevisto) formado por los partidos que se 'emanciparon' de la base. Por esto -si se examina el Chile histórico y no un limbo abstracto-, el "momento de constitución" de la sociedad (M. A. Garretón) puede no ser exactamente un momento 'partidario'. Puede que el frente partidario sea un 'problema ineludible' en los momentos de constitución de la sociedad, pero estos momentos no son, esencialmente, 'partidarios' por naturaleza. En esos momentos, 'lo político', esencialmente, se concentra en las *relaciones factuales* que se dan entre el orden que se impone y la disidencia o resistencia de la mayoría ciudadana involucrada. Aquí, 'lo político' radica en las tensiones en que se debaten los actores principales, no en las preocupaciones (marginales) de

---

119 La tendencia al análisis partidista se observa también en otros textos de M. A. Garretón. Ver su "La oposición política partidaria en el régimen militar chileno. Un proceso de aprendizaje para la transición", en: *Muerte y resurrección: los partidos políticos en el autoritarismo y las transiciones del Cono Sur* (Santiago, 1989. Flacso. Editado en conjunto con Marcelo Cavarozzi). También M. A. Garretón & M. Espinosa: "¿Reforma del Estado o cambio en la matriz socio-política?", en M. A. Garretón et al. (Eds.): *Modernización, democracia y descentralización* (Santiago, 1993. Imp. La Nación).

los intermediarios. Pues hay por medio una cuestión de soberanía, que *trasciende* las dificultades que afrontan ciertas organizaciones para sobrevivir.

Según muestra la historia, la sociedad civil no ha necesitado realizar muchos ni muy profundos análisis de "realismo político" para entrar en acción *temeraria* contra una dictadura que viola sus derechos humanos y soberanos; pero sí ha necesitado meditar -con no poca perplejidad- respecto a sus relaciones con los partidos políticos que dicen o deberían representarla, pero que, para sobrevivir como 'organizaciones', decidieron incorporarse al mismo sistema contra el que se lucha. Parece claro que, en los momentos críticos de 'reconstitución', la sociedad civil y los partidos no-oligárquicos son amenazados de modo desigual, por lo que la lógica de sobrevivencia partidaria (que, como subsistema funcional, sólo puede subsistir funcionando en un 'sistema' mayor) puede resultar *distinta* a la lógica de sobrevivencia de la masa ciudadana (que, como fuente histórica de soberanía, produce y reproduce los sistemas). Una herida sistémica puede 'matar' a una organización, pero los muertos no matan a la sociedad civil: más bien, vitalizan su vida. Incrementan su resilencia. Así, en el mediano plazo, ninguna dictadura ha sido capaz de vencer la resistencia y resilencia de la mayoría ciudadana, pero sí de incorporar, negociando con ventaja, a las 'organizaciones' que reputadamente representan esa mayoría.

En los momentos críticos de "constitución de sociedad" (en rigor: del Estado), la mayoría ciudadana tiende a actuar por sí misma en resistencia al orden dictatorial que se le impone, a cuyo efecto echa mano de todo: *crea* sus propias organizaciones de sobrevivencia, de lucha, de discusión y *aprovecha* incluso -en el sentido de resistencia- los restos (bases, no cúpulas) de las organizaciones partidarias derrotadas. Y no hace gran diferencia entre las nuevas y las viejas, con tal de que todas se muevan como ella se mueve. El indudable 'derecho' de la sociedad civil a resistir operó, en Chile, no sólo como un polo de resistencia, sino también como un *foco de atracción* y aglutinación de fuerzas. Muy pronto, la Iglesia Católica y numerosas otras iglesias se plegaron, de un modo u otro, al frente de resistencia civil. Diversas entidades de clase media hicieron lo mismo. Ciudadanos que nunca habían militado, lo hicieron por primera vez (sobre todo mujeres), sea en la lucha social contra el hambre y la enfermedad, sea en las barricadas contra la dictadura. Las bases locales de los viejos partidos políticos (con escasa o nula sujeción a sus cúpulas directivas) concurrieron a la misma resistencia, como todos. A todos ellos, sin excepción, los pobladores y luchadores de base los consideraron "sus aliados"; conscientes de que los actores protagónicos de la lucha eran ellos mismos [120]. Que 'su' eje era 'el' eje de la lucha.

La reconstrucción de la política, por ello, no puede ser reducida al puro 'momento

---

[120] Ver entrevistas realizadas por Philip Oxhorn, analizadas en su *Organizing Civil Society. The Popular Sectors and the Struggle for Democracy in Chile* (University Park, PA, 1995. Pensylvania State University Press), pp. 161-172.

partidario'. La reconstrucción de 'la' política sólo puede hacerse desde la propia sociedad civil; cuando ésta se mueve por sí misma y toma las riendas de su soberanía. Eso es lo que ocurrió en las 22 jornadas nacionales de protesta, durante cuatro años sucesivos (1983-1987), que promovió, principalmente, la (baja) sociedad civil.

Es una pretensión abusiva concluir -como han concluido numerosos analistas políticos vinculados a la clase política civil- que la movilización popular de esos años se debió al "relajamiento de la conducción partidaria", o bien, al revés: a "la conducción que los partidos dieron a la movilización popular" [121]. Como si, pese a su profunda crisis organizacional y programática, los partidos no-oligárquicos hubieran, como el Cid -después de su eclipse- conducido al bajo pueblo a una cruenta resistencia, como una táctica *introductoria* y como prefacio a su posterior política de negociación e incorporación al sistema neoliberal. Pero es claro que, mientras las bases partidarias tuvieron cierta autonomía, se plegaron como aliadas a la lucha promovida por la base ciudadana, y colaboraron en la reconstrucción *civil* de la política. Pero también es claro que, no bien las cúpulas partidarias pudieron reinstalarse -apoyadas por sus redes internacionales-, la reconstrucción de la política adquirió un segundo ramal (superestructural), netamente partidario, que era justo el que necesitaba la dictadura para 'legitimarse' y perpetuarse como sistema. Lo que se llamó "transición política" fue, por tanto, nada más que la reconstitución de la política partidaria, en términos de su incorporación al sistema neoliberal impuesto por la dictadura; lo que, a fin de cuentas, inició la legitimación 'legal' de la Constitución de 1980. Esto mismo hizo abortar el ramal popular de reconstrucción de la política.

Por ello, en conjunto, el "momento re-constitutivo" (1984-1994) no fue un momento orgánicamente "partidario", sino uno en que tendieron a *quebrarse* las relaciones entre los partidos no-oligárquicos y las bases de la mayoría ciudadana. Porque aquéllos reconstruyeron la política de tal forma que esa mayoría, de pronto, quedó desarmada ante el bastión que combatía; con su proyecto de reconstrucción civil inservible y desechado. Podría decirse: despreciado. La forma partidaria de reconstrucción de la política transformaba, de modo increíble, un enemigo mortal en un ente o 'aliado' legitimable. Y el sangriento poder represor, en un tierno gobierno propio 'de oportunidad'. Tan tierno que, a dos años de su recepción, necesitó deshacerse no sólo de su vieja y ancestral devoción *populista*, sino también de los *movimientos sociales* que se habían desgastado en el prefacio de la transición [122].

---

121 La literatura es abundante sobre este punto. Entre otros: Ignacio Balbontín: "Movilización social, control social de los conflictos y negociación política", *Materiales para Discusión* No. 161 (Santiago, 1987. CED); también Rodrigo Baño: "Movimiento popular y política de partido en la coyuntura crítica del régimen (1983-1984), *Documento de Trabajo* No. 236 (Santiago, 1985. FLACSO), y *Lo social y lo político: un dilema clave del movimiento popular* (Santiago, 1985. FLACSO), pp. 132-149.

122 Sobre la relación entre partidos y movimientos sociales, ver Patrick Guillaudat & Pierre Mouterde: *Los movimientos sociales en Chile, 1973-1990* (Santiago, 1998. LOM).

Como los liberales en 1859; los radicales, demócratas y liberal-balmacedistas en 1893; los comunistas en 1936; los radicales en 1947, y el FRAP en 1958, los partidos no-oligárquicos, desde 1989, pactaron lealtad al 'sistema liberal', para dar a sus representados un gobierno de oportunidad, mientras ahogaban la posibilidad cívica de reconstruir la política y de que los movimientos sociales se convirtieran en su 'jefe' natural. Al parecer, el precio que se ha pagado en Chile por los gobiernos 'de oportunidad' ha sido el cercenamiento del desarrollo político de la soberanía ciudadana. Un precio que, sin duda, es una ganga para las (dos) clases políticas, pero una usura para la (baja) sociedad civil, que siempre paga demasiado por su (abortado) rol histórico en los momentos reconstitutivos de la política.

El tercer acantilado oligárquico de partidos se asemeja, por lo dicho, al que rigió durante el período parlamentarista: todos los partidos son liberales. Todos abjuran del populismo. Todos han jurado respetar escrupulosamente el texto constitucional de 1980. Como a comienzos de siglo, los partidos oligárquicos (liberales por convicción y doctrina) vigilan y apadrinan el comportamiento liberal de los partidos no-oligárquicos (populistas por doctrina, pero sin demasiada convicción). Y así como los pelucones del siglo pasado dejaron con el tiempo de ser conservadores para ser liberales, y los liberales dejaron de ser demócratas para ser conservadores, hoy los populistas de ayer son liberales de hoy. Río revuelto o dialéctica histórica que, como enseñan los hechos, ha sido la forma indirecta como las oligarquías de toda estirpe han gobernado el país desde su independencia. Y el medio por el que los movimientos sociales han sido, una y otra vez, impedidos de reconstruir por sí mismos la política nacional [123].

Así se llegó al tercer hito clave del sistema actual de partidos; hito que Genaro Arriagada ha llamado, en forma de pregunta: "¿el Big Bang de los partidos?". Una crisis larvada que describe así:

> "Tal vez la descripción más acertada de lo que ocurre es que el tercer sistema ha dejado de tener vigencia *sin que haya nada que lo reemplace.* Lo que se ve en la política chilena de hoy es -en el medio de gobiernos exitosos- una aguda sensación de crisis, de falta de proyecto e identidad de las agrupaciones políticas. Se han agotado aquellas razones que justificaron el surgimiento de los partidos que actualmente existen..." [124].

Si hay algo notable en la historia de los partidos chilenos es que, contrariamente a lo que teme Arriagada, nunca su crisis ha terminado en un "big bang". Esto, porque nunca sus identidades programáticas han sido rígidas y no-transables. Porque, al revés, la negociación 'dialéctica' de todos los partidos con el sistema político 'recibido' y de todos los parti-

---

123 Ver los estudios de Eugenio Tironi, Manuel Antonio Garretón, Elizabeth Jelin y Alain Touraine, en *Proposiciones* 14 (1987) ("Marginalidad, movimientos sociales y democracia").

124 G. Arriagada: *¿Hacia un Big Bang...?*, op. cit., pp. 72-73. La cursiva es nuestra.

dos entre sí *dentro* de ese sistema ha sido el modo permanente de su accionar histórico. Si la sociedad civil ha sido resilente frente a las dictaduras, la resilencia de los partidos frente a los embates autónomos de la sociedad civil ha sido, por lo menos, notable.

Los políticos de todos los tiempos -incluido Genaro Arriagada- siempre han creído que "no hay nada que reemplace al sistema de partidos", como no sea la anarquía total. De modo que cuando aquéllos entran en crisis, la crisis sólo puede ser resuelta por los propios partidos. Como si éstos fueran insumergibles. Como si debajo de ellos no hubiera nada capaz de naufragarlos para siempre o de remodelarlos de tal modo que *no floten* sino que naveguen -cual submarinos- como partes orgánicas del mismo océano del que están hechos. Como si la masa ciudadana sólo fuera un medio de flotación, o una borrasca de oportunidad útil para 'acomodar' los puertos de desembarque.

Es preciso hilvanar, históricamente, en el desarrollo del tercer sistema oligárquico de partidos, estos tres momentos claves: 1) el 'quiebre' que se produjo, por el tipo de transición pactada, entre la reconstrucción sistémico-partidaria de la política, y la reconstrucción civil de la misma; 2) el momento en que el gobierno democrático de oportunidad 'descartó' el populismo y la compañía de los movimientos sociales, y 3) el momento actual, en que la mayoría ciudadana demuestra 'apatía' hacia los partidos, provocando la sensación (discursiva) de un inminente big-bang partidario.

Si se sigue esa hebra, se descubre: 1) que la sensación de big-bang no puede constituir una sorpresa para nadie; 2) que lo más probable que ocurra es que no sucederá tal big-bang, sino un nuevo giro contricional de las coaliciones partidarias; 3) que esta vez la ciudadanía no se expresará en silabeos o terremotos electorales, sino en actitudes apáticas (primero), de autonomía (después) y acciones directas (más tarde). La homogeneización horizontal del tercer sistema partidario (el actual) tiende a seguir el mismo curso del segundo (parlamentario), el cual -según se vio-, por su notorio vértigo horizontal, estimuló un importante desarrollo de la autonomía ciudadana (con diversos movimientos sociales más de propuesta que de protesta).

Al parecer, la sociedad chilena está entrando en un 'momento pos-constituyente', en el que el poder del sistema y de sus partidos deviene cada vez más formal y externo, al paso que el poder de la mayoría ciudadana tiende a ser más sustantivo, autónomo, explícito y creciente. Urge, pues, estudiar las líneas históricas visibles e invisibles de su desarrollo.

CAPÍTULO IV
COMUNIDAD, GOBIERNO LOCAL, PARTICIPACIÓN

a) Comunidad, gobierno local, participación

"Mandamos que las nuestras ciudades, villas y lugares de nuestra Corona Real, que tienen por privilegio, o por costumbre antigua que el Derecho iguala a privilegio, de dar y proveer los oficios de Concejo de cada villa, ciudad o lugar... que los puedan libre y desembargadamente dar y proveer; y persona alguna no se entrometa en ello: y si algunas cartas contra ello mandáremos dar, aunque tengan qualesquier cláusulas derogatorias, que no valan" (Don Juan II, Madrid, 1419) [1].

"La comuna es la única asociación que se encuentra de tal modo en la naturaleza, que por doquiera que hay hombres reunidos, se forma por sí misma una comuna... Es en la comuna donde reside la fuerza de los pueblos libres. Las instituciones comunales son a la libertad lo que la escuela primaria viene a ser a la ciencia: la ponen al alcance del pueblo; le hacen paladear su uso pacífico y lo habitúan a servirse de ella" (Alexis de Tocqueville, 1835) [2].

Comunidad: soberanía y poder

"La comuna existe desde que hay hombres", escribió Tocqueville en 1835. Más precisamente: la comuna existe desde que los hombres se agruparon y aprendieron, vecinalmente, a vivir en comunidad. En este sentido, la Comuna es una agrupación cuasi-

1 Ley VI, Libro VII, en *Novísima Recopilación de las Leyes de España* (Madrid, 1805).
2 En A. de Tocqueville: *La democracia en América* (México, 1957. FCE), pp. 55-56.

natural *anterior* al Estado y a la Leyes Constituyentes. Así lo dijo don Octavio Reyes del Río, en 1918, en el Primer Congreso de Gobierno Local:

> *"Las relaciones que ligan a los asociados con el Poder Central están establecidas por la lei positiva; en cambio, las relaciones de los asociados con el Municipio nacen espontáneas de la lei natural, porque obedecen a necesidades que nacen de la naturaleza misma... El Municipio no es una creación de la lei; por el contrario: es anterior a ella; la lei no hace sino consagrar una situación de hecho i reconocer la asociación que existe natural i espontánea; asociación derivada de la familia o de la reunión voluntaria de los hombres que viven en un territorio dado, para quienes la vida en sociedad es su condición de existencia..."* [3].

Agruparse, vivir juntos "en sociedad", permite también decidir lo que, juntos, se *puede* y no se puede hacer. Pues la comunidad de la vida es la condición originaria del *poder*. "El único factor material indispensable para la generación de poder -escribió Hannah Arendt- es el vivir unido del pueblo. Sólo donde los hombres viven tan unidos que las potencialidades de la acción están siempre presentes, el poder puede permanecer con ellos". Pues allí se unen la palabra y la acción. O sea: los materiales constitutivos de la legitimidad y la soberanía.

> *"El poder sólo es realidad donde palabra y acto no se han separado, donde las palabras no están vacías y los hechos no son brutales; donde las palabras no se emplean para velar intenciones sino para descubrir realidades, y los actos no se usan para violar y destruir sino para... crear nuevas realidades... La fuerza es la cualidad natural de un individuo visto en aislamiento, pero el poder surge entre los hombres cuando actúan juntos y desaparece en el momento en que se dispersan... Si bien la violencia es capaz de destruir el poder, nunca puede convertirse en su sustituto. A la fuerza sólo la puede destruir el poder... La soberanía de un grupo que se mantiene unido... muestra claramente su indiscutible superioridad sobre los (individuos) que son completamente libres, sin sujeción a ninguna promesa..."* [4].

En sentido histórico, la soberanía fue una atribución de la comunidad local antes que fuera 'adscrita' a la Nación, al Estado o al individuo. Manuel José Irrarrázaval, promotor de la Ley de Comuna Autónoma de 1891, decía: "el sistema representativo fue, ... en su origen, la representación de comunidades, y no consideraba a los hombres como hombres, sino como vecinos" [5]. La 'vecindad' era un lazo social que integraba a toda la familia y todos los aspectos de la vida. Reunía en sí, por ello, a la vez, la legitimidad y el

---

3 O. Reyes: "Municipalización de servicios públicos", en Consejo Permanente de Gobierno Local (Ed.): *Primer Congreso de Gobierno Local* (Santiago, 1918. Imp. Universitaria), pp. 152-153.

4 Hannah Arendt: *La condición humana* (Buenos Aires, 1993. Paidós), pp. 223-226 y 264.

5 J. M. Irarrázaval: *Colección de discursos parlamentarios* (Santiago, 1892. Imp. Cervantes), vol. II, pp. 130-131.

'poder soberano'. Históricamente, ningún otro vínculo ha comportado la socialidad en tal grado de profundidad e integralidad; ni, tan directamente, la fuente del poder.

Expropiación y soterramiento de la soberanía comunal

Con todo, la soberanía comunal ha vivido una larga y dramática historia de invasiones, presiones y cercenamientos. Los Estados modernos, que han construido su poder privilegiando los derechos y libertades individuales, han impuesto, sobre el ancestral lazo de vecindad, el lazo *abstracto* de la unidad puramente política, o el lazo puramente automático de la unidad de mercado; a menudo, bajo el peso arrollador de la fuerza y la violencia.

> *"Si la comuna existe desde que hay hombres -escribió Alexis de Tocqueville-, la libertad comunal es cosa rara y frágil. La dificultad para lograr la independencia de las comunas, en lugar de disminuir a medida que las naciones se ilustran, aumenta... Entre todas las libertades, la de las comunas, que se establece tan difícilmente, es también la más expuesta a las invasiones del poder"* [6].

La legitimidad y poder -no la fuerza- de los estados nacionales modernos las obtuvieron éstos de las comunas a las que, casi de modo sistemático, fueron "invadiendo" y "cercenando". Fue a través de esos procesos de invasión y cercenamiento que la soberanía comunal se transfirió a la nacional, y que el poder directo del lazo vecinal devino poder representativo indirecto. Disuelto el lazo (poder) vecinal, el Estado tendió (sobre todo en Chile) a ser construido y reconstruido, ya no desde sus células matrices, ni desde el poder soberano (la masa ciudadana que vive en comunidad), sino desde abstracciones políticas y desde "la fuerza" (H. Arendt), o "la violencia" (M. Weber). Sin embargo, aun cuando la soberanía comunal ha sido "cosa rara y frágil", subsiste la idea de que la comuna ha sido y es la única fuente válida e histórica de la legitimidad de todo (posible) Estado.

El diario *La Nación* editorializaba en 1929 que "la comuna es la célula primaria del Estado", y que, por origen, "la comuna se remonta más allá de las leyes" [7]. En 1935, durante el Segundo Congreso Nacional de Alcaldes, se afirmaba que "la comuna es el Estado en pequeño... es la base de la organización social", y que siendo "verdaderos pequeños Estados dentro del Estado político de la Nación", deberían desarrollarse hasta "supeditar" el Estado Central mediante su "acción directiva" [8]. Y en junio de 1994, en la ciudad de Punta Arenas, durante su Segundo Consejo Directivo Nacional, en la Asociación Chilena de Municipalidades (ACHM) se leyó un texto que, en su parte medular, sostiene:

---

6 A. de Tocqueville, op. cit., pp. 55-56.

7 "La comuna, célula primaria del Estado" (editorial), reproducido en: *Revista Comuna y Hogar* 1:1 (1929), p. 20.

8 Ver editoriales del *Boletín Municipal de la República* 5:59 (1935), pp. 32-33, y 5:65 (1935), pp. 3-5.

"El crecimiento de los Estados ha llevado al convencimiento de que se debe volver a la base donde nace el poder y no quedarse en la cúspide donde en algún momento se depositó... En lugar de que el poder se derrame desde lo alto hasta el ciudadano común, éste reclama su titularidad y ejercicio en la base, elevándolo hasta estadios superiores para mantener la unidad... del Estado, coordinando y planificando a un nivel nacional lo que exceda del nivel local. Ve la sociedad como un conjunto de personas que van agrupándose en sociedades pequeñas pero cada vez más grandes, hasta llegar al Estado... que sólo actúa cuando las sociedades pequeñas no quieren o no pueden hacerlo" [9].

En la porfiada tradición comunalista -que sobrevive como un discurso soterrado pero no sepultable-, el poder *no* emana del Estado, puesto que las bases ciudadanas (comunales) sólo lo "han depositado" en él. Más aun: *sólo* han depositado en él "lo que excede" del poder local. No se trata, pues, de 'tomar el poder' por asalto y conquistarlo con los votos o la fuerza, sino, más cotidianamente, de "volverlo a la base". Como a un hijo pródigo. Pues tampoco se trata de un poder etéreo "que circula y se filtra en todo" (Michel Foucault), que subordina todo desde la "gramática universal del discurso", sino, más simplemente, se trata de un poder que surgió, surge y seguirá surgiendo cada vez que los hombres "estén y permanezcan juntos". Y que, por lo mismo, su aparente pérdida es y será sólo resultado de su propia dispersión.

De la individuación liberal y la revolución del 'ser social'

La conciencia comunalista -que, porfiadamente, ha reaparecido en la historia de Chile cada vez que se la ha intentado fragmentar y sepultar- es, en el fondo, la conciencia del *ser social*, que se resiste a morir debajo del moderno proceso de "individuación", y que, cuando menos se espera, lucha por reconquistar, por sobre sus "derechos individuales", su "poder" comunal perdido [10]. La lucha *interior* entre un sujeto individuado por la modernidad y otro que insiste en recomponer el sentido social y comunal de su existencia, se ha reflejado en los grandes debates teóricos entre la concepción "liberal" (individualista) de la democracia y la concepción más propiamente "republicana" (comunalista) de la misma [11]. Y también en el debate entre el sentido republicano de la ética pública, y la moral emanada de la razón individual [12].

---

9 ACHM (Comp.): "Propuestas para un nuevo municipio: competencias y estructura municipal" (Punta Arenas, 1994. Mimeo) pp. 5-6.

10 Para Karl Marx, un aspecto fundamental del proceso revolucionario es la reconquista del "ser social" desde el fondo atomizado del "individuo" construido por el capitalismo liberal. Ver *La cuestión judía*, de 1843, y *La sagrada familia*, de 1845.

11 Sobre este debate teórico, J. Habermas: *The Structural Transformation of the Public Sphere* (London, 1989. Clarendon Press), passim, y Michael Sandel: *Liberalism and the Limits of Justice* (Cambridge, Mass., 1982. CUP) y *Democracy's Discontent: America in Search of a Public Philosophy* (Cambridge, Mass., 1996. Harvard University Press), passim.

12 Sobre este debate: Amitai Etzioni: *The Spirit of Community. Rights, Responsabilities and the Communitarian Agenda* (London, 1995. Fontana Press). Una visión fenomenológica en Erving Goffman: *Behavior in Public Places. Notes on the Social Organization of Gatherings* (1966. Free Press).

La tendencia de la (soterrada) tradición comunalista a rescatar el ser social desde dentro del individuo implica, de un modo u otro, desandar el camino de la modernización individualista. Implica también, de algún modo, desconocer, descartar o desechar la constitución individualista del Derecho y del Estado. Es por esto y en este sentido -como lo dijo Marx- que la recuperación del ser social o/y de la soberanía comunal implican una actitud rebelde, subversiva y revolucionaria. Es lo mismo que sostuvo en 1891 el senador Irarrázabal, citando al historiador Guizot:

> *"Los derechos nada valen si no son poderes, y poderes llenos de vida. Colocar el derecho de un lado y el poder de otro no es constituir un gobierno libre; es establecer la tiranía en permanencia. ¿Qué es el derecho o el poder electoral aislado de todo otro poder?... Si los mismos ciudadanos que han elegido Diputados intervienen bajo otra forma... en los negocios de país; si la autoridad central tiene necesidad en otras ocasiones de su asentimiento... si los encuentra aun en otra parte igualmente unidos y agrupados para ejercer esta o aquella función del poder, entonces todos los derechos se garantizan recíprocamente y el sistema electoral deja de estar suspendido en el aire"* [13].

Si el Estado moderno se ha condensado en torno a un Poder Central que se relaciona con ciudadanos-individuos y no con una red civil de comunidades soberanas, y a un Derecho que ha hecho del espacio público no un espacio social o comunal sino un ente objetivado y abstracto ("suspendido en el aire"), la masa ciudadana ha tendido o bien a alienarse en el individualismo total, o a manifestarse a través de movimientos rebeldes: o de carácter político radical, o de carácter comunalista. Si la construcción del Estado moderno implicó la expropiación de poderes comunales, las luchas civiles de la modernidad han tendido, por una vía u otra, a plantear la "devolución" de esos poderes [14].

De cercenamientos y fantasmas republicanos

En Chile, el desarrollo del centralismo estatal ha ido acompañado de un sistemático "cercenamiento" de la soberanía comunalista. Mientras mayor el centralismo, mayor ha sido la erosión del "capital social" que constituye la esencia del poder ciudadano. Paradójicamente, la llamada 'historia republicana' (1810-1998), no ha sido otra cosa que la permanente desarticulación de la *cultura republicana* heredada de las "ciudades, villas y lugares" que fueron respetadas, una y otra vez, durante siglos, por el viejo Derecho del Reino de España. Desarticulación que, tras siglo y medio, ha traído consigo la raquitización (o pobreza cívica) del ciudadano comunal.

---

13 J. M. Irarrázaval: *Discursos...*, op. cit., II, pp. 379-81.

14 Un mayor desarrollo de la idea de "devolución de poder" en G. Salazar: "De la participación ciudadana: capital social constante y capital social variable", en *Proposiciones* 28 (1998).

Entre 1833 y 1980 -salvo un breve interregno entre 1891 y 1914- las comunidades locales y sus correspondientes municipios fueron despojados de sus naturales "privilegios y costumbres antiguas que el Derecho iguala a privilegio", y reducidos a una penosa e inocua figura decorativa. Mientras, el Estado Central conquistaba para sí privilegio tras privilegio (haciendo posible una perpetua rotación de oligarquías), escamoteando para sí todo el poder y toda la legitimidad, hasta convertir las comunidades cívicas en una amorfa 'masa de individuos'. Y mientras el discurso político proclamaba que, precisamente por ese estatismo avasallador, se había llegado a montar no sólo un modelo nacional de desarrollo, sino también una democracia ejemplar. Tanto el discurso nacional-desarrollista como el populista se implementaron de modo tal que el concepto comunal de ciudadanía -lo mismo que los movimientos municipalistas- fue debilitado, soterrado y ridiculizado [15].

El neoliberalismo -que ha impuesto la "municipalización" de, al menos, los servicios sociales del viejo Estado Populista- puso fin a los "cercenamientos" del pasado, inaugurando la etapa de los 'aditamentos' que tornan viable la política de desarrollo local. Exitosa o no, la aplicación y evaluación de esa política ha abierto un debate público en el que han reaparecido -como fantasmas del pasado- términos, conceptos y problemas que el estatismo liberal había sepultado.

El municipalismo liberal ¿implica una real *devolución* del poder que el estatismo centralista, por más de un siglo, expropió a esa base? Cuando alcaldes y ministros declaran que los programas de desarrollo local están diseñados para que la masa ciudadana (en especial, la popular) *participe* en ellos elaborando proyectos y *aportando* su propia capacidad, tiempo y energía, ¿es que de verdad se avanza -por fin- hacia una real democracia participativa, social, republicana? ¿O es otra cosa? ¿O se trata de una política 'de Hacienda' destinada a incrementar el rendimiento de la inversión social -asociando a ella el "capital social", que es gratis-; a descentralizar el Estado *sin* devolver poder a la ciudadanía y, en definitiva, a refundar el centralismo con una legitimable cosmética comunalista?

Como quiera que sea, desde 1979, la ola descentralizadora liberal ha desenterrado en quince años lo que la marea centralizadora enterró en ciento cincuenta: la dupla fantasmal de municipios y comunidades locales. Su resurrección ha provocado, de paso, el despertar de espíritus localistas de viejo linaje republicano: la inquietud por lo que son y podrían ser la ciudadanía, la sociedad civil, el poder local, la legitimidad, la participación, etc. El lenguaje práctico de la política está cambiando. Los teóricos y cientistas sociales que presidieron el debate político de los años 50 y 60 -todos confesos y convictos de estructuralismo- han quedado de lado, y nuevos pensadores de lógica republicana o

---

15 Un resumen de estas luchas en G. Salazar: "Historia de la democracia municipal en Chile" (Informe Proyecto CONICYT 1930008, de 1995), y en "El municipio cercenado: la lucha por la autonomía de la asociación municipal en Chile: 1914-1973", en G. Salazar y J. Benítez (Eds.): *Estudios Municipales: autonomía, espacio y gestión* (Santiago, 1998. ARCIS-LOM).

comunitarista han sido citados a la discusión (H. Arendt, C. Offe, J. Habermas, A. Etzioni, Ch. Mouffe, etc.). Entidades afincadas en la globalización -como el Banco Mundial y el PNUD- realizan investigaciones en torno a los problemas del capital social y la participación, como un medio de fundamentar al máximo, de modo sustantivo, sus recomendaciones político-estratégicas [16].

En un sentido histórico, el desafío político que hoy enfrentan municipios y ciudadanos (lo mismo que el sistema neoliberal) es, en Chile, inédito. Tras un siglo y medio de centralismo estatal y deterioro de la cultura cívica, la masa ciudadana (sobre todo la formada por los sectores más modestos) está constreñida a 'crear' actitudes y conductas 'participativas', mientras los estamentos políticos y tecnocráticos de los municipios están obligados a trabajar 'asociados' al capital social, a las capacidades, redes y sinergia de la emergente ciudadanía comunal. Como que está en el interés de todos que el desarrollo local -responsabilidad de los municipios- sea totalmente (¿o limitadamente?) exitoso. Con todo, más allá de que la descentralización neoliberal constituya una trampa o no, la situación histórica está obligando a la masa ciudadana a reflexionar sobre su pasado, su identidad y su proyección a futuro. De esta reflexión dependen no sólo sus decisiones inmediatas y mediatas, sino también que la 'devolución de poder' -implicada en la descentralización- se convierta en un real "*empoderamiento*" de las bases comunales y en la efectiva recuperación de una perdida u olvidada soberanía ciudadana. De más está decir que una reflexión orientada en tal sentido implica incurrir en una forma 'clásica' (republicana) de rebeldía contra un Derecho y un Estado que, por siglos, han tomado como eje al individuo y no al ser social. Y esta forma clásica de rebeldía es tan rebeldía como las formas 'masivas' que se intentaron (sin éxito) entre 1938 y 1973.

Este capítulo tiene como objetivo examinar el (largo) proceso de "cercenamiento" de la soberanía comunal realizado por el Estado Central, y el significado histórico de la descentralización practicada en la fase democrática del Estado Neoliberal chileno.

---

16 Sobre estos debates: R. Wilson & R. Cramer (Eds.): *International Workshop in Good Local Government* (Austin, Tx., 1985. University of Texas Press); G. Salazar: "De la participación ciudadana...", loc. cit.; etc.

b) El gobierno local durante el primer centralismo estatal (1833-1924)

"Los municipios o cabildos, que fueron durante la noche de la colonia i durante las primeras auroras de la Independencia los centros y factores del gobierno popular, empezaron a convertirse, desde mediados del siglo XIX, en corporaciones que... carecían de dos elementos vitales: la libertad para concebir i el dinero para ejecutar" (Consejo Permanente de Gobierno Local, 1919) [17].

Treinta y siete años de silencio

Durante las "primeras auroras de la Independencia", José Miguel Infante sostenía -desde el Cabildo de Santiago- que la Junta de Gobierno debía, antes que nada, supeditarse a un Congreso que fuera representativo de "los pueblos" (comunidades locales).

> "Es constante que, *devuelto* a los pueblos el derecho de soberanía por la muerte del monarca, deben éstos, usando el arbitrio jeneralmente admitido, elejir sus representantes para que, unidos en un congreso jeneral, *determinen* la clase de gobierno que haya de rejir mientras el soberano se restituya al trono... Aun antes de instalarse la junta debió celebrarse este congreso, para que aquélla recibiese el poder del voto unánime de los pueblos... Primero es dictar las leyes, lo que es *privativo* del alto poder de los pueblos, y después constituir la autoridad en quien resida el poder ejecutivo" [18].

En José Miguel Infante, sin duda, revivía la cultura republicana de las comunidades que generaron el gran desarrollo humanista (renacimiento) de la Europa latina *antes* que se consolidaran los Estados liberal-individualistas del siglo XIX. Nótese la fuerza con que Infante afirmó que la soberanía radica en "los pueblos"; juicio que se funda en las ideas matrices de 'depósito' del poder comunal en la monarquía, de "devolución" de ese depósito a la base ciudadana, y de que el 'poder constituyente' radica en los pueblos (que "determinan" la clase de gobierno que "haya de rejir") [19].

El rol de "los pueblos" en la construcción del Estado nacional chileno fue, como se vio, decreciente. Y en definitiva, a medida que *de hecho* se desarrollaron la clase política y los partidos, ese rol fue anulado. No es extraño -aunque sintomático-, que entre 1817 y 1854,

---

17 Consejo Permanente de Gobierno Local (Ed.), *Segundo Congreso de Gobierno Local* (Santiago, 1920. Imp. Universitaria), p. 20.

18 Citado por Luis Galdames, en *La evolución constitucional de Chile* (Santiago, 1925. Imp. Balcells & Co.), p. 132. Las cursivas son nuestras.

19 Una visión sinóptica de los poderosos "concejos de Castilla" -que se alzaron en armas contra el absolutismo de Carlos V, y cuya cultura fue transportada intacta hacia los cabildos hispanoamericanos-, en Julio Alemparte: *El Cabildo en Chile Colonial* (Santiago, 1966. Ed. A. Bello), 2da. edición, pp. 17-32, principalmente.

durante 37 años, los grupos centralistas que dominaron el proceso político (salvo el episodio "federalista" de 1826) no aprobaron *ninguna* 'ley orgánica' que refrendara la organización colonial de los cabildos, o la reformulara de modo funcional con respecto al nuevo Estado. Este notorio *silencio* gubernamental y legislativo habla por sí solo del nuevo estatus que se asignó a la ancestral soberanía comunal de los "pueblos": pasividad, impotencia, marginación. En contraste con este silencio, a lo largo de esos mismos 37 años, bulliciosas *rebeliones* de pueblos y comunidades de provincia (Coquimbo, Concepción y Valdivia, sobre todo), estallaron en contra de la comunidad que encabezó la construcción del centralismo estatal portaliano: la mercantil y monopólica comunidad de Santiago.

Para el período 1817-1854 sólo cabe reflexionar, pues, en torno al sentido histórico de ese silencio y de esa rebeldía.

Es preciso tener en cuenta que el 'silencio legal' del período indicado se refirió a la ausencia de una Ley Orgánica, pero no a la ausencia de preceptos "constitucionales". La Constitución de 1833 destinó diez artículos a diseñar el perfil estructural de las "municipalidades" (se desechó el término "cabildo"). Todos ellos reflejan claramente la intención de despojar a los viejos cabildos de su ancestral soberanía, fueros e independencia, que configuraban su derecho privativo a depositar el poder, exigir su devolución y determinar el tipo de gobierno que "haya de rejir". Los Artículos 122 a 131 "determinaron" que habría un municipio en cada "capital de departamento" (la división por departamento no reflejaba la distribución de las 'comunidades'), que "el jefe superior" del municipio sería el Gobernador del Departamento, y el Subdelegado que correspondiera su "presidente". Debe hacerse notar que tanto el Gobernador, el Intendente (jefe superior del Gobernador) como el Subdelegado eran "los ajentes naturales e inmediatos" del Presidente de la República. Que estos mismos agentes -como se sabe- controlaban los actos electorales que le permitían al Ejecutivo elegir a su acomodo todos o la mayoría de los cargos representativos. De modo que el Artículo 124, que señalaba que "la elección de rejidores se hará por los ciudadanos en votación directa", no tuvo eficacia práctica.

Las normativas de la Constitución de 1833 establecieron, pues, las bases para que una cartografía política de control central sustituyera la cartografía natural de las comunidades. De esta forma, las amplias 'funciones' que el Artículo 128 asignó a los municipios -que recogían en parte las 'facultades' que tuvieron los antiguos cabildos (obras públicas, desarrollo económico, educación, beneficencia, policía etc.)- ni se "concibieron" autónomamente, ni pudieron "ejecutarse" sino bajo la lluvia de decretos e instructivos que derramaba la cúpula del Gobierno [20]. La Constitución de 1833, de una plumada, "cercenó" de raíz la soberanía del viejo Cabildo comunalista.

Desde 1833 hasta 1854, pues, la ausencia de una Ley Orgánica permitió que las normativas constitucionales fueran utilizadas por "los ajentes naturales e inmediatos del

[20] Ver R. Anguita: *Leyes promulgadas...*, op. cit., vol. I, pp. 223-224.

Presidente" en forma abierta. A discreción. Como agentes con 'libertad para matar' la soberanía comunal. El 'silencio legal' encubrió una forma solapada pero letal de autoritarismo, que operó en la misma piel de las bases ciudadanas. Atento a cualquier riesgo de explosión cívica.

Con todo, con la demolición del viejo Cabildo no sólo se cercenó la soberanía comunal, sino también la única arma institucional defensiva u ofensiva que los productores locales tenían frente a la acción expoliadora de la oligarquía mercantil-financiera de Santiago. Sin cabildos ni asambleas provinciales, los productores quedaron institucionalmente desarmados frente al poderoso Estado que fraguaba la 'integración hacia afuera'. La diferenciación interna cayó rauda sobre ellos, arrastrando a la crisis terminal tanto al campesinado independiente del Valle Central, a los microempresarios mineros del Norte Chico y al artesanado urbano; es decir: frenó el desarrollo de la 'clase media rural' [21]. La remoción del gobierno local permitió a los poderes centrales perfeccionar la expoliación (y pauperización) de las provincias.

Para los representantes de las provincias ante el Congreso de 1826, eso era evidente. Premonitoriamente, el delegado de la Asamblea de Coquimbo, don Manuel Antonio González, expresó:

> *"Para mitigar el odio a la monarquía, se nos dice que tratan de constituir una república; pero la centralidad está en contradicción con ese nombre lisonjero... Si el objeto de la unidad centralizada es hacer un gobierno robusto, fuerte, capaz de aniquilar media nación en un momento, ¿quién destruye ese coloso cuando quiere perpetuarse? República es aquella en que los pueblos, mirando por su propio interés, protegen el todo de la asociación; pero si el bien i el mal les han de venir precisamente del centro, los pueblos no son otra cosa que instrumentos de la tiranía... En el sistema central, sólo los aduladores de la Corte tienen colocación en los empleos, i a éstos se les da como de obsequio el mando de una provincia, que comúnmente sacrifican a su ambición..."* [22].

Las premoniciones de don Manuel Antonio González, puntualmente, tendieron a cumplirse: cada vez se tornó más difícil destruir el "coloso centralista", dado que éste, por décadas, arregló las cosas para "perpetuarse".

Juntándose bajo tierra

Por ello, anulados sus órganos políticos de representación 'hacia el centro', las comunidades y grupos locales (empresarios y ciudadanos en general) optaron -según se vio más arriba- por desarrollar asociaciones horizontales, abiertas y deliberantes (como los

---

21 Sobre esta crisis, ver G. Salazar: *Labradores...*, op. cit., passim; "Empresariado popular...", loc. cit., etc.

22 Ver "Manifiesto de la Asamblea de Coquimbo, de 1826", en V. Letelier: *Sesiones...*, op. cit., vol. XII, pp. 31-32.

proscritos Cabildos Abiertos) que se llamaron "logias", "mutuales", "clubes", "filarmónicas" e incluso "bandas", etc., todas ellas *localmente* enclavadas. Tras el cercenamiento de la tradición republicana, la masa civil no respondió dispersándose, sino, al contrario, como las aguas, "juntándose de nuevo". Es decir -en términos de Hannah Arendt-: reteniendo consigo las "potencialidades de la acción". O sea: el "poder". Por esto, mientras el Estado autoritario de 1833 creyó, durante el período del 'silencio', consolidar para siempre su dominación, la masa ciudadana -sobre todo la de provincia- se juntó por doquiera, como en aparente dispersión pero en subrepticia *simultaneidad*, para encontrarse de nuevo, ya no con la 'tradición' de su poder, sino con el 'poder' mismo de esa tradición.

Con todo, pese a ese reencuentro consigo mismo, el poder comunal no contó con instrumentos formales de expresión y presión. Ante sí sólo tuvo un camino abierto: la acción directa. La rebelión local. La proclamación violenta pero civil de comunas autónomas, que explotaron durante las guerras "civiles" de 1851-52 y 1859. Por doquier, la masa comunal rodeó y sintió fácil y rápidamente al "círculo gobiernista" (intendentes, gobernadores, subdelegados, inspectores, empleados fiscales), que no era sino una minoría de 'forasteros' provenientes por lo común de otras regiones. El poder central era, en cada caso, sólo un 'enclave'. En La Serena, por ejemplo,

> *"el círculo gobiernista -escribió Vicuña Mackenna- se componía casi esclusivamente de los empleados de la Corte de Apelaciones, los profesores del Instituto, los jefes del batallón cívico... el Intendente Melgarejo no hacía parte de este club i vivía como aislado en medio de un círculo de amigos propios i antiguos..."* [23].

En oposición a este círculo, se contaban dos asociaciones cívicas de importancia: la Sociedad Patriótica de La Serena (formada por jóvenes que habían estudiado en el Instituto de la ciudad), y la Sociedad de la Igualdad, formada por los artesanos locales. Estas asociaciones no reunían a más de 20 ó 30 asistentes en sus mítines regulares, pero cuando convocaron a "grandes reuniones populares" (¿cabildos abiertos?), reunieron entre 200 y 300 ciudadanos. Fue en esos 'cabildos' donde se nominaron candidatos opositores al poder central y redactaron "manifiestos" rebeldes. Y fue en esas asambleas donde surgieron los líderes que encabezaron las operaciones militares de la rebelión. Este mismo tipo de organización civil se repitió en los "levantamientos" de 'los pueblos' de San Felipe, Concepción y Talca. Fue evidente que el poder central carecía, allí, de fuerza social y militar suficiente para aplastar la rebelión comunal. El Estado dependía, en esto, de la fuerza central diseñada para conflictos externos: el Ejército Nacional, y, además, de la marinería de guerra de las potencias externas, como fue el caso de la *Royal Navy* británica, que intervino activamente como

---

23 B. Vicuña: *Historia de los diez años...*, op. cit., pp. 40 et seq.

aliado del poder central. El 'poder' armado de cada comunidad fue, a su vez, insuficiente para derrotar las 'fuerzas' centrales. Triunfó, así, en los hechos de corto plazo, la 'fuerza', y no el 'poder' [24].

En cierto sentido, las guerras civiles de mediados del siglo XIX fueron la fase de militarización del conflicto político planteado entre "el círculo gobiernista" (intendentes, gobernadores, etc.) y la voluntad comunal (residual) de reconstruir el gobierno local. P. P. Figueroa concluyó su estudio diciendo:

> *"el golpe de muerte dado por el Gobierno a los municipios fue el agente más poderoso que activó la revolución en el país. Después de destruido el poder municipal, base del poder constitucional, ¿qué otro recurso quedaba... que la revolución?... Los cabildantes de Copiapó fueron los primeros en promover un acto de soberanía que sirviese de lección... a los demás pueblos, que supieran custodiar los fueros y los intereses de sus respectivas localidades..."* [25].

La 'fuerza' y el 'poder'

La 'fuerza', sin embargo, después de 1860, logró dividir -tras aplastar el levantamiento comunalista- las comunidades locales cuando *aceptó* la incorporación de los caudillos liberales y sus partidos al gobierno central. El libremercadismo, hasta allí orientado al mercado exterior desde Santiago, agregó con ello un bloque de 'liberalismo político interior' sin modificar un ápice su estrategia de integración hacia afuera. Ese bloque operó como puerta abierta que atrajo, sedujo e integró la oposición patronal provinciana. Con ello, las díscolas "sociedades patrióticas" formadas por jóvenes liberales se convirtieron en fértiles bases locales de apoyo 'democrático', tanto para los partidos pelucones como para los emergentes partidos liberales. Al ensanchar la cúpula del centralismo *político*, se ensanchaba por abajo la base *territorial* de la oligarquía mercantil (limando el perfil de la tiranía santiaguina); ensanches que, por abajo, degollaron en vertical la unidad de las comunidades locales. Haciendo buen uso de esos ensanches, las élites mercantiles de todas las regiones iniciaron una acotada y más segura emigración a Santiago. Emporio donde todos terminaron asumiendo el mismo (ostentoso) estilo cosmopolita de vivir y dominar [26].

---

24 Mayor información sobre esto conflicto en B. Vicuña, op. cit.; M. Zeitlin: *Civil Wars in Chile...*, op. cit.; R. Iturriaga: *La comuna y el sitio de La Serena* (Santiago, 1973. Quimantú) y P. P. Figueroa: *Historia de la Revolución Constituyente* (Santiago, 1891).

25 P. P. Figueroa: *Historia...*, op. cit., pp. 270-274.

26 Un interesante estudio sobre la "nucleación" de las *business families* de este período, en D. Balmori & R. Oppenheimer: "Family Clusters: Generational Nucleation in 19th-Century Argentina and Chile", *Comparative Studies in Society and History* 21:2 (1979), pp. 231-261.

Eso dejó a las redes y asociaciones populares en una situación de aislamiento no sólo a nivel nacional, sino también a nivel local. Ese aislamiento *retrasó*, sin duda, su integración a la emergente política liberal-parlamentarista, pero *profundizó*, en cambio, su adhesión a la democracia 'puertas adentro' de sus asociaciones y redes informales. El quiebre de las comunidades locales liberó las aguas oligárquicas de sus empozamientos locales, pero no separó las del bajo pueblo. Más bien al contrario: las unió en torno a sí mismas. Las hundió en una forma cívica, republicana y local de reencuentro con la soberanía y de hacer política 'de oposición'. Obligándolas, en cierta forma, a tomar el rumbo local del mancomunalismo, o el rumbo centralista del socialismo. En suma: reorientó la dirección de su 'poder'.

La agonía del comunalismo y el cercenamiento de los municipios no llegaron, pues, a tocar fondo. El 'poder' comunalista obligó al gobierno de Manuel Montt a impulsar la dictación, por fin, de una Ley Orgánica de Municipalidades, que fue promulgada el 8 de noviembre de 1854. Por cierto, esta ley aplicó escrupulosamente los preceptos municipales de la Constitución de 1833: precisó con detalle la jefatura y primacía que intendentes, gobernadores y subdelegados tenían sobre el cuerpo edilicio, especialmente en las ciudades o pueblos de mayor importancia (ver Títulos IV, V y VI de la Ley). Los alcaldes (se elegían 3 por municipio) quedaron reducidos, prácticamente, a "jueces de policía" local.

Las "atribuciones y deberes" que se asignó a los municipios fueron, sin embargo, considerables: debían "fomentar" todas las ramas de la producción, responsabilizarse de la educación local, de la salubridad, beneficencia, orden público, obras públicas, abasto, aseo, etc. Es decir: tenían la tuición directa de todas las ramas atingentes al desarrollo global de la comunidad, por lo que el municipio devino en la agencia públicamente responsable de las 'políticas sociales' y de las atingentes al 'fomento de la producción' (ver Título III). Era como si la Ley, junto con *subordinar* los municipios al Ejecutivo, aumentara sus *deberes administrativos* más allá de los que nunca tuvo el viejo Cabildo (que tenía más soberanía que poder administrativo), sin asignarle sin embargo los recursos suficientes para administrar. ¿Qué había detrás de esta aparente paradoja? ¿Por qué, al mismo tiempo, se triplicaba la carga funcional del municipio, se anulaba su poder político y se reducían al mínimo sus fuentes de recursos?

Sólo hay una hipótesis plausible para explicar esa paradoja: el Estado de 1833 (hechura de mercaderes) había sido diseñado para trabajar y desarrollar las relaciones comerciales *externas* de la Nación. Su fin estratégico era fijar y expandir sus fronteras; establecer relaciones diplomáticas con las grandes potencias; hegemonizar el viejo 'mercado virreinal' (dominado antes por el eje Perú-Bolivia) e incrementar al máximo las exportaciones y las importaciones. Para realizar estas magnas tareas externas, las élites mercantiles cerraron filas tras el liderazgo de las casas comerciales extranjeras (inglesas), y si bien iniciaron la tarea desunidas (pelucones contra pipiolos y viceversa), continuaron, después de 1860 -como se indicó-, unidas.

Desde la perspectiva de la oligarquía unida, por tanto, la política *interior* no sólo no tenía sentido estratégico (como no fuera maximizar al más bajo costo la producción exportable), sino que, en la práctica, esa política no se refería a otra cosa que a las relaciones con, o a la situación del, "bajo pueblo". La 'política social' y la política de 'fomento a la producción' formaban parte, pues, de un mismo paquete interior con poco valor estratégico para el Estado de 1833. Eran desechos de la política 'real'. En consecuencia, era un paquete que, para reducir costos fiscales, se podía *descargar* en los hombros de instituciones menores, tales como los Municipios y la Iglesia Católica. Desde el medioevo, la atención de los pobres había sido, sobre todo, una actividad filantrópica vinculada a la idea de caridad; en lo que se aplicaban dos principios básicos: el costo de esa atención era más bien *privado* y no público, y la responsabilidad del problema tocaba la sensibilidad *solidaria* pero no política de la sociedad. El mismo carácter privado tenía la marcha y fomento de las actividades de carácter productivo.

Todo indica, pues, que los municipios debieron hacerse 'cargo', desde 1854, de aquellas políticas de jerarquía inferior que se conectaban, precisamente, con aquellas relaciones que a mediados y fines de siglo estaban en Chile haciendo crisis: las vinculadas a la producción y las ínsitas en la "cuestión social". Esto puede explicar que, mientras los parámetros estructurales relativos a la política exterior presentaban óptimas tendencias (para gloria de los gobiernos portalianos), la situación de los parámetros de bajo fondo, vinculados a la política interior y a los gobiernos locales, ofrecían un panorama que avergonzaba a los municipios. La tensión social y política tendía, pues, a acumularse a nivel local. Como quiera que hubiese sido el oleaje político, comercial y diplomático en el plano superestructural del Estado -se sabe que fue agitado- las tensiones locales generaron profundas convulsiones y revoluciones en el plano comunal, que la Historia, desafortunadamente, no ha recogido con la misma pulcritud que las del plano estatal.

De los contra-juegos de la 'fuerza': liberalización electoral y el sayo de los vencidos

Aparte de los factores socio-locales que convulsionaron la vida municipal -este punto se verá más adelante-, están aquellos político-nacionales, que también aportaron su cuota. En este sentido, es importante mencionar que la Ley Orgánica de 1854 hizo especial hincapié en que "los municipales" debían elegirse en "votación directa", a cuyo efecto reglamentó meticulosamente (Artículos 1 a 14 del Título I) el proceso electoral y la fiscalización del acto electoral por un "tribunal competente". Es evidente que, de acuerdo a esta ley, la elección de regidores (los alcaldes eran elegidos por los regidores electos) resultó estar mejor garantizada y más democratizada que la de diputados y senadores (la ley que democratizó la elección de éstos se dictó veinte años después). Podría decirse que la libertad electoral se inició en Chile -tímidamente, claro- en 1854, con la generación cívica del cuerpo edilicio. De modo que, antes que los miembros del Congreso, fueron "los municipales" los que sintieron que sus cargos tenían una dignidad cívica y democrática que era necesario hacer respetar. Y este punto es importante, porque los ediles con este sentido de dignidad debieron enfrentarse por décadas a la paradoja expuesta más arriba: responsabilidades maximizadas, pero "sin libertad para concebir ni dineros para ejecutar". La tensión, al hacerse longeva y mayor, impulsaría al estamento edilicio, progresivamente, a la *rebelión* contra el centralismo. La que reforzaría, desde otro flanco, la soterrada rebelión del movimiento comunalista de artesanos y trabajadores asociados.

La rebelión edilicia fue estimulada por las operación 'circular' emprendida por la clase política parlamentaria para empujar la liberalización electoral desde el Municipio hasta el Legislativo, desde éste hasta las cúpulas del Ejecutivo, y de vuelta hasta el Municipio otra vez. La campaña liberalista tuvo un eje principal: la "descentralización" del poder electoral (quiebre del monopolio sufragista del Gobierno), la que -para poder preservar los intereses oligárquicos- sólo era posible sobre la base de 'dispersar' el poder electoral central en micro-poderes locales *sin* llegar a reproducir la vieja soberanía ciudadana; dispersión que, a su vez, no podía tener más vértice de apoyo que los mismos municipios. La revolución electoral liberalista, iniciada por abajo en 1854 y continuada 'por el medio' en 1874, no podía culminar en integridad sin, a la vez, reformar los municipios. Los ajustes liberalistas, que pretendían usar los municipios como pivotes, agregaron así un explosivo vector político a la tensión básicamente socio-local que afectaba a esas corporaciones.

La operación 'circular' se inició en 1867, cuando un grupo de diputados -formado por los empresarios liberales rebeldes que se integraron a la oligarquía parlamentaria después de 1860- presentó un proyecto de ley dirigido a "limitar" la injerencia que intendentes, gobernadores y subdelegados seguían manteniendo sobre los municipios. Es evidente que esa limitación favorecería la liberación electoral de diputados y senadores (el Partido Liberal y luego el Radical necesitaban con urgencia aumentar su bancada parlamentaria) [27]. Sin embargo, como proyecto de partidos aún minoritarios, la ley respectiva no se aprobó. Diez años más tarde, en 1877, la emergente "alianza liberal" logró introducir la enmienda por la cual se impedía "a los miembros del Ejecutivo formar parte de la corporación municipal". Las razones que se dieron para la aprobación de este inciso fueron:

> *"Mantener a los gobernadores el carácter de funcionarios municipales que les da la ley vigente es dejar siempre sometida la autoridad municipal a otro poder público... La administración municipal en manos del gobernador, agente del Presidente de la Repú-*

---

[27] Mayor información sobre el proyecto descentralizador de 1867, en M. A. Illanes: "El proyecto comunal en Chile", *Historia* 27 (1993), pp. 246 et seq.

[28] Citado por Moisés Lazo de la Vega, en "Gobierno Municipal", *Revista de Gobierno Local* 3:1 (1918)), pp. 7-8.

blica, es la administración municipal en manos del Presidente de la República. Es necesario, pues, constituir el poder municipal con esfera propia de acción" [28].

Removidas "las manos" del Presidente de la República, el camino quedaba libre para la intervención de las manos de "los mayores contribuyentes". Esto es: de la oligarquía local enlazada a la oligarquía (parlamentaria) nacional. Para que las manos de la oligarquía pudieran manejar 'liberalmente' el poder electoral y (acaso) la administración municipal, era indispensable que los municipios no sólo *no* dependieran del Ejecutivo , sino que, en añadidura, por 'principio', fueran plenamente *autónomos*. La 'paradoja', con eso, rodó hasta lo grotesco: la consolidación de las oligarquías (que anulaban la soberanía ciudadana), requirió que todas ellas se sedujeran entre sí, parlamentariamente, usando y vistiendo el sayo (retórico) de la "autonomía civil"; o sea: el *despojo* de sus propias víctimas.

De este modo, lo que fue cercenado en 1833 (la autonomía soberana de "los pueblos"), fue tomado desde 1877 en calidad de fundamento para la 'autonomización electoral' de los cercenadores. La fiesta de los despojos fue liderada con entusiasmo (y aplauso unánime de la CPC posterior) por Manuel José Irarrázaval, líder del tronco conservador. Gracias a él, la CPC, por razones ajenas al genuino interés municipal, vertió andanadas de argumentos que potenciaron no sólo su autonomía electoral, sino también la *rebelión* de los ediles. La operación circular de los políticos removió así, en su ciclo bajo, el lodo lento en el que, por décadas, reptaban los municipios.

De los proyectos de descentralización presidencial y congresista (1890-1891)

Hacia 1890 la sociedad civil necesitaba más y mejores canales de expresión y participación. La democratización de los partidos -según se vio- era un avance, pero no suficiente. Las reformas electorales, que pluralizaron parcialmente el Congreso y los Gabinetes, eran otro avance, pero tampoco suficiente. Existía por ello la convicción de que había que reformar la Constitución, en el sentido de crear instancias 'locales' de participación para una masa ciudadana que hervía en sus sociedades, redes y clubes. Pero era claro que cualquier reforma de este tipo obligaba a *descentralizar el Estado*. Que esto era así lo revela el hecho que, hacia 1890, existía no uno sino cuando menos tres proyectos de descentralización: el del Presidente Balmaceda, el de la clase política parlamentaria (dentro de la cual actuó M. J. Irarrázaval) y el de las organizaciones populares comunalistas. En los tres proyectos el Municipio ocupaba una posición central.

La idea de reformar la Constitución para reducir su autoritarismo era antigua: se había gestado en tiempos del Club de la Reforma. Pero sólo cuando la sociedad civil irrumpió en escena -con incidentes como el "incendio de los carros", en 1888- se creyó necesario elaborar proyectos de descentralización. Según Julio Bañados, el Presidente

Balmaceda pensaba “modificar el régimen de gobierno sobre la doble base del sistema representativo i de la descentralización administrativa”; a cuyo efecto ordenó iniciar el estudio pertinente, encomendando a Enrique Salvador Sanfuentes la misión de presentar el proyecto respectivo al Congreso [29]. En él, se proponía limitar el Poder Ejecutivo, dejando explícito, incluso, que el Presidente no designaría un candidato propio (que habría sido el propio Sanfuentes). Como se sabe, los “congresistas” omitieron por igual el proyecto y la promesa [30].

Los fundamentos del proyecto de Balmaceda eran:

> *“El estado social, político y económico de la República ha cambiado profundamente desde 1833. Hoi necesitamos otras condiciones de vida pública, pues las leyes de otra edad se vuelven ineficaces o caducas... Este orden (viejo) de cosas levanta resistencias, embaraza nuestro progreso político i hace imposible el réjimen descentralizado i de libertad que muchos anhelan i que considero la solución a nuestra imprevisión”* [31].

El ministro Julio Bañados fue aún más preciso:

> “Pues bien, una Constitución como la del 33, representativa de tal estado social, es incompatible con las tendencias, modo de ser i anhelos del pueblo que hoi busca nuevos horizontes de vida. Hai contradicción entre las tendencias sociales que dominaron en 1833 i las que hoi dominan en Chile. La sociedad i el pueblo de Chile están mucho más adelantados que la Carta Fundamental que los gobierna. La reforma de la Constitución es un problema resuelto ya en el campo de la sociolojía. Falta consumarlo en la práctica i en los hechos. Luego, la reforma constitucional obedece a una *necesidad social*” [32].

Es evidente que Balmaceda y sus ministros apuntaban a reformar la ‘matriz de relaciones’ del Estado con la Sociedad Civil, dando a ésta un peso mayor en el diseño del sistema político, sobre todo en las Asambleas Provinciales (ejes de su propuesta). Al mismo tiempo diferenciaba cuidadosamente las funciones de los poderes del Estado, para evitar colisiones y desequilibrios [33].

El proyecto de descentralización de la oligarquía parlamentaria no tenía un carácter estructural, como el de Balmaceda, sino más bien puntual: se limitaba al ámbito

---

29 J. Bañados: *La reforma constitucional i la administración Balmaceda* (Santiago, 1891. Imp. Nacional), pp. 20-21.

30 Esmeragdo Campaña: *La reforma constitucional de 1891* (Santiago, 1891. Imp. El Progreso), passim.

31 J. M. Balmaceda: *Discurso de S. E. el Presidente de la República en la apertura del Congreso Nacional de 1890* (Santiago, 1890. Imp. Nacional. Folleto), p. 11.

32 J. Bañados: *La reforma constitucional...*, op. cit., p. 14. Cursivas en el original.

33 Un estudio global del problema en J. Bañados: *Balmaceda, su gobierno y la revolución de 1891* (París, 1894. Imp. Garnier), 2 vols., I, pp. 351-453. Un análisis teórico en Gustavo Adolfo Holley: *Descentralización política y administrativa de Chile* (Santiago, 1892. Imp. Cervantes), passim.

del municipio y su dirección era claramente electoralista. No se planteó, por ello, como una reforma constitucional, sino como un proyecto de ley. Para los congresistas la descentralización era, fundamentalmente, ruptura del centralismo electoral. Por esto, pudiendo haberlo hecho, los vencedores de Concón y Placilla no convocaron a una Asamblea Constituyente (pese a que la emergente Alianza Liberal la tenía anotada en sus programas). No era la sociedad civil lo que los motivaba como Congreso, sino el acomodo de los partidos en torno al Ejecutivo. Por esto, resultó excesivo, en el proyecto de ley presentado y defendido por Irarrázaval, la *amplitud* del marco teórico de sus discursos (que exacerbaban la soberanía de la base ciudadana) respecto a lo *exiguo* de la reforma 'política' que, en el fondo, se buscaba. La retórica participativa fue mucho mayor que la participación aprobada, diferencia que, con el correr del tiempo, quedaría por completo al desnudo, como luego se verá.

La célebre Ley de Comuna Autónoma fue así aprobada el 22 de diciembre de 1891 [34]. Esta ley reprodujo la de 1854 en cuanto mantuvo todas las (múltiples) funciones del municipio, aunque aumentó y diversificó las de "policía de salubridad" (relativa al aseo físico y orden moral de la ciudad) y "policía de seguridad" (respecto a la delincuencia) (Artículos 23 a 33). Se diferenció de aquélla, sin embargo, en dos aspectos medulares: definió con claridad las fuentes de *recursos* para solventar las inversiones y gastos municipales y, de otro lado, aseguró su *autonomía* mediante la eliminación del 'rol municipal' de intendentes, gobernadores y subdelegados y, en particular, mediante el establecimiento de las *Asambleas de Electores.*

Sobre los "ajentes del Ejecutivo", la Ley señaló que "los cargos de Intendente y Gobernador son absolutamente incompatibles con todo empleo público o municipal... de modo que los nombrados para aquellos cargos cesan en los empleos..." (Artículo 103). Sólo podían presidir ("sin voto") las sesiones municipales y "suspender sus acuerdos o resoluciones que perjudiquen al orden público" (Artículo 104). Lo último sólo podía operar en caso que esos acuerdos "alteraran la paz pública" y que su denuncia hubiese sido aprobada por la Corte Suprema (Artículos 105 y 106).

Los artículos más avanzados de la Ley fueron los relativos a las "asambleas de electores" (Artículos 86 a 90). En efecto, a esas asambleas se les concedió *poder* para "votar los presupuestos... i cuentas de inversión" que "les someta" el Municipio; además, para "deliberar sobre los gastos posteriores", para "pronunciarse sobre la tasa de las contribuciones municipales", "resolver las enajenaciones de los bienes raíces de la Municipalidad", "acordar la contratación de empréstitos", "deliberar sobre los acuerdos, reglamentos i ordenanzas", y para "resolver entre las demás cuestiones que les proponga la

---

34 Sobre el debate parlamentario correspondiente, ver M. A. Illanes: "El proyecto comunal...", loc. cit., pp. 256 et seq.

Municipalidad". Las asambleas debían ser periódicas, y sólo podían asistir a ellas, con voz y voto, "las personas inscritas en los rejistros electorales del municipio". La Asamblea podía, además, ser autoconvocada por al menos cincuenta electores, teniendo los ediles la obligación de "hacer la convocatoria solicitada i de abrir discusión popular sobre las cuestiones que se sometan a su conocimiento". Para esto se requería, además, la firma de la mayoría absoluta de los miembros de la Municipalidad [35].

Es preciso leer y analizar la Ley de Comuna Autónoma *junto* con las leyes electorales que se entrelazaban con ella. De no hacerse así, podría pensarse que, efectivamente, por la anulación de los "ajentes del Ejecutivo" y la instalación de las "Asambleas de Electores", la Ley Irarrázaval echó las bases legales para la instalación de una real democracia participativa en cada comuna. Los Artículos 86 a 90 constituían, en este sentido, casi una poesía. Pues, mirados en sí mismos, si es que no fundaban de por sí la 'comuna participativa', cuando menos daban oportunidad para intentar construirla. ¿Se dejaron llevar los congresistas por la retórica republicanista del senador Irarrázaval? ¿Fueron las Asambleas de Electores un *lapsus* romántico de una oligarquía que, en la seguridad de su omnímodo poder sobre la baja sociedad civil, podía darse el lujo de dar a esas bases una oportunidad radical para ejercer, en directo, su soberanía? Debe tenerse presente que *nunca*, en Chile, se había dado ni se dio después a la masa ciudadana tal oportunidad legal de participación directa. ¿Estaban confiados en que esa masa, por su "ignorancia y escasa ilustración", no sabría aprovechar esa oportunidad? ¿Tan seguros estaban de haber matado el espíritu cívico del viejo Cabildo?

Todos los datos existentes sugieren que, efectivamente, los Artículos 86 a 90 formaron parte de un 'gesto' romántico. Pues no era la participación ciudadana lo que realmente motivaba a los congresistas, sino su propia autonomía electoral, que se ligaba a la autonomía municipal. A poco andar, tanto los congresistas como el propio Ejecutivo actuaron de modo que las "rentas municipales" aprobadas no se recaudaran ni en el modo ni en la tasa que se había estipulado. Las campañas electorales pasaron luego como tromba por el Municipio, debilitando rápidamente el prestigio, no de los partidos y la clase política que pasaban sobre él, sino de la misma Comuna Autónoma que se debilitaba bajo ellos. Y lo que es aún más sintomático, cuando las comunidades locales y algunos sectores populares comenzaron a organizarse para hacer buen uso de la oportunidad que los Artículos señalados les ofrecían, los congresistas se apresuraron a modificar la Ley para eliminar las democráticas Asambleas de Electores y reponer las oligárquicas asambleas o comités de Mayores Contribuyentes.

---

35 R. Anguita: *Leyes promulgadas...*, op. cit., vol. III, pp. 194-207.

Es de interés, en este sentido, la conjunción que se produjo entre el movimiento popular 'comunalizado' por las derrotas políticas de 1851, 1859 y 1890, y la oferta casi gratuita de 'poder comunal' que, a través de su 'gesto', la oligarquía le hizo desde 1891.

Como se dijo, el movimiento mutualista de la *baja* sociedad civil había multiplicado los 'poderes privados' de acción colectiva y local. La red aparentemente dispersa de esos poderes se extendió en dos direcciones diferentes pero no opuestas: una que se enlazó con la política parlamentaria (nutriendo la primera década del Partido Democrático), y otra que, al debilitarse la primera, dio vida a la federación local de organizaciones sociales (nutriendo las llamadas "mancomunales" de comienzos de siglo). Ambas comulgaban en tres aspectos programáticos fundamentales: a) en el rol determinante que le otorgaban a las 'asambleas territoriales' de la baja sociedad civil; b) en la proposición de 'reformar' la Constitución de 1833 según principios democráticos y c) en cuanto a realizar lo anterior mediante una 'Asamblea Constituyente' de generación popular. Pero se diferenciaban en el *locus* o ámbito en el que desarrollaban su acción: la dirección político-partidaria tuvo que trabajar en el 'enrarecido' medio en que se movía y campeonaba la CPC (alejada por tanto del medio natural en el que actuaban sus bases), mientras que la dirección "mancomunal" lo hizo en la cotidianidad de la misma baja sociedad civil (por tanto, orientada por las mismas bases). Hasta 1908 -tal vez- ambas direcciones se apoyaron entre sí; confluencia que coincidió con la ley de Comuna Autónoma y *en* el campo de acción municipal.

M. A. Illanes ha demostrado que, entre 1893 y 1897, los regidores del Partido Democrático y las bases sociales organizadas de la comuna de Valparaíso lograron -mediante el control de la Asamblea de Electores y el uso 'legal' de los dichosos Artículos 86 a 90 de la Ley de Municipalidades- imponer medidas que iban en beneficio de la 'comunidad baja' mientras neutralizaban los abusos mercantiles de la 'comunidad alta'. El poder combinado de las organizaciones sociales y el de la acción partidaria logró, por algún tiempo, demostrar que la comuna autónoma no sólo era posible en un sentido electoral, sino también 'popular'. Ante la evidencia de lo segundo, se produjo la reacción de las élites locales, que abortaron el movimiento popular [36].

Situado en el vértice de ambas direcciones, L. E. Recabarren comprendió pronto -basado tal vez en ese episodio porteño- la importancia que la nueva ley municipal tenía para el desarrollo del movimiento popular. No sólo pensó que se debía aprovechar políticamente esa ley, sino que también debía construirse en torno a ella una completa propuesta de "socialismo municipal". En 1904 escribía, por ejemplo, en la *Voz del Obrero*, de Taltal:

---

36 M. A. Illanes: "El fruto prohibido de la Guerra Civil: el pueblo como poder. Valparaíso, 1891-1897", *Alamedas* 1:4 (1998), pp. 51-70.

"Se creó la comuna autónoma para poner en manos del pueblo el derecho de administrar, por pequeños territorios, sus intereses, en una forma casi directa, que la ignorancia popular, aún hoy, no sabe aprovechar. ¿No cree el pueblo que habría más paz y mejoramiento material si se encargaran todos los servicios locales a los municipios porque en ellos están inmediatamente bajo de nuestra fiscalización por medio del derecho que ejercemos en las Asambleas de Electores?".

Para adueñarse del municipio -había dicho antes- bastaba "un poco de cordura y un poco de unión", más "nueve hombres capaces de darnos esa parte de mejoramiento social que le corresponde a los municipios". De modo que, en vista de que "los ricos han probado no saber administrar los intereses públicos", era mejor sacarlos de esos cargos "para que los pobres entren a lucir sus dotes y conocimientos en materia de buena administración". Por lo que la consigna del día era "¡a luchar por la conquista del poder comunal!". Conquistado ese poder, no era difícil ampliarlo una vez que los jueces locales "sean también elegidos por el pueblo". Esto era, en definitiva, la "democracia popular", que Recabarren veía ya semi-instalada en la comuna de Tocopilla [37].

El propio Recabarren señaló que hacia 1906 existían seis u ocho municipios operando como "democracias populares". Sin duda, eran aquellos donde alianzas locales formadas por regidores de los partidos Democrático, Liberal-Balmacedista y Radical, apoyados por redes mutuales y mancomunales, habían logrado 'gobernar' desde las Asambleas de Electores más bien que desde el Municipio mismo. Desafortunadamente, las investigaciones realizadas son aún insuficientes para aclarar la historia de esas Asambleas antes de su abolición, en 1914. Todo indica que el ámbito 'enrarecido' en que se movía el Partido Democrático no era congruente con el socialismo comunal intuido desde abajo por L. E. Recabarren, ya que, desde 1893, ese partido había caído de lleno en la órbita parlamentarista, a tal punto que Recabarren, debió desafiliarse de él. El apoyo partidista al socialismo municipal fue, pues, efímero y más bien contraproducente.

De otra parte, la gran cantidad de obras y empresas municipales promovidas por las Asambleas y sus representantes edilicios infló el presupuesto municipal justo cuando el Estado desconocía las obligaciones financieras legales que tenía con los Municipios y dejaba sin aplicación las disposiciones tributarias que los favorecían. Los déficit que se produjeron obligaron a contratar empréstitos en la banca local, mientras las obras públicas inducían a firmar convenios con empresas privadas, trámites que ampararon una epidémica expansión de negocios oscuros y tráfico de influencias, en los que incurrieron no pocos regidores y alcaldes. La corrupción parlamentaria apareció también, aumentada

---

37 Ver *La Voz del Obrero* (Taltal), ediciones del 7, 14, 20 y 27 de agosto, del 17/09 y 8/10 de 1904. Un análisis más extenso en G. Salazar: "Luis Emilio Recabarren y el municipio popular en Chile. 1900-1925", *Revista de Sociología* 9 (1994), pp. 61-93.

38 J. Montt: *Tres años de administración en la Municipalidad de Valparaíso. 1915-1918* (Santiago, 1918. Imp. Universo), passim.

-aunque adicta a negocios de menor escala- en los municipios. Desde 1900, la crisis ética, electoral, financiera y política de los municipios se agudizó. En el Municipio de Valparaíso, la crisis, hacia 1915, era dramática. De ella dio cuenta -desde una perspectiva obviamente oligárquica- su Alcalde, en 1918 [38].

De este modo, el proyecto popular de descentralización, radicado al comienzo puertas adentro en las organizaciones sociales, se halló de súbito, con los Artículos 86 a 90, ante una oportunidad excepcional, que las bases populares no demoraron en aprovechar. Al hacerlo cayeron, sin embargo, en una trampa de doble anillo; pues, de una parte, hizo gravitar el movimiento popular en la vorágine 'legal' de la política (acelerada desde 1891), y de otra, hundió la ciudadanía comunal en el circuito ida y vuelta de la retórica civilista con pragmática electorera de la CPC. El vértigo de ese doble anillo condujo al colapso de *todos* los contenidos 'democráticos' de la descentralización y el éxito de todas los mecanismos electoreros de la parlamentarización. Es evidente, por ello, que el costo histórico del fallido 'gesto' Irarrázaval no lo pagó el propio senador, sino el movimiento popular, que perdió su confianza en el partido que lo había representado y, lo que fue peor, en la *vía municipalista al socialismo*, que hasta allí parecía la más recta desde la democracia republicana practicada por sus organizaciones de base. Lo que, además, dejó a su mejor líder -Recabarren-, en mal pie ante el curso que siguieron los acontecimientos.

Eliminado el municipio como vía para el avance del movimiento popular al plano superestructural de la política, sólo quedaron vigentes la 'idea' ya tradicional de convocar a una Asamblea Popular Constituyente y la 'posibilidad' de crear un nuevo partido genuinamente representativo de la baja sociedad civil. Entre 1909 y 1924, Recabarren intentó promover la primera, crear el segundo y a la vez recolocar el tema del municipio como *piedra angular* de la construcción estatal que tanto la Asamblea como el Partido debían realizar. Pero el desprestigio producido por la compleja crisis municipal -hábilmente atizado por los próceres de la oligarquía-, sumado al desprestigio de los partidos populares que insistían en sentarse en el Congreso, tornaron infértiles los esfuerzos más bien intelectuales que Recabarren desplegó en ese sentido. El movimiento popular, por ello, siguió avanzando hacia el Estado sin bases intermedias de apoyo (como pudieron ser los municipios) y sin organizaciones políticas de auténtica representatividad popular. En ese estado, su avance dio la 'impresión' de estar orientado por un norte anarquista (en realidad, muchos pensaron que eso era mejor que otra cosa).

Sólo el viejo impulso hacia la Asamblea Popular Constituyente no sufrió el desgaste de los hechos. Sin embargo, cuando le llegó su 'turno' (marzo de 1925), los delegados populares ya no tenían en mente, como cuestión central, ni la comuna autónoma, ni la necesidad de desencadenar un movimiento político de carácter no-parlamentario pero

---

39 G. Salazar: "Luis Emilio Recabarren...", loc. cit., y "La Asamblea Constituyente de Trabajadores e Intelectuales de 1925", en *Página Abierta* 50 y 51 (Santiago, 1991), passim.

permanente. Para mayor infortunio, entre ellos no se encontraba, ya, Recabarren. Como se vio, la coyuntura constituyente de 1925 cayó bajo el control (¡otra vez!) de las dos clases políticas combinadas [39].

El 'episodio' de la Comuna Autónoma fue demasiado breve y agitado como para permitir que la baja sociedad civil reconstituyera, de modo pleno, su 'cultura cívico-comunal'. O potenciara al máximo su sentido republicano de la democracia. El movimiento popular, no bien comenzó a dar pasos en esa dirección, en menos de diez años fue obligado a dar pasos en otra dirección. Así, la mayoría de sus líderes terminaron pensando la política popular, o en términos parlamentaristas (como el Partido Democrático o el Liberal-Democrático), o lo hacían en términos *abstractos* (de cientifismo anarquista o socialista) [40]. La política popular no fue reflexionada *tácticamente*, respecto a objetivos concretos, localizables y factibles. De aquí que el gobierno local no entró en el horizonte de esa reflexión. Y las bases populares no se movieron para defender la Asamblea de Electores ni para salvar la Comuna Autónoma. Del mismo modo que entró en las posibilidades populares -cayendo desde arriba-, así salió de ellas: atrapada desde arriba.

Y no fue el movimiento popular, sino un movimiento de vecinos notables el que lucharía para "regenerar" el Municipio, y no fueron ni el movimiento popular ni el de vecinos notables sino el estamento de alcaldes y regidores el que se rebeló, desde 1914, contra el centralismo y luchó por restablecer la comuna autónoma perdida.

c) El gobierno local durante el neocentralismo democrático (1914-1973)

Del movimiento 'ciudadano' al movimiento de 'masas'

Durante el período 1932-1973 los problemas históricos de Chile se debatieron y lucharon, preferentemente, a través de los partidos con representación parlamentaria y dentro de la oposición formada entre los frentes gremiales y el Estado Central. El movimiento de ciudadanos (el popular incluido) no se desenvolvió en relación al espacio local, sino en dirección al espacio global de la política nacional. Más como 'movimiento de masas' que como proyección de comunidades. Más como reivindicación que como ejercicio soberano.

La comunidad local, la democracia territorial y el gobierno local quedaron, pues, en una posición excéntrica y marginal. El senador Irarrázaval devino en un personaje exótico, mientras el liderazgo de Recabarren tuvo que ser cosméticamente retocado para encuadrar en el nuevo marco de la política popular. Es que, en la misma proporción en que el Estado se agigantó como actor protagónico, el perfil de las comunas y los munici-

40 E. Devés & C. Díaz (Eds.): *El pensamiento socialista en Chile. 1893-1933* (Santiago, 1987).

pios se acható, debajo del horizonte. Por ello, esos próceres 'republicanos', elásticamente, debieron ser 'adaptados'.

Fue por ese mismo achatamiento que la rebeldía y las luchas del estamento edil -el único actor 'ciudadano' que combatió por la autonomía comunal tras el eclipse de las Asambleas de Electores en 1914- pese a que se extendieron por casi seis décadas, no tuvieron registro público: fueron invisibles. No dejaron huellas 'históricas', ni siquiera en la memoria edilicia. Como si hubiera sido un juego (inútil) de fantasmas inermes. En el sótano del (enorme) coliseo estatal.

Las ligas cívicas

La escandalosa crisis de la Comuna Autónoma indujo a muchos vecinos notables -como se dijo- a organizar "ligas cívicas", para regenerar las prácticas edilicias y tornar transparentes los negocios públicos. La más importante de ellas fue la promovida por Ismael Valdés Vergara, que fue fundada el 5 de junio de 1908 como "movimiento espontáneo de opinión" y bajo el nombre de *Junta de Reforma Municipal.* Desde su fundación, la Junta concitó un amplio apoyo de la masa ciudadana. Según los periódicos, más de 5.000 personas desfilaron por las calles, en 1908, en apoyo a la Junta. En 1911 ese número aumentó a 10.000 y en 1912 superaron -según los mismos diarios- los 15.000. Sin duda, todo un récord para la época. Las razones de ese apoyo las resumió, en 1909, el secretario de la Junta, Augusto Vicuña Subercaseaux:

> *"Muchos candidatos a municipales no son elejidos en cuanto a personas que merezcan la confianza por su preparación i dedicación al bien público, sino en cuanto elementos útiles al partido i al candidato a senador o diputado que los lleva en su lista. Una vez instalados en el Municipio, esos mismos rejidores i aun los de espíritu más desapasionado, se sienten contaminados por el espíritu de partido, formándose mayorías i minorías que se acechan mutuamente, se libran batallas por la primera alcaldía i otros puestos que se suponen de influencia electoral, etc. ¡Todo por el maridaje entre la política jeneral i la política local!"* [41].

Aparte de la denuncia por ese "maridaje", la Junta inició una activa campaña para que los alcaldes, regidores y jefes de oficina municipal que hubieran incurrido en operaciones dolosas fueran juzgados por los tribunales competentes. Hacia 1912, la campaña había alcanzado pleno éxito y numerosos ediles corruptos fueron sentenciados [42]. La campaña se extendió a varias ciudades de provincia.

---

41 Consejo Permanente de Gobierno Local (Ed.): *Primer Congreso de Gobierno Local* (Santiago, 1918), p. 10. Para las movilizaciones de 1908 a 1912, Junta de Reforma Municipal (Ed.): *El Libro de la Reforma Municipal* (Santiago, 1913. Imp. Barcelona) p. 10.

42 Archivo de la Municipalidad de Santiago, vol. 426, sesión de 1/06/1915, p. 167.

Las ligas cívicas atacaron, fundamentalmente, la corrupción electoral y económica de los municipios. Su objetivo mayor era separar la política de la función "administrativa", e imponer en el Gobierno Local una acrisolada moralidad pública. Tras la campaña de denuncia y la sentencia de los tribunales, la Junta de Reforma Municipal se abocó a modificar la Ley Electoral, dado que era ésta la que, principalmente, emponzoñaba el Municipio. Las modificaciones se hicieron en 1912 y 1914, pero su resultado más contundente fue la reimposición de la Asamblea de Mayores Contribuyentes y la abolición de la Asamblea de Electores. Así se aseguró el control oligárquico del aparato electoral y eliminó la influencia popular sobre el Municipio. Sin embargo, la Junta no resolvió la cuestión financiera ni aseguró la autonomía municipal frente al Estado Central. De este modo, su espectacular acción regeneradora apartó, por un par de años, las aguas que ahogaban al gobierno local, pero éstas se reunieron vertiginosamente, de nuevo, después de 1914. La Junta fue, en esencia, un movimiento *patricio*, de elevada alcurnia pública, pero sin fuerza política para imponer reformas estructurales en el gobierno interior.

El modelo de asociación y acción cívica utilizado por la Junta permaneció, sin embargo, como un método a imitar. En cierto modo, las "ligas cívicas" constituyeron una primera fase culminante del desarrollo de la sociedad civil iniciado en el siglo anterior. La Junta demostró que la ciudadanía podía 'ligarse' espontáneamente, convocarse a sí misma a marchas y denuncias, promover acciones judiciales depuradoras e, incluso, modificar leyes fundamentales. Podía, por tanto, actuar como un poder co-legislativo, soberano, externo al Congreso Nacional. Demostró, en suma, que en Chile era *posible* convocar a una Asamblea Popular Constituyente.

El primer movimiento municipalista

La Junta, sin embargo, no traspasó los límites de sus objetivos éticos. Alcanzados éstos, y acosada por las presiones políticas (se la motejó de "poder inconstitucional") se auto-disolvió. El estamento edil, descabezado, y ante la amenaza de recaer en el marasmo de siempre, decidió por sí mismo, ahora como 'gremio', reanudar la lucha. Fue así que, en el mismo año de 1914, organizó en Santiago el primer *Congreso de Gobierno Local* realizado en Chile. De este modo, las "inconstitucionales" ligas cívicas fueron reemplazadas por una figura institucional defendible: la 'asociación nacional de municipios'. Las razones y objetivos de este Congreso los resumió el que fuera líder de la Junta de Reforma, luego Primer Alcalde de Santiago y esta vez Presidente del Congreso, don Ismael Valdés Vergara:

> *"El estudio de nuestras instituciones patrias revela un singular fenómeno... el contraste manifiesto que se advierte entre el progreso de las instituciones nacionales i el de las municipales... El gobierno local permanece aún en pañales, haciendo penoso contraste con la adelantada organización del gobierno nacional... La creación de la Comuna Autónoma obedeció, ante todo, a la necesidad de arrancar al Presidente de la Repúbli-*

ca el poder electoral. Pero no es ésa la importancia que tiene la emancipación del poder local... que sirve a fines más remotos i de mayor trascendencia, que aconsejan la conservación de la Comuna Autónoma como una preciosa conquista... Debemos creer que los municipios políticos cedieron su lugar a los municipios administrativos..." [43].

El Congreso tuvo una alta concurrencia de alcaldes, regidores y delegados municipales. Inauguró el evento el Ministro del Interior. Se escucharon y debatieron ponencias durante tres días y se acordó crear un *Consejo Permanente de Gobierno Local*, para atender consultas técnicas, editar una revista (la *Revista de Gobierno Local*), discutir con el Estado asuntos de interés municipal, y preparar el II Congreso de Gobierno Local. Entre los miembros electos del Consejo Permanente cabe citar a Emilio Bello Codesido, Alberto Edwards, Moisés Lazo de la Vega, Julio Philippi, Ramón Subercaseaux, Ladislao Errázuriz, entre otros. En general, las mociones aprobadas insistieron en la necesidad de recuperar la autonomía municipal, fuentes propias de recursos y la moralidad administrativa, pero no se acordó ninguna estrategia política para promover reformas de sustancia. En este sentido, el Consejo Permanente resultó menos activo y más burocrático que la precedente Junta de Reforma. Pero su labor fue, de todos modos, significativa, en tres planos importantes: a) manteniendo el intercambio de reflexiones, aportes, información y estudios técnicos de interés municipal a través de su *Revista*; b) logrando que la Oficina de Consultas actuara como un referente común para la mayoría de los municipios, y c) preparando diversos proyectos de ley en base a los consensos así conseguidos. Aunque algo en sordina, el Consejo Permanente actuó como un Parlamento Municipal que colegisló en áreas como la habitación rural, alcoholes, patentes, caminos, pesos y medidas, mataderos, tribunales de cuenta, sanidad, etc. [44].

El Segundo Congreso de Gobierno Local -organizado también por el Consejo Permanente- se realizó en Valparaíso en febrero de 1919. A él asistieron no sólo los delegados de municipio (cerca de 200 en total), sino casi un centenar de delegados de instituciones privadas y organizaciones gremiales (Cámara Industrial, Cámara Predial, Consejo de Habitaciones Obreras, Federación de Clases Medias, Sociedad de Fomento Fabril, Instituto de Ingenieros, Sociedad Unión de Matronas, etc.) amén de connotadas figuras públicas, que asistieron espontáneamente (Arturo Alessandri padre e hijo, Pedro Bannen, Roberto Huneus, Roberto Lyon, Guillermo Marshall, Santiago Marín Vicuña, etc.). No hay duda que el nuevo Congreso resultó un verdadero Cabildo Abierto, donde la sociedad civil, a nivel nacional, sin distinciones partidarias, se reunió para discutir el destino de los gobiernos locales. Sintomática fue la conspicua ausencia de las federaciones obreras [45].

---

43 Consejo Permanente de Gobierno Local (Ed.): *Primer Congreso de Gobierno Local* (Santiago, 1918. Imp. Universitaria), pp. 371-377.

44 Consejo Permanente de Gobierno Local (Ed.): *Revista de Gobierno Local* 1:1 (1916), pp. 9-14 y 69-70. Un análisis más extenso en G. Salazar: "El municipio cercenado...", loc. cit.

45 Consejo Permanente de Gobierno Local (Ed.): *Segundo Congreso de Gobierno Local* (Santiago, 1920. Imp. Universitaria), vol. I, pp. 7-15.

El trabajo de los congresistas fue intenso y, de nuevo, se marcó la necesidad de defender el principio de la autonomía comunal. El secretario del II Congreso, Luis Mesa Torres, resumió:

> *"No hubo rivalidades ni prejuicios. Vibraron todos en la misma nota de defensores de la comuna autónoma, estimándola propicia e indispensable para la felicidad de Chile".*

Por segunda vez la asociación municipalista marró la oportunidad de echar a andar una estrategia política de reforma estructural. La refrendación de la autonomía, por eso, se tornó retórica, pese a las fuertes críticas lanzadas contra el centralismo estatal que drenaba las finanzas municipales. En este sentido, el Alcalde de Valparaíso, don José Fabres Pinto, dijo:

> *"En nuestros gobernantes parece existir la tendencia de colocar a los municipios en la imposibilidad de cumplir materialmente sus funciones. No de otra manera se esplica que desde hace algunos años se hayan dictado leyes que imponen al municipio la destinación obligatoria de un tanto por ciento de sus entradas para servicios estraños a su función neta. Primero fue la propia Lei Orgánica... que obligó a dedicar el 10 por ciento de sus entradas a los objetos que en ella se indicaban; luego la lei de patentes nos cercenó otro 10 por ciento ... para ponerlo en manos de la beneficencia. Posteriormente ha venido el Código Sanitario que también obliga a las Municipalidades a consagrar el 10 por ciento de sus entradas a los servicios que dicha lei establece; i pende todavía de la consideración del Congreso la lei de instrucción obligatoria, en la cual nuevamente se impone a los municipios el gravamen de destinar otro 10 por ciento para la atención de esa rama pública... Si se sigue por este camino llegará el día..."* [46].

Las denuncias y críticas se acumularon, pero no se llegó a ningún acuerdo político. *El Mercurio* comentó: "desgraciadamente, las municipalidades aún conservan las huellas del yugo parlamentario y aún obedecen a partidos y a compromisos" [47]. *La Nación* optó por subrayar el perfil histórico de estos Congresos: "en el mes de septiembre de 1914 celebróse en Santiago una asamblea de tal carácter que habría sido inútil ir a buscarle precedentes en la historia del país: no era una reunión política, ni científica, ni académica, y sin embargo tenía algo de todo eso" [48]. *El Diario Ilustrado* fue más crítico:

> *"Después de tanto discurso y abundancia de hermosos programas cada cual se irá a su casa y no se acordará más de los proyectos; es lo que ocurre en todas estas grandes asambleas llenas de caballeros idealistas... las buenas doctrinas han resultado hasta ahora impotentes para abrir la más pequeña brecha en la valla de la inmoralidad, del desorden y la incompetencia "* [49].

---

46 Ibídem, vol. II, pp. 674-677.

47 *El Mercurio*, 25/02/1919, p. 3.

48 *La Nación*, 22/02/1919, p. 3.

49 *El Diario Ilustrado*: 26 y 27/02/1919, pp. 7 y 3.

Después de 1920 fue evidente que el movimiento municipalista careció de *apoyo ciudadano*. El movimiento popular no incorporó ni en su mente ni en su programa la consigna lanzada en 1904 por Recabarren: "¡a tomarse el Municipio!". La oportunidad abierta por las Asambleas de Electores fue demasiado efímera y demasiado desacreditada por sus mismos creadores como para que la 'comuna autónoma' se hubiera arraigado en la cultura política del movimiento popular. De este modo, justo cuando, después de 1914, el movimiento municipalista se radicalizó y requirió de apoyo social, las bases populares se concentraban en la política *nacional* y caminaban -algo a tientas- hacia la Asamblea Popular Constituyente. En tanto que alcaldes y regidores, aherrojados a su visión "administrativa" del Poder Local, perdieron de vista la reforma estructural del Estado. Los dos brazos históricos de la sociedad civil se descoordinaron y, pese a su peso mayoritario, fueron fácil presa para el trabajo en postas realizado por las clases políticas, que no sólo no asumieron nunca en serio el tema municipal, sino que tampoco entendieron la Asamblea Constituyente como una atribución soberana de la ciudadanía.

El centralismo contraataca (los alcaldes también)

No debe sorprender, entonces, que la Junta Militar que tomó el poder en septiembre de 1924 derogara, por su Decreto-Ley No. 13, la Ley Orgánica de Municipalidades vigente. Por el mismo decreto se *disolvieron* todos los municipios de relevancia del país, nombrándose a cambio Intendentes Municipales (súper-alcaldes) y Juntas de Vecinos (regidores), todos ellos *designados* por decreto ministerial [50]. De este modo, tras 23 años de abominada 'comuna autónoma' (1891-1914) y 10 de moralizantes "ligas cívicas" (1914-1924) vinieron otros 10 años de indesafiable 'comuna aherrojada' (1924-1934).

El general Ibáñez quiso disciplinar los municipios bajo un Plan Orgánico de desarrollo nacional, en el que el Estado (gobierno) tenía el rol conductor. La razón de Estado diluyó en sí misma, de nuevo, las razones locales de la soberanía. Así, se creó el Departamento de Municipalidades del Ministerio del Interior (cuya función era unificar la legislación municipal) y la Oficina de Presupuestos Municipales del mismo ministerio, cuya función fue patrocinar y controlar el presupuesto de cada municipio. La centralización de los municipios respondía a una doctrina que Santiago Macchiavello resumió así: "la administración de la comuna no es algo tan autónomo, como se ha dicho; el buen éxito de ellas requiere, también, que la acción de las diversas comunas sea uniforme y obedezca a un plan integral" [51].

---

50 Consejo de Estado (Ed.): *Recopilación de Decretos-Leyes* (Santiago, 1925. Imp. Nacional), vol. XII, p. 12.

51 S. Macchiavello: "Las municipalidades y la política económica nacional", *Comuna y Hogar* 1:1 (1929), pp. 8-9.

En virtud de esas mismas 'razones de Estado', se convocó, en enero de 1927, a lo que se llamó "Primer Congreso Nacional de Alcaldes" (debe recordarse que *todos* los alcaldes habían sido designados, y que, como Congreso de Municipios, éste no era el primero sino el *tercero*). En parte, la medida pretendía legitimar la nueva política municipal, y en parte, intercambiar ideas sobre la futura Ley Orgánica de Municipalidades. Atento, *El Mercurio* situó el Congreso en un plano más amplio:

> *"Nos hallamos en una grave crisis del régimen municipal... Se puede decir con razón que no tenemos en este momento régimen alguno, sino confusión y anarquía. No pretendemos una vuelta... al régimen de esclavitud respecto del Ejecutivo anterior a 1891, ni a la comuna autónoma de Irarrázaval, monumento de ideología... Pedimos una reforma estudiada sobre la base de la observación práctica que puedan ofrecer los alcaldes reunidos en la capital"* [52].

Pese a la peculiaridad de su representación, los alcaldes *no* reconocieron ni aprobaron la política municipal hiper-centralista desplegada por Ibáñez para "regenerar los municipios". En todas las comisiones de trabajo se llegó a esta conclusión: ninguna política podía ser efectiva si los municipios carecían de la autonomía que, por principio, les correspondía. Nuevamente fue *El Mercurio* el que resumió con justeza el sentir de los alcaldes:

> "El punto capital puede decirse que ha sido la unanimidad con que los Alcaldes se pronunciaron sobre la conveniencia de restablecer... el régimen de autonomía que dio a los municipios la ley dictada en 1891... Los Alcaldes están hoy convencidos de que, sin autonomía, sin el principio del *self government*, no es posible organizar los municipios ni hacer eficaz su labor... El gobierno municipal debe permanecer independiente del gobierno central o político. Es por tanto conveniente que, en vez de crear un régimen uniforme para todas las comunas del país... se acepte la diversidad. La reacción en favor de la comuna autónoma es uno de los fenómenos más curiosos de nuestra historia política. Treinta años ha se consideraba esa ley como un desastre" [53].

La rebelión de los alcaldes designados fue, sin duda, un episodio "curioso" de la historia política, pero, desde la perspectiva de la historia estrictamente comunal, no es curioso sino lógico. La "reacción en favor de la autonomía", si no es propia de la función municipal, sí lo es de la comunidad local. Es imposible que alcaldes y regidores (que viven en perpetua doble lealtad: al centro político y a la base soberana) no sientan en algún momento -sobre todo en sus Congresos- el imperativo ético de su lealtad 'hacia abajo'. Fue esta lealtad la que afloró en el Congreso de 1927 y la que llevó a realizar, después de esa fecha, múltiples Juntas Regionales de Alcaldes, que retejieron la coordinación horizontal de los municipios [54].

---

52 *El Mercurio*, 10/01/1927, p. 3.

53 *El Mercurio*, 16/01/1927, p. 9

54 Editorial, *Comuna y Hogar* 2:10 (1929), pp. 131 y 142-43.

El Ejecutivo ignoró los acuerdos de sus alcaldes rebeldes, pero no logró detener la ola de Juntas Regionales que se extendió por todo el país. Preocupado, el Ejecutivo convocó a un Segundo Congreso Nacional de Alcaldes, que esta vez, preparó con sumo cuidado. A él se invitaron, además, a los vocales de las Juntas de Vecinos, funcionarios municipales y -lo que era más novedoso- a los "representantes obreros" de las Casas del Pueblo fundadas por los municipios. Ibáñez intentaba liderar el viejo movimiento mancomunalista popular *municipalizándolo*, alojándolo en las Casas del Pueblo y sumándolo, por tanto, a los planes nacionales de desarrollo. Recuperaba el debilitado corporatismo social para vitalizar el emergente corporatismo de Estado. Restablecía algo como una Asamblea de Electores, pero sin más electores que los disciplinados activistas de los "hogares (municipales) del pueblo". Siete años después de la muerte de Recabarren, y por invitación de un dictador, la clase obrera tuvo la oportunidad de incorporarse al desarrollo de la comuna "popular", dentro de un movimiento nacionalista comandado por el Gobierno [55].

El Segundo Congreso Nacional de Alcaldes se realizó en enero de 1931. No hubo, esta vez, rebeliones "curiosas": el Ejecutivo controló los debates, cerró rápidamente las discusiones y avanzó en la formulación de una Ley Municipal *ad hoc*. Se acordó que la autonomía comunal debía basarse en la "independencia para el manejo de sus propios asuntos", pero que el Estado en ningún momento podía "abandonar su doble tutela, de aspecto jurídico y económico... para evitar que los municipios se opongan a las leyes generales... y defenderlos de los malos administradores". Tras el evento, se publicó un monumental trabajo de J. G. Silva, que desarrolló ese particular concepto de autonomía comunal [56].

El autoritarismo oligárquico del siglo XIX había aplastado y marginado la vieja soberanía comunal, pero había mantenido (y aun aumentado) sus poderes funcionales y administrativos, sobre todo en relación a la baja sociedad civil. El centralismo burocrático iniciado por Ibáñez, en cambio, no sólo desconoció la soberanía comunal sino que cercenó, una a una, sus facultades estratégicas. Diversas "Direcciones Generales del Estado" (de Carabineros, de Beneficencia Pública, de Instrucción Pública, de Obras Públicas, etc.) fueron atrapando, uno a uno, los despojos municipales. El rápido crecimiento institucional del Estado Empresarial y Social Benefactor se realizó, en gran parte, consumando un gigantesco desvalijamiento del Municipio legado por la Ley Orgánica de 1854 y refrendado aun por la de 1915.

Con ello, la posibilidad material de luchar por un "socialismo municipal" se desvaneció como propuesta práctica, mientras que la lucha por la "autonomía municipal" se convirtió en una arremetida quijotesca de (inermes) molinos de viento.

---

55 Editorial, *Comuna y Hogar* 2:16 (1930), p. 167.

56 J. G. Silva: *La nueva era de las municipalidades en Chile* (Santiago, 1931. Ed. Pellegrini).

La extraña historia de los movimientos desmemoriados

Después de 1932, el movimiento edilicio demoró en recuperar su norte y 'recordar' su dirección. Osciló entre un homenaje a la 'memoria' del senador M. J. Irarrázaval, el 'disciplinamiento' bajo el Decreto-Ley 740 de 1925 y los nuevos decretos reglamentadores que le sucedieron [57]. En este contexto enrarecido, irrumpió el movimiento gremial de los obreros municipales, el cual, al no plegarse al movimiento edilicio sino al movimiento popular de 'masas', añadió un nuevo factor de desconcierto. Por fin, el 15 de enero de 1934, se aprobó la Ley 5357 de Municipalidades, que restableció, ampliado, el origen electoral del estamento edilicio (pudieron votar esta vez las mujeres y los extranjeros). Con esto -se dijo- se restablecía la autonomía cívica de los municipios. Pero a la vez se transó con la 'doctrina Ibáñez' cuando se mantuvo la "designación" de alcaldes para las ciudades de más de 100.000 habitantes y el Departamento de Municipalidades del Ministerio del Interior. En verdad, el acuerdo parlamentario fue un flagrante sincretismo entre la 'realidad' del neocentralismo político y la 'utopía' de la autonomía comunal [58].

Los alcaldes electos se dieron prisa en convocar a lo que ellos creyeron era el *Segundo* Congreso Nacional de Alcaldes (en rigor, era el *Tercer* Congreso de Alcaldes o el *Quinto* Congreso de Gobierno Local), que se realizó en la ciudad de Valdivia en abril de 1935. De inmediato plantearon que debía realizarse una "reforma constitucional del Estado" para dar salida al "anhelo de autonomía", demostrando que esta vez la rebelión de los alcaldes no se dirigía contra una política dictatorial sino contra la misma Ley 5357. Se escuchó, por tanto, el mismo discurso de 1914, 1919, 1927 y (sofocado) de 1931. Pese a la sorprendente 'amnesia municipal' (los ediles no recordaban las luchas y congresos realizados por sus pares en décadas anteriores, aunque sí la Ley de 1891), el alegato autonomista reapareció en 1935 con la misma fuerza y argumentos de siempre [59]. Y ocurrió lo mismo en el (sexto) "Congreso de Municipalidades" realizado en Valparaíso en 1936, y en el "Sexto" (séptimo) celebrado en diciembre de 1937 en la ciudad de Antofagasta.

Los nuevos Congresos reintrodujeron con fuerza el tema de las *Asambleas Provinciales*, dado que éstas eran -así lo señalaba el 'espíritu' de la Constitución de 1925- los órganos básicos de la descentralización del Estado y de coordinación 'política' de los municipios. En rigor, las Asambleas Provinciales debieron haber sido *Parlamentos Municipales*, con capacidad para integrar la participación ciudadana y 'administrar' el desa-

---

57 G. Varas: "Las atribuciones municipales ante la legislación actual", *Boletín Municipal de la República* 3:26 (1932), pp. 7-8.

58 Ver M. Bernaschina: *Derecho Municipal Chileno* (Santiago, 1952-1954. Ed. Jurídica), 3 vols. También Estanislao Arias: "Verdades sobre descentralización administrativa", en *Boletín Municipal de la República* 4:42 (1934), p. 42.

59 Congreso Nacional de Alcaldes (Ed.): *Actas de las Sesiones Inaugural y de Clausura del Segundo Congreso Nacional de Alcaldes* (Valdivia, 1935. Imp. Central), pp. 13-14.

rrollo regional. Los Congresos de Gobierno Local, en este sentido, no fueron sino instancias *gremiales* surgidas para exigir y reivindicar el justo derecho comunal a tener una representación política propia en el plano regional y en el nacional [60].

Muchos alcaldes creyeron, tras el Congreso de Antofagasta, que el movimiento edilicio estaba a punto de lograr sus objetivos. Sin embargo, un año después el ánimo había cambiado, a la vista de la obvia manipulación político-partidaria, no sólo de los problemas municipales, sino de los propios alcaldes. "Nos vemos obligados -editorializó el *Boletín*- a volver a referirnos a... un número apreciable de regidores y alcaldes que proceden, en el ejercicio de sus facultades y funciones, única y exclusivamente, de acuerdo con el interés del partido o combinación política que representan y ajenos al verdadero interés general de la localidad" [61].

Desde 1938, el gigantismo corporatista del Estado barrió el optimismo ideológico e, incluso, los 'residuos memorísticos' del estamento edilicio. Así, sólo los Congresos Panamericanos de Municipalidades -uno de ellos fue celebrado en Santiago- mantuvieron hasta 1941 el tema municipal en el debate público. Y fue sobre su resaca que se realizó en Viña del Mar, en marzo de 1942, el enésimo *Primer* (Octavo) Congreso Nacional de Municipalidades, en cuya convocatoria, aparte del consabido alegato de autonomía, se incluyó la propuesta de crear la *Unión Nacional de Municipios*. En la misma noche inaugural, tras un memorable debate, el Congreso aprobó por unanimidad la creación de la Unión Nacional, hijo póstumo del (ya) olvidado Consejo Permanente de 1914. El delegado del Municipio de Santiago, Jaime Vidal, resumió el sentir de todos los congresales asistentes al Hotel O'Higgins, al decir:

> *"Actualmente las Municipalidades son las cenicientas de los poderes públicos... vegetan ahora penosamente, viéndose imposibilitadas para actuar debido al lento e implacable cercenamiento de sus facultades y atribuciones"* [62].

La atmósfera del Congreso era rebelde y ebullente, como la de los alcaldes de 1927, o los de 1914. Por ello, y por primera vez, los ediles se abocaron a elaborar un proyecto político, que implicaba no sólo la abolición del Departamento de Municipalidades y del control que los Intendentes tenían sobre las corporaciones, sino también una serie de reformas constitucionales, donde la relativa a las Asambleas Provinciales ocupaba un rol central [63]. En este ambiente, M. J. Irarrázaval fue aclamado como un "gran patriota", y se consideró la Unión Nacional de Municipios como la "madre espiritual y

---

60 "El Congreso de Municipalidades de Antofagasta", en *Boletín Municipal de la República*, 7:89 (1937), pp. 3-4.

61 "La administración municipal y la acción político-partidaria", ibídem, 8:96 (1938), pp. 3-5.

62 En *Revista de Comuna Autónoma* 1:1 (1942), pp. 26-27.

63 El texto completo de estas reformas en "Autonomía municipal: reformas constitucionales", ibídem, 1:1 (1942), pp. 51-52.

material de la organización municipal en Chile". La Unión Nacional -que provenía de una "recomendación" del Congreso Panamericano y no del 'recuerdo' edilicio del Consejo Permanente de 1914- editó su propia revista. Pero, en menos de dos años, la nueva armazón gremial de los municipios se derrumbó. Y, como antes, se olvidó. Pese a que en esta ocasión todos los partidos políticos -repítase: 'todos'- unieron sus voces para denunciar y lamentar la crisis por la que cruzaban los municipios [64]. Pues todos lloraron por la muerte del "muerto que vos matásteis".

La CONAM: fulgor y muerte de una memoria edilicia formal

El afiebramiento político del período iniciado en 1942 (muerte de Pedro Aguirre Cerda) y semi-cerrado en 1950 (fase final del polémico gobierno de González Videla) produjo la exaltación del movimiento de masas y de las luchas callejeras entre facciones partidarias. El centralismo no sólo se acentuó, sino que incluso se volvió febril y represivo. Aplastado por la vorágine política, el movimiento edilicio se hundió en un nuevo ciclo de inactividad y amnesia. La historia transcurrió rauda sobre masas y partidos, como si no hubieran comunas ni municipios. Pero el malestar edilicio, pese a todo, no moría. Y de su estratificada amnesia, en 1951, surgió su llamado de siempre: la convocatoria a un nuevo *Primer* (Noveno) Congreso Nacional de Municipios, que se realizó en Santiago. Era el Lázaro del Evangelio resucitando, pero no por primera, sino por *novena* vez.

Asistieron representantes de más de 160 municipios. El alcalde de Temuco, don Eduardo Rodríguez, pronunció las palabras rituales:

> *"Por las dificultades que encuentran las corporaciones edilicias para cumplir su cometido a causa del cercenamiento de sus atribuciones por organismos como el Comisariato de Subsistencias, la Dirección General de Transporte y otros..."* [65].

Se habló una y otra vez del "régimen municipal cercenado", de que "la unión de todos los municipios superará toda consideración de orden político", etc. El Ministro del Interior, del mismo modo que sus predecesores en los ocho "primeros" Congresos anteriores, representó su parte en el ritual y dijo: "el Gobierno concurrirá a la mantención de las prerrogativas de las entidades comunales, de acuerdo con el espíritu del legislador" [66]. Todos los debates fueron "memorables", especialmente aquel que concluyó con la aprobación de la propuesta que creaba la *Confederación Nacional de Municipalidad es* (CONAM), nuevo instrumento de lucha para una vieja causa (perdida): sacar la soberanía comunal de su sepulcro de cercenamiento y olvido. La CONAM, lo mismo que la Unión Nacional y

---

64 Un análisis más extenso de este período en G. Salazar: "El municipio cercenado...", loc. cit., Sección V.

65 En *El Mercurio*: "Primer Congreso Nacional de Municipios" 24/05/1951, p. 27.

66 Ibídem, 25/05/1951, p. 21.

el Consejo Permanente, creó su propia revista, que en este caso se llamó, simplemente, *Revista Municipal* [67].

La CONAM se definió como la entidad "ejecutora" de los acuerdos y mandatos de la asamblea nacional de municipios (Congresos). Como tal, logró dirigir el movimiento edilicio tan orgánicamente como el Consejo Permanente de Gobierno Local de 1914, sólo que por mayor tiempo (se desintegró en 1973) y en un contexto histórico con dificultades muchísimo más "cercenantes". Como indicador, cabe señalar que la CONAM organizó 13 congresos o conferencias nacionales de municipios entre 1951 y 1972 (guardando memoria de todos ellos). Lideró un movimiento *regulado* democráticamente a partir de sus bases; dato sorprendente, dado que todo el resto de los movimientos sociales, durante el mismo período, se regulaba desde sus cúpulas políticas.

El diagnóstico acordado en los sucesivos congresos de la CONAM no fue distinto, en cuanto al problema municipal, a los acordados por los nueve primeros congresos. La diferencia, esta vez, radicó en que los ediles ampliaron su reflexión abarcando el conjunto de la sociedad civil. Pensaron que existía "una estagnación evidente en nuestra evolución social, especialmente en la organización político-administrativa de la colectividad"; estagnación de la que, a su juicio, provenían "los grandes conflictos" del período. Pues el estatismo, al absorber todas las atribuciones municipales del desarrollo local, asumía un número tal de tareas que no le era posible hacer por sí mismo lo que no dejaba hacer a los municipios:

> "El resultado de esta política es la imposibilidad en que se encuentran los organismos centrales para atender y resolver los numerosos problemas comunales, y lo que es más grave, se ha *desvinculado* al ciudadano, al vecino, de sus propios problemas, lo que ha llevado a la irresponsabilidad o al errado criterio de que 'todo debe esperarse del Ejecutivo' ..." [68].

El hiper-centralismo político imponía la irresponsabilidad de la 'masa' sobre la responsabilidad del 'ciudadano'; aportando a la omnipotencia del Ejecutivo y al vaciamiento del ciudadano. Esta consideración movió el eje del discurso municipalista desde la 'comuna autónoma' (como institución), a la 'calidad cívica' de la sociedad civil. Dada esta tendencia, se puede considerar lógica la *oposición* de la CONAM al proyecto del Presidente Frei Montalva de organizar los pobladores en Juntas de Vecinos incorporadas en un plan nacional de Promoción Popular. La tesis de la CONAM era que las juntas de vecinos debían ser autónomas, estrictamente vecinales; de modo que sobre ellas fuera posible reconstituir la autonomía comunal y del propio municipio. Por vez primera en su desmemoriada historia, el movimiento municipalista se planteaba la posibilidad de lu-

---

67 Editorial: "Cómo ha nacido la Revista Municipal", *Revista Municipal* 1:1 (1955), p. 4.

68 Editorial: "Memorándum a Su Excelencia", *Revista Municipal* 2:10 (1957), pp. 2-4. La cursiva es nuestra.

char por construir y desarrollar 'bases sociales' de apoyo. Por esto, en julio de 1966, la CONAM hizo pública su oposición tajante al proyecto de Juntas de Vecinos aprobado por la Cámara de Diputados:

> "Al amparo de una idea progresista... se está consumando el sistemático intento de los ideólogos, en orden a consolidar una súper-institución, dotada de excesivos derechos y atribuciones y a establecer un odioso sistema de control político sobre amplias agrupaciones de nuestra población. Hemos valorizado, antes que ningún otro organismo público, la necesidad de que las juntas de vecinos actúen con plena potestad jurídica en el plano específico de organismos de integración del poder comunal... Hemos abierto un frente de lucha contra la intención política de hacer de las juntas de vecinos un organismo sustitutorio de los Municipios... la llamada Promoción Popular ha asumido una agresiva actitud en contra del Municipio" [69].

Era evidente que, mientras más activo y profundo era el populismo institucionalizado por el Estado Social-Benefactor, mayor era la "desvinculación" de la ciudadanía respecto a su responsabilidad en los problemas del desarrollo local y mayor su "expectativa" de que el Gobierno Central, eximiéndola de esa responsabilidad, resolviera todo. La CONAM, por ello, entendió que ya no era un problema majadero de 'cercenamientos' puntuales, sino, esta vez -en sus palabras-, de una "pretensión totalitaria" de actuar y manejar directamente las "comunidades locales". La situación ameritaba no sólo una reflexión profunda, sino también una activa movilización. Fue este contexto el que convirtió el XI Congreso Nacional de Municipios (según registro de la CONAM), efectuado en Osorno en 1967, en el más importante de los realizados en Chile desde 1914: asistieron 1. 200 ediles sobre 1. 629 asistentes. La reflexión se centró en cómo "democratizar" los municipios sobre la base de dar "participación" a las organizaciones sociales, y cómo, luego, modernizar el municipio democratizado. La editorial de la *Revista Municipal* fue elocuente:

> *"Se trata de democratizar los municipios en su gestación tanto como en su organización y funcionamiento, dando participación lógica y adecuada a los organismos de pobladores y otras organizaciones en la discusión y estudio de los planes destinados a resolver los problemas de la comuna. El logro de estas premisas permitirían la presencia de un municipio de un nuevo tipo, de un auténtico gobierno local, descentralizado y autónomo..."* [70].

Ya no era, sólo, esa vieja reacción instintiva ante el alud de cercenamientos: ahora se trataba de *autonomizar el tejido asociativo de la propia comuna*, integrándolo democráticamente a la corporación municipal. Esto requería, como es lógico, una re-capacitación de ediles y funcionarios y una reforma de la gestión administrativa. A este respecto,

---

69 "Los municipios en pie de guerra", *Revista Municipal* 29 (1966), pp. 5-7.

70 "Necesidad de cambios profundos en el municipio chileno" Ibídem, 32 (1968), p. 5.

la CONAM planificó la creación de un Instituto de Estudios y Administración Municipal, bajo su propio patrocinio, el que debía contar con un gran archivo estadístico, una biblioteca especializada en municipios y una red de relaciones con institutos similares de otros países. A este efecto, desde 1958, la CONAM contrató los servicios del Instituto de Organización y Administración (INSORA), de la Universidad de Chile [71]. Desde esta perspectiva democrática a la vez que técnica, el viejo tema de la "descentralización" del Estado reaparecía bajo otras variables. Ante las ideas que el Presidente Jorge Alessandri formulara al respecto, la CONAM fue enfática:

> "Si el Gobierno desea descentralizar, es preciso que comprenda bien cuál es el verdadero camino. No se trata de una mayor delegación de funciones y responsabilidades dentro de la actual pirámide administrativa... El camino consiste en *permitir y estimular a los habitantes de todas las regiones de Chile para que se incorporen al estudio y solución de sus propios problemas comunales o provinciales ...*" [72].

Con este objeto específico -aparte del Instituto indicado- la CONAM organizó el Departamento de Asistencia para el Desarrollo Comunal, para realizar, a lo largo del país, seminarios y cursos de capacitación accesibles a los propios ciudadanos.

La coyuntura histórica, sin embargo, iba a contrapelo de estos planes. El conflicto de masas y partidos se había enfrascado en una espiral precios-salarios que atrapó y 'legitimó' el activo movimiento gremial de obreros municipales, que terminó siendo más reconocido y amparado por la clase política que la CONAM. Peor aun: las conquistas salariales de los trabajadores del Municipio castigaron severamente las deficitarias finanzas municipales. Tanto fue así que, en septiembre de 1970, el propio Gobierno tuvo que echar mano al 2 por ciento constitucional "para *calamidades públicas*", a efecto de ir "en ayuda de un gran número de municipios que se vieron impedidos de cancelar oportunamente las remuneraciones de sus trabajadores, por carencia absoluta de ingresos". La crisis se repitió en 1971 y 1972 [73].

La larga historia de los cercenamientos terminó así, en el apogeo mismo de la democracia populista, con los municipios convertidos en "calamidad pública". Tanto, que el Estado cercenador debió acudir al salvataje de sus propias víctimas. El auxilio lastimoso vino al final de la prepotencia expropiadora.

Como si fuera poco, la lucha inter-partidaria terminó por entrar y hacer presa del hasta allí semi-autonomizado cuerpo 'municipal' de la CONAM. Se multiplicaron sus revistas. Bancadas completas de ediles de un partido dejaron de asistir a algún Congreso, o

---

[71] Ver S. Ceppi: "Informe de la Comisión de Capacitación Técnica de los Organismos Municipales", ibídem, 2:10 (1957), pp. 26-29, y "Racionalización de los servicios municipales", ibídem, 2:13 (1958), p. 11.

[72] "Descentralización administrativa" Ibídem, 3:14 (1959), p. 1. La cursiva es nuestra.

[73] Juan Poblete Alay: "Medidas para paliar los efectos del desfinanciamiento", *Boletín de la CONAM* 10:61 (1971), pp. 7-8.

se retiraron en medio de él. Para recibir la mano de vuelta de sus adversarios en el Congreso siguiente [74]. Sin embargo, como por un milagro, la CONAM logró concordar un proyecto de Ley Orgánica de Municipalidades, que, en realidad, era un paquete completo de reformas constitucionales tendientes a realizar sus objetivos de democratización, descentralización y racionalización. Es decidor que haya sido la CONAM y no los tensionados partidos políticos los que hayan convenido en proponer una reforma radical de la Constitución. El proyecto tenía, como eje central, la creación de Consejos Provinciales Inter-Comunales, destinados a reemplazar y democratizar las (inefables) Asambleas Provinciales. Asimismo, la CONAM se arrogó el rol de "organismo rector de los municipios".

> "Comentario aparte merecen los títulos destinados a la reglamentación sobre Juntas de Vecinos y Cabildo Abierto, instituciones a las que el proyecto otorga claras funciones, sin estorbar o interferir aquellas que corresponden al municipio. De esta forma, se *vincula a los vecinos al Municipio*, permitiendo canalizar sus esfuerzos y proyectos en forma racional dentro de los organismos municipales" [75].

El Ante-proyecto fue aprobado en el Congreso Municipal de Osorno, en 1967, por todos los partidos políticos que asistieron, excepto el partido que a la sazón 'era' Gobierno, que no lo aprobó [76].

Ninguno de los proyectos de ley y de reforma constitucional que la CONAM presentó a la consideración del Congreso Nacional fueron aprobados por éste. El monopolio de la función legislativa fue celosamente custodiado por la clase política, aun a costa de desoír la voluntad ciudadana (en tanto reflejada en la voz de sus ediles). Para el hermético centralismo democrático, ningún movimiento social podía, ni remotamente, co-legislar, dado que los únicos derechos que se le reconocían eran el derecho a "voto" y el "de petición". A fines de la década de los '60, el derecho soberano a la *participación* era considerado -lo mismo que en los años '20- un exceso, un peligro, o un exabrupto. El centralismo de todos los tiempos, al parecer, no es compatible ni compartible con los dueños de la soberanía.

El ciclo de la CONAM (1951-1973) fue, sin duda, el de mayor desarrollo relativo del movimiento municipalista en Chile. Fue el primero que logró desembarazarse del 'mito' Irarrázaval, de la legendaria Comuna Autónoma de 1891 y de la ritualizada quejumbre por los cercenamientos perpetrados al venerable Cabildo de la tradición hispano-americana. Fue el único, también, que planteó una coherente reforma constitucional tendiente a lograr una real descentralización del Estado, y que intuyó la importancia clave de construir y fortalecer el estratégico "vínculo comunal" entre el Municipio y la

---

74 Mayores referencias en G. Salazar: "El Municipio cercenado...", loc. cit., Sección V.

75 "El ante-proyecto de Ley sobre Gobierno Comunal", *Boletín de la CONAM* 4:39 (1965), pp. 3-4. Cursiva nuestra.

76 *La Prensa de Osorno*, 9/12/1967, p. 5.

Comunidad Local (única forma de equilibrar en su favor el sobre-peso de las clases políticas). Sin embargo, su trayectoria explotó abruptamente con el wagneriano final de la democracia centralista y, como todos los otros episodios de la lucha edilicia, éste, el de su apogeo, cayó lo mismo, sepultado bajo capas de olvido y anonimato. Para quedar fuera, de nuevo, de la historia oficial.

d) Gobierno local y descentralización neoliberal (1973-1998)

"El nuevo municipio será un organismo descentralizado del Estado, apolítico y eminentemente técnico... un poder ejecutivo y de decisión (el Alcalde), un consejo técnico consultivo... y un consejo informativo en determinadas materias... la decisión del Alcalde se basa en la buena asesoría de sus técnicos, el trabajo sin ambiciones de sus funcionarios y en que el jefe comunal no pretende escalar posiciones políticas".
Coronel (R) H. Sepúlveda (1974) [77].

Es irónico que, tras un siglo y medio de constante cercenamiento y anonadamiento, el Municipio chileno recibiera de vuelta, del mismo Estado Central que lo anonadara, algo de su dignidad y más de algo de sus olvidadas atribuciones.

Y es más irónico aún (algunos hablarían de "paradojas") que el más hiper-centralizado régimen estatal chileno (el que comandara el general Pinochet) impusiera la más sistemática política de 'descentralización' conocida en la historia de Chile, y aquello que muchos ediles de 1914 soñaban sólo en términos de utopía: la 'municipalización' de algunos importantes servicios públicos de la comunidad.

Pero no es irónico que, *ni* aquella 'descentralización', *ni* esta 'municipalización', hayan sido impulsadas por los movimientos ciudadanos; ni por los de origen popular, ni por los de origen edilicio. El movimiento popular había luchado por su vida (con éxito) entre 1973 y 1989, pero ya había sacado de su conciencia histórica el tema de la Comuna, y su proyecto de Gobierno Popular había sido destruido por las armas. El movimiento edilicio, por su lado, había logrado maximizar la consistencia de su proyecto social y político, pero fue también desarticulado e ignorado por los decretos militares. Los dos principales brazos cívicos de la sociedad civil estaban, pues, paralizados, cuando recayó sobre ellos el maná huracanado de la 'descentralización'. Diríase que la soberanía estaba inerte cuando se 'decretó' su soberanía.

---

[77] H. Sepúlveda: "El Municipio dejará de ser trampolín político", *ASEMUNI* 3:15 (1974), pp. 18-19.

El cuadro histórico que rodea la estrategia de descentralización en Chile es tal, que el observador se siente forzado a pensar que esa estrategia es, sencillamente, 'otro' artilugio del consabido y senecto centralismo, y no la forma primera de un revolucionario régimen de descentralización y participación. ¿Tiene credibilidad cultural un régimen descentralizado que no tiene tradición? ¿Y es posible, históricamente, construir ciudadanos participativos por simple decreto? ¿Justo después del último mandoble cercenante que atontó a la soberanía cívica? ¿Puede, por ventura, definirse como 'participativa' la participación otorgada autoritariamente, o es sólo 'avatar' de la misma autoridad?

El 'beneficio' de duda ha asaltado y asalta prácticamente a todos los estudiosos del problema. Ya Carlos de Mattos, en 1989, había desarrollado estas dudas, señalando que la descentralización tanto puede hacerse con fines de democratización y participación, como de perfeccionamiento de la racionalidad del Mercado. Y todo indicaría que una descentralización impuesta por decreto responde más a la lógica del Mercado que a la de la Sociedad Civil:

> "Las reformas en curso -escribió- difícilmente podrán alcanzar los objetivos de aumento de la democratización, de la participación, la justicia social y el desarrollo local, puesto que responden principalmente a las necesidades planteadas por la *reestructuración capitalista y apuntan a solucionar otro tipo de problemas*" [78].

Incluso los investigadores de la Dirección de Estudios de la Presidencia de la República concluyeron que la descentralización no es un fenómeno 'unívoco':

> *"La descentralización, tal cual se expresa en las propuestas en desarrollo en Latinoamérica, se ha constituido en el eje en que se afirman dos proyectos sociopolíticos... para fortalecer y potenciar al Estado y a la sociedad: por una parte, el que intenta disgregar y compartimentalizar las demandas y conflictos sociales, avanzando hacia el Estado mínimo, las privatizaciones, la reducción de los gastos en el sector público y un mayor protagonismo estatal. Y, por contraste, el que promueve la modernización del Estado sesgado en la democratización política, la eficacia en la gestión y la participación social. De esta forma, la noción de descentralización está atravesada por una alta carga de ambigüedad, ya sea por la multiplicidad de conceptos que sugiere o por la heterogeneidad social y política de quienes se proclaman descentralizadores. Son las más diversas escuelas de pensamiento, desde socialistas a neoliberales, las que la reivindican en sus respectivas propuestas"* [79].

El problema histórico, en este caso, no es tanto que la "noción" de descentraliza-

78 C. de Mattos: "La descentralización ¿nueva panacea?", en *Socialismo y Participación* 46 (Lima, 1989), pp. 39-40. Cursiva en el original.

79 Jaime Ahumada: "El proceso de descentralización", en C. Toloza y E. Lahera (Eds.): *Chile en los Noventa* (Santiago, 1998. Presidencia de la República. Dolmen Ed.), p. 91.

ción pueda o no estar cargada de ambigüedad, sino que tanto a nivel de los 'hechos' como de los 'procesos', lo que modela y traspasa hasta ahora la "nueva panacea" es la lógica neoliberal. Y tras ésta, la lógica neo-centralista. La acepción "sesgada" hacia la democracia, la participación y el 'socialismo' no es la que domina en los hechos, puesto que, hasta ahora, sólo comparte la 'noción' y tendría probabilidad en los 'procesos', pues no depende de decretos sino de la movilización cultural y política de la propia ciudadanía. Y ésta -todavía saliendo de su estupor- cree poco, y participa menos [80].

Es conveniente, entonces, respecto de esta ambigüedad factual y conceptual, registrar con claridad, cuando menos, cuáles son los hechos y procesos que, en Chile, la 'componen':

a) El proceso de descentralización y municipalización neoliberal fue iniciado y conducido políticamente -durante el período dictatorial lo mismo que durante el período democrático- por el *poder central*, sin que en ninguna fase haya mediado alguna intervención soberana de la ciudadanía;

b) Toda la reforma fue diseñada y ha sido realizada como 'descentralización administrativa del Estado', y no como instalación de una 'comuna autónoma', o como proceso de 'empoderamiento' (*empowerment*) ciudadano;

c) Desde el inicio de la reforma hasta el día de hoy, nunca la actividad municipal se ha desarrollado al margen o con *independencia* del poder estatal y de los partidos políticos operantes en él;

d) Las instancias municipales que pudieran considerarse como de 'participación ciudadana', o son meramente consultivas (caso de los CESCOS), o reivindicativas (Juntas de Vecinos) o de asociación proyectiva (organizaciones con personería jurídica que pueden concursar a fondos concursables), pero ninguna es *soberana*;

e) Las políticas que proponen la 'participación' como un fin importante, no trabajan construyendo "capital social" o "tradiciones cívicas" para el incremento de la soberanía global de la masa ciudadana, sino, principalmente, para incorporar el capital social existente como un *aditivo* que incremente la eficacia de las políticas estatales contra la pobreza [81];

f) La respuesta de la masa ciudadana a la descentralización y la municipalización no ha sido entusiasta (como hubiera sido si éstas hubiesen coronado un movimiento cívico), sino de *apatía*, o bien de oportunismo puntual, y

---

80 Para una reflexión global, ver Jordi Borja: "Dimensiones teóricas, problemas y perspectivas de la descentralización del Estado", en J. Borja et al.: *Descentralización del Estado. Movimiento social y gestión local* (1987. FLACSO).

81 Sobre los conceptos de tradición cívica y capital social, G. Salazar: "De la participación ciudadana, capital social constante...", loc. cit., passim.

g) Las redes micro-asociativas locales se han multiplicado, pero han tendido a mantenerse en el ámbito privado, marginal y aun delictual (tráfico de drogas, ligas deportivas, redes de raperos, etc.), sin desarrollarse en, y sin fortalecer el *espacio público* institucional [82].

El perfil de los hechos anotados revela claramente que la 'nueva' política para el 'desarrollo local' no está al servicio de una democracia comunal participativa (de entronque con la tradición democrático-republicana) sino de un modelo económico que, para ser ortodoxamente liberal, necesita privatizar y localizar casi todas las atribuciones del omnívoro Estado 'fordista' del período 1938-1973. La fragmentación del Estado fordista fue, desde la crisis de 1982, un imperativo financiero que el FMI impuso en todas partes. Parte de esa fragmentación -la rentable- fue privatizada y absorbida por la empresa privada. Pero la parte no rentable -los servicios públicos para la baja sociedad civil- sólo podía ser traspasada a los municipios. Lo mismo que en el siglo XIX, cuando el volcamiento del Estado hacia el exterior produjo la privatización de la política social (Iglesia) o su localización (Municipios), así, el modelo neoliberal actual ha convertido los municipios en micro-ministerios sociales, a cargo de la salud, la educación y el progreso *urbanístico* de los pobres [83]. La fragmentación de las políticas sociales y su focalización en "bolsones de pobreza" -hasta que el "chorreo" automático del mercado los vacie por completo- ha requerido de 'administradores focales', y éstos no podían ser otros que los municipios [84].

¿Es que, menos que descentralización democrática, lo que la 'municipalización' ha sido no es más que focalización del gasto social del Mercado? En este sentido, el nuevo municipio ¿es el punto de arranque de una revolución política, o es sólo un mero instrumento para disfrazar una involución socioeconómica?

La voluntad dictatorial quería un Municipio de carácter técnico-ejecutivo. De modo similar a la estrategia municipal del coronel Ibáñez en 1927, la concebida por los estrategas del general Pinochet definió el tecnocratismo municipal como parte segmentada de la planificación global del liberalismo. En esta planificación el tecnocratismo consiste en aplicar mecanismos que aseguren el máximo rendimiento de todas las inversiones sociales del Estado (y del Mercado). En el pasado, la planificación global del modelo fordista unía los 'orígenes' de los problemas con los 'objetivos históricos' de la sociedad. La planificación global del modelo neoliberal, en cambio, ni se preocupa de esos orígenes ni de esos objetivos sino, sólo, del rendimiento neto de la inversión [85]. En este sentido, la acción

---

82 Sobre la lucha por construir o no construir el espacio público de ciudadanos, G. Salazar: "Las avenidas del espacio público y el avance de la auto-educación ciudadana", *Cuadernos CIS* 8 (1996. U. ARCIS).

83 A. Rosenfeld et al.: "Municipios en ciudades intermedias en Chile: los casos de Talca y Lota", en F. Carrión et al.: *Municipio y democracia. Gobiernos locales en ciudades intermedias* de América Latina (Santiago, 1991. SUR).

84 G. Salazar: *Los pobres, los intelectuales y el poder* (Santiago, 1995. PAS), pp. 7-36.

85 E. Cohen & R. Franco: *Evaluación de proyectos sociales* (Madrid, 1993. Siglo XXI), pp. 19-20.

político-social de los municipios tiene más que ver con el rendimiento neto de la inversión social del Mercado y del Estado que con algún objetivo de desarrollo histórico de la democracia chilena. Esto explica la estructura tecnocrática que se dio al Municipio [86].

Los nuevos municipios, pues, no han sido diseñados para ser cabezas de playa de ningún proceso *local* de 'cambio estructural', sino recipientes de desahogo para cambios de otro nivel decididos para otra cosa. Están para 'afinar' a ras de suelo las macro-políticas neoliberales del Poder Central (integrado éste, por lo demás, a la red del Poder Global), no para favorecer movimientos edilicios de autonomía municipal, o recoger los objetivos de los (eventuales) movimientos sociales de profundización democrática. Están para establecer vínculos funcionales, no *históricos*, con la comunidad local.

> *"La municipalidad hoy día -declaró en 1992 Edgardo Riveros- es un órgano ejecutor fundamental de las soluciones que se toman en política social"* [87].

Dado ese rol de "ejecutor fundamental de las soluciones que se toman en política social", el Municipio neoliberal tiene recursos que ninguno de sus antepasados tuvo, especialmente a través del Fondo Común Municipal [88]. Pese a ello -y lo mismo que en el siglo XIX- los municipios no sólo no han podido desarrollar los pesados servicios sociales que el Estado descargó sobre ellos (caso de la Salud Primaria y la Educación), sino que no logran siquiera mantener su nivel histórico de operación. La prolífica licitación de fondos concursables que 'pasan' por los municipios y 'benefician' a las organizaciones sociales reconocidas como tales por la ley, es apenas un velo que cubre piadosamente la nueva *impotencia* municipal (que no sólo afecta a la ejecución de sus tareas sociales, sino también a su responsabilidad histórica ante la ciudadanía). Además, los fondos concursables, que bajan fragmentados y al mejor postor desde las fuentes centrales y no suben programados orgánicamente desde las locales, no ayudan a fortalecer ni el vínculo Comunidad-Comunidad (profundizan la fragmentación y la competencia entre las bases), ni la asociación Comunidad-Municipio (el socio real de los concursantes es, en el fondo, el Estado). La Ley 18.893, de 1989, sobre Organizaciones Sociales y Comunitarias, no ha resuelto tampoco este problema.

Hacia 1992 ya era perceptible que los municipios habían sido recargados con tareas estratégicas que el Estado neoliberal -aherrojado en sus propios 'principios'- no *podía* asumir de modo 'administrativo', como en el pasado. Que los municipios, pese a su acrecentada responsabilidad social, ni iban a reproducir en pequeño lo que había sido el Estado Social-Benefactor en el pasado, ni iban a ser directamente los adalides de una posible y emergente democracia participativa. Que, al contrario del pasado, su impoten-

---

86 J. Fernández: "Nuevo régimen municipal", *ASEMUNI* 3:17 (1974), pp. 10a-12a.

87 En *Informativo Municipal* 1:2 (1992), pp. 14-15.

88 Sobre los aspectos financieros y organizativos: L. Bastidas: *Nueva Legislación Municipal* (Santiago, 1992. Alfabeta Impresores), passim.

cia no nacía de cercenamientos, sino de recargamientos utilitarios y excesivos. Que, dado este 'ambiguo' rol histórico, no podía ni puede ser un aliado sólido, confiable y creativo para la comunidad cívica local, pese a los ciclos de capacitación y tecnificación a los que es sometido su estamento tecnocrático.

La percepción dubitativa acerca de los nuevos municipios chilenos ha producido -como en el pasado- el lento desarrollo de tres tipos de movimiento ciudadano, no necesariamente ligados entre sí: a) el del estamento político de los municipios (expresado en la Asociación Chilena de Municipalidades); b) el del estamento tecnocrático (profesionales a contrata) y c) el de las nuevas redes ciudadanas.

El 17 de mayo de 1993 se realizó el Congreso Constituyente que fundó la nueva Asociación Chilena de Municipalidades (ACHM). De inmediato, los 1. 070 delegados asistentes se pronunciaron, casi unánimemente, por revisar la Ley Orgánica Constitucional de Municipalidades y por ampliar las condiciones de autonomía de dichas corporaciones. En su Segundo Congreso Nacional, celebrado en Valdivia en noviembre de 1994, se elaboró un documento en el que se precisaron los términos de la 'autonomía' reclamada:

> *"Esta autonomía exige un cambio cultural, jurídico y administrativo verdaderamente revolucionario... La sociedad es un conjunto de personas que en forma progresiva se agrupan en sociedades o grupos pequeños, pero cada vez más grandes hasta llegar al Estado, sin que éste prive a las sociedades intermedias de sus autonomías. Así, ellas mantienen su capacidad de decidir y de actuar con libertad e independencia en el plano que les corresponde, aplicando el principio llamado de subsidiariedad del Estado"* [89].

La subsidiariedad del Estado aparece aquí como el 'saldo' de la agrupación piramidal de autonomías de base e intermedias, y no como el 'principio rector' de la descentralización. De acuerdo a esta perspectiva, la descentralización asegura que el "Estado sólo actúa cuando las sociedades más pequeñas no quieran o no puedan hacerlo". La autonomía de éstas deriva del hecho de que el hombre "en sus organizaciones más pequeñas, puede decidir sus propios destinos sin interferencias ajenas".

> *"De ahí que la comuna reclame su autonomía en pequeños territorios que, física y técnicamente, puedan ser administrados por sus mismos vecinos, conociendo sus problemas, conociéndose entre sí, disponiendo de sus recursos, dando los servicios que éstos permitan y que se requieran. Pero, si por cualquier razón, las municipalidades no logran realizar una óptima administración municipal autónoma, el Estado Regional y/o Nacional deberá actuar subsidiariamente, primero en un nivel de coordinación y luego de acción propiamente tal"* [90].

---

89 Comité Ejecutivo ACHM (Ed.): Propuestas para un nuevo municipio: autonomía, competencias, estructura y financiamiento municipal", *Boletín Informativo ACHM* 16 (1994), p. 3.

90 Ibídem, p. 4.

Es evidente que el discurso constitutivo de la ACHM se apoya en la misma articulación Comunidad-Municipio que la CONAM, durante los años 60, había tomado como base para oponerse a los proyectos 'políticos' de reorganización comunitaria. Siguiendo su probado instinto histórico y a pesar de su también probada amnesia, los ediles chilenos lograron, en 1993, reproducir casi el mismo viejo discurso que sus pares habían voceado en 1914, 1927, 1935, 1942 y 1951. Reactualizando así uno de los problemas históricos más antiguos y endémicos de la sociedad chilena. Es un hecho notable, sin duda, su elástica permanencia. Sin embargo, más allá de la 'curiosidad' que produce, cabe hacer esta pregunta: ¿logrará la ACHM lo que no logró el Consejo Permanente, ni los Congresos de Alcaldes, ni la Unión Nacional de Municipios, ni la CONAM? ¿O el resilente discurso de autonomía comunal terminará, como los otros, petrificado en amnesia, y el vibrante movimiento edilicio bajo paletadas de olvido?

Como en el pasado, la ACHM, aunque ha emitido varios "pareceres" ante los proyectos de ley presentados por el Gobierno para ajustar la estructura y rentas municipales, no ha recibido la atención debida de parte del Congreso Nacional. Como antes, las elecciones municipales han recolocado a los ediles, una y otra vez, bajo la disciplina partidaria y el centralismo del sistema político, corrigiendo cualquier desvío producido por la reaparición fantasmal del discurso autonomista. Como antes, la dependencia política y financiera de los municipios los reduce a un rol de meros intermediarios o ejecutores, que los inhibe de llevar a cabo una real planificación estratégica. Y como antes, la modernización no la producen ellos, sino que pasa a través de ellos. El poder público, como no emana de la ciudadanía ni de la comunidad local sino de los 'centros' globales y nacionales, magnetiza el sentido político hacia el Gobierno y no hacia la base social. El resultado es que los mejores ediles terminan, como antes, usando el municipio como trampolín para proyectarse al sillón congresal, y también al solio presidencial [91].

El estamento político municipal -base de la actual ACHM- sigue siendo, pues, 'político'. Es, actualmente, el administrador de enlace entre la clase política parlamentaria y las comunidades locales; el responsable, en pequeñas porciones, de los grandes problemas sociales del Estado; la tropa política que, emplazada en el frente social, hace hoy con las "comunidades ciudadanas" lo que hacían antes los encargados del "frente de masas". Recoge por cuotas la legitimidad del sistema y absorbe por partes la apatía, participación, demanda, crítica y frustración de 'la gente'. O sea: amortigua por abajo para que gobiernen los de arriba.

Es poco probable, pues, por todo ello, que la ACHM pueda salirse de las arenas movedizas que ahogaron a todas sus predecesoras.

---

91 Ver intervención de J. Ravinet en el Seminario sobre Transición y Municipio, llevado a cabo en Santiago en 1990. En PRED (Eds.): *Transición y municipio. Democratización del Gobierno Local y Participación* (Santiago, 1990. Andros), pp. 91-96.

Diferente es la situación del estamento "técnico-ejecutor" (más profesional que político) que constituye, en el modelo actual, el actor más relevante de los nuevos municipios. En el pasado, en la era de los cercenamientos (cuando el Municipio era poco más que un "empresa de barridos"), el estamento político no tenía más compañía corporativa que el estamento de obreros municipales. En el presente (época de recargamientos), al elenco tradicional se ha agregado el estamento profesional, que ha sido encargado de administrar en el *terreno*, cara a cara con los ciudadanos mismos, las políticas sociales del Estado y los proyectos puntuales de asociación participativa entre las organizaciones sociales, el Municipio y el Estado [92]. Su trabajo necesita ser técnico en un doble sentido, uno de ida y otro vuelta: se trata de "gestionar" las políticas públicas asociándolas a la "autogestión" ciudadana. Necesitan, por tanto, tener una doble *expertise*: en la política pública 'modernizada', y en la lógica 'emergente' del capital social. No hay duda que su tarea está envuelta en un vértigo esquizoide, ya que debe resolver, en terreno, la contradicción estratégica del modelo neoliberal en Chile: ajustar micro-soluciones (focales) a macro-problemas (sociales). Operar con políticas mínimas para atacar lacras históricas máximas.

Trabajar focalizadamente sobre contradicciones mayores indujo a los ediles de fines del siglo pasado a rebelarse contra la política central. Quien está de cara a la contradicción no puede ser persuadido por 'razones de Estado' débiles, retóricas, cuyo fracaso o bajo rendimiento saltan a la vista. A menos que la tentación de la carrera política a la cima sea superior. Uno de los poderes irresistibles de la masa ciudadana es que ésta tiene a su lado, siempre, la realidad concreta. En este sentido, el actual estamento técnico-ejecutivo está más expuesto a ese poder ciudadano que tentado por la carrera política (la mayoría de estos profesionales trabaja en base a contratos temporales, o por honorarios). Vive, e inevitablemente *reflexiona*, la antinomia existente entre la política y la realidad, entre el Estado y la Sociedad Civil. Es el que, mejor que ningún otro estamento (el político o el académico) percibe la problemática crucial de lo que es o debería ser la "participación ciudadana". De hecho, la casi totalidad de los seminarios o talleres de reflexión que se convocan para discutir la gestión del desarrollo local y las posibilidades de participación ciudadana, han sido promovidos por este estamento. El debate surgido aquí sobre 'participación' es, tal vez, el debate teórico y político de mayor proyección histórica en la sociedad chilena actual. Sin embargo, hasta ahora, ha sido un debate 'local', encapsulado, que no ha logrado interesar del todo ni a las universidades, ni a los medios de comunicación, ni a los partidos políticos [93].

A diferencia de los ediles, el estamento técnico-ejecutivo de los municipios no ha formado una asociación nacional, sino, más bien, redes regionales o inter-comunales de

---

92 Ver David Cademártori (Ed.): *El Municipio: estudios de gestión* (Valparaíso, 1994. CEP y UC Valparaíso), especialmente los trabajos de Mikel Martija y de Antonio Daher.

93 El número 28 (1998) de la revista *Proposiciones* está dedicado a recoger, parcialmente, este debate.

carácter informal. Y aunque la política lo presiona en todos los frentes (sobre todo en el contrato laboral), su opinión dubitativa, crítica y propositiva no se ha integrado aún como proyecto político. Por su condición laboral, no es probable que pueda promover un movimiento de emancipación ciudadana, pero su experiencia y su crítica son irreemplazables para cualquier reflexión o/y acción que vaya en ese sentido. Parece inevitable, sí, su creciente asociación con el estamento académico vinculado a las Ciencias Sociales.

No hay duda que cualquier rol *histórico* que el estamento técnico-ejecutivo de los municipios pueda jugar en el futuro será, con alta probabilidad, de mayor interés que el que pueda jugar la ACHM.

¿Qué ha significado la 'descentralización' neoliberal para la sociedad civil chilena?

En primer lugar: la *desarticulación* visible del centralizado Estado Empresarial y Social Benefactor, y la *articulación* invisible del Mercado a todo nivel. Lo primero ha traído consigo la desmembración de la más antigua forma histórica de 'identidad colectiva' de los chilenos. Lo segundo ha forzado la congregación de 'identidades múltiples': individuales, grupales y barriales, sin un sentido superior de colectividad. El resultado parece conducir al fortalecimiento *local* de la sociedad civil, con debilitamiento de su sentido nacional de articulación política. Es decir: resitúa a la sociedad civil sobre sus bases 'vivas', lo que implica dejarla en una 'posición' de mayor *autonomía* que en el pasado.

En segundo lugar, y como corolario de lo anterior, el impacto de la descentralización neoliberal ha debilitado las *organizaciones* sociales, gremiales y políticas que operaban nacionalmente con referencia a la identidad colectiva representada por el Estado (fordista), pero, a cambio, ha fortalecido las *redes sociales y culturales* (aunque pre-gremiales y pre-políticas) que operan hoy localmente como expresión directa de las 'identidades múltiples' ante el impacto de la descentralización.

En tercer lugar, la descentralización del Estado (que ha operado también como descentralización de la identidad nacional) ha debilitado el *espacio público* englobado en las esferas de lo estatal e institucional, y ha fortalecido el *espacio privado* vinculado a la informalidad de los grupos y comunidades locales. Es decir: la descentralización ha alterado los parámetros que encuadran históricamente el accionar del ciudadano. Puede decirse que la ciudadanía está pasando de un encuadre estructurado a otro de carácter 'refundacional' y que, por ello, están en desarrollo formas y tipos *emergentes* de civilidad.

En el terreno mismo, lo anterior se ejemplifica por la creciente presencia comunal y pública de -como se dijo- "redes sociales". Según estudios recientes, una 'red' difiere de una 'organización' por su mayor informalidad (no tienen estatutos, ni jerarquía oficial, ni discurso público, ni se proyectan a largo plazo); por el mayor peso de lo emocional, afectivo y valórico respecto a lo racional; por la frecuente subordinación del interés privado a la supervivencia (solidaridad) comunitaria; por el predominio ético de los pactos fraternales (igualitarios) sobre la normatividad o legalidad públicas; por la maximización circulativa de los bienes de consumo disponibles (de subsistencia) y no de la maximización acumulativa; por el carácter autoconstructivo de la identidad social y cultural más bien que por su adscripción estructural, etc. La 'red social' fortalece por sobre todo la *sinergia* interna de ella misma, y no, como la 'organización', la productividad o eficacia externa, hacia afuera o hacia la totalidad. El potencial sinérgico de una 'red' es, por todo ello, pese a su informalidad, normalmente superior al potencial posible para una 'organización' que funciona según 'estatuto' [94].

La 'ciudadanía' (entendiendo por ella la atribución participativa de un sujeto social dentro de un conjunto social y cultural) se ha dado y se da, históricamente, tanto dentro de una 'red' como dentro de una 'organización'. Como atribución resultante de una relación inter-subjetiva (de afinidad valórica, afectiva o de otro tipo) en un grupo de amigos o en una comunidad local, y como atribución objetivamente estatuida por un texto legal.

Para los autores clásicos (Tocqueville en especial) la ciudadanía es una atribución que sólo se "aprende" *óptimamente*, en una comunidad local. Y esta comunidad, como se sabe, no es otra cosa que un conjunto interconectado de redes sociales de todo tipo (parentales, de vecindad, de oficio, etarias, afectivas, etc.). En una red social, la ciudadanía implica por naturaleza, en todo momento, 'participación'. Aunque parezca grotesco, el sentido fundante de ciudadanía surge espontáneamente de la experiencia de vivir en parejas, en grupos de camaradas, en bandas, en clubes de barrio y corrillos de esquina, en familias extendidas, etc. Es en la profundidad cotidiana de la historia social donde es preciso descubrir las fuentes naturales y espontáneas del sentido real de la ciudadanía. Por ello, cuando, ante cualquier catástrofe del espacio público, la sociedad civil se refugia en la 'privacidad' de sus comunidades y redes locales, lo que cabe históricamente esperar no es la "crisis de la Sociedad" (A. Touraine), sino, más bien, una lenta pero segura reemergencia del sentido básico de 'ciudadanía'.

La formación de redes sociales (o micro-asociaciones horizontales si se prefiere) es una forma de "reagrupación social" (J. Ibáñez), y una forma de "estar juntos" (H. Arendt), que conllevan el inicio de una construcción de *poder*. En la red se intercambia y nivela, oral e interaccionalmente, la experiencia de todos. Haciendo eso se recrea el lenguaje. Se reordena la memoria colectiva. Se precisa la crítica. Se perfilan nuevos parámetros para la acción y nuevas claves y códigos para la interacción. Se retejen las hebras sociales y culturales de la identidad. En suma: allí se participa en el *gobierno* de

[94] Sobre casos y sobre el concepto de 'red social', ver de Larissa Lomnitz: *Redes sociales, cultura y poder: ensayos de antropología latinoamericana* (México, 1994. Grijalbo). Acerca de la sinergia contenida en las redes sociales, G. Salazar: "Descentralización y sinergia histórica local: fracasos y desafíos", en Departamento de Ciencias Históricas (Ed.): *Bases históricas del desarrollo regional de Chile* (Santiago, 1996. U. de Chile).

los cambios que permiten pasar de la estupefacción individual tras la catástrofe del espacio público, a la erección de redes, grupos y comunidades de supervivencia, de resistencia, o de proyección alternativa. El espíritu ciudadano puede, pues, surgir y resurgir, perfectamente, de la marginalidad y la derrota, como una refundada y purificada forma del 'poder' social y cultural necesario para 'hacer' historia.

La ciudadanía 'producida' por la ley no se genera de igual modo. En Chile, como se ha visto, la ciudadanía 'social' nunca ha participado en la dictación de la ciudadanía 'legal'. No es raro entonces que las definiciones constitucionales y legales de la ciudadanía no contengan la cláusula de que toda ciudadanía, por condición natural, ha de ser 'participativa' en el mismo sentido integral que la ciudadanía de red. Por ello, cuando una sociedad, como la chilena, ha *debido* por casi dos décadas asistir a la 'escuela cívica' de sus redes de base (para enfrentar, a la vez, la descentralización del Estado y la centralidad del Mercado), no es extraño que haya acumulado una experiencia de participación más ancha y rica que la magra participación 'estadística' que le ofrece el sufragio. Y que -como confirman los estudios- confíe más en sí misma que en el Estado, que sólo le produce "apatía".

La estrategia de descentralización y la política sucedánea de los municipios se enfrentan, pues, al progresivo desenvolvimiento de una lenta 'transición por abajo' que, en lo medular, consiste en el desarrollo de una 'ciudadanía emergente' [95]. En verdad, la "nueva panacea" de la descentralización (que se ha preocupado más de sí misma que de los efectos de largo alcance que genera) ha liberado el horizonte y la *dinámica* de la sociedad civil, primero dándole la oportunidad de resistencia frente a un régimen militar notoriamente abusivo, y luego forzándola a la incredulidad y la creatividad ante un régimen civil sin más capacidad de liderazgo que los índices bursátiles del Mercado [96]. En este sentido, la reactivación de la sociedad civil chilena parece ser un fenómeno de marea, más ancho y profundo que lo que arrastran consigo los 'bolsones de pobreza' a los que combaten con ejemplar denuedo la mayoría de las focalizadas políticas municipales.

¿A dónde puede llegar la emergente marea ciudadana? En el pasado, la marea produjo cambios en las estructuras partidarias, en la amplitud del derecho electoral, en la definición constitucional de los proyectos de reforma, en la desintegración progresiva del autoritarismo gubernamental, en el desarrollo de movimientos de lógica 'sociocrática', etc. Es decir, algo mecánicamente, se llevó por delante a políticos, militares y administra-

---

95 G. Salazar: "Tendencias transliberales del movimiento ciudadano en Chile (1973-1996). Apuntes para una teoría del cambio histórico", en M. Canto (Ed.): *Las organizaciones civiles en la transición* (México, 1998. Oikoumene).

96 Sobre la resistencia a la dictadura: Philip Oxhorn: *Organizing Civil Society: The Popular Sectors and the Struggle for Democracy in Chile* (University Park, Pen., 1995. PUP). Sobre la creatividad de una sociedad civil replegada sobre sí misma: M. Castells: *The Power of Identity* (Oxford, 1997. Blackwell), y M. Randle: *Resistencia civil: la ciudadanía ante las arbitrariedades de los gobiernos* (Barcelona, 1998. Paidós).

dores. Es un hecho que la marea ciudadana se 'refunda' en el espacio social, privado y comunitario, y que se despliega y *avanza* hacia el espacio público. Donde, claro, puede arrasar, o estrellarse.

Por ahora parece estar aún revolviéndose en el propio espacio local y comunitario. Expresándose, por ejemplo, en el nuevo sentido de ciudadanía desarrollado por las mujeres pobladoras [97]. O en la dinámica aparentemente desorientada de las redes y organizaciones sociales de nuevo tipo [98]. Si esta nueva marea repite el ciclo recorrido por la marea del siglo XIX, cabría esperar un proceso escalonado de cambios que, en algún momento, envolverá y reconstituirá el Municipio. *Principalmente* el poder local y el Municipio, dado que 'esta' descentralización es, sin lugar a dudas, a pesar de todo, la más radical y sistemática de las intentadas en la historia de Chile. De modo que dejará libre por más tiempo que ninguna otra la dinámica autónoma de la sociedad civil, y ésta tiende, como se ha dicho, a proyectarse en lo local más que en lo nacional o global.

Si, como verificara Robert Putnam, el capital social acumulado por los propios ciudadanos es un capital de lenta formación y largo despliegue, cabe entonces esperar que el impacto final de ese capital acumulado tardará aún en producirse. Pero que, cuando se aproxime, se notará.

La Reina, febrero-agosto de 1998

---

97 R. Sabatini: *Barrio y participación. Mujeres pobladoras de Santiago* (Santiago, 1995. SUR), y M. E. Calvín (Ed.): *Trayectorias de participación. Las mujeres de los grupos de salud* (Santiago, 1995. EPES).

98 J. Tovar: *Dinámica de las organizaciones sociales* (Lima, 1996. SEA).

Indice

ESTE LIBRO HA SIDO POSIBLE POR EL TRABAJO DE

COMITÉ EDITORIAL Silvia Aguilera, Mario Garcés, Luis Alberto Mansilla, Tomás Moulian, Naín Nómez, Jorge Guzmán, Julio Pinto, Paulo Slachevsky, Hernán Soto, José Leandro Urbina, Verónica Zondek, Ximena Valdés, Santiago Santa Cruz **EN LA EDICIÓN** Florencia Velasco, Candelaria Cortés-Monroy **PRODUCCIÓN EDITORIAL** Guillermo Bustamante **PROYECTOS** Ignacio Aguilera **DISEÑO Y DIAGRAMACIÓN EDITORIAL** Alejandro Millapan, Leonardo Flores **CORRECCIÓN DE PRUEBAS** Raúl Cáceres **DISTRIBUCIÓN** Nikos Matsiordas **COMUNIDAD DE LECTORES** Francisco Miranda, Marcelo Reyes **VENTAS** Elba Blamey, Luis Fre, Marcelo Melo, Olga Herrera **BODEGA** Francisco Cerda, Pedro Morales, María Loreto Baquedano, Carlos Villarroel **LIBRERÍAS** Nora Carreño, Ernesto Córdova **COMERCIAL GRÁFICA LOM** Juan Aguilera, Danilo Ramírez, Inés Altamirano, Eduardo Yáñez **SERVICIO AL CLIENTE** Elizardo Aguilera, José Lizana, Ingrid Rivas **DISEÑO Y DIAGRAMACIÓN COMPUTACIONAL** Nacor Quiñones, Luis Ugalde, Jessica Ibaceta **SECRETARIA COMERCIAL** Elioska Molina **PRODUCCIÓN IMPRENTA** Carlos Aguilera, Gabriel Muñoz **SECRETARIA IMPRENTA** Jasmín Alfaro **IMPRESIÓN DIGITAL** William Tobar, Carolay Saldías **PREPRENSA DIGITAL** Daniel Véjar **IMPRESIÓN OFFSET** Rodrigo Véliz **ENCUADERNACIÓN** Ana Escudero, Andrés Rivera, Edith Zapata, Juan Ovalle, Pedro Villagra, Eduardo Tobar **DESPACHO** Nora Grau, Cristóbal Ferrada, Matías Sepúlveda **MANTENCIÓN** Jaime Arel **ADMINISTRACIÓN** Mirtha Ávila, Alejandra Bustos, Andrea Veas, César Delgado.

LOM EDICIONES